Qiye Falü Fengxian Fangfan Zhiyin

企业法律风险防范指引

李修霖 ◎ 主编　李永生 ◎ 副主编

U0330516

中山大学出版社
SUN YAT-SEN UNIVERSITY PRESS

·广州·

图书在版编目（CIP）数据

企业法律风险防范指引/李修霖主编；李永生副主编. —广州：中山大学出版社，2024.12
ISBN 978 - 7 - 306 - 08058 - 5

Ⅰ. ①企…　Ⅱ. ①李…　②李…　Ⅲ. ①企业法—中国　Ⅳ. ①D922. 291. 91

中国国家版本馆 CIP 数据核字（2024）第 055641 号

出 版 人：王天琪
策划编辑：廖丽玲
责任编辑：廖丽玲
封面设计：林绵华
责任校对：赵　婷
责任技编：靳晓虹
出版发行：中山大学出版社
电　　话：编辑部 020 - 84110283，84111996，84111997，84113349
　　　　　发行部 020 - 84111998，84111981，84111160
地　　址：广州市新港西路 135 号
邮　　编：510275　传　　真：020 - 84036565
网　　址：http://www.zsup.com.cn　E - mail：zdcbs@ mail. sysu. edu. cn
印 刷 者：佛山市浩文彩色印刷有限公司
规　　格：787mm×1092mm　1/16　32.125 印张　637 千字
版次印次：2024 年 12 月第 1 版　2024 年 12 月第 1 次印刷
定　　价：88.00 元

编 委 会

前　言

随着我国经济体制进一步改革，经济发展质量稳步提升，中小企业的发展规模迅速扩张。党的二十大报告指出："建设现代化产业体系。坚持把发展经济的着力点放在实体经济上，推进新型工业化，加快建设制造强国、质量强国、航天强国、交通强国、网络强国、数字中国。"向改革要动力、活力，是以往推动高质量发展实践中取得的重要经验，但是，我国中小企业在快速发展过程中也暴露出了不少潜在的问题，有些中小企业甚至因为法律意识淡薄，已经严重影响到了其自身及经济社会的发展。为了顺应经济发展的需要，给中小企业合法经营提供相关法律风险防范指引，本书编者结合自身多年司法实践经验，将中小企业常遇到的法律问题以及相关防范措施进行归纳整理，总结成本书内容。

本书共分四编：

第一编为企业设立与治理法律风险提示与防范指引。阐述企业如何通过建立健全的架构体系来提高治理能力，从而提升企业战略支撑能力。卓越的企业架构体系，既是企业的核心竞争力之一，也是企业资源配置能力得以发挥的重要保障。建立良好的企业架构体系至关重要，因此，企业应重视设立与治理法律风险的防范策略。

第二编为企业内部管理法律风险提示与防范指引。实现高质量发展需提高资源配置和运行效率，企业可通过加快推进组织体系的优化和业务布局的调整，有效提升内部管控治理效能和主营业务核心竞争力，切实抓好组织体系优化提升专项工程，健全完善上下贯通、执行有力的新型高效组织体系。企业只有建立内部管理的风险防范机制，才能切实提高生产效率。

第三编为企业合同法律风险提示与防范指引。合同是企业从事经济活动，取得经济效益的桥梁和纽带，同时也是很多纠纷产生的根源。在日常经济交往中，一些企业对合同的法律风险防范意识不强，或因法律知识匮乏，或因合同签订技巧不足，而与他人产生合同纠纷。本书编者通过简练平实的语言，总结出企业应掌握的合同订立与履行等方面的法律要点，企业相关人员通过阅读本书，可以有效获得相关指引。

第四编为企业刑事责任风险提示与防范指引。企业刑事责任风险是影响企业和市场经济健康发展的重要风险之一，也是每一个企业都不可回避的课题。作为市场经济的主体，中小企业应增强法治意识，了解并遵守市场规则，从战略高度构建并优化刑事责任风险防范体系，注重预防和控制刑事责任风险的发生，保障和促进企业健康发展。

　　本书对中小企业日常经营中的法律问题进行了系统整理，指出了其中最易发生的法律风险，并罗列了相关法律法规，使读者能够一目了然。编者希望通过详细解析上述四编内容，帮助中小企业更好地理解和应对法律风险，从而增强法律意识，提高运营效率和管理效能，夯实高质量发展的基础。

　　本书的编写得到了一些律师前辈的指导和鼓励，金霖恒盛律师团队的全体同仁集思广益、群策群力，贡献了很多智慧，东莞市司法局的尹雪凡同志多次提出宝贵的意见，编者在此一并致谢！

编　　者

二〇二四年春

目　　录

第一编

企业设立与治理法律风险提示与防范指引

第一章　企业设立法律风险与防范

第一节　企业组织形式利弊阐述

企业的组织形式与责任人责任的大小、税务成本的高低，以及企业的有效运营等均有着密切的联系。因此，投资人在设立企业时，应当结合自身情况，慎重选择设立企业的组织形式。

常见的企业组织形式有三大类：公司制企业（有限责任公司/股份有限公司）、合伙企业（普通合伙企业/有限合伙企业）和个人独资企业。三类企业组织形式各有其利弊。

一、公司制企业

（一）有限责任公司

根据《中华人民共和国公司法》（以下简称《公司法》）的规定，有限责任公司由五十个以下股东出资设立，股东以其认缴的出资额为限对公司承担责任。

优越性：设立程序比较简单；股东人数较少，人合性强，组织机构设计相对简单；股东以其认缴的出资额为限对公司承担有限责任。

局限性：因股东人数有限，不利于筹集资金；股东转让股权受到严格限制，导致资本流动性比较差。

🎓 **关联法规**

《公司法》（2023 年 12 月 29 日修订）

第三条　【公司法律地位及权益保障】　公司是企业法人，有独立的法人财产，享有法人财产权。公司以其全部财产对公司的债务承担责任。

公司的合法权益受法律保护，不受侵犯。

第四条 【股东责任形式和股东权利】 有限责任公司的股东以其认缴的出资额为限对公司承担责任；股份有限公司的股东以其认购的股份为限对公司承担责任。

公司股东对公司依法享有资产收益、参与重大决策和选择管理者等权利。

（二）一人有限责任公司

一人有限责任公司，是指只有一个股东（自然人股东或者法人股东）的有限责任公司。

优越性： 一人有限责任公司的投资主体具有唯一性，不存在股东之间的利益冲突问题，不设股东会，在机构设置上更加简化，管理灵活。

局限性： 一人有限责任公司股东在不能证明公司财产独立于股东自己的财产时，应对公司债务承担连带清偿责任。

如果选择设立一人有限责任公司，那么建议做到：

公司的"人""财""物"要与股东独立，公司的人员、住所、财产等，不要与股东个人财产相混同，还要注意避免股东和公司之间存在不合理的资金流水，股东分红应依法纳税。股东作出决议时，应当采用书面形式，并由股东签名后置备于公司。

关联法规

《公司法》（2023 年 12 月 29 日修订）

第六十条 【一人有限责任公司股东行使职权的要求】 只有一个股东的有限责任公司不设股东会。股东作出前条第一款所列事项的决定时，应当采用书面形式，并由股东签名或者盖章后置备于公司。

第一百一十二条 【股份有限公司股东会职权】 本法第五十九条第一款、第二款关于有限责任公司股东会职权的规定，适用于股份有限公司股东会。

本法第六十条关于只有一个股东的有限责任公司不设股东会的规定，适用于只有一个股东的股份有限公司。

（三）股份有限公司

《公司法》规定，设立股份有限公司，应当有一人以上二百人以下为发起人，其中应当有半数以上的发起人在中华人民共和国境内有住所。股份有限公司的股东以其认购的股份为限对公司承担责任。

优越性：股份有限公司的股东较多，可以有效分散投资者的投资风险；注重信息公示，有利于股东对公司的监督；可以公开发行股票和债券，有利于资本集中；股份转让便利。

局限性：股份有限公司设立的程序比较严格、复杂；一般由大股东持有大部分股权，容易侵害小股东的利益；公司经营策略等信息难以保密。

关联法规

《公司法》（2023 年 12 月 29 日修订）

第九十二条　【发起人的人数及资格】 设立股份有限公司，应当有一人以上二百人以下为发起人，其中应当有半数以上的发起人在中华人民共和国境内有住所。

二、合伙企业

（一）普通合伙企业

普通合伙企业应当有二个以上合伙人，合伙人为自然人的，应当具有完全民事行为能力。合伙人可以用货币、实物、知识产权、土地使用权或者其他财产性权利出资，也可以用劳务出资。合伙人以劳务出资的，其评估办法由全体合伙人协商确定，并在合伙协议中载明。普通合伙企业的名称中应标明"普通合伙"字样，全体合伙人对合伙企业债务均承担无限连带责任。

（二）有限合伙企业

有限合伙企业应当由二个以上五十个以下的合伙人共同设立，由普通合伙人和有限合伙人共同组成，至少应当有一个普通合伙人；有限合伙人可以用货币、实物、知识产权、土地使用权或者其他财产性权利作价出资，但不得以劳务出资；有限合伙企业名称中应当标明"有限合伙"字样；普通合伙人对合伙企业债务承担无限连带责任，有限合伙人以其认缴的出资额为限对合伙企业债务承担责任。

优越性：合伙企业不需要缴纳企业所得税，由合伙人承担个人所得税的纳税义务；相对而言，合伙企业的管理更加宽松。

局限性：合伙企业一般规模较小，难以形成较大规模；合伙人须对企业债务承担连带责任，经营风险比较大。

关联法规

《中华人民共和国合伙企业法》（2006 年 8 月 27 日修订，以下简称《合伙企业法》）

第二条 【普通合伙企业和有限合伙企业的界定】 本法所称合伙企业，是指自然人、法人和其他组织依照本法在中国境内设立的普通合伙企业和有限合伙企业。

普通合伙企业由普通合伙人组成，合伙人对合伙企业债务承担无限连带责任。本法对普通合伙人承担责任的形式有特别规定的，从其规定。

有限合伙企业由普通合伙人和有限合伙人组成，普通合伙人对合伙企业债务承担无限连带责任，有限合伙人以其认缴的出资额为限对合伙企业债务承担责任。

第十六条 【合伙人的出资形式】 合伙人可以用货币、实物、知识产权、土地使用权或者其他财产权利出资，也可以用劳务出资。

合伙人以实物、知识产权、土地使用权或者其他财产权利出资，需要评估作价的，可以由全体合伙人协商确定，也可以由全体合伙人委托法定评估机构评估。

合伙人以劳务出资的，其评估办法由全体合伙人协商确定，并在合伙协议中载明。

第六十一条 【有限合伙企业的设立要求】 有限合伙企业由二个以上五十个以下合伙人设立；但是，法律另有规定的除外。

有限合伙企业至少应当有一个普通合伙人。

三、个人独资企业

个人独资企业由一个自然人投资设立，个人独资企业的财产全部归投资人个人所有，故投资人对企业的债务承担连带清偿责任；企业名称应与其责任形式及经营范围相符合，并且不得出现"有限责任"或者"公司"的字样。

优越性： 个人独资企业设立程序较简便，设立条件较宽松；个人独资企业只有一个股东，因此，股东个人的意志更容易在企业中得到体现。

局限性： 经营风险较大，投资人须以其个人财产对企业债务承担无限责任，若投资人在申请企业登记时，明确以其家庭共有财产作为个人出资的，应当依法以其家庭共有财产对企业债务承担无限连带责任。

关联法规

《中华人民共和国个人独资企业法》（1999 年 8 月 30 日公布，以下简称《个人独资企业法》）

第二条　【个人独资企业的界定】　本法所称个人独资企业，是指依照本法在中国境内设立，由一个自然人投资，财产为投资人个人所有，投资人以其个人财产对企业债务承担无限责任的经营实体。

第十八条　【个人独资企业的责任承担】　个人独资企业投资人在申请企业设立登记时明确以其家庭共有财产作为个人出资的，应当依法以家庭共有财产对企业债务承担无限责任。

第二十六条　【个人独资企业的解散情形】　个人独资企业有下列情形之一时，应当解散：

（一）投资人决定解散；

（二）投资人死亡或者被宣告死亡，无继承人或者继承人决定放弃继承；

（三）被依法吊销营业执照；

（四）法律、行政法规规定的其他情形。

第三十一条　【个人独资企业的债务清偿】　个人独资企业财产不足以清偿债务的，投资人应当以其个人的其他财产予以清偿。

《中华人民共和国企业所得税法》（2018 年 12 月 29 日修订，以下简称《企业所得税法》）

第一条　【纳税主体】　在中华人民共和国境内，企业和其他取得收入的组织（以下统称企业）为企业所得税的纳税人，依照本法的规定缴纳企业所得税。

个人独资企业、合伙企业不适用本法。

第二节　企业名称

一、企业名称的保留期及其限制性规定

企业名称在企业登记机关的申报系统提交完成后有 2 个月的保留期（依法应当报经批准或者企业经营范围中有在登记前须经批准的项目的，保留期为 1 年），保留期内的企业名称不得用于经营活动。

关联法规

《企业名称登记管理规定实施办法》（2023 年 8 月 29 日公布）

第二十五条　【企业名称的保留期】　企业登记机关对通过企业名称申报系统提交完成的企业名称予以保留，保留期为 2 个月。设立企业依法应当报经批准或者企业经营范围中有在登记前须经批准的项目的，保留期为 1 年。

企业登记机关可以依申请向申请人出具名称保留告知书。

申请人应当在保留期届满前办理企业登记。保留期内的企业名称不得用于经营活动。

第二十六条　【不予登记的情形】　企业登记机关在办理企业登记时，发现保留期内的名称不符合企业名称登记管理相关规定的，不予登记并书面说明理由。

二、企业名称使用的禁止性规定

（1）一个企业只允许使用一个名称，在企业登记主管机关的管辖辖区内，不得批准与已经登记注册的同行企业名称相同或者相似的企业名称。确有特殊需要的，经省级以上登记主管机关核准，企业可以在规定的范围内使用一个从属名称。企业法人名称中不得含有其他法人的名称，国家市场监督管理总局另有规定的除外。

（2）企业的名称所使用的文字应当是符合国家法律规范的汉字，不得使用汉语拼音、阿拉伯数字。民族自治地方的企业名称，可以同时使用本民族自治地方通用语言文字。

（3）企业的名称中不允许包含下列内容：有损于国家、社会公共利益的，可能对公众造成欺骗或者误解的，外国国家（地区）名称、国际组织名称，政党名称、党政军机关名称、群众组织名称、社会团体名称及部队番号，汉语拼音字母（外文名称中使用的除外）、数字，其他法律、行政法规禁止的内容。

（4）除国务院决定设立的企业外，企业名称不得冠以"中国""中华""全国""国家""国际"等字样。

关联法规

《企业名称登记管理规定实施办法》（2023年8月29日公布）

第十六条　【企业名称的限制性规定】　企业名称应当符合《企业名称登记管理规定》第十一条规定，不得存在下列情形：

（一）使用与国家重大战略政策相关的文字，使公众误认为与国家出资、政府信用等有关联关系；

（二）使用"国家级"、"最高级"、"最佳"等带有误导性的文字；

（三）使用与同行业在先有一定影响的他人名称（包括简称、字号等）相同或者近似的文字；

（四）使用明示或者暗示为非营利性组织的文字；

（五）法律、行政法规和本办法禁止的其他情形。

第二十三条　【企业名称申报的限制性规定】　申报企业名称，不得有下列行为：

（一）不以自行使用为目的，恶意囤积企业名称，占用名称资源等，损害社会公共利益或者妨碍社会公共秩序；

（二）提交虚假材料或者采取其他欺诈手段进行企业名称自主申报；

（三）故意申报与他人在先具有一定影响的名称（包括简称、字号等）近似的企业名称；

（四）故意申报法律、行政法规和本办法禁止的企业名称。

第二十四条　【字号相同的情形】　《企业名称登记管理规定》第十七条所称申请人拟定的企业名称中的字号与同行业或者不使用行业、经营特点表述的企业名称中的字号相同的情形包括：

（一）企业名称中的字号相同，行政区划名称、字号、行业或者经营特点、组织形式的排列顺序不同但文字相同；

（二）企业名称中的字号相同，行政区划名称或者组织形式不同，但行业或者经营特点相同；

（三）企业名称中的字号相同，行业或者经营特点表述不同但实质内容相同。

第三十条 【授权使用企业名称的规定】 企业授权使用企业名称的，不得损害他人合法权益。

企业名称的授权方与使用方应当分别将企业名称授权使用信息通过国家企业信用信息公示系统向社会公示。

第三十一条 【不符合规定的企业名称的纠正】 企业登记机关发现已经登记的企业名称不符合企业名称登记管理相关规定的，应当依法及时纠正，责令企业变更名称。对不立即变更可能严重损害社会公共利益或者产生不良社会影响的企业名称，经企业登记机关主要负责人批准，可以用统一社会信用代码代替。

上级企业登记机关可以纠正下级企业登记机关已经登记的不符合企业名称登记管理相关规定的企业名称。

其他单位或者个人认为已经登记的企业名称不符合企业名称登记管理相关规定的，可以请求企业登记机关予以纠正。

第三十二条 【企业名称变更登记】 企业应当自收到企业登记机关的纠正决定之日起 30 日内办理企业名称变更登记。企业名称变更前，由企业登记机关在国家企业信用信息公示系统和电子营业执照中以统一社会信用代码代替其企业名称。

企业逾期未办理变更登记的，企业登记机关将其列入经营异常名录；完成变更登记后，企业可以依法向企业登记机关申请将其移出经营异常名录。

第三十四条 【企业名称合法权益的维护】 企业认为其他企业名称侵犯本企业名称合法权益的，可以向人民法院起诉或者请求为涉嫌侵权企业办理登记的企业登记机关处理。

第四十八条 【违规申报企业名称的处罚】 申报企业名称，违反本办法第二十三条第（一）、（二）项规定的，由企业登记机关责令改正；拒不改正的，处 1 万元以上 10 万元以下的罚款。法律、行政法规另有规定的，依照其规定。

申报企业名称，违反本办法第二十三条第（三）、（四）项规定，严重扰乱企业名称登记管理秩序，产生不良社会影响的，由企业登记机关处 1 万元以上 10 万元以下的罚款。

第四十九条 【违规使用企业名称的处罚】 利用企业名称实施不正当竞争等行为的，依照有关法律、行政法规的规定处理。

违反本办法规定，使用企业名称，损害他人合法权益，企业逾期未依法办理变更登记的，由企业登记机关依照《中华人民共和国市场主体登记管理条例》第四十六条规定予以处罚。

第三节　企业住所

一、企业住所的公示效力

企业住所，是指企业章程载明的企业主要办事机构所在地，是企业章程的必要记载事项，具有公示的效力。

二、企业住所的法律意义

根据《中华人民共和国市场主体登记管理条例》（以下简称《市场主体登记管理条例》）的规定，一个市场主体只能登记一个住所或者主要经营场所，市场主体变更登记事项，应当自作出变更决议、决定或者法定变更事项发生之日起30日内向登记机关申请变更登记。

企业注册地址应当与实际经营地址保持一致，以确保在法律程序中能够有效维护企业的合法权益。《中华人民共和国民事诉讼法》（以下简称《民事诉讼法》）第二十二条规定，对法人或者其他组织提起的民事诉讼，由被告住所地人民法院管辖；《民事诉讼法》第二十七条规定，因公司设立、确认股东资格、分配利润、解散等纠纷提起的诉讼，由公司住所地人民法院管辖。

如果企业注册地址与实际经营地址不一致，企业不仅可能受到国家市场监督机关的行政处罚，还有可能错过参加涉及企业的司法诉讼活动，丧失维护自身合法权益的机会。此外，企业还应特别注意住所地房屋的性质，以避免不必要的法律风险和被动局面。

关联法规

《中华人民共和国民法典》（2020年5月28日公布，以下简称《民法典》）

第二百七十九条　【业主将住宅改变为经营性用房的规定】　业主不得违反法律、法规以及管理规约，将住宅改变为经营性用房。业主将住宅改变为经营性用房的，除遵守法律、法规以及管理规约外，应当经有利害关系的业主一致同意。

《公司法》（2023 年 12 月 29 日修订）

第八条 【公司住所】 公司以其主要办事机构所在地为住所。

《市场主体登记管理条例》（2021 年 7 月 27 日公布）

第十一条 【公司住所的限定】 市场主体只能登记一个住所或者主要经营场所。

电子商务平台内的自然人经营者可以根据国家有关规定，将电子商务平台提供的网络经营场所作为经营场所。

省、自治区、直辖市人民政府可以根据有关法律、行政法规的规定和本地区实际情况，自行或者授权下级人民政府对住所或者主要经营场所作出更加便利市场主体从事经营活动的具体规定。

第二十四条 【公司住所的变更登记】 市场主体变更登记事项，应当自作出变更决议、决定或者法定变更事项发生之日起 30 日内向登记机关申请变更登记。

市场主体变更登记事项属于依法须经批准的，申请人应当在批准文件有效期内向登记机关申请变更登记。

第二十七条 【公司住所的变更】 市场主体变更住所或者主要经营场所跨登记机关辖区的，应当在迁入新的住所或者主要经营场所前，向迁入地登记机关申请变更登记。迁出地登记机关无正当理由不得拒绝移交市场主体档案等相关材料。

《民事诉讼法》（2023 年 9 月 1 日修订）

第二十二条 【法院管辖的基本原则】 对公民提起的民事诉讼，由被告住所地人民法院管辖；被告住所地与经常居住地不一致的，由经常居住地人民法院管辖。

对法人或者其他组织提起的民事诉讼，由被告住所地人民法院管辖。

同一诉讼的几个被告住所地、经常居住地在两个以上人民法院辖区的，各该人民法院都有管辖权。

第二十七条 【公司有关纠纷的法院管辖】 因公司设立、确认股东资格、分配利润、解散等纠纷提起的诉讼，由公司住所地人民法院管辖。

第四节　企业年度报告公示制度

一、企业报送年度报告的责任

自 2014 年 3 月 1 日起，我国企业年度检验制度已改为企业年度报告公示制度，企业应当按年度在规定的期限内，通过国家企业信用信息公示系统向市场监督管理部门报送年度报告，并向社会公示，任何单位和个人均可查询。

二、企业年度报告的主要内容

企业年度报告的主要内容应当包括：企业的通信地址、存续状态、股东（发起人）缴纳出资的情况、股权转让及企业的财务状况等。

企业应当对年度报告的真实性、合法性负责。市场监督管理部门可以对企业年度报告公示内容进行抽查，经检查发现企业年度报告隐瞒真实情况、弄虚作假的，市场监督管理部门依法予以处罚，并将企业法定代表人、负责人等信息通报公安、财政、海关、税务等有关部门。

三、企业经营异常名录

对未按规定期限公示年度报告的企业，由县级以上市场监督管理部门列入经营异常名录，并依法给予行政处罚。

企业因连续 2 年未按规定报送年度报告被列入经营异常名录未改正，且通过登记的住所或者经营场所无法取得联系的，由县级以上市场监督管理部门吊销营业执照。企业公示信息隐瞒真实情况、弄虚作假的，法律、行政法规有规定的，依照其规定；没有规定的，由市场监督管理部门责令改正，处 1 万元以上 5 万元以下罚款；情节严重的，处 5 万元以上 20 万元以下罚款，列入市场监督管理严重违法失信名单，并可以吊销营业执照。被列入市场监督管理严重违法失信名单的企业的法定代表人、负责人，3 年内不得担任其他企业的法定代表人、负责人。企业被吊销营业执照后，应当依法办理注销登记；未办理注销登记的，由市场监督管理部门依法作出处理。

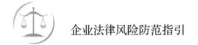 **关联法规**

《公司法》（2023 年 12 月 29 日修订）

第四十条 【企业信用公示系统公示事项】 公司应当按照规定通过国家企业信用信息公示系统公示下列事项：

（一）有限责任公司股东认缴和实缴的出资额、出资方式和出资日期，股份有限公司发起人认购的股份数；

（二）有限责任公司股东、股份有限公司发起人的股权、股份变更信息；

（三）行政许可取得、变更、注销等信息；

（四）法律、行政法规规定的其他信息。

公司应当确保前款公示信息真实、准确、完整。

第二百五十一条 【公司公示信息违法违规的法律责任】 公司未依照本法第四十条规定公示有关信息或者不如实公示有关信息的，由公司登记机关责令改正，可以处以一万元以上五万元以下的罚款。情节严重的，处以五万元以上二十万元以下的罚款；对直接负责的主管人员和其他直接责任人员处以一万元以上十万元以下的罚款。

《企业信息公示暂行条例》（2024 年 3 月 10 日修订）

第二条 【企业信息的范围】 本条例所称企业信息，是指在市场监督管理部门登记的企业从事生产经营活动过程中形成的信息，以及政府部门在履行职责过程中产生的能够反映企业状况的信息。

第三条 【企业信息】 企业信息公示应当真实、及时。公示的企业信息涉及国家秘密、国家安全或者社会公共利益的，应当报请主管的保密行政管理部门或者国家安全机关批准。县级以上地方人民政府有关部门公示的企业信息涉及企业商业秘密或者个人隐私的，应当报请上级主管部门批准。

第八条 【企业信息的报送】 企业应当于每年 1 月 1 日至 6 月 30 日，通过国家企业信用信息公示系统向市场监督管理部门报送上一年度年度报告，并向社会公示。

当年设立登记的企业，自下一年起报送并公示年度报告。

第九条 【企业信息的报送内容】 企业年度报告内容包括：

（一）企业通信地址、邮政编码、联系电话、电子邮箱等信息；

（二）企业开业、歇业、清算等存续状态信息；

（三）企业投资设立企业、购买股权信息；

（四）企业为有限责任公司或者股份有限公司的，其股东或者发起人认缴和实缴的出资额、出资时间、出资方式等信息；

（五）有限责任公司股东股权转让等股权变更信息；

（六）企业网站以及从事网络经营的网店的名称、网址等信息；

（七）企业从业人数、资产总额、负债总额、对外提供保证担保、所有者权益合计、营业总收入、主营业务收入、利润总额、净利润、纳税总额信息。

前款第一项至第六项规定的信息应当向社会公示，第七项规定的信息由企业选择是否向社会公示。

经企业同意，公民、法人或者其他组织可以查询企业选择不公示的信息。

第十条 【企业信息的公示】 企业应当自下列信息形成之日起20个工作日内通过国家企业信用信息公示系统向社会公示：

（一）有限责任公司股东或者股份有限公司发起人认缴和实缴的出资额、出资时间、出资方式等信息；

（二）有限责任公司股东股权转让等股权变更信息；

（三）行政许可取得、变更、延续信息；

（四）知识产权出质登记信息；

（五）受到行政处罚的信息；

（六）其他依法应当公示的信息。

市场监督管理部门发现企业未依照前款规定履行公示义务的，应当责令其限期履行。

第十二条 【企业信息的更正】 政府部门发现其公示的信息不准确的，应当及时更正。公民、法人或者其他组织有证据证明政府部门公示的信息不准确的，有权要求该政府部门予以更正。

企业发现其公示的信息不准确的，应当及时更正；但是，企业年度报告公示信息的更正应当在每年6月30日之前完成。更正前后的信息应当同时公示。

第十八条 【违法责任】 企业未按照本条例规定的期限公示年度报告或者未按照市场监督管理部门责令的期限公示有关企业信息的，由县级以上市场监督管理部门列入经营异常名录，并依法给予行政处罚。企业因连续2年未按规定报送年度报告被列入经营异常名录未改正，且通过登记的住所或者经营场所无法取得联系的，由县级以上市场监督管理部门吊销营业执照。

企业公示信息隐瞒真实情况、弄虚作假的，法律、行政法规有规定的，依照其规定；没有规定的，由市场监督管理部门责令改正，处 1 万元以上 5 万元以下罚款；情节严重的，处 5 万元以上 20 万元以下罚款，列入市场监督管理严重违法失信名单，并可以吊销营业执照。被列入市场监督管理严重违法失信名单的企业的法定代表人、负责人，3 年内不得担任其他企业的法定代表人、负责人。

企业被吊销营业执照后，应当依法办理注销登记；未办理注销登记的，由市场监督管理部门依法作出处理。

第五节　企业设立中的责任承担

一、企业设立过程中产生的合同责任

企业设立过程中最常产生的合同责任包括：发起人以自己的名义对外签订合同所产生的法律责任和发起人以企业名义对外签订合同所产生的法律责任。

（一）法律风险

1. 发起人以自己的名义对外签订合同

发起人以自己的名义对外签订的合同，如合同约定的是企业的事务，在企业成立之后，通常由企业承担相应的法律责任。

2. 发起人以企业的名义对外签订合同

发起人以企业名义对外签订的合同，在企业成立之后，若企业有证据证明，该合同是发起人利用设立中企业的名义与相对人签订，谋取自己利益的，则企业不承担法律责任，但相对人为善意的除外。

（二）防范建议

（1）出资人签订的企业设立协议，应当明确约定出资人各方的权利义务及发起人的职责范围，并规定发起人超越权限行为的处理规则。

（2）出资人可以在企业设立协议中明确约定，发起人只有在经过全体出资人集体协商一致的情况下，才能以企业的名义对外签订合同，否则，由发起人自行承担合同责任。如因发起人的越权行为造成企业承担合同责任的，企业在承担责任后，有权向该发起人追偿。企业因行使追偿权所产生的实际必要费用，包括但不限于诉讼费、保全费、评估费、律师代理费、差旅费等均由该发起人负担。

关联法规

《公司法》(2023 年 12 月 29 日修订)

第四十四条　【有限责任公司设立行为的法律后果】　有限责任公司设立时的股东为设立公司从事的民事活动，其法律后果由公司承受。

公司未成立的，其法律后果由公司设立时的股东承受；设立时的股东为二人以上的，享有连带债权，承担连带债务。

设立时的股东为设立公司以自己的名义从事民事活动产生的民事责任，第三人有权选择请求公司或者公司设立时的股东承担。

设立时的股东因履行公司设立职责造成他人损害的，公司或者无过错的股东承担赔偿责任后，可以向有过错的股东追偿。

二、企业设立过程中产生债务、费用的责任承担规则

设立企业时，投资人应当考虑到企业有可能会设立失败，为了避免出资人因设立企业所产生的债务、费用负担等问题发生纠纷，出资人应当在企业设立协议中明确约定企业设立中产生的债务、费用的承担比例和承担方式。

三、企业设立过程中产生侵权责任的承担规则

如发起人在企业设立过程中，因履行设立企业的职责而产生侵权行为的，可能会导致出资人或者成立后的企业面临承担赔偿责任的风险。

因此，出资人在企业设立协议中，应当明确约定发起人的职责范围，并对发起人履职过程中守法依规作出原则性的约束。还要对发起人在履职过程中，因故意或重大过失造成侵权责任的处理规则进行约定，并可约定企业或者无过错的发起人承担赔偿责任后，行使追偿权所产生的实际必要费用，包括但不限于诉讼费、保全费、评估费、律师代理费、差旅费等均由该发起人负担。

四、企业设立过程中发生与用工有关的法律纠纷

(一) 法律风险

根据《民法典》第七十五条的规定，设立中的企业因尚未完成登记、备案，

不具有独立的法律主体地位，由谁承担在此期间发生的与招聘用工有关的责任，就需要视情况而定：企业成立的，由成立后的企业承担；企业未成立的，由设立人承担。

（1）职工已经付出劳动的，由企业或者出资人依照劳动法有关规定向职工支付劳动报酬、经济补偿金或赔偿金。

（2）职工受到伤害或者职业病，依照劳动争议的有关规定处理。

（3）雇员在从事雇佣活动中致人损害的，由雇主承担赔偿责任。

（二）防范建议

（1）企业或者出资人，应当制定具体、明确、完善的招聘及用工方案，与应聘者、入聘者详细约定工作岗位、工作时间、录用条件和劳动报酬等，与入职者签订聘用合同，避免因约定不明而产生法律纠纷。

（2）企业设立方应当与雇员明确约定，雇员在雇佣活动中，因故意或者重大过失造成侵权责任的，由该雇员承担赔偿责任；如由企业或者无过错的发起人承担赔偿责任的，有权向其追偿，且行使追偿权所产生的实际必要费用，包括但不限于诉讼费、保全费、评估费、律师代理费等均由该雇员负担。

关联法规

《民法典》（2020 年 5 月 28 日公布）

第七十五条 【设立人与法人的责任认定】 设立人为设立法人从事的民事活动，其法律后果由法人承受；法人未成立的，其法律后果由设立人承受，设立人为二人以上的，享有连带债权，承担连带债务。

设立人为设立法人以自己的名义从事民事活动产生的民事责任，第三人有权选择请求法人或者设立人承担。

第一千一百九十一条 【用人单位及用工单位的责任认定】 用人单位的工作人员因执行工作任务造成他人损害的，由用人单位承担侵权责任。用人单位承担侵权责任后，可以向有故意或者重大过失的工作人员追偿。

劳务派遣期间，被派遣的工作人员因执行工作任务造成他人损害的，由接受劳务派遣的用工单位承担侵权责任；劳务派遣单位有过错的，承担相应的责任。

第一千一百九十二条 【劳务关系的责任认定】 个人之间形成劳务关系，提供劳务一方因劳务造成他人损害的，由接受劳务一方承担侵权责任。接受劳务一方承担侵权责任后，可以向有故意或者重大过失的提供劳务一方追偿。提供劳务一方因劳务受到损害的，根据双方各自的过错承担相应的责任。

提供劳务期间，因第三人的行为造成提供劳务一方损害的，提供劳务一方有权请求第三人承担侵权责任，也有权请求接受劳务一方给予补偿。接受劳务一方补偿后，可以向第三人追偿。

《中华人民共和国劳动合同法》（2012年12月28日修正，以下简称《劳动合同法》）

第九十三条　【无营业执照经营单位的法律责任】　对不具备合法经营资格的用人单位的违法犯罪行为，依法追究法律责任；劳动者已经付出劳动的，该单位或其出资人应依照本法有关规定向劳动者支付劳动报酬、经济补偿、赔偿金；给劳动者造成损害的，应当承担赔偿责任。

《工伤保险条例》（2010年12月20修订）

第六十六条　【非法用工单位的工伤保险待遇责任】　无营业执照或者未经依法登记、备案的单位以及被依法吊销营业执照或者撤销登记、备案的单位的职工受到事故伤害或者患职业病的，由该单位向伤残职工或者死亡职工的近亲属给予一次性赔偿，赔偿标准不得低于本条例规定的工伤保险待遇；用人单位不得使用童工，用人单位使用童工造成童工伤残、死亡的，由该单位向童工或者童工的近亲属给予一次性赔偿，赔偿标准不得低于本条例规定的工伤保险待遇。具体办法由国务院社会保险行政部门规定。

前款规定的伤残职工或者死亡职工的近亲属就赔偿数额与单位发生争议的，以及前款规定的童工或者童工的近亲属就赔偿数额与单位发生争议的，按照处理劳动争议的有关规定处理。

《非法用工单位伤亡人员一次性赔偿办法》（2010年12月31日修订）

第二条　【非法用工单位的童工工伤、工亡责任】　本办法所称非法用工单位伤亡人员，是指无营业执照或者未经依法登记、备案的单位以及被依法吊销营业执照或者撤销登记、备案的单位受到事故伤害或者患职业病的职工，或者用人单位使用童工造成的伤残、死亡童工。

前款所列单位必须按照本办法的规定向伤残职工或者死亡职工的近亲属、伤残童工或者死亡童工的近亲属给予一次性赔偿。

第三条 【一次性赔偿的范围】 一次性赔偿包括受到事故伤害或者患职业病的职工或童工在治疗期间的费用和一次性赔偿金。一次性赔偿金数额应当在受到事故伤害或者患职业病的职工或童工死亡或者经劳动能力鉴定后确定。

劳动能力鉴定按照属地原则由单位所在地设区的市级劳动能力鉴定委员会办理。劳动能力鉴定费用由伤亡职工或童工所在单位支付。

第五条 【一次性赔偿金的标准】 一次性赔偿金按照以下标准支付：

一级伤残的为赔偿基数的 16 倍，二级伤残的为赔偿基数的 14 倍，三级伤残的为赔偿基数的 12 倍，四级伤残的为赔偿基数的 10 倍，五级伤残的为赔偿基数的 8 倍，六级伤残的为赔偿基数的 6 倍，七级伤残的为赔偿基数的 4 倍，八级伤残的为赔偿基数的 3 倍，九级伤残的为赔偿基数的 2 倍，十级伤残的为赔偿基数的 1 倍。

前款所称赔偿基数，是指单位所在工伤保险统筹地区上年度职工年平均工资。

第六条 【赔偿金的计算标准】 受到事故伤害或者患职业病造成死亡的，按照上一年度全国城镇居民人均可支配收入的 20 倍支付一次性赔偿金，并按照上一年度全国城镇居民人均可支配收入的 10 倍一次性支付丧葬补助等其他赔偿金。

第七条 【不支付一次性赔偿的行政责任】 单位拒不支付一次性赔偿的，伤残职工或者死亡职工的近亲属、伤残童工或者死亡童工的近亲属可以向人力资源和社会保障行政部门举报。经查证属实的，人力资源和社会保障行政部门应当责令该单位限期改正。

第八条 【赔偿争议的处理】 伤残职工或者死亡职工的近亲属、伤残童工或者死亡童工的近亲属就赔偿数额与单位发生争议的，按照劳动争议处理的有关规定处理。

第二章　公司治理法律风险与防范

第一节　公司股权结构

股权结构是公司治理结构的基础，不同的股权结构决定了不同的企业组织结构，最终决定了企业的行为和绩效，股权结构设置对于公司经营过程中可能遇到的重大问题，如公司僵局、损害小股东利益等都有重大影响，投资者应当充分了解各种股权结构的法律效果，结合自身实际情况，合理设计公司的股权结构。

一、股权过于集中的法律风险

股权结构过于集中的弊端，在公司发展到一定的规模后就会显现出来。因为缺乏必要的协商机制，所以大股东的决策一旦发生重大失误，后果将难以预料。另外，在一股独大而且控股股东也是法定代表人的情况下，股东和公司极易因人员混同、财务混同或者管理混同，而产生法人人格否认①的风险。

二、平衡股权的法律风险

所谓平衡股权结构，是指公司的股权在各个股东之间基本上平均分配，各股东的股权比例都比较接近，没有绝对的控股股东。在股东人数超过 2 人的情况下，这种结构没有多大问题，但如果公司只有 2 个股东，这种结构的弊端尽显无遗，只要两个股东之间就任何问题发生争执，很快就可能陷入僵局，导致公司没有办法召开股东会、董事会，即使召开也无法形成有效决议。

---

① 法人人格否认是指为防止法人独立人格的滥用和保护公司债权人的利益，就具体法律关系中的特定事实，否认法人的独立人格与成员的有限责任，责令法人的成员或其他相关主体对法人债权人或公共利益直接负责的一种法律制度。

三、股权过于分散的法律风险

过于分散的股权结构也有其自身不可避免的局限性。股权分散就是人人有份，但又都不多，如果每个人在公司的利益份额都不大，就没人愿意把全部精力和时间投入到公司的经营管理中去。公司的实际经营管理工作往往通过职业经理人或持股较少的管理层完成。在这种股权结构下，由于没有绝对的核心，力量分散，容易产生股东之间相互制约的局面，公司大量的精力和能量就会被消耗在股东争端之中，从而导致效率低下，难以跟上市场的节奏。

关联法规

《公司法》（2023 年 12 月 29 日修订）

第六十五条　【股东的表决权】　股东会会议由股东按照出资比例行使表决权；但是，公司章程另有规定的除外。

第六十六条　【股东会的议事方式和表决程序】　股东会的议事方式和表决程序，除本法有规定的外，由公司章程规定。

股东会作出决议，应当经代表过半数表决权的股东通过。

股东会作出修改公司章程、增加或者减少注册资本的决议，以及公司合并、分立、解散或者变更公司形式的决议，应当经代表三分之二以上表决权的股东通过。

第一百一十六条　【股份有限公司股东表决权行使规则】　股东出席股东会会议，所持每一股份有一表决权，类别股股东除外。公司持有的本公司股份没有表决权。股东会作出决议，应当经出席会议的股东所持表决权过半数通过。股东会作出修改公司章程、增加或者减少注册资本的决议，以及公司合并、分立、解散或者变更公司形式的决议，应当经出席会议的股东所持表决权的三分之二以上通过。

第二节　公司章程

一、公司章程适用不规范

（一）公司设立协议、章程模板、备案章程发生混淆

（1）在公司设立登记时，如果直接使用登记机关提供的章程模板作为备案章程，可能会遗漏适合公司自身需求的条款，且模板中的固定条款也无法完全体现股东的真实意愿，这很可能导致股东之间发生纠纷。因此，建议股东在制定备案章程时，明确载入公司章程的必备事项，确保章程能够充分反映股东的真实意图和公司的实际需求。

（2）公司设立协议的效力仅限于公司设立过程中，用于规定公司设立期间各关键环节的时间节点和相关事项，并明确设立协议与公司章程的效力分界点。若有限责任公司在设立过程中无法成立或出现其他纠纷，应根据设立协议的约定进行处理；公司设立成功后，则依据公司章程的规定处理各项事务。

（二）公司多份章程的效力不清晰

公司应当尽量避免出现"内部章程""备案章程"等不同章程，如果存在不同的章程，则"内部章程"仅为设立协议，在登记机关备案的"备案章程"才是法律认可的公司章程。

> 📚 **关联法规**

《公司法》（2023 年 12 月 29 日修订）

第五条　【公司的章程】 设立公司必须依法制定公司章程。公司章程对公司、股东、董事、监事、高级管理人员具有约束力。

第四十三条　【有限责任公司设立协议】 有限责任公司设立时的股东可以签订设立协议，明确各自在公司设立过程中的权利和义务。

二、公司设立时的章程制定与公司设立后的章程修改操作不当

制定公司设立时的章程，必须经过全体股东一致通过；而公司设立之后，作出修改章程的决议，则只需代表三分之二以上有表决权的股东表决通过即可。

关联法规

《公司法》（2023 年 12 月 29 日修订）

第六十六条 【股东会的议事方式和表决程序】 股东会的议事方式和表决程序，除本法有规定的外，由公司章程规定。

股东会作出决议，应当经代表过半数表决权的股东通过。

股东会作出修改公司章程、增加或者减少注册资本的决议，以及公司合并、分立、解散或者变更公司形式的决议，应当经代表三分之二以上表决权的股东通过。

三、公司章程遗漏绝对必要记载事项

公司章程应当记载全部必要记载事项，并且要确保章程的内容不违反法律和行政法规的规定。

关联法规

《公司法》（2023 年 12 月 29 日修订）

第四十六条 【有限责任公司章程】 有限责任公司章程应当载明下列事项：

（一）公司名称和住所；

（二）公司经营范围；

（三）公司注册资本；

（四）股东的姓名或者名称；

（五）股东的出资额、出资方式和出资日期；

（六）公司的机构及其产生办法、职权、议事规则；

（七）公司法定代表人的产生、变更办法；

（八）股东会认为需要规定的其他事项。

股东应当在公司章程上签名或者盖章。

第九十五条　【股份有限公司章程】 股份有限公司章程应当载明下列事项：

（一）公司名称和住所；

（二）公司经营范围；

（三）公司设立方式；

（四）公司注册资本、已发行的股份数和设立时发行的股份数，面额股的每股金额；

（五）发行类别股的，每一类别股的股份数及其权利和义务；

（六）发起人的姓名或者名称、认购的股份数、出资方式；

（七）董事会的组成、职权和议事规则；

（八）公司法定代表人的产生、变更办法；

（九）监事会的组成、职权和议事规则；

（十）公司利润分配办法；

（十一）公司的解散事由与清算办法；

（十二）公司的通知和公告办法；

（十三）股东会认为需要规定的其他事项。

四、公司章程内容违反公司法

如果公司章程的内容违反法律和行政法规的强制性规定，或者章程制定的程序违反法律的规定，会导致章程被认定无效或者被撤销的法律风险。

公司章程在登记机关备案后即生效，是公司的"宪法"，如果公司或股东无视公司章程约定，在公司运营和股东职权行使时不按照章程的约定办事，则可能会导致公司经营陷入风险之中。

公司章程内容违反公司法的常见情形如下：

（一）公司章程约定公司法定代表人的任用违反公司法

关联法规

《公司法》（2023 年 12 月 29 日修订）

第十条　【公司法定代表人】 公司的法定代表人按照公司章程的规定，由代表公司执行公司事务的董事或者经理担任。

担任法定代表人的董事或者经理辞任的，视为同时辞去法定代表人。

法定代表人辞任的，公司应当在法定代表人辞任之日起三十日内确定新的法定代表人。

（二）章程对于公司向其他企业投资或者为他人担保等事项的约定违反公司法

关联法规

《公司法》(2023 年 12 月 29 日修订)

第十五条　【公司转投资及提供担保的程序规定】　公司向其他企业投资或者为他人提供担保，按照公司章程的规定，由董事会或者股东会决议；公司章程对投资或者担保的总额及单项投资或者担保的数额有限额规定的，不得超过规定的限额。

公司为公司股东或者实际控制人提供担保的，应当经股东会决议。

前款规定的股东或者受前款规定的实际控制人支配的股东，不得参加前款规定事项的表决。该项表决由出席会议的其他股东所持表决权的过半数通过。

第二百六十五条　【本法所称相关用语的含义】　本法下列用语的含义：

（一）高级管理人员，是指公司的经理、副经理、财务负责人，上市公司董事会秘书和公司章程规定的其他人员。

（二）控股股东，是指其出资额占有限责任公司资本总额超过百分之五十或者其持有的股份占股份有限公司股本总额超过百分之五十的股东；出资额或者持有股份的比例虽然低于百分之五十，但依其出资额或者持有的股份所享有的表决权已足以对股东会的决议产生重大影响的股东。

（三）实际控制人，是指通过投资关系、协议或者其他安排，能够实际支配公司行为的人。

（四）关联关系，是指公司控股股东、实际控制人、董事、监事、高级管理人员与其直接或者间接控制的企业之间的关系，以及可能导致公司利益转移的其他关系。但是，国家控股的企业之间不仅因为同受国家控股而具有关联关系。

（三）有限责任公司制定公司章程时欠缺股东真实签名、盖章

关联法规

《公司法》（2023 年 12 月 29 日修订）

第四十五条　【有限责任公司章程制定主体】 设立有限责任公司，应当由股东共同制定公司章程。

第四十六条第二款　【有限责任公司章程的签名、盖章】 股东应当在公司章程上签名或者盖章。

（四）公司章程约定有限责任公司未经股东一致同意，股东可以不按认缴的出资比例行使表决权或者违法分配利润

关联法规

《公司法》（2023 年 12 月 29 日修订）

第六十五条　【股东的表决权】 股东会会议由股东按照出资比例行使表决权；但是，公司章程另有规定的除外。

第六十六条　【股东议事方式和表决程序】 股东会的议事方式和表决程序，除本法有规定的外，由公司章程规定。

股东会作出决议，应当经代表过半数表决权的股东通过。

股东会作出修改公司章程、增加或者减少注册资本的决议，以及公司合并、分立、解散或者变更公司形式的决议，应当经代表三分之二以上表决权的股东通过。

第二百一十一条　【违法分配利润的责任】 公司违反本法规定向股东分配利润的，股东应当将违反规定分配的利润退还公司；给公司造成损失的，股东及负有责任的董事、监事、高级管理人员应当承担赔偿责任。

第二百一十二条　【分配利润的期限】 股东会作出分配利润的决议的，董事会应当在股东会决议作出之日起六个月内进行分配。

（五）公司章程约定有限责任公司股东会的召开、议事方式、表决程序或者董事会的议事方式和表决程序违反公司法

关联法规

《公司法》（2023 年 12 月 29 日修订）

第六十二条　【股东会的会议制度】　股东会会议分为定期会议和临时会议。

定期会议应当按照公司章程的规定按时召开。代表十分之一以上表决权的股东、三分之一以上的董事或者监事会提议召开临时会议的，应当召开临时会议。

第六十四条　【股东会会议的通知期限和会议记录】　召开股东会会议，应当于会议召开十五日前通知全体股东；但是，公司章程另有规定或者全体股东另有约定的除外。

股东会应当对所议事项的决定作成会议记录，出席会议的股东应当在会议记录上签名或者盖章。

第六十六条　【股东会的议事方式和表决程序】　股东会的议事方式和表决程序，除本法有规定的外，由公司章程规定。

股东会作出决议，应当经代表过半数表决权的股东通过。

股东会作出修改公司章程、增加或者减少注册资本的决议，以及公司合并、分立、解散或者变更公司形式的决议，应当经代表三分之二以上表决权的股东通过。

第七十三条　【董事会的议事方式、表决程序和会议记录】　董事会的议事方式和表决程序，除本法有规定的外，由公司章程规定。

董事会会议应当有过半数的董事出席方可举行。董事会作出决议，应当经全体董事的过半数通过。

董事会决议的表决，应当一人一票。

董事会应当对所议事项的决定作成会议记录，出席会议的董事应当在会议记录上签名。

（六）公司章程约定公司监事会中职工代表的比例违反公司法

关联法规

《公司法》（2023 年 12 月 29 日修订）

第七十六条 【有限责任公司监事会的设立与组成】 有限责任公司设监事会，本法第六十九条、第八十三条另有规定的除外。

监事会成员为三人以上。监事会成员应当包括股东代表和适当比例的公司职工代表，其中职工代表的比例不得低于三分之一，具体比例由公司章程规定。监事会中的职工代表由公司职工通过职工代表大会、职工大会或者其他形式民主选举产生。

监事会设主席一人，由全体监事过半数选举产生。监事会主席召集和主持监事会会议；监事会主席不能履行职务或者不履行职务的，由过半数的监事共同推举一名监事召集和主持监事会会议。

董事、高级管理人员不得兼任监事。

第七十七条 【监事的任期】 监事的任期每届为三年。监事任期届满，连选可以连任。

监事任期届满未及时改选，或者监事在任期内辞任导致监事会成员低于法定人数的，在改选出的监事就任前，原监事仍应当依照法律、行政法规和公司章程的规定，履行监事职务。

五、公司章程对股东会与董事会、经理的职权范围约定不明

（一）董事会未经授权行使股东会的职权

《公司法》规定了股东会的法定职权，未经股东会明确授权，董事会不得行使，否则，董事会行使的职权会被认定无效或者被撤销。

关联法规

《公司法》（2023 年 12 月 29 日修订）

第五十九条 【股东会的职权】 股东会行使下列职权：

（一）选举和更换董事、监事，决定有关董事、监事的报酬事项；

（二）审议批准董事会的报告；

（三）审议批准监事会的报告；

（四）审议批准公司的利润分配方案和弥补亏损方案；

（五）对公司增加或者减少注册资本作出决议；

（六）对发行公司债券作出决议；

（七）对公司合并、分立、解散、清算或者变更公司形式作出决议；

（八）修改公司章程；

（九）公司章程规定的其他职权。

股东会可以授权董事会对发行公司债券作出决议。

对本条第一款所列事项股东以书面形式一致表示同意的，可以不召开股东会会议，直接作出决定，并由全体股东在决定文件上签名或者盖章。

第六十条　【一人有限责任公司股东行使职权的要求】　只有一个股东的有限责任公司不设股东会。股东作出前条第一款所列事项的决定时，应当采用书面形式，并由股东签名或者盖章后置备于公司。

第一百一十二条　【股东大会的职权】　本法第五十九条第一款、第二款关于有限责任公司股东会职权的规定，适用于股份有限公司股东会。

本法第六十条关于只有一个股东的有限责任公司不设股东会的规定，适用于只有一个股东的股份有限公司。

（二）股东会违法行使董事会的职权

《公司法》规定了董事会的法定职权，股东会应注意避免行使属于董事会的职权，否则，股东会行使的职权可能会被认定无效或被撤销。

关联法规

《公司法》（2023 年 12 月 29 日修订）

第六十七条　【董事会的职权】　有限责任公司设董事会，本法第七十五条另有规定的除外。

董事会行使下列职权：

（一）召集股东会会议，并向股东会报告工作；

（二）执行股东会的决议；

（三）决定公司的经营计划和投资方案；

（四）制订公司的利润分配方案和弥补亏损方案；

（五）制订公司增加或者减少注册资本以及发行公司债券的方案；

（六）制订公司合并、分立、解散或者变更公司形式的方案；

（七）决定公司内部管理机构的设置；

（八）决定聘任或者解聘公司经理及其报酬事项，并根据经理的提名决定聘任或者解聘公司副经理、财务负责人及其报酬事项；

（九）制定公司的基本管理制度；

（十）公司章程规定或者股东会授予的其他职权。

公司章程对董事会职权的限制不得对抗善意相对人。

第七十五条　【一名董事行使董事会的职权】　规模较小或者股东人数较少的有限责任公司，可以不设董事会，设一名董事，行使本法规定的董事会的职权。该董事可以兼任公司经理。

（三）公司经理越权行使董事会的职权

根据《公司法》的规定，经理对董事会负责并根据公司章程的规定或者董事会的授权行使职权。即：有限公司董事会可将其部分职权授予经理行使，但是，董事会不应将法定应由董事会行使的职权授予经理行使。

🏛 **关联法规**

《公司法》（2023 年 12 月 29 日修订）

第七十四条　【经理的聘任及职权】　有限责任公司可以设经理，由董事会决定聘任或者解聘。

经理对董事会负责，根据公司章程的规定或者董事会的授权行使职权。经理列席董事会会议。

六、公司章程对公司股东的权责约定不明确

（一）公司章程对于未完全履行出资义务的股东权限约定不明确

公司章程应当明确约定，若股东未履行或者未全面履行出资义务或者抽逃出资的，公司有权根据公司章程或者股东会决议对其主张损害赔偿责任或主张该股东丧失其未缴纳出资的股权。

关联法规

《公司法》（2023 年 12 月 29 日修订）

第四十九条　【股东出资义务的履行和出资违约】 股东应当按期足额缴纳公司章程规定的各自所认缴的出资额。

股东以货币出资的，应当将货币出资足额存入有限责任公司在银行开设的账户；以非货币财产出资的，应当依法办理其财产权的转移手续。

股东未按期足额缴纳出资的，除应当向公司足额缴纳外，还应当对给公司造成的损失承担赔偿责任。

第五十条　【股东不履行出资义务的法律后果】 有限责任公司设立时，股东未按照公司章程规定实际缴纳出资，或者实际出资的非货币财产的实际价额显著低于所认缴的出资额的，设立时的其他股东与该股东在出资不足的范围内承担连带责任。

第五十一条　【董事会核查、催缴出资的职责】 有限责任公司成立后，董事会应当对股东的出资情况进行核查，发现股东未按期足额缴纳公司章程规定的出资的，应当由公司向该股东发出书面催缴书，催缴出资。

未及时履行前款规定的义务，给公司造成损失的，负有责任的董事应当承担赔偿责任。

第五十二条　【催缴出资的宽限期及其法律后果】 股东未按照公司章程规定的出资日期缴纳出资，公司依照前条第一款规定发出书面催缴书催缴出资的，可以载明缴纳出资的宽限期；宽限期自公司发出催缴书之日起，不得少于六十日。宽限期届满，股东仍未履行出资义务的，公司经董事会决议可以向该股东发出失权通知，通知应当以书面形式发出。自通知发出之日起，该股东丧失其未缴纳出资的股权。

依照前款规定丧失的股权应当依法转让，或者相应减少注册资本并注销该股权；六个月内未转让或者注销的，由公司其他股东按照其出资比例足额缴纳相应出资。

股东对失权有异议的，应当自接到失权通知之日起三十日内，向人民法院提起诉讼。

（二）公司章程对公司小股东的合法权益保障约定不明确

1. 公司章程未明确小股东的知情权与知情权的行使方式

根据《公司法》的规定，股东具有知情权，即股东有权查阅、复制公司章程、股东名册、股东会会议记录、董事会会议决议、监事会会议决议和财务会计报告；股东可以要求查阅（不可复制）公司会计账簿、会计凭证。股东无论持股多少、是否直接参与经营管理，均享有股东知情权。

关联法规

《公司法》（2023 年 12 月 29 日修订）

第五十七条　【股东知情权】　股东有权查阅、复制公司章程、股东名册、股东会会议记录、董事会会议决议、监事会会议决议和财务会计报告。

股东可以要求查阅公司会计账簿、会计凭证。股东要求查阅公司会计账簿、会计凭证的，应当向公司提出书面请求，说明目的。公司有合理根据认为股东查阅会计账簿、会计凭证有不正当目的，可能损害公司合法利益的，可以拒绝提供查阅，并应当自股东提出书面请求之日起十五日内书面答复股东并说明理由。公司拒绝提供查阅的，股东可以向人民法院提起诉讼。

股东查阅前款规定的材料，可以委托会计师事务所、律师事务所等中介机构进行。

股东及其委托的会计师事务所、律师事务所等中介机构查阅、复制有关材料，应当遵守有关保护国家秘密、商业秘密、个人隐私、个人信息等法律、行政法规的规定。

股东要求查阅、复制公司全资子公司相关材料的，适用前四款的规定。

第二百零九条　【财务会计报告送交股东及公告】　有限责任公司应当按照公司章程规定的期限将财务会计报告送交各股东。

股份有限公司的财务会计报告应当在召开股东会年会的二十日前置备于本公司，供股东查阅；公开发行股份的股份有限公司应当公告其财务会计报告。

2. 公司章程未明确小股东应享有利润分配权或者其他权益

根据《公司法》的规定，股东享有利润分配权。股东会作出分配利润的决议的，董事会应当在股东会决议作出之日起六个月内进行分配。

 关联法规

《公司法》（2023 年 12 月 29 日修订）

第二百一十条 【公司税后利润分配】 公司分配当年税后利润时，应当提取利润的百分之十列入公司法定公积金。公司法定公积金累计额为公司注册资本的百分之五十以上的，可以不再提取。

公司的法定公积金不足以弥补以前年度亏损的，在依照前款规定提取法定公积金之前，应当先用当年利润弥补亏损。

公司从税后利润中提取法定公积金后，经股东会决议，还可以从税后利润中提取任意公积金。

公司弥补亏损和提取公积金后所余税后利润，有限责任公司按照股东实缴的出资比例分配利润，全体股东约定不按照出资比例分配利润的除外；股份有限公司按照股东所持有的股份比例分配利润，公司章程另有规定的除外。

公司持有的本公司股份不得分配利润。

第二百一十一条 【违法分配利润的责任】 公司违反本法规定向股东分配利润的，股东应当将违反规定分配的利润退还公司；给公司造成损失的，股东及负有责任的董事、监事、高级管理人员应当承担赔偿责任。

第二百一十二条 【分配利润的期限】 股东会作出分配利润的决议的，董事会应当在股东会决议作出之日起六个月内进行分配。

3. 公司章程未明确小股东应享有的股东表决权

根据《公司法》的规定，公司股东有权按照出资比例行使表决权，公司章程应明确小股东应享有的股东表决权。

 关联法规

《公司法》（2023 年 12 月 29 日修订）

第十五条 【公司转投资及提供担保的程序规定】 公司向其他企业投资或者为他人提供担保，按照公司章程的规定，由董事会或者股东会决议；公司章程对投资或者担保的总额及单项投资或者担保的数额有限额规定的，不得超过规定的限额。

公司为公司股东或者实际控制人提供担保的，应当经股东会决议。

前款规定的股东或者受前款规定的实际控制人支配的股东，不得参加前款规定事项的表决。该项表决由出席会议的其他股东所持表决权的过半数通过。

第五十九条　【股东会的职权】　股东会行使下列职权：

（一）选举和更换董事、监事，决定有关董事、监事的报酬事项；

（二）审议批准董事会的报告；

（三）审议批准监事会的报告；

（四）审议批准公司的利润分配方案和弥补亏损方案；

（五）对公司增加或者减少注册资本作出决议；

（六）对发行公司债券作出决议；

（七）对公司合并、分立、解散、清算或者变更公司形式作出决议；

（八）修改公司章程；

（九）公司章程规定的其他职权。

股东会可以授权董事会对发行公司债券作出决议。

对本条第一款所列事项股东以书面形式一致表示同意的，可以不召开股东会会议，直接作出决定，并由全体股东在决定文件上签名或者盖章。

第六十条　【一人有限责任公司股东行使职权的要求】　只有一个股东的有限责任公司不设股东会。股东作出前条第一款所列事项的决定时，应当采用书面形式，并由股东签名或者盖章后置备于公司。

第六十六条　【股东会的议事方式和表决程序】　股东会的议事方式和表决程序，除本法有规定的外，由公司章程规定。

股东会作出决议，应当经代表过半数表决权的股东通过。

股东会作出修改公司章程、增加或者减少注册资本的决议，以及公司合并、分立、解散或者变更公司形式的决议，应当经代表三分之二以上表决权的股东通过。

第一百一十二条　【股东大会的职权】　本法第五十九条第一款、第二款关于有限责任公司股东会职权的规定，适用于股份有限公司股东会。

本法第六十条关于只有一个股东的有限责任公司不设股东会的规定，适用于只有一个股东的股份有限公司。

4. 公司章程未明确小股东享有对公司经营进行监督、建议与质询的权利

根据《公司法》的规定，股东有权对公司的经营提出建议或质询，股东会要求董事、监事、高级管理人员列席会议的，该类人员应列席并接受股东的质询。

关联法规

《公司法》（2023 年 12 月 29 日修订）

第五十七条　【股东知情权】　股东有权查阅、复制公司章程、股东名册、股东会会议记录、董事会会议决议、监事会会议决议和财务会计报告。

股东可以要求查阅公司会计账簿、会计凭证。股东要求查阅公司会计账簿、会计凭证的，应当向公司提出书面请求，说明目的。公司有合理根据认为股东查阅会计账簿、会计凭证有不正当目的，可能损害公司合法利益的，可以拒绝提供查阅，并应当自股东提出书面请求之日起十五日内书面答复股东并说明理由。公司拒绝提供查阅的，股东可以向人民法院提起诉讼。

股东查阅前款规定的材料，可以委托会计师事务所、律师事务所等中介机构进行。

股东及其委托的会计师事务所、律师事务所等中介机构查阅、复制有关材料，应当遵守有关保护国家秘密、商业秘密、个人隐私、个人信息等法律、行政法规的规定。

股东要求查阅、复制公司全资子公司相关材料的，适用前四款的规定。

第二百零九条　【财务会计报告送交股东及公告】　有限责任公司应当按照公司章程规定的期限将财务会计报告送交各股东。

股份有限公司的财务会计报告应当在召开股东会年会的二十日前置备于本公司，供股东查阅；公开发行股份的股份有限公司应当公告其财务会计报告。

5. 公司章程未明确小股东享有公司清算事务参与权

根据《公司法》的规定，股东有权作为公司清算组成员，参与公司清算事务，这既是股东的权利，也是股东的法定职责。

关联法规

《公司法》（2023 年 12 月 29 日修订）

第二百三十二条　【清算义务人及其责任】　公司因本法第二百二十九条第一款第一项、第二项、第四项、第五项规定而解散的，应当清算。董事为公司清算义务人，应当在解散事由出现之日起十五日内组成清算组进行清算。

清算组由董事组成，但是公司章程另有规定或者股东会决议另选他人的除外。

清算义务人未及时履行清算义务，给公司或者债权人造成损失的，应当承担赔偿责任。

第二百三十三条　【向法院申请指定清算组】 公司依照前条第一款的规定应当清算，逾期不成立清算组进行清算或者成立清算组后不清算的，利害关系人可以申请人民法院指定有关人员组成清算组进行清算。人民法院应当受理该申请，并及时组织清算组进行清算。

公司因本法第二百二十九条第一款第四项的规定而解散的，作出吊销营业执照、责令关闭或者撤销决定的部门或者公司登记机关，可以申请人民法院指定有关人员组成清算组进行清算。

第二百三十四条　【清算组的职权】 清算组在清算期间行使下列职权：

（一）清理公司财产，分别编制资产负债表和财产清单；

（二）通知、公告债权人；

（三）处理与清算有关的公司未了结的业务；

（四）清缴所欠税款以及清算过程中产生的税款；

（五）清理债权、债务；

（六）分配公司清偿债务后的剩余财产；

（七）代表公司参与民事诉讼活动。

第三节　公司的资本

一、股东出资不实的法律风险

股东出资是公司取得法人独立承担民事责任行为能力的经济基础。《公司法》对股东出资形式的规定见表 2 - 1。

表2-1 《公司法》对股东出资形式的规定

类别	财产形式	除外规定
可以用作出资	1. 货币；2. 实物、知识产权、土地使用权、股权、债权等能够用货币估价并可以依法转让的非货币财产	法律、行政法规规定不得作为出资的财产除外
不可以用作出资	信用、劳务、商誉、自然人姓名、特许经营权或者设定担保的财产等	—

股东出资不实将面临以下法律风险：

（1）公司设立时的其他股东与该股东在出资不足的范围内承担连带责任。

（2）股东权利（分红权、表决权等）受到一定的限制。

（3）在公司解散、破产的情形下，股东应当在认缴的出资额范围内承担补充赔偿责任。

（4）有可能被国家行政、司法机关追究有关出资不实的行政责任、刑事责任。

🌱 关联法规

《公司法》（2023年12月29日修订）

第四十七条 【有限责任公司注册资本】 有限责任公司的注册资本为在公司登记机关登记的全体股东认缴的出资额。全体股东认缴的出资额由股东按照公司章程的规定自公司成立之日起五年内缴足。

法律、行政法规以及国务院决定对有限责任公司注册资本实缴、注册资本最低限额、股东出资期限另有规定的，从其规定。

第四十八条 【股东出资方式、出资评估】 股东可以用货币出资，也可以用实物、知识产权、土地使用权、股权、债权等可以用货币估价并可以依法转让的非货币财产作价出资；但是，法律、行政法规规定不得作为出资的财产除外。

对作为出资的非货币财产应当评估作价，核实财产，不得高估或者低估作价。法律、行政法规对评估作价有规定的，从其规定。

第四十九条 【股东出资义务的履行和出资违约】 股东应当按期足额缴纳公司章程规定的各自所认缴的出资额。

股东以货币出资的，应当将货币出资足额存入有限责任公司在银行开设的账户；以非货币财产出资的，应当依法办理其财产权的转移手续。

　　股东未按期足额缴纳出资的，除应当向公司足额缴纳外，还应当对给公司造成的损失承担赔偿责任。

　　第五十条　【股东不履行出资义务的法律后果】　有限责任公司设立时，股东未按照公司章程规定实际缴纳出资，或者实际出资的非货币财产的实际价额显著低于所认缴的出资额的，设立时的其他股东与该股东在出资不足的范围内承担连带责任。

　　第五十一条　【董事会核查、催缴出资的职责】　有限责任公司成立后，董事会应当对股东的出资情况进行核查，发现股东未按期足额缴纳公司章程规定的出资的，应当由公司向该股东发出书面催缴书，催缴出资。

　　未及时履行前款规定的义务，给公司造成损失的，负有责任的董事应当承担赔偿责任。

　　第五十二条　【催缴出资的宽限期及其法律后果】　股东未按照公司章程规定的出资日期缴纳出资，公司依照前条第一款规定发出书面催缴书催缴出资的，可以载明缴纳出资的宽限期；宽限期自公司发出催缴书之日起，不得少于六十日。宽限期届满，股东仍未履行出资义务的，公司经董事会决议可以向该股东发出失权通知，通知应当以书面形式发出。自通知发出之日起，该股东丧失其未缴纳出资的股权。

　　依照前款规定丧失的股权应当依法转让，或者相应减少注册资本并注销该股权；六个月内未转让或者注销的，由公司其他股东按照其出资比例足额缴纳相应出资。

　　股东对失权有异议的，应当自接到失权通知之日起三十日内，向人民法院提起诉讼。

二、公司股东出资不实的常见情形

（一）对企业注册资本的特殊出资规定履行不当

　　自2014年3月1日起，我国企业注册资本由"实缴制"正式改为"认缴制"，新注册的公司已不再需要提交验资报告。但尚有一些特殊的行业，仍须按照该行业的管理规定进行验资，以证明已出资到位，符合行业经营资质的要求。

（二）以非货币财产出资未依法评估或未及时办理过户手续

股东以非货币财产出资的，应当全面履行以下义务：

（1）委托具有合法资格的评估机构，对该财产进行评估作价。

（2）将该财产过户至公司名下。

（3）将该财产实际交付给公司使用。

股东不应当以与公司主营业务无关的无形资产出资，且若该无形资产存在对公司的经营无价值或者价值很小，公司没使用过或者很少使用等情形的，则可能会被认定为股东出资不适当，需要重新评估以确定其实际价值。

关联法规

《公司法》（2023 年 12 月 29 日修订）

第四十八条 【股东出资方式、出资评估】 股东可以用货币出资，也可以用实物、知识产权、土地使用权、股权、债权等可以用货币估价并可以依法转让的非货币财产作价出资；但是，法律、行政法规规定不得作为出资的财产除外。

对作为出资的非货币财产应当评估作价，核实财产，不得高估或者低估作价。法律、行政法规对评估作价有规定的，从其规定。

第五十条 【股东不履行出资义务的法律后果】 有限责任公司设立时，股东未按照公司章程规定实际缴纳出资，或者实际出资的非货币财产的实际价额显著低于所认缴的出资额的，设立时的其他股东与该股东在出资不足的范围内承担连带责任。

（三）用作出资的知识产权贬值

1. 法律风险

股东用于出资的知识产权，经评估作价入股后发生贬值的情况时有发生，且该股东在入股时很难预测。

2. 防范建议

出资人应当在出资协议中，明确约定用作出资入股的知识产权在公司存续期间发生贬值的处理办法，并且，应当对该股东应否补足出资以及补足出资的具体操作细则作出规定，以尽量避免因此发生股权纠纷。

关联法规

《公司法》（2023 年 12 月 29 日修订）

第四十八条 【股东出资方式、出资评估】 股东可以用货币出资，也可以用实物、知识产权、土地使用权、股权、债权等可以用货币估价并可以依法转让的非货币财产作价出资；但是，法律、行政法规规定不得作为出资的财产除外。

对作为出资的非货币财产应当评估作价，核实财产，不得高估或者低估作价。法律、行政法规对评估作价有规定的，从其规定。

第四十九条 【股东出资义务的履行和出资违约】 股东应当按期足额缴纳公司章程规定的各自所认缴的出资额。

股东以货币出资的，应当将货币出资足额存入有限责任公司在银行开设的账户；以非货币财产出资的，应当依法办理其财产权的转移手续。

股东未按期足额缴纳出资的，除应当向公司足额缴纳外，还应当对给公司造成的损失承担赔偿责任。

（四）股东虚假出资、抽逃出资

1．虚假出资

虚假出资，是指公司发起人、股东违反公司章程的规定，未实际交付货币、实物或者未转移财产权，或者通过虚假手段取得验资机构验资证明，骗取公司登记的行为。虚假出资的行为通常表现为：

（1）使用虚假的银行进账单或者对账单骗取验资报告。

（2）用假的非货币财产投资手续骗取验资报告。

（3）以实物、知识产权、非专利技术、土地使用权出资，但实际上并未办理相关财产权转移手续，或者其实际价值显著低于公司章程所规定的出资额。

（4）将资金转入公司账户后又立即转出，公司未实际使用该款项用于经营。

2．抽逃出资

抽逃出资，是指公司发起人、股东在公司成立后，将其所缴纳的出资暗中撤回，但其仍保留股东身份和原始的出资份额的行为。对于虚假出资、抽逃出资，我国法律明确规定了股东应当承担的民事责任、行政责任及刑事责任。

抽逃出资通常表现为以下几种行为：

（1）公司资本验资后，将注册资金的货币一部分或者全部抽走。

（2）伪造虚假基础交易关系，将股东注册资金一部分划归股东个人所有。

（3）在非货币部分的注册资金验资完毕后，将其中一部分或者全部抽走。

（4）违反《公司法》的规定，未提取法定公积金和法定公益金或者制作虚假财务会计报表虚增利润，在短期内以分配利润的名义抽走出资。

（5）为抽走货币出资，以其他未经审计评估且实际价值明显低于其申报价值的非货币部分补账，以达到抽逃出资的目的。

关联法规

《公司法》（2023 年 12 月 29 日修订）

第五十三条　【禁止股东抽逃出资】　公司成立后，股东不得抽逃出资。

违反前款规定的，股东应当返还抽逃的出资；给公司造成损失的，负有责任的董事、监事、高级管理人员应当与该股东承担连带赔偿责任。

第二百五十二条　【虚假出资的行政处罚】　公司的发起人、股东虚假出资，未交付或者未按期交付作为出资的货币或者非货币财产的，由公司登记机关责令改正，可以处以五万元以上二十万元以下的罚款；情节严重的，处以虚假出资或者未出资金额百分之五以上百分之十五以下的罚款；对直接负责的主管人员和其他直接责任人员处以一万元以上十万元以下的罚款。

第二百五十三条　【公司发起人、股东抽逃出资的行政处罚】　公司的发起人、股东在公司成立后，抽逃其出资的，由公司登记机关责令改正，处以所抽逃出资金额百分之五以上百分之十五以下的罚款；对直接负责的主管人员和其他直接责任人员处以三万元以上三十万元以下的罚款。

《中华人民共和国刑法》（2023 年 12 月 29 日修正，以下简称《刑法》）

第一百五十九条　【虚假出资、抽逃出资罪】　公司发起人、股东违反公司法的规定未交付货币、实物或者未转移财产权，虚假出资，或者在公司成立后又抽逃其出资，数额巨大、后果严重或者有其他严重情节的，处五年以下有期徒刑或者拘役，并处或者单处虚假出资金额或者抽逃出资金额百分之二以上百分之十以下罚金。

单位犯前款罪的，对单位判处罚金，并对其直接负责的主管人员和其他直接责任人员，处五年以下有期徒刑或者拘役。

（五）公司投资存在非法集资入股的形式

为了防范发生非法集资入股的风险，企业要注意把握：①有限责任公司股东人数不得超过 50 人；②股份有限公司股东人数不得超过 200 人。企业要坚守底线，切莫非法吸收公众存款或者集资诈骗，否则将面临刑事责任风险。

关联法规

《刑法》（2023 年 12 月 29 日修正）

第一百七十六条　【非法吸收公众存款罪】　非法吸收公众存款或者变相吸收公众存款，扰乱金融秩序的，处三年以下有期徒刑或者拘役，并处或者单处罚金；数额巨大或者有其他严重情节的，处三年以上十年以下有期徒刑，并处罚金；数额特别巨大或者有其他特别严重情节的，处十年以上有期徒刑，并处罚金。

单位犯前款罪的，对单位判处罚金，并对其直接负责的主管人员和其他直接责任人员，依照前款的规定处罚。

有前两款行为，在提起公诉前积极退赃退赔，减少损害结果发生的，可以从轻或者减轻处罚。

第一百九十二条　【集资诈骗罪】　以非法占有为目的，使用诈骗方法非法集资，数额较大的，处三年以上七年以下有期徒刑，并处罚金；数额巨大或者有其他严重情节的，处七年以上有期徒刑或者无期徒刑，并处罚金或者没收财产。

单位犯前款罪的，对单位判处罚金，并对其直接负责的主管人员和其他直接责任人员，依照前款的规定处罚。

三、股东出资义务的加速到期

股东对公司的出资，是公司法人财产的重要组成部分，构成公司独立承担责任的基础。虽然《公司法》规定的公司注册资本认缴制度赋予了股东出资更多的灵活性和自主性，但并不意味着股东的出资义务被变相免除，特别是在可能存在股东利用注册资本认缴制逃避出资义务、损害债权人利益等风险时，应当对股东出资行为的合法性、合理性严格审查，从严把握。

（一）股东出资义务加速到期的法定情形

在特定情形下，公司章程规定的出资期限，可能会提前到期或者加速到期。

关联法规

《公司法》（2023 年 12 月 29 日修订）

第五十四条 【出资加速到期】 公司不能清偿到期债务的，公司或者已到期债权的债权人有权要求已认缴出资但未届出资期限的股东提前缴纳出资。

《中华人民共和国企业破产法》（2006 年 8 月 27 日公布，以下简称《企业破产法》）

第三十五条 【加速出资到期的情形】 人民法院受理破产申请后，债务人的出资人尚未完全履行出资义务的，管理人应当要求该出资人缴纳所认缴的出资，而不受出资期限的限制。

（二）股东出资义务加速到期的其他情形

公司作为被执行人的案件，在人民法院穷尽执行措施后，无财产可供执行，已具备破产原因但不申请破产的，债权人有权请求未届出资期限的股东，在未出资范围内，对公司不能清偿的债务承担补充赔偿责任。

关联法规

《全国法院民商事审判工作会议纪要》（法〔2019〕254 号）

6.**【股东出资应否加速到期】** 在注册资本认缴制下，股东依法享有期限利益。债权人以公司不能清偿到期债务为由，请求未届出资期限的股东在未出资范围内对公司不能清偿的债务承担补充赔偿责任的，人民法院不予支持。但是，下列情形除外：

（1）公司作为被执行人的案件，人民法院穷尽执行措施无财产可供执行，已具备破产原因，但不申请破产的；

（2）在公司债务产生后，公司股东（大）会决议或以其他方式延长股东出资期限的。

第四节　公司合并、分立、增资、减资

一、公司合并

（一）公司合并的法定程序

1. 公司合并的股东表决程序

有限责任公司修改章程、增加或者减少注册资本、公司合并、分立、解散或者变更公司形式，应当经代表三分之二以上表决权的公司股东决议通过；股份有限公司修改章程、增加或者减少注册资本、公司合并、分立、解散或者变更公司形式，应当经出席会议的公司股东所持表决权的三分之二以上决议通过。

一般而言，当公司与持有其90%以上股份的公司进行合并，或合并所支付的价款不超过本公司净资产10%时，可以免去股东会决议，但仍需履行必要的法定程序。

2. 公司合并的公告程序和股权、债权、债务承继

公司合并，应当编制资产负债表及财产清单，并自作出合并决议之日起10日内通知债权人，并于30日内在报纸上公告或者国家企业信用信息公示系统公告。债权人有权在法定时间内要求公司清偿债务或者提供相应的担保。

公司合并后，债务人不得拒绝合并后的企业承担债务，否则，如造成合并后的企业无法清偿合并前的债务的，债务人将依法承担相应的赔偿责任。

公司因合并而解散、分立，且持有其他有限责任公司股权的，应当在合并协议或者分立决议、决定中载明其持有股权的处置方案。

关联法规

《公司法》（2023 年 12 月 29 日修订）

第六十六条第三款　【有限责任公司表决权的限制】 股东会作出修改公司章程、增加或者减少注册资本的决议，以及公司合并、分立、解散或者变更公司形式的决议，应当经代表三分之二以上表决权的股东通过。

第一百一十六条第三款　【股份有限公司表决权的限制】 股东会作出修改公司章程、增加或者减少注册资本的决议，以及公司合并、分立、解散或者变更公司形式的决议，应当经出席会议的股东所持表决权的三分之二以上通过。

第二百一十八条 【公司合并的形式】 公司合并可以采取吸收合并或者新设合并。

一个公司吸收其他公司为吸收合并，被吸收的公司解散。两个以上公司合并设立一个新的公司为新设合并，合并各方解散。

第二百一十九条 【简易合并和小规模合并】 公司与其持股百分之九十以上的公司合并，被合并的公司不需经股东会决议，但应当通知其他股东，其他股东有权请求公司按照合理的价格收购其股权或者股份。

公司合并支付的价款不超过本公司净资产百分之十的，可以不经股东会决议；但是，公司章程另有规定的除外。

公司依照前两款规定合并不经股东会决议的，应当经董事会决议。

第二百二十条 【公司合并程序、债权人异议权】 公司合并，应当由合并各方签订合并协议，并编制资产负债表及财产清单。公司应当自作出合并决议之日起十日内通知债权人，并于三十日内在报纸上或者国家企业信用信息公示系统公告。债权人自接到通知之日起三十日内，未接到通知的自公告之日起四十五日内，可以要求公司清偿债务或者提供相应的担保。

第二百二十一条 【公司合并的债权、债务承继】 公司合并时，合并各方的债权、债务，应当由合并后存续的公司或者新设的公司承继。

第二百五十五条 【公司合并、分立、减少注册资本或者清算违法的行政处罚】 公司在合并、分立、减少注册资本或者进行清算时，不依照本法规定通知或者公告债权人的，由公司登记机关责令改正，对公司处以一万元以上十万元以下的罚款。

（二）公司合并的异议股东权利保护制度

对股东会作出公司合并、分立、转让主要财产的决议投反对票的股东，可以请求公司按照合理的价格收购其股权，无法在法定时间内达成股权收购协议的，股东可以于股东会决议通过之日起 90 日内向人民法院提起诉讼。

在公司进行简易合并时，未参与合并决策的股东有权请求公司按照合理的价格收购其股权。

关联法规

《公司法》（2023 年 12 月 29 日修订）

第八十九条　【有限责任公司股东的回购请求权】　有下列情形之一的，对股东会该项决议投反对票的股东可以请求公司按照合理的价格收购其股权：

（一）公司连续五年不向股东分配利润，而公司该五年连续盈利，并且符合本法规定的分配利润条件；

（二）公司合并、分立、转让主要财产；

（三）公司章程规定的营业期限届满或者章程规定的其他解散事由出现，股东会通过决议修改章程使公司存续。

自股东会决议作出之日起六十日内，股东与公司不能达成股权收购协议的，股东可以自股东会决议作出之日起九十日内向人民法院提起诉讼。

公司的控股股东滥用股东权利，严重损害公司或者其他股东利益的，其他股东有权请求公司按照合理的价格收购其股权。

公司因本条第一款、第三款规定的情形收购的本公司股权，应当在六个月内依法转让或者注销。

第一百六十二条　【股份有限公司收购本公司股份的情形】　公司不得收购本公司股份。但是，有下列情形之一的除外：

（一）减少公司注册资本；

（二）与持有本公司股份的其他公司合并；

（三）将股份用于员工持股计划或者股权激励；

（四）股东因对股东会作出的公司合并、分立决议持异议，要求公司收购其股份；

（五）将股份用于转换公司发行的可转换为股票的公司债券；

（六）上市公司为维护公司价值及股东权益所必需。

公司因前款第一项、第二项规定的情形收购本公司股份的，应当经股东会决议；公司因前款第三项、第五项、第六项规定的情形收购本公司股份的，可以按照公司章程或者股东会的授权，经三分之二以上董事出席的董事会会议决议。

公司依照本条第一款规定收购本公司股份后，属于第一项情形的，应当自收购之日起十日内注销；属于第二项、第四项情形的，应当在六个月内转让或者注销；属于第三项、第五项、第六项情形的，公司合计持有的本公司股份数不得超过本公司已发行股份总数的百分之十，并应当在三年内转让或者注销。

上市公司收购本公司股份的，应当依照《中华人民共和国证券法》的规定履行信息披露义务。上市公司因本条第一款第三项、第五项、第六项规定的情形收购本公司股份的，应当通过公开的集中交易方式进行。

公司不得接受本公司的股份作为质权的标的。

第二百一十九条第一款 【简易合并和小规模合并】 公司与其持股百分之九十以上的公司合并，被合并的公司不需经股东会决议，但应当通知其他股东，其他股东有权请求公司按照合理的价格收购其股权或者股份。

二、公司分立

（一）公司分立的法定程序

1. 公司分立的股东表决程序

公司分立的股东表决程序与公司合并的规定是相同的，但是，公司分立没有法律上的简易程序（即均须由公司股东表决）。

2. 公司分立的公告及债务处理程序

与公司合并的规定相同的是，公司分立也应当编制资产负债表及财产清单，自作出分立决议之日起 10 日内通知债权人，并于 30 日内在报纸上公告或者国家企业信用信息公示系统公告。与公司合并规定不同的是，《公司法》规定，公司分立的债务承担规定为：公司分立前的债务由分立后的公司承担连带责任（公司在分立前与债权人就债务清偿达成的书面协议另有约定的除外），并未规定债权人有权在法定时间内要求公司清偿债务或者提供相应的担保。

🏛 **关联法规**

《公司法》（2023 年 12 月 29 日修订）

第二百二十二条 【公司分立时的财产分割和分立程序】 公司分立，其财产作相应的分割。

公司分立，应当编制资产负债表及财产清单。公司应当自作出分立决议之日起十日内通知债权人，并于三十日内在报纸上或者国家企业信用信息公示系统公告。

第二百二十三条 【公司分立时公司债务承担】 公司分立前的债务由分立后的公司承担连带责任。但是，公司在分立前与债权人就债务清偿达成的书面协议另有约定的除外。

第二百五十五条　【公司合并、分立、减少注册资本或者清算违法的行政处罚】　公司在合并、分立、减少注册资本或者进行清算时，不依照本法规定通知或者公告债权人的，由公司登记机关责令改正，对公司处以一万元以上十万元以下的罚款。

（二）公司分立的异议股东权利保护制度

对股东会作出公司分立决议投反对票的股东，可以请求公司按照合理的价格收购其股权。如果无法在法定时间内达成股权收购协议，股东可以在股东会决议通过之日起 90 日内向人民法院提起诉讼，这一规定与公司合并的规定相同。与公司合并的规定不同的是，《公司法》第二百一十九条第一款允许公司在简易合并和小规模合并时不需经过股东会决议，并赋予未参与决策的股东请求公司按照合理价格收购其股权的权利。然而，公司分立并未设有类似的简易程序。

关联法规

《公司法》（2023 年 12 月 29 日修订）

第六十六条第三款　【有限责任公司表决权的限制】　股东会作出修改公司章程、增加或者减少注册资本的决议，以及公司合并、分立、解散或者变更公司形式的决议，应当经代表三分之二以上表决权的股东通过。

第八十九条　【有限责任公司股东的回购请求权】　有下列情形之一的，对股东会该项决议投反对票的股东可以请求公司按照合理的价格收购其股权：

（一）公司连续五年不向股东分配利润，而公司该五年连续盈利，并且符合本法规定的分配利润条件；

（二）公司合并、分立、转让主要财产；

（三）公司章程规定的营业期限届满或者章程规定的其他解散事由出现，股东会通过决议修改章程使公司存续。

自股东会决议作出之日起六十日内，股东与公司不能达成股权收购协议的，股东可以自股东会决议作出之日起九十日内向人民法院提起诉讼。

公司的控股股东滥用股东权利，严重损害公司或者其他股东利益的，其他股东有权请求公司按照合理的价格收购其股权。

公司因本条第一款、第三款规定的情形收购的本公司股权，应当在六个月内依法转让或者注销。

第一百一十六条第三款　【股份有限公司表决权的限制】　股东会作出修改公

司章程、增加或者减少注册资本的决议，以及公司合并、分立、解散或者变更公司形式的决议，应当经出席会议的股东所持表决权的三分之二以上通过。

第二百一十九条 【简易合并和小规模合并】 公司与其持股百分之九十以上的公司合并，被合并的公司不需经股东会决议，但应当通知其他股东，其他股东有权请求公司按照合理的价格收购其股权或者股份。

公司合并支付的价款不超过本公司净资产百分之十的，可以不经股东会决议；但是，公司章程另有规定的除外。

公司依照前两款规定合并不经股东会决议的，应当经董事会决议。

三、公司增资

（一）增资的表决程序

公司增资的表决程序与公司合并、分立的股东表决程序规定是相同的，但是，公司增资、减资、分立没有法律上的简易程序（即均须由公司股东表决）。

关联法规

《公司法》（2023 年 12 月 29 日修订）

第六十六条第三款 【有限责任公司表决权的限制】 股东会作出修改公司章程、增加或者减少注册资本的决议，以及公司合并、分立、解散或者变更公司形式的决议，应当经代表三分之二以上表决权的股东通过。

第一百一十六条第三款 【股份有限公司表决权的限制】 股东会作出修改公司章程、增加或者减少注册资本的决议，以及公司合并、分立、解散或者变更公司形式的决议，应当经出席会议的股东所持表决权的三分之二以上通过。

第二百二十八条 【公司增加注册资本】 有限责任公司增加注册资本时，股东认缴新增资本的出资，依照本法设立有限责任公司缴纳出资的有关规定执行。

股份有限公司为增加注册资本发行新股时，股东认购新股，依照本法设立股份有限公司缴纳股款的有关规定执行。

《市场主体登记管理条例》（2021 年 8 月 24 日公布）

第二十四条 【市场主体变更登记的时限】 市场主体变更登记事项，应当自作出变更决议、决定或者法定变更事项发生之日起 30 日内向登记机关申请变更登记。

市场主体变更登记事项属于依法须经批准的，申请人应当在批准文件有效期内向登记机关申请变更登记。

《中华人民共和国市场主体登记管理条例实施细则》（以下简称《市场主体登记管理条例实施细则》）（2022 年 3 月 1 日公布）

第三十六条　【公司增加、减少注册资本的程序规定】　市场主体变更注册资本或者出资额的，应当办理变更登记。

公司增加注册资本，有限责任公司股东认缴新增资本的出资和股份有限公司的股东认购新股的，应当按照设立时缴纳出资和缴纳股款的规定执行。股份有限公司以公开发行新股方式或者上市公司以非公开发行新股方式增加注册资本，还应当提交国务院证券监督管理机构的核准或者注册文件。

公司减少注册资本，可以通过国家企业信用信息公示系统公告，公告期 45 日，应当于公告期届满后申请变更登记。法律、行政法规或者国务院决定对公司注册资本有最低限额规定的，减少后的注册资本应当不少于最低限额。

外商投资企业注册资本（出资额）币种发生变更，应当向登记机关申请变更登记。

第七十二条　【未按规定办理变更登记的行政处罚】　市场主体未按规定办理变更登记的，由登记机关责令改正；拒不改正的，处 1 万元以上 10 万元以下的罚款；情节严重的，吊销营业执照。

（二）增资的优先认缴

有限责任公司新增资本时，股东在同等条件下有权优先认购，这是因为股东的优先认购权本身在于保护股东权益，维护股东间的和谐，这与有限责任公司的人合性相符；股份有限公司的资合性更强，股东之间联系较弱，在发行新股时，股东不享有优先认购权，但公司章程另有规定或者股东会决议决定股东享有优先认购权的除外。

🏛 **关联法规**

《公司法》（2023 年 12 月 29 日修订）

第二百二十七条　【股东优先认购权】　有限责任公司增加注册资本时，股东在同等条件下有权优先按照实缴的出资比例认缴出资。但是，全体股东约定不按照出资比例优先认缴出资的除外。

股份有限公司为增加注册资本发行新股时，股东不享有优先认购权，公司章程另有规定或者股东会决议决定股东享有优先认购权的除外。

（三）增资的财产来源

根据《公司法》的规定，法定公积金在转为资本时，所留存的该项公积金不得少于转增前公司注册资本的25%。

关联法规

《公司法》（2023年12月29日修订）

第二百一十四条　【资本公积金的用途】 公司的公积金用于弥补公司的亏损、扩大公司生产经营或者转为增加公司注册资本。

公积金弥补公司亏损，应当先使用任意公积金和法定公积金；仍不能弥补的，可以按照规定使用资本公积金。

法定公积金转为增加注册资本时，所留存的该项公积金不得少于转增前公司注册资本的百分之二十五。

四、公司减资

（一）减资的法定程序

1. 公司减资的表决程序

公司减资的表决程序与公司合并、分立、增资的股东表决程序规定是相同的，但是，公司增资、减资、分立没有法律上的简易程序（即均须由公司股东表决）。

2. 公司减资的公告及债务处理程序

公司减资公告程序与公司合并、分立的规定相同的是，公司减资也应当编制资产负债表及财产清单，自作出减少注册资本决议之日起10日内通知债权人，并于30日内在报纸上公告或者国家企业信用信息公示系统公告。

同时，《公司法》规定公司合并或者减资的，债权人有权在法定时间内（自接到通知之日起30日内，未接到通知的自公告之日起45日内）要求公司清偿债务或者提供相应的担保。而公司分立并无此规定。

关联法规

《公司法》（2023 年 12 月 29 日修订）

第二百二十四条第一、第二款　【减少注册资本的程序规定】　公司减少注册资本，应当编制资产负债表及财产清单。

公司应当自股东会作出减少注册资本决议之日起十日内通知债权人，并于三十日内在报纸上或者国家企业信用信息公示系统公告。债权人自接到通知之日起三十日内，未接到通知的自公告之日起四十五日内，有权要求公司清偿债务或者提供相应的担保。

公司减少注册资本，应当按照股东出资或者持有股份的比例相应减少出资额或者股份，法律另有规定、有限责任公司全体股东另有约定或者股份有限公司章程另有规定的除外。

第二百五十五条　【公司合并、分立、减少注册资本或者清算违法的行政处罚】　公司在合并、分立、减少注册资本或者进行清算时，不依照本法规定通知或者公告债权人的，由公司登记机关责令改正，对公司处以一万元以上十万元以下的罚款。

《市场主体登记管理条例》（2021 年 8 月 24 日公布）

第二十四条　【市场主体变更登记的时限】　市场主体变更登记事项，应当自作出变更决议、决定或者法定变更事项发生之日起 30 日内向登记机关申请变更登记。

市场主体变更登记事项属于依法须经批准的，申请人应当在批准文件有效期内向登记机关申请变更登记。

《市场主体登记管理条例实施细则》（2022 年 3 月 1 日公布）

第三十六条　【公司增加、减少注册资本的程序规定】　市场主体变更注册资本或者出资额的，应当办理变更登记。

公司增加注册资本，有限责任公司股东认缴新增资本的出资和股份有限公司的股东认购新股的，应当按照设立时缴纳出资和缴纳股款的规定执行。股份有限公司以公开发行新股方式或者上市公司以非公开发行新股方式增加注册资本，还应当提交国务院证券监督管理机构的核准或者注册文件。

公司减少注册资本，可以通过国家企业信用信息公示系统公告，公告期45日，应当于公告期届满后申请变更登记。法律、行政法规或者国务院决定对公司注册资本有最低限额规定的，减少后的注册资本应当不少于最低限额。

外商投资企业注册资本（出资额）币种发生变更，应当向登记机关申请变更登记。

第七十二条 【未按规定办理变更登记的行政处罚】 市场主体未按规定办理变更登记的，由登记机关责令改正；拒不改正的，处1万元以上10万元以下的罚款；情节严重的，吊销营业执照。

（二）减资的限制性规定

（1）公司减少注册资本，应当按照股东出资或者持有股份的比例相应减少出资额或者股份，法律另有规定、有限责任公司全体股东另有约定或者股份有限公司章程另有规定的除外。

（2）公司减少注册资本弥补亏损的，不得向股东分配，也不得免除股东缴纳出资或者股款的义务。

（3）公司依照法律规定减少注册资本后，在法定公积金和任意公积金累计额达到公司注册资本的50%前，不得分配利润。

（4）违反本法规定减少注册资本的，股东及负有责任的董事、监事、高级管理人员应当承担相应法律责任。

关联法规

《公司法》（2023年12月29日修订）

第二百一十四条 【公积金用途】 公司的公积金用于弥补公司的亏损、扩大公司生产经营或者转为增加公司注册资本。

公积金弥补公司亏损，应当先使用任意公积金和法定公积金；仍不能弥补的，可以按照规定使用资本公积金。

法定公积金转为增加注册资本时，所留存的该项公积金不得少于转增前公司注册资本的百分之二十五。

第二百二十四条第三款 【减少注册资本的股东出资额、股份调整】 公司减少注册资本，应当按照股东出资或者持有股份的比例相应减少出资额或者股份，法律另有规定、有限责任公司全体股东另有约定或者股份有限公司章程另有规定的除外。

第二百二十五条　【简易减资】　公司依照本法第二百一十四条第二款的规定弥补亏损后，仍有亏损的，可以减少注册资本弥补亏损。减少注册资本弥补亏损的，公司不得向股东分配，也不得免除股东缴纳出资或者股款的义务。

依照前款规定减少注册资本的，不适用前条第二款的规定，但应当自股东会作出减少注册资本决议之日起三十日内在报纸上或者国家企业信用信息公示系统公告。

公司依照前两款的规定减少注册资本后，在法定公积金和任意公积金累计额达到公司注册资本百分之五十前，不得分配利润。

第二百二十六条　【违法减资的民事责任】　违反本法规定减少注册资本的，股东应当退还其收到的资金，减免股东出资的应当恢复原状；给公司造成损失的，股东及负有责任的董事、监事、高级管理人员应当承担赔偿责任。

《市场主体登记管理条例实施细则》（2022年3月1日公布）

第三十六条　【公司增加、减少注册资本的程序规定】　市场主体变更注册资本或者出资额的，应当办理变更登记。

公司增加注册资本，有限责任公司股东认缴新增资本的出资和股份有限公司的股东认购新股的，应当按照设立时缴纳出资和缴纳股款的规定执行。股份有限公司以公开发行新股方式或者上市公司以非公开发行新股方式增加注册资本，还应当提交国务院证券监督管理机构的核准或者注册文件。

公司减少注册资本，可以通过国家企业信用信息公示系统公告，公告期45日，应当于公告期届满后申请变更登记。法律、行政法规或者国务院决定对公司注册资本有最低限额规定的，减少后的注册资本应当不少于最低限额。

外商投资企业注册资本（出资额）币种发生变更，应当向登记机关申请变更登记。

第五节 公司的主要成员

一、公司实际控制人

（一）对公司的赔偿责任

根据《民法典》及《公司法》的相关规定，公司的控股股东、实际控制人、董事、监事及高级管理人员不得利用其关联关系损害公司利益，否则，给公司造成损失的，应当承担赔偿责任。

🌱 **关联法规**

《民法典》（2020 年 5 月 28 日公布）

第八十四条　【关联关系的赔偿责任】　营利法人的控股出资人、实际控制人、董事、监事、高级管理人员不得利用其关联关系损害法人的利益；利用关联关系造成法人损失的，应当承担赔偿责任。

《公司法》（2023 年 12 月 29 日修订）

第二十二条　【禁止关联行为】　公司的控股股东、实际控制人、董事、监事、高级管理人员不得利用关联关系损害公司利益。

违反前款规定，给公司造成损失的，应当承担赔偿责任。

（二）在特定情形下对债权人的责任

根据《公司法》的规定，公司控股股东在公司清算事务中，违法失职、恶意处置财产，给债权人造成损失的，应当承担赔偿责任。

关联法规

《公司法》（2023 年 12 月 29 日修订）

第二百三十八条　【清算组的责任】 清算组成员履行清算职责，负有忠实义务和勤勉义务。

清算组成员怠于履行清算职责，给公司造成损失的，应当承担赔偿责任；因故意或者重大过失给债权人造成损失的，应当承担赔偿责任。

第二百五十六条　【公司妨碍清算的法律责任】 公司在进行清算时，隐匿财产，对资产负债表或者财产清单作虚假记载，或者在未清偿债务前分配公司财产的，由公司登记机关责令改正，对公司处以隐匿财产或者未清偿债务前分配公司财产金额百分之五以上百分之十以下的罚款；对直接负责的主管人员和其他直接责任人员处以一万元以上十万元以下的罚款。

（三）配合法院的调查询问

《民事诉讼法》规定，对必须接受调查询问的被执行人的法定代表人、实际控制人，经依法传唤无正当理由拒不到场的，人民法院可以拘传其到场进行调查询问。

 关联法规

《最高人民法院关于适用〈中华人民共和国民事诉讼法〉的解释》（2022 年 4 月 1 日修正）

第四百八十二条　【不配合法院调查询问的责任】 对必须接受调查询问的被执行人、被执行人的法定代表人、负责人或者实际控制人，经依法传唤无正当理由拒不到场的，人民法院可以拘传其到场。

人民法院应当及时对被拘传人进行调查询问，调查询问的时间不得超过八小时；情况复杂，依法可能采取拘留措施的，调查询问的时间不得超过二十四小时。

人民法院在本辖区以外采取拘传措施时，可以将被拘传人拘传到当地人民法院，当地人民法院应予协助。

《最高人民法院关于民事执行中财产调查若干问题的规定》（2020 年 12 月 29 日修正）

第十五条　【人民法院可依法传唤的人员】　为查明被执行人的财产情况和履行义务的能力，可以传唤被执行人或被执行人的法定代表人、负责人、实际控制人、直接责任人员到人民法院接受调查询问。

对必须接受调查询问的被执行人、被执行人的法定代表人、负责人或者实际控制人，经依法传唤无正当理由拒不到场的，人民法院可以拘传其到场；上述人员下落不明的，人民法院可以依照相关规定通知有关单位协助查找。

（四）被施以失信惩戒

如果公司被列入失信联合惩戒对象名单，相关失信惩戒信息可能也会列入其实际控制人的个人信用记录。

关联法规

《国务院办公厅关于加快推进社会信用体系建设构建以信用为基础的新型监管机制的指导意见》（国办发〔2019〕35 号）

（十二）　【法人与实际控制人的失信惩戒】　依法追究违法失信责任。建立健全责任追究机制，对被列入失信联合惩戒对象名单的市场主体，依法依规对其法定代表人或主要负责人、实际控制人进行失信惩戒，并将相关失信行为记入其个人信用记录。机关事业单位、国有企业出现违法失信行为的，要通报上级主管单位和审计部门；工作人员出现违法失信行为的，要通报所在单位及相关纪检监察、组织人事部门。（各地区各部门按职责分别负责）

（五）特定情形下的刑事责任

如果企业实际控制人是为了实施犯罪行为而设立的公司，或者通过操纵公司的决策过程，使公司完全丧失独立性，沦为实际控制人的工具或者躯壳，那么该等行为将严重损害《刑法》所保护的法益，因此，该企业的实际控制人有可能承担相应的刑事责任。

二、公司法定代表人

（一）任职资格风险

根据《民法典》及《公司法》的相关规定，法定代表人应当由公司的董事长、执行董事或者经理担任，并在公司章程中作出明确规定。法律对公司法定代表人没有学历、工作年限、职称等方面的限制性规定，但应当注意的是，公务员不得兼任公司法定代表人。若公司未注意法律、行政法规对于法人代表任职资格的限制，则有可能会导致法定代表人的任职无效。

关联法规

《公司法》（2023 年 12 月 29 日修订）

第十条 【公司法定代表人】 公司的法定代表人按照公司章程的规定，由代表公司执行公司事务的董事或者经理担任。

担任法定代表人的董事或者经理辞任的，视为同时辞去法定代表人。

法定代表人辞任的，公司应当在法定代表人辞任之日起三十日内确定新的法定代表人。

《中华人民共和国公务员法》（2018 年 12 月 29 日修订）

第四十四条 【公务员兼职的规定】 公务员因工作需要在机关外兼职，应当经有关机关批准，并不得领取兼职报酬。

第五十九条第（十六）项 【公务员的禁止行为】 公务员应当遵纪守法，不得有下列行为：

（十六）违反有关规定从事或参与营利性活动，在企业或其他营利性组织中兼任职务。

《市场主体登记管理条例》（2021 年 8 月 24 日公布）

第十二条 【不得担任公司、非公司企业法人的法定代表人的情形】 有下列情形之一的，不得担任公司、非公司企业法人的法定代表人：

（一）无民事行为能力或者限制民事行为能力；

（二）因贪污、贿赂、侵占财产、挪用财产或者破坏社会主义市场经济秩序被判处刑罚，执行期满未逾 5 年，或者因犯罪被剥夺政治权利，执行期满未逾 5 年；

（三）担任破产清算的公司、非公司企业法人的法定代表人、董事或者厂长、经理，对破产负有个人责任的，自破产清算完结之日起未逾 3 年；

（四）担任因违法被吊销营业执照、责令关闭的公司、非公司企业法人的法定代表人，并负有个人责任的，自被吊销营业执照之日起未逾 3 年；

（五）个人所负数额较大的债务到期未清偿；

（六）法律、行政法规规定的其他情形。

（二）民事法律风险

1. 仅挂名为公司法定代表人但不参与经营管理的法律风险

（1）在挂名为法定代表人的情况下，如实际控制人操纵公司时存在虚构出资、抽逃出资，或者在诉讼过程中有隐匿、转移资产，或者未经清算擅自处分财产等行为的，挂名法定代表人需承担相应的民事赔偿责任。

（2）"法定代表人无须承担风险"的承诺或者约定是无效的，即使挂名法定代表人与实际控制人之间有类似"挂名法定代表人不参与经营和管理，也不承担相应的责任"的免责约定，该约定也只在双方内部有效，对外并不具有法律效力。

关联法规

《民法典》（2020 年 5 月 28 日公布）

第六十一条　【法定代表人的定义及行为的法律责任】 依照法律或者法人章程的规定，代表法人从事民事活动的负责人，为法人的法定代表人。

法定代表人以法人名义从事的民事活动，其法律后果由法人承受。

法人章程或者法人权力机构对法定代表人代表权的限制，不得对抗善意相对人。

第六十二条　【法定代表人职务侵权行为的责任承担】 法定代表人因执行职务造成他人损害的，由法人承担民事责任。

法人承担民事责任后，依照法律或者法人章程的规定，可以向有过错的法定代表人追偿。

《公司法》（2023 年 12 月 29 日修订）

第十一条　【公司法定代表人的行为效果】　法定代表人以公司名义从事的民事活动，其法律后果由公司承受。

公司章程或者股东会对法定代表人职权的限制，不得对抗善意相对人。

法定代表人因执行职务造成他人损害的，由公司承担民事责任。公司承担民事责任后，依照法律或者公司章程的规定，可以向有过错的法定代表人追偿。

2. 被限制离开住所地、限制出境的法律风险

企业在进入破产程序或者欠缴税款的情形下，其法定代表人可能会被限制离开住所地、限制出境。

 关联法规

《企业破产法》（2006 年 8 月 27 日公布）

第十五条　【限制离开住所地】　自人民法院受理破产申请的裁定送达债务人之日起至破产程序终结之日，债务人的有关人员承担下列义务：

（一）妥善保管其占有和管理的财产、印章和账簿、文书等资料；

（二）根据人民法院、管理人的要求进行工作，并如实回答询问；

（三）列席债权人会议并如实回答债权人的询问；

（四）未经人民法院许可，不得离开住所地；

（五）不得新任其他企业的董事、监事、高级管理人员。

前款所称有关人员，是指企业的法定代表人；经人民法院决定，可以包括企业的财务管理人员和其他经营管理人员。

《民事诉讼法》（2023 年 9 月 1 日修订）

第二百六十六条　【被执行人的限制措施】　被执行人不履行法律文书确定的义务的，人民法院可以对其采取或者通知有关单位协助采取限制出境，在征信系统记录、通过媒体公布不履行义务信息以及法律规定的其他措施。

《最高人民法院关于适用〈中华人民共和国民事诉讼法〉执行程序若干问题的解释》（2020 年 12 月 23 日修正）

第二十四条　【限制出境】　被执行人为单位的，可以对其法定代表人、主要负责人或者影响债务履行的直接责任人员限制出境。

被执行人为无民事行为能力人或者限制民事行为能力人的，可以对其法定代理人限制出境。

《中华人民共和国税收征收管理法》（2015 年 4 月 24 日修正，以下简称《税收征收管理法》）

第四十四条　【阻止出境】　欠缴税款的纳税人或者他的法定代表人需要出境的，应当在出境前向税务机关结清应纳税款、滞纳金或者提供担保。未结清税款、滞纳金，又不提供担保的，税务机关可通知出境管理机关阻止其出境。

（三）行政责任风险

因企业的违法行为导致法定代表人承担行政责任的情形有以下两种：

（1）虚假出资、抽逃出资、未交付或者未按期交付作为出资的货币或者非货币财产的，将由公司登记机关责令改正，并处以虚假出资金额一定比例的罚款。如在公司成立后抽逃出资的，除由公司登记机关责令改正外，也可能被处以抽逃出资金额百分之五以上百分之十五以下的罚款。

（2）在公司进行清算时，隐匿财产、对资产负债表或者财产清单作虚假记载或者在未清偿债务前分配公司财产的，除公司可能面临行政罚款外，法定代表人作为直接负责的主管人员或者直接责任人员时，也可能被处以一万元以上十万元以下的罚款。

🏛 **关联法规**

《公司法》（2023 年 12 月 29 日修订）

第二百五十二条　【公司发起人、股东虚假出资的法律责任】　公司的发起人、股东虚假出资，未交付或者未按期交付作为出资的货币或者非货币财产的，由公司登记机关责令改正，可以处以五万元以上二十万元以下的罚款；情节严重的，处以虚假出资或者未出资金额百分之五以上百分之十五以下的罚款；对直接负责的主管人员和其他直接责任人员处以一万元以上十万元以下的罚款。

第二百五十三条　【公司发起人、股东抽逃出资的法律责任】　公司的发起人、股东在公司成立后，抽逃其出资的，由公司登记机关责令改正，处以所抽逃出资金额百分之五以上百分之十五以下的罚款；对直接负责的主管人员和其他直接责任人员处以三万元以上三十万元以下的罚款。

三、公司董事、监事、高级管理人员

（一）公司董事、监事、高级管理人员违背忠实勤勉义务、执行职务违法，损害公司利益的赔偿责任

《公司法》规定，董事、高级管理人员从事法律规定的禁止行为所得的收入应当归公司所有。董事、监事、高级管理人员执行公司职务时，违反法律、行政法规或者公司章程的规定，给公司造成损失的，应当承担赔偿责任。

关联法规

《公司法》（2023 年 12 月 29 日修订）

第一百八十一条　【董事、监事、高级管理人员的禁止行为】　董事、监事、高级管理人员不得有下列行为：

（一）侵占公司财产、挪用公司资金；

（二）将公司资金以其个人名义或者以其他个人名义开立账户存储；

（三）利用职权贿赂或者收受其他非法收入；

（四）接受他人与公司交易的佣金归为己有；

（五）擅自披露公司秘密；

（六）违反对公司忠实义务的其他行为。

第一百八十二条　【董事、监事、高级管理人员及其关联人关联交易报告】　董事、监事、高级管理人员，直接或者间接与本公司订立合同或者进行交易，应当就与订立合同或者进行交易有关的事项向董事会或者股东会报告，并按照公司章程的规定经董事会或者股东会决议通过。

董事、监事、高级管理人员的近亲属，董事、监事、高级管理人员或者其近亲属直接或者间接控制的企业，以及与董事、监事、高级管理人员有其他关联关系的关联人，与公司订立合同或者进行交易，适用前款规定。

第一百八十三条 【董事、监事、高级管理人员合法谋取商业机会】 董事、监事、高级管理人员，不得利用职务便利为自己或他人谋取属于公司的商业机会。但是，有下列情形之一的除外：

（一）向董事会或者股东会报告，并按照公司章程的规定经董事会或者股东会决议通过；

（二）根据法律、行政法规或者公司章程的规定，公司不能利用该商业机会。

第一百八十四条 【董事、监事、高级管理人员竞业禁止义务】 董事、监事、高级管理人员未向董事会或者股东会报告，并按照公司章程的规定经董事会或者股东会决议通过，不得自营或者为他人经营与其任职公司同类的业务。

第一百八十五条 【董事关联交易回避制度】 董事会对本法第一百八十二条至第一百八十四条规定的事项决议时，关联董事不得参与表决，其表决权不计入表决权总数。出席董事会会议的无关联关系董事人数不足三人的，应当将该事项提交股东会审议。

第一百八十六条 【公司归入权】 董事、监事、高级管理人员违反本法第一百八十一条至第一百八十四条规定所得的收入应当归公司所有。

第一百八十七条 【董事、监事、高级管理人员列席股东会议并接受股东的质询】 股东会要求董事、监事、高级管理人员列席会议的，董事、监事、高级管理人员应当列席并接受股东的质询。

第一百八十八条 【董事、监事、高级管理人员对公司的赔偿责任】 董事、监事、高级管理人员执行职务违反法律、行政法规或者公司章程的规定，给公司造成损失的，应当承担赔偿责任。

第一百八十九条 【股东代表诉讼】 董事、高级管理人员有前条规定的情形的，有限责任公司的股东、股份有限公司连续一百八十日以上单独或者合计持有公司百分之一以上股份的股东，可以书面请求监事会向人民法院提起诉讼；监事有前条规定的情形的，前述股东可以书面请求董事会向人民法院提起诉讼。

监事会或者董事会收到前款规定的股东书面请求后拒绝提起诉讼，或者自收到请求之日起三十日内未提起诉讼，或者情况紧急、不立即提起诉讼将会使公司利益受到难以弥补的损害的，前款规定的股东有权为公司利益以自己的名义直接向人民法院提起诉讼。

他人侵犯公司合法权益，给公司造成损失的，本条第一款规定的股东可以依照前两款的规定向人民法院提起诉讼。

公司全资子公司的董事、监事、高级管理人员有前条规定情形，或者他人侵犯公司全资子公司合法权益造成损失的，有限责任公司的股东、股份有限公司连续一百八十日以上单独或者合计持有公司百分之一以上股份的股东，可以依照前三款规定书面请求全资子公司的监事会、董事会向人民法院提起诉讼或者以自己的名义直接向人民法院提起诉讼。

第一百九十条 【股直接诉讼】 董事、高级管理人员违反法律、行政法规或者公司章程的规定，损害股东利益的，股东可以向人民法院提起诉讼。

第一百九十一条 【董事、监事、高级管理人员致人损害的赔偿责任】 董事、高级管理人员执行职务，给他人造成损害的，公司应当承担赔偿责任；董事、高级管理人员存在故意或者重大过失的，也应当承担赔偿责任。

第一百九十二条 【控股股东、实际控制人的连带责任】 公司的控股股东、实际控制人指示董事、高级管理人员从事损害公司或者股东利益的行为的，与该董事、高级管理人员承担连带责任。

第一百九十三条 【董事责任保险】 公司可以在董事任职期间为董事因执行公司职务承担的赔偿责任投保责任保险。

公司为董事投保责任保险或者续保后，董事会应当向股东会报告责任保险的投保金额、承保范围及保险费率等内容。

第二百六十五条 【专业用语的含义】 本法下列用语的含义：

（一）高级管理人员，是指公司的经理、副经理、财务负责人，上市公司董事会秘书和公司章程规定的其他人员。

（二）控股股东，是指其出资额占有限责任公司资本总额超过百分之五十或者其持有的股份占股份有限公司股本总额超过百分之五十的股东；出资额或者持有股份的比例虽然低于百分之五十，但依其出资额或者持有的股份所享有的表决权已足以对股东会的决议产生重大影响的股东。

（三）实际控制人，是指通过投资关系、协议或者其他安排，能够实际支配公司行为的人。

（四）关联关系，是指公司控股股东、实际控制人、董事、监事、高级管理人员与其直接或者间接控制的企业之间的关系，以及可能导致公司利益转移的其他关系。但是，国家控股的企业之间不仅因为同受国家控股而具有关联关系。

《企业破产法》（2006 年 8 月 27 日公布）

第一百二十八条 【债务人非法转移财产的责任】 债务人有本法第三十一条、第三十二条、第三十三条规定的行为，损害债权人利益的，债务人的法定代

表人和其他直接责任人员依法承担赔偿责任。

《刑法》(2023 年 12 月 29 日修正)

第二百七十一条 【职务侵占罪】 公司、企业或者其他单位的工作人员，利用职务上的便利，将本单位财物非法占为己有，数额较大的，处三年以下有期徒刑或者拘役，并处罚金；数额巨大的，处三年以上十年以下有期徒刑，并处罚金；数额特别巨大的，处十年以上有期徒刑或者无期徒刑，并处罚金。

国有公司、企业或者其他国有单位中从事公务的人员和国有公司、企业或者其他国有单位委派到非国有公司、企业以及其他单位从事公务的人员有前款行为的，依照本法第三百八十二条、第三百八十三条的规定定罪处罚。

（二）公司股东滥用公司法人独立地位和股东有限责任

根据《公司法》的规定，公司股东应当遵守法律、行政法规和公司章程的规定，依法行使股东权利，不得滥用公司法人独立地位和股东有限责任损害公司债权人的合法利益。否则，可能要承担相应的法律责任。

关联法规

《公司法》(2023 年 12 月 29 日修订)

第二十一条 【股东不得滥用股东权利】 公司股东应当遵守法律、行政法规和公司章程，依法行使股东权利，不得滥用股东权利损害公司或者其他股东的利益。

公司股东滥用股东权利给公司或者其他股东造成损失的，应当承担赔偿责任。

第六节 公司决议

公司股东会或董事会的决议操作不当，可能面临以下法律风险：

公司股东会或者董事会的决议内容违反法律、行政法规，将被人民法院判令无效；股东会或者董事会的会议召集程序、表决方式违反法律、行政法规或者公司章程，或者决议内容违反公司章程，将被人民法院判令撤销。

实践中，公司股东会及董事会决议中常见的违法操作有以下四方面。

一、股东会、董事会的召集程序不合法

股东会议有定期会议和临时会议，其中，定期会议的召开时间由公司章程规定，而临时会议的召集规定是：代表十分之一以上表决权的股东、三分之一以上的董事、监事会或者不设监事会的监事提议召开。这是股东会、董事会的召集必须要遵守的规则，否则，股东会、董事会通过的决议可能被撤销。

二、股东未收到股东会的开会通知

公司召开股东会会议，应当按照《公司法》的规定，于会议召开 15 日前（公司章程另有规定或者全体股东另有约定的除外）通知全体股东。通知可以采用邮政 EMS 快递的形式发出，并在邮政 EMS 快递"内件品名"栏目中注明"召开股东会通知"，并跟进该邮政快递的签收信息，注意形成书面通知记录，并跟踪核实全体股东是否已收到股东会的开会通知。否则，未收到开会通知的股东可以请求法院判令股东会决议不成立。

三、股东会的决议方法不当

股东会的表决方式，除《公司法》有规定的外，应当由公司章程规定。一般情况下，公司章程应当规定：普通决议事项须经代表二分之一以上表决权的股东表决通过；特别决议事项须经代表三分之二以上表决权的股东表决通过方可作出。根据《公司法》的规定，特别决议事项是指修改公司章程、公司增加或者减少注册资本、分立、合并、解散或者变更公司形式。

股东会决议事项分为普通决议事项和特别决议事项。在实际操作中，经常出现以普通决议方式对特别决议事项进行表决，或者按"一人一票"的形式对本应按"出资比例"表决的事项进行表决的情况，这些不当的表决方式可能导致公司决议被法院判令不成立。

四、股东会的决议无效

公司股东会、董事会的决议内容，违反法律、行政法规的无效，比如：股东会决议内容未经股东表决确认，也未经股东追认，违背股东真实意思表示；股东会决议内容违反法律、行政法规的强制性规定，违法限制股东选举权、股东知情权、分红权等；违反特别决议事项须经代表三分之二以上表决权的股东通过的规定；违反股东优先认缴公司新增资本的规定；公司为本公司提供担保的决议违反股东表决回避制度等。

综上，公司股东会或者董事会的决议内容违反法律、行政法规或章程的规定，是实践中很多公司股东诉讼产生的原因。因此，建议公司及出资人在作出股东会、董事会决议时，切勿仅仅注重会议效率，而不重视合法合规问题。召开股东会及董事会的程序及表决事项要严格遵循法律、行政法规及公司章程的规定，且要充分尊重小股东，特别是出资较少且不参与经营管理的股东的参会权、表决权等股东权利，遵守公司董事会的履职及表决范围，否则，容易引发股东纠纷，甚至导致公司经营陷入僵局。

关联法规

《公司法》（2023 年 12 月 29 日修订）

第十五条 【公司转投资及对外担保】 公司向其他企业投资或者为他人提供担保，按照公司章程的规定，由董事会或者股东会决议；公司章程对投资或者担保的总额及单项投资或者担保的数额有限额规定的，不得超过规定的限额。

公司为公司股东或者实际控制人提供担保的，应当经股东会决议。

前款规定的股东或者受前款规定的实际控制人支配的股东，不得参加前款规定事项的表决。该项表决由出席会议的其他股东所持表决权的过半数通过。

第二十四条 【采用电子通信方式召开会议和表决】 公司股东会、董事会、监事会召开会议和表决可以采用电子通信方式，公司章程另有规定的除外。

第二十五条 【无效决议】 公司股东会、董事会的决议内容违反法律、行政法规的无效。

第二十六条 【股东会、董事会决议撤销及裁量驳回】 公司股东会、董事会的会议召集程序、表决方式违反法律、行政法规或者公司章程，或者决议内容违反公司章程的，股东自决议作出之日起六十日内，可以请求人民法院撤销。但是，股东会、董事会的会议召集程序或者表决方式仅有轻微瑕疵，对决议未产生实质影响的除外。

未被通知参加股东会会议的股东自知道或者应当知道股东会决议作出之日起六十日内，可以请求人民法院撤销；自决议作出之日起一年内没有行使撤销权的，撤销权消灭。

第二十七条　【股东会、董事会决议不成立的情形】　有下列情形之一的，公司股东会、董事会的决议不成立：

（一）未召开股东会、董事会会议作出决议；

（二）股东会、董事会会议未对决议事项进行表决；

（三）出席会议的人数或者所持表决权数未达到本法或者公司章程规定的人数或者所持表决权数；

（四）同意决议事项的人数或者所持表决权数未达到本法或者公司章程规定的人数或者所持表决权数。

第二十八条　【股东会、董事会决议无效、撤销或者不成立的法律后果】　公司股东会、董事会决议被人民法院宣告无效、撤销或者确认不成立的，公司应当向公司登记机关申请撤销根据该决议已办理的登记。

股东会、董事会决议被人民法院宣告无效、撤销或者确认不成立的，公司根据该决议与善意相对人形成的民事法律关系不受影响。

第六十一条　【股东会的首次会议】　首次股东会会议由出资最多的股东召集和主持，依照本法规定行使职权。

第六十二条　【股东会的会议制度】　股东会会议分为定期会议和临时会议。

定期会议应当按照公司章程的规定按时召开。代表十分之一以上表决权的股东、三分之一以上的董事或者监事会提议召开临时会议的，应当召开临时会议。

第六十三条　【股东会的会议召集与主持】　股东会会议由董事会召集，董事长主持；董事长不能履行职务或者不履行职务的，由副董事长主持；副董事长不能履行职务或者不履行职务的，由过半数的董事共同推举一名董事主持。

董事会不能履行或者不履行召集股东会会议职责的，由监事会召集和主持；监事会不召集和主持的，代表十分之一以上表决权的股东可以自行召集和主持。

第六十四条　【召开股东会会议的通知期限和会议记录】　召开股东会会议，应当于会议召开十五日前通知全体股东；但是，公司章程另有规定或者全体股东另有约定的除外。

股东会应当对所议事项的决定作成会议记录，出席会议的股东应当在会议记录上签名或者盖章。

第六十五条 【股东表决权】 股东会会议由股东按照出资比例行使表决权；但是，公司章程另有规定的除外。

第六十六条 【股东会的议事方式和表决程序】 股东会的议事方式和表决程序，除本法有规定的外，由公司章程规定。

股东会作出决议，应当经代表过半数表决权的股东通过。

股东会作出修改公司章程、增加或者减少注册资本的决议，以及公司合并、分立、解散或者变更公司形式的决议，应当经代表三分之二以上表决权的股东通过。

第六十七条 【有限责任公司董事会的职权】 有限责任公司设董事会，本法第七十五条另有规定的除外。

董事会行使下列职权：

（一）召集股东会会议，并向股东会报告工作；

（二）执行股东会的决议；

（三）决定公司的经营计划和投资方案；

（四）制订公司的利润分配方案和弥补亏损方案；

（五）制订公司增加或者减少注册资本以及发行公司债券的方案；

（六）制订公司合并、分立、解散或者变更公司形式的方案；

（七）决定公司内部管理机构的设置；

（八）决定聘任或者解聘公司经理及其报酬事项，并根据经理的提名决定聘任或者解聘公司副经理、财务负责人及其报酬事项；

（九）制定公司的基本管理制度；

（十）公司章程规定或者股东会授予的其他职权。

公司章程对董事会职权的限制不得对抗善意相对人。

第六十八条 【有限责任公司董事会的组成】 有限责任公司董事会成员为三人以上，其成员中可以有公司职工代表。职工人数三百人以上的有限责任公司，除依法设监事会并有公司职工代表的外，其董事会成员中应当有公司职工代表。董事会中的职工代表由公司职工通过职工代表大会、职工大会或者其他形式民主选举产生。

董事会设董事长一人，可设副董事长。董事长、副董事长的产生办法由公司章程规定。

第七十二条 【董事会会议的召集和主持】 董事会会议由董事长召集和主持；董事长不能履行职务或者不履行职务的，由副董事长召集和主持；副董事长不能履行职务或者不履行职务的，由过半数的董事共同推举一名董事召集和主持。

第七十三条　【董事会的议事方式和表决程序】　董事会的议事方式和表决程序，除本法有规定的外，由公司章程规定。

董事会会议应当有过半数的董事出席方可举行。董事会作出决议，应当经全体董事的过半数通过。

董事会决议的表决，应当一人一票。

董事会应当对所议事项的决定作成会议记录，出席会议的董事应当在会议记录上签名。

第七节　股权代持、股权继承、股东离婚

一、股权代持

实际出资人（隐名股东），是指实际认缴有限责任公司出资额或者认购股份公司的股份、实际享有出资权益，但是公司章程及工商登记未公示其为股东的投资人。

名义股东（显名股东），是指未实际认缴有限责任公司出资额或者未实际认购股份有限公司的股份、不实际享有出资权益，但公司章程及工商登记公示其为股东，或者公示的持股数额多于其实际持股数额的投资人。

显名股东按照约定持有隐名股东投资形成的股权或者股份，即股权代持，这对双方均存在法律风险。

（一）隐名股东的法律风险

1. 股权代持协议的效力与履行

如果股权代持协议违反了法律、行政法规的强制性规定，那么该协议依法为无效协议。若股权代持协议依法被认定为无效，则可能会导致隐名股东无法被认定为实际出资人，将产生一系列对隐名股东不利的法律后果。

只要股权代持协议的内容不违反法律、行政法规的强制性规定，也不存在法定可撤销事由，该协议在名义股东与实际出资人（隐名股东）之间就具有约束力，实际出资人应当依据合同约定向名义出资人主张投资收益，在未经显名程序的情况下，其无权直接向公司主张盈余分配。

名义股东、实际出资人与公司共同约定"实际出资人在成为正式股东之前，按照其出资比例分得股息、红利"系各方真实意思表示的，应认定有效，实际投资人根据合同约定获得股份分红，与其是否为股东身份无关。因此，实际投资人有权基于合同获得股权分红。

2. 隐名股东与显名股东关于利润分配的处理

因为涉及利益关系，只要隐名股东与显名股东发生了纠纷，无论股份代持协议是有效还是无效，均可能带来不确定的法律后果。在发生纠纷时，隐名股东可能会以其未被登记为股东、未实际参与经营为由否认股权代持，诉求取回投资款，但该主张未必能够得到法院的支持。

盈余分配请求权，是公司股东基于其股东资格和地位所享有的专属性权益，原则上隐名股东需先显名后方可行使公司盈余分配请求权。除非另有约定，隐名股东无权直接向公司主张分配盈余，而只能依据与名义股东之间的代持协议向名义股东主张权利。

判断实际出资人是否有权请求分配利润或者按分配方案支付利润，关键不在于企业登记的股东信息，而在于公司章程、股东名册等对内具有优先效力的约定。如果实际出资人作为股东被记载于公司章程或者股东名册，应当有权向公司主张分配或者支付利润。否则，实务中，人民法院基本上不支持实际出资人直接要求公司盈余分配的请求，除非公司与实际出资人、名义股东另有约定。

3. 涉及第三人的法律风险

隐名股东不得以登记不实对抗善意第三人，即使股权代持协议有效，其对善意第三人也不具有约束力。如显名股东从事转让股权或与股权有关的交易行为，或者因显名股东自身原因导致其挂名财产被处分，隐名股东不得以自己为实际投资人阻却这些行为，只能根据代持协议对显名股东进行追偿。

4. 隐名股东应从以下几点保障自身的投资权益

（1）隐名股东与名义股东及所投资的公司应当签署三方协议，明确约定隐名股东的实际出资和公司利润分配规则。

（2）若隐名股东是公司的创始股东，应当形成有效的股东会决议，确认隐名股东存在的事实；若通过股权让与成为隐名股东，为避免在隐名股东显名化时，受到其他股东行使优先权的阻碍，隐名股东应当尽量要求其他股东书面明确放弃优先权，尽量要求过半数股东在三方股权代持协议上签字确认。

（3）隐名股东若认为公司存在违法未分红侵害其投资收益的情形，可基于三方股权代持关系向人民法院诉讼，将名义股东与公司列为被告。

（二）显名股东的法律风险

1. 可能承担公司投资亏损并承担债务清偿责任

如显名股东所代持股企业发生亏损、负债，可能导致显名股东承担企业因亏损、负债等原因导致的不利后果。

2. 显名股东根据股权代持协议的效力，需对隐名股东承担相应法律责任

若代持协议有效，显名股东违反代持协议时需承担违约责任；若代持协议无效，则需承担相应的过错责任。

3. 需对所投资公司或者第三人承担责任

如显名股东所挂名公司出资不到位，在公司资产不足以清偿该公司债务等情况下，显名股东应当对公司或者第三人承担出资法律责任，当然，显名股东承担出资责任后可以向隐名股东追偿。

二、股权继承

关于股东资格继承的问题，《公司法》在有限责任公司部分作出了规定，若章程无特别约定禁止股东资格继承，则公司股权应当转由股东合法继承人持有，公司应当依法申请进行股东变更登记。

（1）若股东继承人为多人，应按照继承人内部协议所约定的持股比例确认其股权，并进行股权变更登记。

（2）若股东继承人为多人，导致股东人数超过有限责任公司法定上限的50人时，应当由股东继承人内部商定股权转让，以符合股东变更登记的股东人数上限规定。

（3）在公司章程另有规定或继承人不愿继承股东资格等情形下，继承人仅享有股权中的财产权，由股权价款中得到补偿。（见《广东省高级人民法院民二庭关于民商事审判实践中有关疑难法律问题的解答意见》）

因此，出资人在制定公司章程时，应当明确关于股东资格能否被继承的问题，尽量约定股权继承与股东分红权相分离，这样可以避免因自然人股东死亡而产生股权继承纠纷。

🖥 关联法规

《公司法》(2023 年 12 月 29 日修订)

第九十条 【股东资格继承】 自然人股东死亡后，其合法继承人可以继承股东资格；但是，公司章程另有规定的除外。

《市场主体登记管理条例》(2021 年 8 月 24 日公布)

第二十四条 【市场主体变更登记的期限】 市场主体变更登记事项，应当自作出变更决议、决定或者法定变更事项发生之日起 30 日内向登记机关申请变更登记。

市场主体变更登记事项属于依法须经批准的，申请人应当在批准文件有效期内向登记机关申请变更登记。

《市场主体登记管理条例实施细则》(2022 年 3 月 1 日公布)

第七十二条 【未按规定办理变更登记的行政处罚】 市场主体未按规定办理变更登记的，由登记机关责令改正；拒不改正的，处 1 万元以上 10 万元以下的罚款；情节严重的，吊销营业执照。

三、股东离婚

(一) 法律风险

公司股权直接关系到公司的财产权和经营管理权，若股东离婚，其配偶主张分割公司股权，必然影响公司财产权和经营管理权的安全稳定。

（1）股权作为一项特殊的财产权，除其具有的财产权益内容外，还具有与股东个人的社会属性及其特质、品格密不可分的人格权、身份权等内容。如无特别约定，对于自然人股东而言，股权仍属于商法规范的私权范畴，其各项权能应由股东本人独立行使，不受他人干涉。在股权流转方面，《公司法》确认的合法转让主体也是股东本人，而不是其所在的家庭。

（2）未显名的夫妻一方是否享有公司股权，与股权是否属于夫妻共同财产，是两个不同性质的问题。只有具备股东资格的人才能享有和行使股东权利，而是否具备股东资格应根据法律规定和公司文件来认定。

（3）夫妻双方在婚姻关系存续期间取得的股权归属问题，涉及分割夫妻共同财产中以一方名义在有限责任公司的出资额，另一方不是该公司股东的，按《最高人民法院关于适用〈中华人民共和国民法典〉婚姻家庭编的解释（一）》第七十三条规定处理。

（二）防范建议

股东应当在章程中约定限制股权对外转让，且要针对如股东因离婚导致其配偶向公司主张股权的问题作出专门的约定，例如约定届时股东应将股权转让给公司其他股东，若公司处于盈利阶段，则该退股人受到分红限制；相反，若公司处于亏损阶段，则该退股人应当多承担亏损。总之，基于公司章程自治原则，只要不违反法律、行政法规的强制性规定，公司可在此问题上作出有利于保障公司稳定及其他权利主体免遭损害的约定。

📚 关联法规

《民法典》（2020 年 5 月 28 日公布）

第一千零六十二条 【夫妻共同财产】 夫妻在婚姻关系存续期间所得的下列财产，为夫妻的共同财产，归夫妻共同所有：

（一）工资、奖金、劳务报酬；

（二）生产、经营、投资的收益；

（三）知识产权的收益；

（四）继承或者受赠的财产，但是本法第一千零六十三条第三项规定的除外；

（五）其他应当归共同所有的财产。

夫妻对共同财产，有平等的处理权。

《最高人民法院关于适用〈中华人民共和国民法典〉婚姻家庭编的解释（一）》（法释〔2020〕22 号）

第七十三条 【夫妻共同财产的股权处理】 人民法院审理离婚案件，涉及分割夫妻共同财产中以一方名义在有限责任公司的出资额，另一方不是该公司股东的，按以下情形分别处理：

（一）夫妻双方协商一致将出资额部分或全部转让给该股东的配偶，其他股东过半数同意，并且其他股东均明确表示放弃优先购买权的，该股东的配偶可以成为该公司股东；

（二）夫妻双方就出资额转让份额和转让价格等事项协商一致后，其他股东半数以上不同意转让，但愿意以同等条件购买该出资额的，人民法院可以对转让出资所得财产进行分割。其他股东半数以上不同意转让，也不愿意以同等条件购买该出资额的，视为其同意转让，该股东的配偶可以成为该公司股东。

用于证明前款规定的股东同意的证据，可以是股东会议材料，也可以是当事人通过其他合法途径取得的股东的书面声明材料。

第三章　公司股权转让法律风险与防范

第一节　股东转让股权的情形

一、股权协议转让

（一）股权转让后公司应当履行的程序

股东转让股权后，公司应当及时注销原股东的出资证明书，向新股东签发出资证明书，并相应修改公司章程和股东名册中有关股东及其出资额的记载。对公司章程的该项修改不需再由股东会表决。

（二）股权转让中的出资责任

股东转让已认缴出资但未届出资期限的股权的，由转让人与受让人承担相应的未按期足额出资的责任；转让人作为出资的非货币财产的实际价额显著低于所认缴的出资额的股东转让股权的，转让人与受让人在出资不足的范围内承担连带责任；受让人不知道且不应当知道存在该情形的，由转让人承担责任。

🏛 **关联法规**

《公司法》（2023 年 12 月 29 日修订）

第八十四条　【有限责任公司股东自愿转让股权】　有限责任公司的股东之间可以相互转让其全部或者部分股权。

股东向股东以外的人转让股权的，应当将股权转让的数量、价格、支付方式和期限等事项书面通知其他股东，其他股东在同等条件下有优先购买权。股东自接到书面通知之日起三十日内未答复的，视为放弃优先购买权。两个以上股东行使优先购买权的，协商确定各自的购买比例；协商不成的，按照转让时各自的出资比例行使优先购买权。

公司章程对股权转让另有规定的，从其规定。

第八十六条　【股权转让变更登记及救济】 股东转让股权的，应当书面通知公司，请求变更股东名册；需要办理变更登记的，并请求公司向公司登记机关办理变更登记。公司拒绝或者在合理期限内不予答复的，转让人、受让人可以依法向人民法院提起诉讼。

股权转让的，受让人自记载于股东名册时起可以向公司主张行使股东权利。

第八十七条　【股权转让后公司应当履行的程序】 依照本法转让股权后，公司应当及时注销原股东的出资证明书，向新股东签发出资证明书，并相应修改公司章程和股东名册中有关股东及其出资额的记载。对公司章程的该项修改不需再由股东会表决。

第八十八条　【股权转让中的出资责任】 股东转让已认缴出资但未届出资期限的股权的，由受让人承担缴纳该出资的义务；受让人未按期足额缴纳出资的，转让人对受让人未按期缴纳的出资承担补充责任。

未按照公司章程规定的出资日期缴纳出资或者作为出资的非货币财产的实际价额显著低于所认缴的出资额的股东转让股权的，转让人与受让人在出资不足的范围内承担连带责任；受让人不知道且不应当知道存在上述情形的，由转让人承担责任。

二、股权被司法冻结及强制转让

股东股权被司法强制转让是公司经营中常遇到的难题，公司其他股东若要维持公司资本，保持正常经营，建议采取股东行使优先购买权的法律措施。

股东若被人民法院依法列为被执行人，其在有限责任公司、其他法人企业中的投资权益或者股权，人民法院可以采取冻结措施。在该股东的股权被冻结期间，企业登记机关不予办理该股东的变更登记、与该股权转让有关的章程备案及被冻结部分股权的质押登记等手续。

关联法规

《公司法》（2023 年 12 月 29 日修订）

第八十五条　【股权被司法强制转让】 人民法院依照法律规定的强制执行程序转让股东的股权时，应当通知公司及全体股东，其他股东在同等条件下有优先购买权。其他股东自人民法院通知之日起满二十日不行使优先购买权的，视为放弃优先购买权。

《最高人民法院、国家工商总局关于加强信息合作规范执行与协助执行的通知》（法〔2014〕251号）

6.【**协助义务**】人民法院办理案件需要工商行政管理机关协助执行的，工商行政管理机关应当按照人民法院的生效法律文书和协助执行通知书办理协助执行事项。

【**法定职权**】人民法院要求协助执行的事项，应当属于工商行政管理机关的法定职权范围。

7.【**协助办理事项范围**】工商行政管理机关协助人民法院办理以下事项：

（1）查询有关主体的设立、变更、注销登记，对外投资，以及受处罚等情况及原始资料（企业信用信息公示系统已经公示的信息除外）；

（2）对冻结、解除冻结被执行人股权、其他投资权益进行公示；

（3）因人民法院强制转让被执行人股权，办理有限责任公司股东变更登记；

（4）法律、行政法规规定的其他事项。

16.【**协助变更登记**】人民法院强制转让被执行人的股权、其他投资权益，完成变价等程序后，应当向受让人、被执行人或者其股权、其他投资权益所在市场主体送达转让裁定，要求工商行政管理机关协助公示并办理有限责任公司股东变更登记。

人民法院要求办理有限责任公司股东变更登记的，执行人员应当出示工作证或者执行公务证，送达生效法律文书副本或者执行裁定书、协助执行通知书、协助公示执行信息需求书、合法受让人的身份或资格证明，到被执行人股权所在有限责任公司登记的工商行政管理机关办理。

法律、行政法规对股东资格、持股比例等有特殊规定的，人民法院要求工商行政管理机关办理有限责任公司股东变更登记前，应当进行审查，并确认该公司股东变更符合公司法第二十四条、第五十八条的规定。

【**依职权公示信息**】工商行政管理机关收到人民法院上述文书后，应当在三个工作日内直接在业务系统中办理，不需要该有限责任公司另行申请，并及时公示股东变更登记信息。公示后，该股东权利以公示信息确定。

《民事诉讼法》（2023 年 9 月 1 日修订）

第一百一十七条　【责令协助并罚款的情形】　有义务协助调查、执行的单位有下列行为之一的，人民法院除责令其履行协助义务外，并可以予以罚款：

（一）有关单位拒绝或者妨碍人民法院调查取证的；

（二）有关单位接到人民法院协助执行通知书后，拒不协助查询、扣押、冻结、划拨、变价财产的；

（三）有关单位接到人民法院协助执行通知书后，拒不协助扣留被执行人的收入、办理有关财产权证照转移手续、转交有关票证、证照或者其他财产的；

（四）其他拒绝协助执行的。

人民法院对有前款规定的行为之一的单位，可以对其主要负责人或者直接责任人员予以罚款；对仍不履行协助义务的，可以予以拘留；并可以向监察机关或者有关机关提出予以纪律处分的司法建议。

《最高人民法院关于人民法院执行工作若干问题的规定（试行）》（2020 年 12 月 23 日修正）

38. **【针对投资、股权的强制措施】**对被执行人在有限责任公司、其他法人企业中的投资权益或股权，人民法院可以采取冻结措施。

冻结投资权益或股权的，应当通知有关企业不得办理被冻结投资权益或股权的转移手续，不得向被执行人支付股息或红利。被冻结的投资权益或股权，被执行人不得自行转让。

39. **【冻结股权的偿债方式】**被执行人在其独资开办的法人企业中拥有的投资权益被冻结后，人民法院可以直接裁定予以转让，以转让所得清偿其对申请执行人的债务。

对被执行人在有限责任公司中被冻结的投资权益或股权，人民法院可以依据《中华人民共和国公司法》第七十一条、第七十二条、第七十三条的规定，征得全体股东过半数同意后，予以拍卖、变卖或以其他方式转让。不同意转让的股东，应当购买该转让的投资权益或股权，不购买的，视为同意转让，不影响执行。

人民法院也可允许并监督被执行人自行转让其投资权益或股权，将转让所得收益用于清偿对申请执行人的债务。

40.【**协助股权收益的法律责任**】有关企业收到人民法院发出的协助冻结通知后，擅自向被执行人支付股息或红利，或擅自为被执行人办理已冻结股权的转移手续，造成已转移的财产无法追回的，应当在所支付的股息或红利或转移的股权价值范围内向申请执行人承担责任。

《最高人民法院、国家工商总局关于加强信息合作规范执行与协助执行的通知》（法〔2014〕251号）

10.【**查明权属的投资、股权的强制措施**】人民法院对从工商行政管理机关业务系统、企业信用信息公示系统以及公司章程中查明属于被执行人名下的股权、其他投资权益，可以冻结。

12.【**权利负担、变更登记限制**】股权、其他投资权益被冻结的，未经人民法院许可，不得转让，不得设定质押或者其他权利负担。

有限责任公司股东股权被冻结期间，工商行政管理机关不予办理该股东的变更登记、该股东向公司其他股东转让股权被冻结部分的公司章程备案，及被冻结部分股权的出质登记。

三、股东请求公司回购股权

公司收购异议股东股权的"合理的价格"，可采取以下两种方式确定。

（一）由异议股东与公司直接协商确定

最高人民法院认为，公司股权作为股东依法享有的民事权利，不同于普通的有形财产，其价值由多种因素构成，这些因素不仅包含公司的固定资产、流动资产、债权债务，还包括公司的经营管理水平和市场竞争力甚至人员素质等。且一般而言，股权的价值并非恒定，而是随着公司经营的状况呈动态变化。在不违反法律、行政法规强制性规定和公司章程的特别约定的情况下，当事人对转让股权的价格，依法享有意思自治的权利。

（二）由审计、评估机构估值进行

公司回购股权的价格应当以由股权转让交易各方均认可的第三方机构对公司的资产负债情况进行审计、评估或者估值后出具的报告载明的净资产值为参考，在此基础上由异议股东和公司协商确定。最高人民法院（2002）民二终字第2

号民事判决书指出：公司股份不同于有形财产，其价值由多种因素构成，如固定资产和流动资金、知识产权或专有技术以及产品赢利能力和人员素质等。只有经过评估机构专门评估后，公司股份的价值才能体现或接近客观真实，在该基础上约定股份转让对价，才能体现当事人签订股份转让协议的真实意愿。

📖 关联法规

《公司法》（2023 年 12 月 29 日修订）

第八十九条　【股东请求公司回购股权】　有下列情形之一的，对股东会该项决议投反对票的股东可以请求公司按照合理的价格收购其股权：

（一）公司连续五年不向股东分配利润，而公司该五年连续盈利，并且符合本法规定的分配利润条件；

（二）公司合并、分立、转让主要财产；

（三）公司章程规定的营业期限届满或者章程规定的其他解散事由出现，股东会通过决议修改章程使公司存续。

自股东会决议作出之日起六十日内，股东与公司不能达成股权收购协议的，股东可以自股东会决议作出之日起九十日内向人民法院提起诉讼。

公司的控股股东滥用股东权利，严重损害公司或者其他股东利益的，其他股东有权请求公司按照合理的价格收购其股权。

公司因本条第一款、第三款规定的情形收购的本公司股权，应当在六个月内依法转让或者注销。

第二百一十九条第一款　【简易合并和小规模合并】　公司与其持股百分之九十以上的公司合并，被合并的公司不需经股东会决议，但应当通知其他股东，其他股东有权请求公司按照合理的价格收购其股权或者股份。

第二节　转让股权操作中的违法情形

一、股东在出资期限届满前转让股权的法律责任

在注册资本认缴制原则下，股东依法享有出资期限利益，但有些股东在出资期限届满前以转让股权的方式逃避出资义务。公司解散时，股东尚未缴纳的出资

包括到期应缴未缴的出资，在公司财产不足以清偿债务时，债权人有权主张未缴出资股东，以及公司设立时的其他股东或者发起人在未缴出资范围内对公司债务承担连带清偿责任。

关联法规

《民法典》（2020 年 5 月 28 日公布）

　　第五百二十三条　【债务转让的法律风险】　当事人约定由第三人向债权人履行债务，第三人不履行债务或者履行债务不符合约定的，债务人应当向债权人承担违约责任。

《公司法》（2023 年 12 月 29 日修订）

　　第八十八条　【股权转让中的出资责任】　股东转让已认缴出资但未届出资期限的股权的，由受让人承担缴纳该出资的义务；受让人未按期足额缴纳出资的，转让人对受让人未按期缴纳的出资承担补充责任。

　　未按照公司章程规定的出资日期缴纳出资或者作为出资的非货币财产的实际价额显著低于所认缴的出资额的股东转让股权的，转让人与受让人在出资不足的范围内承担连带责任；受让人不知道且不应当知道存在上述情形的，由转让人承担责任。

二、股权转让未办理变更登记备案

股东转让股权的，只有在办理变更登记之后才能产生社会公示效力。

关联法规

《市场主体登记管理条例》（2021 年 8 月 24 日公布）

　　第二十四条　【市场主体变更登记做的期限】　市场主体变更登记事项，应当自作出变更决议、决定或者法定变更事项发生之日起 30 日内向登记机关申请变更登记。

　　市场主体变更登记事项属于依法须经批准的，申请人应当在批准文件有效期

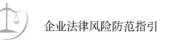

内向登记机关申请变更登记。

《市场主体登记管理条例实施细则》（2022 年 3 月 1 日公布）

第七十二条 【未按规定办理变更登记的行政处罚】 市场主体未按规定办理变更登记的，由登记机关责令改正；拒不改正的，处 1 万元以上 10 万元以下的罚款；情节严重的，吊销营业执照。

《最高人民法院关于适用〈中华人民共和国公司法〉若干问题的规定（三）》（2020 年 12 月 23 日修正）

第二十七条 【未变更登记的法律风险】 股权转让后尚未向公司登记机关办理变更登记，原股东将仍登记于其名下的股权转让、质押或者以其他方式处分，受让股东以其对于股权享有实际权利为由，请求认定处分股权行为无效的，人民法院可以参照民法典第三百一十一条的规定处理。

原股东处分股权造成受让股东损失，受让股东请求原股东承担赔偿责任、对于未及时办理变更登记有过错的董事、高级管理人员或者实际控制人承担相应责任的，人民法院应予支持；受让股东对于未及时办理变更登记也有过错的，可以适当减轻上述董事、高级管理人员或者实际控制人的责任。

三、股权转让产生的纳税义务履行不当

（1）股权转让应依法纳税，股权转让的受让方作为扣缴义务人，股权转让协议可以约定股权转让款的支付时间，为扣缴义务人代扣代缴所得税后，支付款项应扣除相关税款。支付给个人的股权转让价款溢价部分应代扣代缴个人所得税。

（2）股东可以在股权转让协议中提前约定，若股权转让协议无效或被撤销，所缴的税款无法退还时相关损失的承担方式。根据《中华人民共和国个人所得税法实施条例》（以下简称《个人所得税法实施条例》）第二十四条关于"扣缴义务人向个人支付应税款项时，应当依照个人所得税法规定预扣或者代扣税款"的规定，不论是有限公司还是股份公司，其向自然人不论是以现金形式还是以股票形式分配利润，都应当按照 20% 的税率代扣代缴自然人股东依法应缴的个人所得税。

📖 **关联法规**

《税收征收管理法》（2015 年 4 月 24 日修正）

第三十二条　【纳税义务及法律责任】 纳税人未按照规定期限缴纳税款的，扣缴义务人未按照规定期限解缴税款的，税务机关除责令限期缴纳外，从滞纳税款之日起，按日加收滞纳税款万分之五的滞纳金。

第六十九条　【扣税收税义务及法律责任】 扣缴义务人应扣未扣、应收而不收税款的，由税务机关向纳税人追缴税款，对扣缴义务人处应扣未扣、应收未收税款百分之五十以上三倍以下的罚款。

《股权转让所得个人所得税管理办法（试行）》（国家税务总局公告 2014 年第 67 号）

第四条　【股权转让的纳税方式】 个人转让股权，以股权转让收入减除股权原值和合理费用后的余额为应纳税所得额，按"财产转让所得"缴纳个人所得税。

合理费用是指股权转让时按照规定支付的有关税费。

第五条　【个人股权转让纳税人】 个人股权转让所得个人所得税，以股权转让方为纳税人，以受让方为扣缴义务人。

第十二条　【明显偏低的情形】 符合下列情形之一，视为股权转让收入明显偏低：

（一）申报的股权转让收入低于股权对应的净资产份额的。其中，被投资企业拥有土地使用权、房屋、房地产企业未销售房产、知识产权、探矿权、采矿权、股权等资产的，申报的股权转让收入低于股权对应的净资产公允价值份额的；

（二）申报的股权转让收入低于初始投资成本或低于取得该股权所支付的价款及相关税费的；

（三）申报的股权转让收入低于相同或类似条件下同一企业同一股东或其他股东股权转让收入的；

（四）申报的股权转让收入低于相同或类似条件下同类行业的企业股权转让收入的；

（五）不具合理性的无偿让渡股权或股份；

（六）主管税务机关认定的其他情形。

第十五条　【原值的确认方式】　个人转让股权的原值依照以下方法确认：

（一）以现金出资方式取得的股权，按照实际支付的价款与取得股权直接相关的合理税费之和确认股权原值；

（二）以非货币性资产出资方式取得的股权，按照税务机关认可或核定的投资入股时非货币性资产价格与取得股权直接相关的合理税费之和确认股权原值；

（三）通过无偿让渡方式取得股权，具备本办法第十三条第二项所列情形的，按取得股权发生的合理税费与原持有人的股权原值之和确认股权原值；

（四）被投资企业以资本公积、盈余公积、未分配利润转增股本，个人股东已依法缴纳个人所得税的，以转增额和相关税费之和确认其新转增股本的股权原值；

（五）除以上情形外，由主管税务机关按照避免重复征收个人所得税的原则合理确认股权原值。

第十六条　【先纳税的原值确认方式】　股权转让人已被主管税务机关核定股权转让收入并依法征收个人所得税的，该股权受让人的股权原值以取得股权时发生的合理税费与股权转让人被主管税务机关核定的股权转让收入之和确认。

《中华人民共和国个人所得税法》（2018 年 8 月 31 日修正，以下简称《个人所得税法》）

第二条第一款第（八）项　【个人所得税】　下列各项个人所得，应当缴纳个人所得税：

（八）财产转让所得；

第三条　【个人所得税的税率】　个人所得税的税率：

（一）综合所得，适用百分之三至百分之四十五的超额累进税率；

（二）经营所得，适用百分之五至百分之三十五的超额累进税率；

（三）利息、股息、红利所得，财产租赁所得，财产转让所得和偶然所得，适用比例税率，税率为百分之二十。

第六条第一款第（五）项　【应纳税所得额的计算】　应纳税所得额的计算：

（五）财产转让所得，以转让财产的收入额减除财产原值和合理费用后的余额，为应纳税所得额。

第九条　【个人所得税的主体及识别号】　个人所得税以所得人为纳税人，以支付所得的单位或者个人为扣缴义务人。

纳税人有中国公民身份号码的，以中国公民身份号码为纳税人识别号；纳税人没有中国公民身份号码的，由税务机关赋予其纳税人识别号。扣缴义务人扣缴税款时，纳税人应当向扣缴义务人提供纳税人识别号。

《个人所得税法实施条例》（2018 年 12 月 18 日修订）

第六条 【个人所得的范围】 个人所得税法规定的各项个人所得的范围：

（一）工资、薪金所得，是指个人因任职或者受雇取得的工资、薪金、奖金、年终加薪、劳动分红、津贴、补贴及与任职或者受雇有关的其他所得。

（二）劳务报酬所得，是指个人从事劳务取得的所得，包括从事设计、装潢、安装、制图、化验、测试、医疗、法律、会计、咨询、讲学、翻译、审稿、书画、雕刻、影视、录音、录像、演出、表演、广告、展览、技术服务、介绍服务、经纪服务、代办服务以及其他劳务取得的所得。

（三）稿酬所得，是指个人因其作品以图书、报刊等形式出版、发表而取得的所得。

（四）特许权使用费所得，是指个人提供专利权、商标权、著作权、非专利技术以及其他特许权的使用权取得的所得；提供著作权的使用权取得的所得，不包括稿酬所得。

（五）经营所得，是指：

1. 个体工商户从事生产、经营活动取得的所得，个人独资企业投资人、合伙企业的个人合伙人来源于境内注册的个人独资企业、合伙企业生产、经营的所得；

2. 个人依法从事办学、医疗、咨询以及其他有偿服务活动取得的所得；

3. 个人对企业、事业单位承包经营、承租经营以及转包、转租取得的所得；

4. 个人从事其他生产、经营活动取得的所得。

（六）利息、股息、红利所得，是指个人拥有债权、股权等而取得的利息、股息、红利所得。

（七）财产租赁所得，是指个人出租不动产、机器设备、车船及其他财产取得的所得。

（八）财产转让所得，是指个人转让有价证券、股权、合伙企业中的财产份额、不动产、机器设备、车船以及其他财产取得的所得。

（九）偶然所得，是指个人得奖、中奖、中彩以及其他偶然性质的所得。

个人取得的所得，难以界定应纳税所得项目的，由国务院税务主管部门确定。

第二十四条 【扣缴义务人支付应税款项的责任】 扣缴义务人向个人支付应税款项时，应当依照个人所得税法规定预扣或者代扣税款，按时缴库，并专项记载备查。

前款所称支付，包括现金支付、汇拨支付、转账支付和以有价证券、实物以及其他形式的支付。

《税务登记管理办法》（2019 年 7 月 24 日修正）

第十五条 【扣缴税款登记】 已办理税务登记的扣缴义务人应当自扣缴义务发生之日起 30 日内，向税务登记地税务机关申报办理扣缴税款登记。税务机关在其税务登记证件上登记扣缴税款事项，税务机关不再发放扣缴税款登记证件。

根据税收法律、行政法规的规定可不办理税务登记的扣缴义务人，应当自扣缴义务发生之日起 30 日内，向机构所在地税务机关申报办理扣缴税款登记。税务机关发放扣缴税款登记证件。

第四十二条 【未办理登记的法律责任】 扣缴义务人未按照规定办理扣缴税款登记的，税务机关应当自发现之日起 3 日内责令其限期改正，并可处以 1000 元以下的罚款。

第三节　股东退股后的权益问题

一、利润分配方案的实施

利润分配请求权，是股东基于股东身份对公司享有的一项基本权利。股东转让所持公司股权后，便丧失了股东的身份，关于原股东是否有权请求分配其持股期间的利润的问题，应视具体情形而定。

为了避免转让股权后丧失对持股期间的股利请求权，股东可以选择以下两种路径维护自身投资利益。

（一）利润分配方案作出前转让股权

如果在股权转让前，公司股东会已经表决通过具体利润分配方案，只是没有执行，由于具体利润分配方案通过后，股东的利润分配请求权转化为独立于股权的债权请求权，原股东即使在转让股权后仍可以请求该分红。

如果股东在公司作出具体利润分配方案之前转让股权，那么在股权转让协议中，股东与股权受让方应当明确约定转让之前的公司利润分配，如有可能，最好将公司列为股权转让协议的签署方，并明确该等利润待公司作出分红决议后直接支付给原股东。

（二）利润分配方案作出后转让股权

如果具体的利润分配方案是在股权转让后通过的，由于利润分配请求权依附于股权，则原股东无权请求该分红。但原股东与受让人之间就原股东持股期间利润归属问题另有约定的，则从其约定。

如果股东在公司作出具体利润分配方案之后再转让股权，可以比较有效地保全自身对持股期间的股利请求权，但还需要注意以下两点：

（1）公司作出的利润分配方案应当具体明确，如果该方案仅系分红决议而不包含分红具体内容，法院可能不会支持原股东的具体利润分配请求权。

（2）公司在进行利润分配时应依照一定的顺序，履行相应的程序，即由公司董事会制订利润分配和弥补亏损方案，经股东会批准形成决议后，再经弥补亏损和抽取法定公积金，最后方能进行利润分配。

关联法规

《公司法》（2023 年 12 月 29 日修订）

第二百一十条　【公司税后利润分配】　公司分配当年税后利润时，应当提取利润的百分之十列入公司法定公积金。公司法定公积金累计额为公司注册资本的百分之五十以上的，可以不再提取。

公司的法定公积金不足以弥补以前年度亏损的，在依照前款规定提取法定公积金之前，应当先用当年利润弥补亏损。

公司从税后利润中提取法定公积金后，经股东会决议，还可以从税后利润中提取任意公积金。

公司弥补亏损和提取公积金后所余税后利润，有限责任公司按照股东实缴的出资比例分配利润，全体股东约定不按照出资比例分配利润的除外；股份有限公司按照股东所持有的股份比例分配利润，公司章程另有规定的除外。

公司持有的本公司股份不得分配利润。

第二百一十一条 **【违法分配利润的处理】** 公司违反本法规定向股东分配利润的，股东应当将违反规定分配的利润退还公司；给公司造成损失的，股东及负有责任的董事、监事、高级管理人员应当承担赔偿责任。

第二百一十二条 **【公司利润分配时间】** 股东会作出分配利润的决议的，董事会应当在股东会决议作出之日起六个月内进行分配。

二、股权转让后的侵权诉讼

股东转让全部股权后，发现公司其他股东、董事、监事、高管人员侵害公司利益的，无权以股东代表身份以"损害公司利益责任纠纷""损害股东利益责任纠纷"等与公司有关纠纷案由提起诉讼，只能基于公司其他股东、董事、监事、高管人员侵害公司利益的行为，与原股东遭受损害的结果存在因果关系为由，提起一般侵权之诉。当然，原股东应当举证证明其股权价值因侵权所受到的损害情况。

关联法规

《公司法》（2023 年 12 月 29 日修订）

第二十一条 **【股东滥用权利的责任】** 公司股东应当遵守法律、行政法规和公司章程，依法行使股东权利，不得滥用股东权利损害公司或者其他股东的利益。

公司股东滥用股东权利给公司或者其他股东造成损失的，应当承担赔偿责任。

第四章　公司解散、清算与注销法律风险与防范

第一节　公司解散

一、公司僵局的法定情形

公司僵局，是法理学上对公司经营状况与股东关系态势的一种概述。根据《最高人民法院关于适用〈中华人民共和国公司法〉若干问题的规定（二）》第一条的规定，公司出现以下四种情形之一即可认定为"公司经营管理发生严重困难"：

（1）公司持续两年以上无法召开股东会，公司经营管理发生严重困难的。

（2）股东表决时无法达到法定或者公司章程规定的比例，持续两年以上不能做出有效的股东会决议，公司经营管理发生严重困难的。

（3）公司董事长期冲突，且无法通过股东会解决，公司经营管理发生严重困难的。

（4）经营管理发生其他严重困难，公司继续存续会使股东利益受到重大损失的情形。

以上四点情形应当理解为：公司无论处于盈利或者亏损的状态，只要股东会机制长期失灵（注意："两年以上不召开股东会"不等于"两年以上无法召开股东会"），内部管理有严重障碍，已陷入僵局状态，就可认定为"经营管理发生严重困难"。

二、公司僵局的法律解决途径

（一）公司僵局的通常法律解决途径

公司经营陷入僵局时，股东可以启动退出公司的法律程序，或者提起解散公司的诉讼程序。

（二）预先约定股东退出条款

为了避免公司出现难以化解的僵局，股东可预先在公司设立协议及公司章程中约定股东的退出条款，对股权转让、回购等股东退出事宜作出明确的约定。

股东转让股权，既要注意未完成出资的股东转让股权的限制性规定，又要注意依法缴纳股权转让所得税，否则，可能面临相应的法律风险。

三、公司解散

《公司法》第二百三十一条赋予了股东在特定条件下提起解散公司诉讼的权利，但是，公司解散属于公司生死存亡的大问题，事关公司股东、债权人及职工等多方面利益主体，甚至关系到市场经济秩序的稳定和社会秩序的安宁，因此，人民法院对公司解散是慎重处理的，其综合考虑因素包括公司设立的目的能否实现、公司运营障碍能否消除等。只有公司经营管理确实出现严重困难，严重损害股东利益，且穷尽其他途径不能解决时，才能判决解散公司。

（一）股东提起解散公司诉讼必须具备的主体资格条件

单独或者合计持有公司百分之十以上表决权的股东。

（二）股东提起解散公司诉讼必须具备的法定事由

《公司法》第二百三十一条规定了股东提起解散公司诉讼必须同时具备以下三个法定事由：
（1）公司经营管理发生严重困难。
（2）继续存续会使股东利益受到重大损失。
（3）通过其他途径不能解决。

其中，"公司经营管理发生严重困难"在前部分内容已阐述；"通过其他途径不能解决"是指请求人民法院解散公司之外的其他各种途径。

需要注意的是，《最高人民法院关于适用〈中华人民共和国公司法〉若干问题的规定（二）》第一条第二款规定，股东以知情权、利润分配请求权等权益受到损害，或者公司亏损、财产不足以偿还全部债务，以及公司被吊销企业法人营业执照未进行清算等为由，提起解散公司诉讼的，人民法院不予受理。

综上，股东诉求解散公司，首先应当符合诉讼的原告主体资格条件，其次，要有证据证明"公司经营管理发生严重困难，继续存续会使股东利益受到重大损失，通过其他途径不能解决"，否则，可能面临败诉的风险。

（三）解散公司诉讼的财产保全、证据保全

股东诉求解散公司，可以同时向人民法院申请财产保全或者证据保全，在股东提供担保且不影响公司正常经营的情形下，人民法院可予以保全（《最高人民法院关于适用〈中华人民共和国公司法〉若干问题的规定（二）》第三条），以防止公司大股东或实际控制股东采取伪造账目、恶意处置资产等行为，损害其他股东的利益。

 关联法规

《公司法》（2023 年 12 月 29 日修订）

第二百二十九条　【公司解散原因及事由公示】　公司因下列原因解散：

（一）公司章程规定的营业期限届满或者公司章程规定的其他解散事由出现；

（二）股东会决议解散；

（三）因公司合并或者分立需要解散；

（四）依法被吊销营业执照、责令关闭或者被撤销；

（五）人民法院依照本法第二百三十一条的规定予以解散。

公司出现前款规定的解散事由，应当在十日内将解散事由通过国家企业信用信息公示系统予以公示。

第二百三十条　【公司存续的表决规则】　公司有前条第一款第一项、第二项情形，且尚未向股东分配财产的，可以通过修改公司章程或者经股东会决议而存续。

依照前款规定修改公司章程或者经股东会决议，有限责任公司须经持有三分之二以上表决权的股东通过，股份有限公司须经出席股东会会议的股东所持表决权的三分之二以上通过。

第二百三十一条　【强制解散】　公司经营管理发生严重困难，继续存续会使股东利益受到重大损失，通过其他途径不能解决的，持有公司百分之十以上表决权的股东，可以请求人民法院解散公司。

第二节　公司清算和注销

一、公司未依法成立清算组

公司因出现法定事由而解散的，应当在解散事由出现之日起 15 日内成立清算组进行清算。否则，公司债权人、公司股东可以申请人民法院指定清算组对公司进行清算。

关联法规

《公司法》（2023 年 12 月 29 日修订）

第二百三十二条　【清算义务人及其责任】　公司因本法第二百二十九条第一款第一项、第二项、第四项、第五项规定而解散的，应当清算。董事为公司清算义务人，应当在解散事由出现之日起十五日内组成清算组进行清算。

清算组由董事组成，但是公司章程另有规定或者股东会决议另选他人的除外。

清算义务人未及时履行清算义务，给公司或者债权人造成损失的，应当承担赔偿责任。

第二百三十三条　【向法院申请指定清算组】　公司依照前条第一款的规定应当清算，逾期不成立清算组进行清算或者成立清算组后不清算的，利害关系人可以申请人民法院指定有关人员组成清算组进行清算。人民法院应当受理该申请，并及时组织清算组进行清算。

公司因本法第二百二十九条第一款第四项的规定而解散的，作出吊销营业执照、责令关闭或者撤销决定的部门或者公司登记机关，可以申请人民法院指定有关人员组成清算组进行清算。

二、清算组未依法履行职责

清算组应依法行使职权，及时履行通知、公告职责；在公司清算程序终结前，债权人可依法申报债权，在债权申报期间，清算组不得对债权人进行清偿，债权人对清算组核定的债权有异议的，可以要求清算组重新核定。对于债权人补充申报的债权，公司尚未分配的财产不能全额清偿的，股东获得剩余财产分配的，应以其在剩余财产分配中已经取得的财产予以清偿。

清算组成员应当忠于职守，依法履行清算义务，否则，给公司或者债权人造成损失的，应承担赔偿责任。

《公司法》（2023 年 12 月 29 日修订）

第二百三十四条　【清算组的职权】 清算组在清算期间行使下列职权：

（一）清理公司财产，分别编制资产负债表和财产清单；

（二）通知、公告债权人；

（三）处理与清算有关的公司未了结的业务；

（四）清缴所欠税款以及清算过程中产生的税款；

（五）清理债权、债务；

（六）分配公司清偿债务后的剩余财产；

（七）代表公司参与民事诉讼活动。

第二百三十五条　【债权申报】 清算组应当自成立之日起十日内通知债权人，并于六十日内在报纸上或者国家企业信用信息公示系统公告。债权人应当自接到通知之日起三十日内，未接到通知的自公告之日起四十五日内，向清算组申报其债权。

债权人申报债权，应当说明债权的有关事项，并提供证明材料。清算组应当对债权进行登记。

在申报债权期间，清算组不得对债权人进行清偿。

第二百三十八条　【清算组成员的义务和责任】 清算组成员履行清算职责，负有忠实义务和勤勉义务。

清算组成员怠于履行清算职责，给公司造成损失的，应当承担赔偿责任；因故意或者重大过失给债权人造成损失的，应当承担赔偿责任。

三、清算方案及清算活动操作不当

清算组应当制定清算方案，并报股东会或者人民法院确认。未经确认的清算方案，清算组不得执行。清算期间公司存续，但不得开展与清算无关的经营活动。

 **关联法规**

《公司法》（2023 年 12 月 29 日修订）

第二百三十六条　【清算方案的制定与公司财产的处分】　清算组在清理公司财产、编制资产负债表和财产清单后，应当制订清算方案，并报股东会或者人民法院确认。

公司财产在分别支付清算费用、职工的工资、社会保险费用和法定补偿金，缴纳所欠税款，清偿公司债务后的剩余财产，有限责任公司按照股东的出资比例分配，股份有限公司按照股东持有的股份比例分配。

清算期间，公司存续，但不得开展与清算无关的经营活动。公司财产在未依照前款规定清偿前，不得分配给股东。

第二百三十七条　【解散清算转化为破产清算的情形】　清算组在清理公司财产、编制资产负债表和财产清单后，发现公司财产不足清偿债务的，应依法向人民法院申请破产清算。

人民法院受理破产申请后，清算组应当将清算事务移交给人民法院指定的破产管理人。

四、公司注销程序不当

公司未经清算即办理注销登记，导致公司无法进行清算的，有限责任公司的股东或者相关第三人应对公司债务承担清偿责任。

 **关联法规**

《公司法》（2023 年 12 月 29 日修订）

第二百三十九条　【清算报告和注销公司登记】　公司清算结束后，清算组应当制作清算报告，报股东会或者人民法院确认，并报送公司登记机关，申请注销公司登记。

第二百四十条　【公司简易注销登记】　公司在存续期间未产生债务，或者已清偿全部债务的，经全体股东承诺，可以按照规定通过简易程序注销公司登记。

通过简易程序注销公司登记，应当通过国家企业信用信息公示系统予以公告，公告期限不少于二十日。公告期限届满后，未有异议的，公司可以在二十日内向公司登记机关申请注销公司登记。

公司通过简易程序注销公司登记，股东对本条第一款规定的内容承诺不实的，应当对注销登记前的债务承担连带责任。

第二百四十一条 【公司强制注销登记】 公司被吊销营业执照、责令关闭或者被撤销，满三年未向公司登记机关申请注销公司登记的，公司登记机关可以通过国家企业信用信息公示系统予以公告，公告期限不少于六十日。公告期限届满后，未有异议的，公司登记机关可以注销公司登记。

依照前款规定注销公司登记的，原公司股东、清算义务人的责任不受影响。

第二编 企业内部管理法律风险提示与防范指引

第五章　企业劳动管理法律风险与防范

第一节　企业招聘

一、企业招聘广告存在就业歧视

就业歧视，是指企业没有合法根据，基于性别、年龄、民族、种族、户籍、学历背景、婚育情况、外貌、身体健康状况等因素，对职工采取区别对待、排斥或给予优惠的行为。就业歧视现象在我国劳动用工领域中极为常见，不仅是对劳动者就业权利的侵害，而且会导致劳动者人格权、生存权等基本权利的减损。

企业应当注意避免在处理招聘、入职事务过程中出现歧视行为，避免敏感歧视内容的出现。

关联法规

《中华人民共和国劳动法》（2018 年 12 月 29 日修正，以下简称《劳动法》）

第十三条　【男女平等就业】　妇女享有与男子平等的就业权利。在录用职工时，除国家规定的不适合妇女的工种或者岗位外，不得以性别为由拒绝录用妇女或者提高对妇女的录用标准。

《中华人民共和国残疾人保障法》（2018 年 10 月 26 日修正）

第三十八条　【残疾人平等就业】　国家保护残疾人福利性单位的财产所有权和经营自主权，其合法权益不受侵犯。

在职工的招用、转正、晋级、职称评定、劳动报酬、生活福利、休息休假、社会保险等方面，不得歧视残疾人。

残疾职工所在单位应当根据残疾职工的特点，提供适当的劳动条件和劳动保护，并根据实际需要对劳动场所、劳动设备和生活设施进行改造。

国家采取措施，保障盲人保健和医疗按摩人员从业的合法权益。

《中华人民共和国就业促进法》（2015 年 4 月 24 日修正）

第三十条 **【传染病病原携带者平等就业】** 用人单位招用人员，不得以是传染病病原携带者为由拒绝录用。但是，经医学鉴定传染病病原携带者在治愈前或者排除传染嫌疑前，不得从事法律、行政法规和国务院卫生行政部门规定禁止从事的易使传染病扩散的工作。

第三十一条 **【农村劳动者平等就业】** 农村劳动者进城就业享有与城镇劳动者平等的劳动权利，不得对农村劳动者进城就业设置歧视性限制。

第六十二条 **【救济途径】** 违反本法规定，实施就业歧视的，劳动者可以向人民法院提起诉讼。

第六十八条 **【就业歧视的法律后果】** 违反本法规定，侵害劳动者合法权益，造成财产损失或者其他损害的，依法承担民事责任；构成犯罪的，依法追究刑事责任。

《中华人民共和国妇女权益保障法》（2022 年 10 月 30 日修订）

第四十八条 **【男女平等就业】** 用人单位不得因结婚、怀孕、产假、哺乳等情形，降低女职工的工资和福利待遇，限制女职工晋职、晋级、评聘专业技术职称和职务，辞退女职工，单方解除劳动（聘用）合同或者服务协议。

女职工在怀孕以及依法享受产假期间，劳动（聘用）合同或者服务协议期满的，劳动（聘用）合同或者服务协议期限自动延续至产假结束。但是，用人单位依法解除、终止劳动（聘用）合同、服务协议，或者女职工依法要求解除、终止劳动（聘用）合同、服务协议的除外。

用人单位在执行国家退休制度时，不得以性别为由歧视妇女。

二、招聘广告存在虚假承诺、录用条件不明确

虚假承诺，是指企业在招聘广告中对薪资福利、工作地点、工作内容等与劳动者切身利益相关信息的承诺与入职后实际情况严重不符。企业若发布此类虚假广告使职工受到损失的，应当承担相应的赔偿责任。劳资双方应当讲究诚信，避

免相互欺诈。企业招聘广告应当诚信、真实、明确。

（一）诚信告知企业基本信息

企业在发出面试通知时，可以一并发出格式化的《企业基本信息告知函》，要求应聘人员签字确认已知悉。

（二）明确规定招聘条件

企业应当从学历、专业与技能等级、工作经历与业绩等方面设定招聘条件，不得存在虚假承诺。

（三）真实、明确描述工作地点、工作岗位

企业招聘广告中，有关工作地点、工作岗位等承诺，应当与书面劳动合同的主要条款相符合。招聘广告对工作地点的描述，应当明确到地级市，也可约定一个合理范围及可短期外出办业务的地域。

企业对工作岗位范围的描述应当慎重，如岗位范围描述太小，势必会限制企业的用工调配，但是就业区域如果约定得太宽泛，又可能会被视为没有约定。

关联法规

《劳动合同法》(2012 年 12 月 28 日修正)

第八条 【用人单位的告知义务和劳动者的说明义务】 用人单位招用劳动者时，应如实告知劳动者工作内容、工作条件、工作地点、职业危害、安全生产状况、劳动报酬，以及劳动者要求了解的其他情况；用人单位有权了解劳动者与劳动合同直接相关的基本情况，劳动者应如实说明。

第十七条 【劳动合同的内容】 劳动合同应当具备以下条款：

（一）用人单位的名称、住所和法定代表人或者主要负责人；

（二）劳动者的姓名、住址和居民身份证或者其他有效身份证件号码；

（三）劳动合同期限；

（四）工作内容和工作地点；

（五）工作时间和休息休假；

（六）劳动报酬；

（七）社会保险；

（八）劳动保护、劳动条件和职业危害防护；

（九）法律、法规规定应当纳入劳动合同的其他事项。

劳动合同除前款规定的必备条款外，用人单位与劳动者可以约定试用期、培训、保守秘密、补充保险和福利待遇等其他事项。

第二十六条 【劳动合同的无效】 下列劳动合同无效或者部分无效：

（一）以欺诈、胁迫的手段或者乘人之危，使对方在违背真实意思的情况下订立或者变更劳动合同的；

（二）用人单位免除自己的法定责任、排除劳动者权利的；

（三）违反法律、行政法规强制性规定的。

对劳动合同的无效或者部分无效有争议的，由劳动争议仲裁机构或者人民法院确认。

第三十八条 【劳动者解除劳动合同】 用人单位有下列情形之一的，劳动者可以解除劳动合同：

（一）未按照劳动合同约定提供劳动保护或者劳动条件的；

（二）未及时足额支付劳动报酬的；

（三）未依法为劳动者缴纳社会保险费的；

（四）用人单位的规章制度违反法律、法规的规定，损害劳动者权益的；

（五）因本法第二十六条第一款规定的情形致使劳动合同无效的；

（六）法律、行政法规规定劳动者可以解除劳动合同的其他情形。

用人单位以暴力、威胁或者非法限制人身自由的手段强迫劳动者劳动的，或者用人单位违章指挥、强令冒险作业危及劳动者人身安全的，劳动者可以立即解除劳动合同，不需事先告知用人单位。

第三十九条 【用人单位单方解除劳动合同（过失性辞退）】 劳动者有下列情形之一的，用人单位可以解除劳动合同：

（一）在试用期间被证明不符合录用条件的；

（二）严重违反用人单位的规章制度的；

（三）严重失职，营私舞弊，给用人单位造成重大损害的；

（四）劳动者同时与其他用人单位建立劳动关系，对完成本单位的工作任务造成严重影响，或者经用人单位提出，拒不改正的；

（五）因本法第二十六条第一款第一项规定的情形致使劳动合同无效的；

（六）被依法追究刑事责任的。

《就业服务与就业管理规定》（2022 年 1 月 7 日修订）

第十四条第（一）项 【招聘禁止情形】 用人单位招用人员不得有下列行为：

（一）提供虚假招聘信息，发布虚假招聘广告。

三、企业未对应聘者的入职条件进行审查

如企业未对应聘者的入职条件进行审查，可能导致企业用工后产生不必要的麻烦。建议入职审查从以下六个方面进行规范操作。

（一）身份证件审查

企业在招聘时应当仔细审查应聘人员身份证件的真伪。如果应聘者未使用其真实有效的身份证件入职，企业未经审查就以该自报身份信息为其缴纳社会保险，职工在不能享受社会保险待遇时，可能会由企业承担赔偿责任。

（二）学历资格条件审查

有的应聘者会使用伪造的简历、学历或者资质证书进行应聘，如果企业招聘时未仔细审查，待其入职后才发现，就容易引发劳动纠纷。

（三）离职审查

根据法律规定，如果企业招用了尚未与其他企业解除劳动关系的应聘者，造成原用人单位损失的，招聘单位应当与该劳动者承担连带赔偿责任。

（四）竞业限制审查

如果招聘单位未尽谨慎义务，招录了负有竞业限制或者保密义务的职工入职，造成原用人单位损失的，招聘单位可能需要对该损失承担损害赔偿责任，甚至可能因涉嫌侵害原用人单位的知识产权或者商业秘密而受到刑事处罚。

（五）运用"应聘人员信息登记表"进行审查

企业应当科学设置"应聘人员信息登记表"的内容，要求应聘人员全面填写与录用工作具有关联性的信息，同时，要注意对职工隐私权的保护。建议企业

在该表中设置相应的承诺栏，由应聘人员同意企业正当合理使用其信息，包括向该应聘人员原用人单位或者相关单位、人员进行背景调查等。最后，"应聘人员信息登记表"要由应聘人员本人填写并签字确认。

（六）运用"入职声明表"进一步预防劳动者欺诈入职

建议企业在职工报到入职时进一步采取防欺诈措施，例如，可通过让拟入职职工本人签名确认"入职声明表"进一步防范劳动者欺诈入职。建议"入职声明表"包含以下主要内容：

（1）职工个人及其入职职位的基本信息。

（2）职工对入职资料真实性的承诺。

（3）职工无违法犯罪记录的承诺。

（4）职工无重大疾病隐患或者家族遗传病史的承诺。

（5）职工与原用人单位已经解除劳动关系的声明。

（6）职工与原用人单位是否存在竞业限制关系及处理情形的承诺。

（7）职工已签收企业劳动规章制度并愿意遵守的承诺。

（8）职工联系方式的声明和承诺等。

关联法规

《民法典》（2020年5月28日公布）

第一千零三十五条　【个人信息处理】　处理个人信息的，应当遵循合法、正当、必要原则，不得过度处理，并符合下列条件：

（一）征得该自然人或监护人同意，但是法律、行政法规另有规定的除外；

（二）公开处理信息的规则；

（三）明示处理信息的目的、方式和范围；

（四）不违反法律、行政法规的规定和双方的约定。

个人信息的处理包括个人信息的收集、存储、使用、加工、传输、提供、公开等。

《劳动法》（2018年12月29日修正）

第十五条　【禁止聘用未成年人】　禁止用人单位招用未满十六周岁的未成年人。

文艺、体育和特种工艺单位招用未满十六周岁的未成年人，必须遵守国家有关规定，并保障其接受义务教育的权利。

《劳动合同法》（2012 年 12 月 28 日修正）

第二十六条 　【劳动合同的无效】 　下列劳动合同无效或者部分无效：

（一）以欺诈、胁迫的手段或者乘人之危，使对方在违背真实意思的情况下订立或者变更劳动合同的；

（二）用人单位免除自己的法定责任、排除劳动者权利的；

（三）违反法律、行政法规强制性规定的。

对劳动合同的无效或者部分无效有争议的，由劳动争议仲裁机构或者人民法院确认。

第二十八条 　【劳动合同无效后劳动报酬的支付】 　劳动合同被确认无效，劳动者已付出劳动的，用人单位应当向劳动者支付劳动报酬。劳动报酬的数额，参照本单位相同或者相近岗位劳动者的劳动报酬确定。

第三十九条 　【即时解雇】 　劳动者有下列情形之一的，用人单位可以解除劳动合同：

（一）在试用期间被证明不符合录用条件的；

（二）严重违反用人单位的规章制度的；

（三）严重失职，营私舞弊，给用人单位造成重大损害的；

（四）劳动者同时与其他用人单位建立劳动关系，对完成本单位的工作任务造成严重影响，或者经用人单位提出，拒不改正的；

（五）因本法第二十六条第一款第一项规定的情形致使劳动合同无效的；

（六）被依法追究刑事责任的。

第九十一条 　【用人单位的连带责任】 　用人单位招用与其他用人单位尚未解除或终止劳动合同的劳动者，给其他用人单位造成损失的，应当承担连带赔偿责任。

《违反〈劳动法〉有关劳动合同规定的赔偿办法》 （劳部发〔1995〕223号）

第六条 　【招聘未离职职工的法律风险】 　用人单位招用尚未解除劳动合同的劳动者，对原用人单位造成经济损失的，除该劳动者承担直接赔偿责任外，该用人单位应当承担连带赔偿责任。其连带赔偿的份额应不低于对原用人单位造成经济损失总额的百分之七十。向原用人单位赔偿下列损失：

（一）对生产、经营和工作造成的直接经济损失；

（二）因获取商业秘密给原用人单位造成的经济损失。

赔偿本条第（二）项规定的损失，按《反不正当竞争法》第二十条规定执行。

《最高人民法院关于审理劳动争议案件适用法律问题的解释（一）》（法释〔2020〕26号）

第二十七条　**【招聘未离职职工的诉讼主体】**　用人单位招用尚未解除劳动合同的劳动者，原用人单位与劳动者发生的劳动争议，可以列新的用人单位为第三人。

原用人单位以新的用人单位侵权为由提起诉讼的，可以列劳动者为第三人。

原用人单位以新的用人单位和劳动者共同侵权为由提起诉讼的，新的用人单位和劳动者列为共同被告。

第二节　劳动合同的订立

一、企业未依法与职工签订书面劳动合同

（一）企业未与职工签订书面劳动合同将面临的法律风险

（1）被劳动行政部门作出责令改正、罚款等行政处罚。

（2）企业自用工之日起超过一个月不满一年未与职工订立书面劳动合同的，应当向职工支付二倍工资。

（3）可能被视为与职工已订立无固定期限劳动合同。

（4）职工填写的入职审批表等文书，因不完整具备劳动合同必备条款，在法律上不能视为签订劳动合同。

（5）签署空白劳动合同，即劳动合同约定条款未填写，仅有职工的签字。该劳动合同实质上属于双方未对劳动合同条款达成一致，未订立劳动合同的情形，企业将承担向劳动者每月支付二倍工资的法律责任。

（二）防范建议

（1）企业应当在职工入职 30 日内，要求职工当面签订正式书面劳动合同，并当面签收劳动合同。对于超过 30 日未与本单位签订书面劳动合同的职工，应当尽量做好协调沟通工作，既要让职工认识到签订劳动合同对劳资双方都有益处，也要争取职工留任，以实现劳资和谐共赢。

（2）超过 30 日未与本单位签订书面劳动合同的职工，经过协调沟通后仍不签订劳动合同的，应当及时书面通知职工终止劳动关系，并保存相关证据存档。

（3）职工存在实际困难需要代签劳动合同的，要签书面授权委托书，对书面委托有暂时性困难的，可先由职工本人以手机微信或短信的方式进行委托，并及时向企业补交书面委托手续。

关联法规

《劳动合同法》（2012 年 12 月 28 日修正）

第十条　【订立书面劳动合同】 建立劳动关系，应当订立书面劳动合同。

已建立劳动关系，未同时订立书面劳动合同的，应当自用工之日起一个月内订立书面劳动合同。

用人单位与劳动者在用工前订立劳动合同的，劳动关系自用工之日起建立。

第十一条　【劳动报酬约定不明确的解决】 用人单位未在用工的同时订立书面劳动合同，与劳动者约定的劳动报酬不明确的，新招用的劳动者的劳动报酬按照集体合同约定的标准执行；没有集体合同或者集体合同未规定的，实行同工同酬。

第八十一条　【缺乏必备条款、不提供劳动合同文本的法律责任】 用人单位提供的劳动合同文本未载明本法规定的劳动合同必备条款或者用人单位未将劳动合同文本交付劳动者的，由劳动行政部门责令改正；给劳动者造成损害的，应当承担赔偿责任。

第八十二条　【不订立书面劳动合同的法律责任】 用人单位自用工之日起超过一个月不满一年未与劳动者订立书面劳动合同的，应向劳动者每月支付二倍的工资。

用人单位违反本法规定不与劳动者订立无固定期限劳动合同的，自应当订立无固定期限劳动合同之日起向劳动者每月支付二倍的工资。

《中华人民共和国劳动合同法实施条例》（2008 年 9 月 18 日公布，以下简称《劳动合同法实施条例》）

第五条　【劳动者不订立书面劳动合同的法律责任】　自用工之日起一个月内，经用人单位书面通知后，劳动者不与用人单位订立书面劳动合同的，用人单位应当书面通知劳动者终止劳动关系，无需向劳动者支付经济补偿，但是应当依法向劳动者支付其实际工作时间的劳动报酬。

第六条　【用人单位不订立书面劳动合同的法律责任】　用人单位自用工之日起超过一个月不满一年未与劳动者订立书面劳动合同的，应当依照劳动合同法第八十二条的规定向劳动者每月支付两倍的工资，并与劳动者补订书面劳动合同；劳动者不与用人单位订立书面劳动合同的，用人单位应当书面通知劳动者终止劳动关系，并依照劳动合同法第四十七条的规定支付经济补偿。

前款规定的用人单位向劳动者每月支付两倍工资的起算时间为用工之日起满一个月的次日，截止时间为补订书面劳动合同的前一日。

第七条　【用人单位不订立书面劳动合同的法律责任】　用人单位自用工之日起满一年未与劳动者订立书面劳动合同的，自用工之日起满一个月的次日至满一年的前一日应当依照劳动合同法第八十二条的规定向劳动者每月支付两倍的工资，并视为自用工之日起满一年的当日已经与劳动者订立无固定期限劳动合同，应当立即与劳动者补订书面劳动合同。

《全国民事审判工作会议纪要》（法办〔2011〕442 号）

55. **【代签劳动合同的处理】**　用人单位或他人代替劳动者签订劳动合同，用人单位有充分证据证明代签劳动合同经劳动者本人同意，或者劳动者以实际行为表明接受所代签劳动合同的，不影响劳动合同效力。

二、补签、倒签劳动合同

（一）补签劳动合同

补签劳动合同，是指企业在法定期限内未与职工签订劳动合同，在职工入职一段时间后与职工补签劳动合同，把合同期限向前移，但签订合同的日期为补签合同的时间。双方自愿补签的劳动合同，只要不违反法律规定就是有效的。

建议企业自觉完善劳动合同管理制度，自职工入职之日 30 日内与职工签订劳动合同。对超过法定期限尚未与职工签订劳动合同的，企业应当尽快与职工补签劳动合同。

（二）倒签劳动合同

倒签劳动合同，是指企业在法定期限内未与职工签订劳动合同，将后来签订合同的日期倒签至该职工依法应当签合同的时间。倒签劳动合同不利于保障劳动者的合法权益，违反劳动合同法的有关原则，因此，企业可能会被认定为未依法与劳动者签订劳动合同，从而产生支付二倍工资的法律内险。

关联法规

《劳动合同法》（2012 年 12 月 28 日修正）

第十条　【订立书面劳动合同】　建立劳动关系，应当订立书面劳动合同。

已建立劳动关系，未同时订立书面劳动合同的，应当自用工之日起一个月内订立书面劳动合同。

用人单位与劳动者在用工前订立劳动合同的，劳动关系自用工之日起建立。

第十六条　【劳动合同的生效】　劳动合同由用人单位与劳动者协商一致，并经用人单位与劳动者在劳动合同文本上签字或者盖章生效。

劳动合同文本由用人单位和劳动者各执一份。

第八十二条　【用人单位不订立书面劳动合同的法律责任】　用人单位自用工之日起超过一个月不满一年未与劳动者订立书面劳动合同的，应当向劳动者每月支付二倍的工资。

用人单位违反本法规定不与劳动者订立无固定期限劳动合同的，自应当订立无固定期限劳动合同之日起向劳动者每月支付二倍的工资。

《劳动合同法实施条例》（2008 年 9 月 18 日公布）

第五条　【劳动者不订立书面劳动合同的法律责任】　自用工之日起一个月内，经用人单位书面通知后，劳动者不与用人单位订立书面劳动合同的，用人单位应当书面通知劳动者终止劳动关系，无需向劳动者支付经济补偿，但是应当依法向劳动者支付其实际工作时间的劳动报酬。

第六条　【用人单位不订立书面劳动合同的法律责任】　用人单位自用工之日

起超过一个月不满一年未与劳动者订立书面劳动合同的，应当依照劳动合同法第八十二条的规定向劳动者每月支付两倍的工资，并与劳动者补订书面劳动合同；劳动者不与用人单位订立书面劳动合同的，用人单位应当书面通知劳动者终止劳动关系，并依照劳动合同法第四十七条的规定支付经济补偿。

前款规定的用人单位向劳动者每月支付两倍工资的起算时间为用工之日起满一个月的次日，截止时间为补订书面劳动合同的前一日。

第七条 【用人单位不订立书面劳动合同的法律责任】 用人单位自用工之日起满一年未与劳动者订立书面劳动合同的，自用工之日起满一个月的次日至满一年的前一日应当依照劳动合同法第八十二条的规定向劳动者每月支付两倍的工资，并视为自用工之日起满一年的当日已经与劳动者订立无固定期限劳动合同，应当立即与劳动者补订书面劳动合同。

三、企业未建立职工名册

（一）企业未建立职工名册将面临的法律风险

（1）被人力社保行政部门作出责令改正，甚至处 2000 元以上 20000 元以下罚款的行政处罚。

（2）企业与职工发生有关确认劳动关系或者拖欠工资、经济补偿金等劳动争议时，由企业承担提供职工名册的举证责任，若企业不能提供职工名册，将依法承担相应不利后果。

（二）防范建议

（1）企业应当指定专人负责建立并保管职工入职档案，包括招聘材料、职工身份信息、劳动合同等各项资料，以备待查。

（2）企业应当确保劳动合同为企业的每位职工本人签名、按手印，并将双方已签名盖章的劳动合同由企业与职工各执一份。

关联法规

《劳动合同法》（2012 年 12 月 28 日修正）

第七条 【劳动关系的建立】 用人单位自用工之日起即与劳动者建立劳动关系。用人单位应当建立职工名册备查。

《劳动合同法实施条例》（2008 年 9 月 18 日公布）

　　第八条　【职工名册】　劳动合同法第七条规定的职工名册，应当包括劳动者姓名、性别、公民身份号码、户籍地址及现住址、联系方式、用工形式、用工起始时间、劳动合同期限等内容。

　　第三十三条　【违法建立职工名册的法律责任】　用人单位违反劳动合同法有关建立职工名册规定的，由劳动行政部门责令限期改正；逾期不改正的，由劳动行政部门处 2000 元以上 2 万元以下的罚款。

《中华人民共和国劳动争议调解仲裁法》（2007 年 12 月 29 日公布，以下简称《劳动争议调解仲裁法》）

　　第六条　【劳动争议的举证责任】　发生劳动争议，当事人对自己提出的主张，有责任提供证据。与争议事项有关的证据属于用人单位掌握管理的，用人单位应当提供；用人单位不提供的，应当承担不利后果。

四、企业规避签订无固定期限劳动合同

　　无固定期限劳动合同，是指企业与职工约定无确定终止时间的劳动合同。根据法律的规定，在特定条件成就时，企业应当与职工签订无固定期限劳动合同。无固定期限的劳动合同并非不能解除，企业可通过与职工协商解除无固定期限劳动合同，但需支付经济补偿金；职工提前 30 日书面通知企业，也可解除劳动合同。

　　（一）企业规避签订无固定期限劳动合同可能面临的法律风险

　　（1）自应当订立无固定期限劳动合同之日起向职工每月支付二倍工资。

　　（2）若双方发生劳动争议，将被依法认定为双方之间存在无固定期限劳动合同关系，并以原劳动合同确定双方的权利义务关系。

　　（二）防范建议

　　（1）即使企业已经与职工连续签订了两次固定期限劳动合同，如存在《劳动合同法》第三十九条、第四十条第（一）、第（二）项规定的情形，企业也可

不与职工签订无固定期限劳动合同。

（2）对于符合签订无固定期限劳动合同的法定条件，但又主张放弃与企业签订固定期限劳动合同的职工，企业务必保存关于职工自愿放弃签订无固定期限劳动合同，同意签订固定期限劳动合同的有关证据，防止职工事后又以未订立无固定期限劳动合同为由主张权利。

关联法规

《劳动合同法》（2012 年 12 月 28 日修正）

第十四条 【无固定期限劳动合同】 无固定期限劳动合同，是指用人单位与劳动者约定无确定终止时间的劳动合同。

用人单位与劳动者协商一致，可以订立无固定期限劳动合同。有下列情形之一，劳动者提出或同意续订、订立劳动合同的，除劳动者提出订立固定期限劳动合同外，应当订立无固定期限劳动合同：

（一）劳动者在该用人单位连续工作满十年的；

（二）用人单位初次实行劳动合同制度或者国有企业改制重新订立劳动合同时，劳动者在该用人单位连续工作满十年且距法定退休年龄不足十年的；

（三）连续订立二次固定期限劳动合同，且劳动者没有本法第三十九条和第四十条第一项、第二项规定的情形，续订劳动合同的。

用人单位自用工之日起满一年不与劳动者订立书面劳动合同的，视为用人单位与劳动者已订立无固定期限劳动合同。

第九十七条 【过渡性条款】 本法施行前已依法订立且在本法施行之日存续的劳动合同，继续履行；本法第十四条第二款第三项规定连续订立固定期限劳动合同的次数，自本法施行后续订固定期限劳动合同时开始计算。

本法施行前已建立劳动关系，尚未订立书面劳动合同的，应当自本法施行之日起一个月内订立。

本法施行之日存续的劳动合同在本法施行后解除或者终止，依照本法第四十六条规定应当支付经济补偿的，经济补偿年限自本法施行之日起计算；本法施行前按照当时有关规定，用人单位应当向劳动者支付经济补偿的，按照当时有关规定执行。

《劳动合同法实施条例》（2008 年 9 月 18 日公布）

第九条　【连续工作满 10 年的计算方式】　劳动合同法第十四条第二款规定的连续工作满 10 年的起始时间，应当自用人单位用工之日起计算，包括劳动合同法施行前的工作年限。

第十一条　【应当订立无固定期限劳动合同的情形】　除劳动者与用人单位协商一致的情形外，劳动者依照劳动合同法第十四条第二款的规定，提出订立无固定期限劳动合同的，用人单位应与其订立无固定期限劳动合同。对劳动合同的内容，双方应当按照合法、公平、平等自愿、协商一致、诚实信用的原则协商确定；对协商不一致的内容，依照劳动合同法第十八条的规定执行。

第三节　试用期用工管理

一、企业未与试用期职工签订劳动合同

（一）企业未与试用期职工签订劳动合同将面临的法律风险

1. 支付二倍工资

《劳动合同法》规定，用人单位自用工之日起超过一个月不满一年未与劳动者订立书面劳动合同的，应当向劳动者每月支付二倍的工资。

2. 被劳动行政部门查处

《劳动合同法》规定，用人单位违反本法规定与劳动者约定试用期的，由劳动行政部门责令改正。

（二）防范建议

建议企业自用工之日起 30 日内与职工签订正式书面劳动合同，若职工以试用期为由拒绝签订劳动合同，企业可以与该职工解除劳动关系。

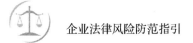 **关联法规**

《劳动合同法》（2012 年 12 月 28 日修正）

第十条　【订立书面劳动合同】　建立劳动关系，应当订立书面劳动合同。

已建立劳动关系，未同时订立书面劳动合同的，应当自用工之日起一个月内订立书面劳动合同。

用人单位与劳动者在用工前订立劳动合同的，劳动关系自用工之日起建立。

第十九条　【试用期】　劳动合同期限三个月以上不满一年的，试用期不得超过一个月；劳动合同期限一年以上不满三年的，试用期不得超过二个月；三年以上固定期限和无固定期限的劳动合同，试用期不得超过六个月。

同一用人单位与同一劳动者只能约定一次试用期。

以完成一定工作任务为期限的劳动合同或者劳动合同期限不满三个月的，不得约定试用期。

试用期包含在劳动合同期限内。劳动合同仅约定试用期的，试用期不成立，该期限为劳动合同期限。

第八十二条　【不订立书面劳动合同的法律责任】　用人单位自用工之日起超过一个月不满一年未与劳动者订立书面劳动合同的，应当向劳动者每月支付二倍的工资。

用人单位违反本法规定不与劳动者订立无固定期限劳动合同的，自应当订立无固定期限劳动合同之日起向劳动者每月支付二倍的工资。

第八十三条　【违法约定试用期的法律责任】　用人单位违反本法规定与劳动者约定试用期的，由劳动行政部门责令改正；违法约定的试用期已经履行的，由用人单位以劳动者试用期满月工资为标准，按已履行的超过法定试用期的期间向劳动者支付赔偿金。

二、试用期的约定违反法律规定

（一）违法约定试用期的常见情形

企业与职工约定的劳动合同试用期，属于法律规定不得约定试用期的情形；同一企业与同一名职工重复约定试用期；企业与职工约定的试用期超过法律所规定的时间上限。

（二）企业与职工违法约定试用期将面临的法律风险

1．赔偿责任

企业与职工违法约定的试用期已经履行的，由企业以职工试用期满的月工资为标准，按已履行的超过法定试用期的期间向职工支付赔偿金。

2．行政责任

企业与职工违法约定试用期，将面临被人力社保行政部门责令改正的行政责任风险。

（二）防范建议

1．企业应按《劳动合同法》的规定与职工约定试用期

《劳动合同法》关于试用期的规定见表5－1。

表5－1　《劳动合同法》对试用期的规定

试用期事项	具体内容	
试用期期限	劳动合同期限	试用期期限
	不满3个月	不得约定试用期
	3个月以上不满1年	不得超过1个月
	1年以上不满3年	不得超过2个月
	3年以上固定期限和无固定期限	不得超过6个月
	续订劳动合同、以完成一定工作任务为期限的合同、非全日制用工	不得约定试用期
试用期工资标准	试用期的工资标准不得低于本单位相同岗位最低档工资的80%，并不得低于用人单位所在地的最低工资标准	
注意事项	1．试用期不得延长，企业认为职工不适应工作的，可以解除劳动合同，不得延长试用期； 2．试用期适用于初次就业或者再次就业后改变岗位或工种的职工，对工作岗位没有发生变化的职工只能约定一次试用期； 3．试用期包含在劳动合同期限内	

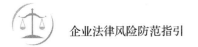

2．录用条件需向试用期职工有效公示

企业应设置明确有效、方便考核的录用条件，并向拟试用的职工有效公示，即企业应将录用条件告知职工，并有证据证明职工知晓该录用条件。

3．建立健全试用期考核制度

企业应设置相应的考核制度，特别是试用期考核的程序和条件。为此，应做到以下两点：

（1）考核结果要获得试用期职工的确认。

（2）职工不予确认的，需形成完整证据链。

4．解除劳动合同的通知应当在试用期内作出并向职工送达

企业在试用期解除劳动合同的，应当通过书面方式说明理由，并将书面理由向职工送达。

关联法规

《劳动合同法》（2012 年 12 月 28 日修正）

第十九条　【试用期限】　劳动合同期限三个月以上不满一年的，试用期不得超过一个月；劳动合同期限一年以上不满三年的，试用期不得超过二个月；三年以上固定期限和无固定期限的劳动合同，试用期不得超过六个月。

同一用人单位与同一劳动者只能约定一次试用期。

以完成一定工作任务为期限的劳动合同或者劳动合同期限不满三个月的，不得约定试用期。

试用期包含在劳动合同期限内。劳动合同仅约定试用期的，试用期不成立，该期限为劳动合同期限。

第二十一条　【试用期内解除劳动合同】　在试用期中，除劳动者有本法第三十九条和第四十条第一项、第二项规定情形外，用人单位不得解除劳动合同。用人单位在试用期解除劳动合同的，应当向劳动者说明理由。

第七十条　【非全日制用工不得约定试用期】　非全日制用工双方当事人不得约定试用期。

第八十三条　【违法约定试用期的法律责任】　用人单位违反本法规定与劳动者约定试用期的，由劳动行政部门责令改正；违法约定的试用期已经履行的，由用人单位以劳动者试用期满月工资为标准，按已经履行的超过法定试用期的期间向劳动者支付赔偿金。

《劳动合同法实施条例》（2008 年 9 月 18 日公布）

第十五条　【试用期工资】　劳动者在试用期的工资不得低于本单位相同岗位最低档工资的 80% 或者不得低于劳动合同约定工资的 80%，并不得低于用人单位所在地的最低工资标准。

三、职工试用期薪酬待遇低于法定标准

（一）企业给予职工试用期薪酬待遇低于法定标准将面临的法律风险

（1）补足未支付部分的劳动报酬，并支付赔偿金。

（2）解除劳动合同并支付经济补偿金。

（3）企业在职工试用期内不为职工缴纳社保，若职工发生工伤，企业也应按照工伤保险待遇的标准向职工支付工伤赔偿金。

（二）防范建议

（1）企业应当向职工及时足额支付工资，需注意两个"不低于"：试用期工资不得低于企业所在地的最低工资标准，并不得低于本企业相同岗位最低档工资的 80% 或者不低于劳动合同约定工资的 80%（二者满足其一）。

（2）企业应当及时为试用期职工缴纳社保。

（3）企业应让职工亲自签名确认"工资领条"，并保存两年以上备查。

关联法规

《劳动合同法》（2012 年 12 月 28 日修正）

第三十八条　【劳动者单方解除劳动合同】　用人单位有下列情形之一的，劳动者可以解除劳动合同：

（一）未按照劳动合同约定提供劳动保护或者劳动条件的；

（二）未及时足额支付劳动报酬的；

（三）未依法为劳动者缴纳社会保险费的；

（四）用人单位的规章制度违反法律、法规的规定，损害劳动者权益的；

（五）因本法第二十六条第一款规定的情形致使劳动合同无效的；

（六）法律、行政法规规定劳动者可以解除劳动合同的其他情形。

用人单位以暴力、威胁或者非法限制人身自由的手段强迫劳动者劳动的，或者用人单位违章指挥、强令冒险作业危及劳动者人身安全的，劳动者可以立即解除劳动合同，不需事先告知用人单位。

第八十五条 【未依法支付劳动报酬、经济补偿等的法律责任】 用人单位有下列情形之一的，由劳动行政部门责令限期支付劳动报酬、加班费或者经济补偿；劳动报酬低于当地最低工资标准的，应当支付其差额部分；逾期不支付的，责令用人单位按应付金额百分之五十以上百分之一百以下的标准向劳动者加付赔偿金：

（一）未按照劳动合同的约定或国家规定及时足额支付劳动者劳动报酬的；
（二）低于当地最低工资标准支付劳动者工资的；
（三）安排加班不支付加班费的；
（四）解除或者终止劳动合同，未依照本法规定向劳动者支付经济补偿的。

第四节 企业规章制度

企业的规章制度，是指企业依据法律和民主程序，结合本单位实际情况制定的内部劳动管理规则。

一、企业未建立合法合规的规章制度，制定规章制度的程序未经民主或公示将面临的法律风险

（1）企业无法对全体职工进行合法有效的统一管理，进而造成企业运作与管理秩序混乱，生产经营效率低下，并且容易引发企业内部职工之间、职工与管理人员之间的矛盾，甚至引发职工与企业的劳动争议，导致用工成本增加。

（2）企业规章制度制定的程序不合法，或者内容不合法，都不能作为企业内部管理的依据，且如果其内容损害了劳动者的权益，劳动者可以解除劳动合同并要求企业支付经济补偿。

（3）直接涉及职工切身利益的规章制度违反法律、法规的规定，可能会被人力社保行政部门责令改正，并给予警告；给职工造成损失的，需要承担赔偿责任。

二、防范建议

规章制度的合法化，是指规章制度必须满足内容合法、制定经民主和公示程序等条件，才能作为用工管理的制度依据。

（一）规章制度的内容应当合法

企业规章制度的内容要符合法律、行政法规的规定，内容不合法的规章制度不具有法律效力。规章制度的内容是否合法，主要通过以下两个方面考量。

1. 规章制度的内容是否与劳动基准法相冲突

一般企业规章制度中的内容不合法集中体现在薪酬管理制度、绩效管理制度及工作时间和休息休假等方面的规定之中。

（1）薪酬管理制度中常见的不合法条款。薪酬管理制度违反基准法的规定，主要体现在不当拖欠和克扣工资方面。企业在作出这些措施时，一定要注意有无正当的理由，且要按照法定的程序进行。在规章制度中，不宜用"罚款"或"违约金"等经济处罚措施，而应当改为依法依规"扣减"或"不予支付"某项奖金等管理措施。

（2）绩效管理制度中常见的不合法内容。绩效管理制度中，常见的不合法条款主要体现为使用降薪、降职等手段的变相"末位淘汰"。比如："职工连续两次绩效考核不达标，或者未完成公司交付的业绩任务须主动离职"，"为提高职工绩效，公司在支付职工提成工资时每次扣除15%作为风险金，职工离职时未能收回货款的用以冲抵货款"，等等。

（3）工作时间和休息休假制度中常见的不合法规定。最高工时和法定休假制度是劳动基准法的基本内容之一，凡是企业规章制度违法安排超时工作或者剥夺劳动者休息休假权的，均属无效。

2. 规章制度的内容是否与集体合同相冲突

集体合同的主要内容具有一定的基准性，能够约束企业规章制度和劳动合同的内容。企业规章制度和劳动合同的内容，特别是劳动条件和劳动待遇条款只能等于或者高于集体合同的基准内容，且不能与之相冲突。

（二）规章制度的制定应经民主和公示程序

建议企业在制定规章制度时，要严格履行民主与公示制度，并保存有关民主与公示的证据材料，常用的操作方式有以下三点。

1. 征求意见

将拟制定的规章制度以"征求意见表"的方式发给职工，让职工签收填写，充分听取职工意见。

2. 民主讨论

召开全体职工大会或者职工代表会议，由参会职工签到并进行完整的会议记录，对于职工提出修改并最后通过的内容，要进行详细记录。

3. 公示程序

对于已经职工讨论通过的规章制度，可按表5-2所示的方式进行公示。

表5-2　规章制度的公示方式

方式	具体操作
公告栏	将规章制度张贴于企业的公告栏中进行公示，便于职工随时阅读
培训/会议	对职工进行有关规章制度的培训，使职工全面了解企业规章制度；或者召开会议，专门针对规章制度进行宣读、讲解，由到会的职工签字确认
印制成册	将规章制度印制成册并发给职工，便于职工掌握企业规章制度
邮件、微信	将规章制度通过邮件、微信等方式发送给职工
作为劳动合同的附件	将规章制度作为劳动合同的附件，在职工签订劳动合同时进行签名确认
入职资料确认	在职工入职资料中加注规章制度，要求职工签订劳动合同时进行签名确认

关联法规

《劳动合同法》(2012年12月28日修正)

第四条　【规章制度】 用人单位应当依法建立和完善劳动规章制度，保障劳动者享有劳动权利、履行劳动义务。

用人单位在制定、修改或者决定有关劳动报酬、工作时间、休息休假、劳动安全卫生、保险福利、职工培训、劳动纪律以及劳动定额管理等直接涉及劳动者切身利益的规章制度或者重大事项时，应当经职工代表大会或者全体职工讨论，提出方案和意见，与工会或者职工代表平等协商确定。

在规章制度和重大事项决定实施过程中，工会或者职工认为不适当的，有权向用人单位提出，通过协商予以修改完善。

用人单位应当将直接涉及劳动者切身利益的规章制度和重大事项决定公示，或者告知劳动者。

第三十八条第一款第（四）项　【劳动者解除劳动合同】　用人单位有下列情形之一的，劳动者可以解除劳动合同：

（四）用人单位的规章制度违反法律、法规规定，损害劳动者权益的。

第三十九条第（二）项　【即时解雇】　劳动者有下列情形之一的，用人单位可以解除劳动合同：

（二）严重违反用人单位的规章制度的。

第四十六条第（一）项　【经济补偿】　有下列情形之一的，用人单位应当向劳动者支付经济补偿：

（一）劳动者依照本法第三十八条规定解除劳动合同的。

第八十条　【规章制度违法的法律责任】　用人单位直接涉及劳动者切身利益的规章制度违反法律、法规规定的，由劳动行政部门责令改正，给予警告；给劳动者造成损害的，应当承担赔偿责任。

《劳动合同法实施条例》(2008 年 9 月 18 日公布)

第二十六条　【服务期内离职的违约金】　用人单位与劳动者约定了服务期，劳动者依照劳动合同法第三十八条的规定解除劳动合同的，不属于违反服务期的约定，用人单位不得要求劳动者支付违约金。

有下列情形之一，用人单位与劳动者解除约定服务期的劳动合同的，劳动者应当按照劳动合同的约定向用人单位支付违约金：

（一）劳动者严重违反用人单位的规章制度的；

（二）劳动者严重失职，营私舞弊，给用人单位造成重大损害的；

（三）劳动者同时与其他用人单位建立劳动关系，对完成本单位的工作任务造成严重影响，或者经用人单位提出，拒不改正的；

（四）劳动者以欺诈、胁迫的手段或者乘人之危，使用人单位在违背真实意思的情况下订立或者变更劳动合同的；

（五）劳动者被依法追究刑事责任的。

《最高人民法院关于审理劳动争议案件适用法律问题的解释（一）》（法释〔2020〕26号）

第五十条 【规章制度】 用人单位根据劳动合同法第四条规定，通过民主程序制定的规章制度，不违反国家法律、行政法规及政策规定，并已向劳动者公示的，可以作为确定双方权利义务的依据。

用人单位制定的内部规章制度与集体合同或者劳动合同约定的内容不一致，劳动者请求优先适用合同约定的，人民法院应予支持。

第五节 职工培训与服务期

一、企业未依法为职工安排职业培训

职工培训，包括职业培训与专业技术培训，其中：职业培训主要是指企业根据法律的要求，为职工提供的安全卫生教育、岗前培训或转岗培训等；专业技术培训是企业针对职工进行的职业技能培训。企业应当依法履行对职工进行职业技能培训和继续教育培训的义务。

（一）企业未对职工进行职业培训将面临的法律风险

（1）企业未按照规定对职工进行职业教育和职业技能培训，或者对职工收取培训费用的，由人力社保行政部门责令改正；拒不改正的，由人力社保行政部门处以5000元以上10000元以下罚款。

（2）对于特种作业人员，企业必须按照国家有关规定经专门的安全作业培训，取得相应资格，方可上岗作业。否则，有关部门将责令改正，并可处100000元以下的罚款；逾期未改正的，责令停产停业整顿，并处100000元以上200000元以下的罚款，对其直接负责的主管人员和其他直接责任人处20000元以上50000以下的罚款。

（二）防范建议

（1）企业应当依法建立职业培训制度，制定配套的规章制度，并按国家规定提取培训经费，结合本单位实际进行职业培训，不得向职工收取培训费用。

（2）《劳动合同法》规定，企业可以在劳动合同中与职工约定试用期、职业培训、福利待遇等其他事项。企业在订立劳动合同时，最好一并与职工约定相关培训事宜，以书面协议明确双方就培训问题的权利义务，这样可以有效预防纠纷。

（3）正确区别对待入职培训与职业培训。入职培训是职工入职报到后，企业为引导职工入职，介绍企业文化及新职工所在部门和岗位的工作注意事项等内容，其目的在于确保新职工能准确理解企业文化，并迅速进入工作状态，使企业经营管理能够有序运行，其与职业培训属于不同的范畴。

关联法规

《劳动法》(2018 年 12 月 29 日修正)

第六十八条　【建立职业培训制度】 用人单位应当建立职业培训制度，按照国家规定提取和使用职业培训经费，根据本单位实际，有计划地对劳动者进行职业培训。

从事技术工种的劳动者，上岗前必须经过培训。

《中华人民共和国安全生产法》(2021 年 6 月 10 日修正，以下简称《安全生产法》)

第三十条　【特种作业人员】 生产经营单位的特种作业人员必须按照国家有关规定经专门的安全作业培训，取得相应资格，方可上岗作业。

特种作业人员的范围由国务院应急管理部门会同国务院有关部门确定。

第九十七条第（三）（四）（五）（六）（七）项　【未依法培训记录的法律责任】 生产经营单位有下列行为之一的，责令限期改正，处十万元以下的罚款；逾期未改正的，责令停产停业整顿，并处十万元以上二十万元以下的罚款，对其直接负责的主管人员和其他直接责任人员处二万元以上五万元以下的罚款：

（三）未按照规定对从业人员、被派遣劳动者、学习学生进行安全生产教育和培训，或者未按照规定如实告知有关的安全生产事项的；

（四）未如实记录安全生产教育和培训情况的；

（五）未将事故隐患排查治理情况如实记录或者未向从业人员通报的；

（六）未按照规定制定生产安全事故应急救援预案或者未定期组织演练的；

（七）特种作业人员未按规定经专门安全作业培训并取得相应资格，上岗作业的。

二、职工培训协议不合法、不明确

（一）企业职工培训协议不合法、不明确将面临的法律风险

1. 培训的对象、内容、时间、地点、费用约定不合法、不明确

培训的对象、内容、时间、地点、费用约定不合法、不明确，可能导致培训费用超支，培训秩序混乱。

2. 受训人员在培训期内的工资待遇约定不合法、不明确

企业在职工培训期间经常发生违法支付工资的现象，比如，拖欠或少付工资、不为受训职工缴纳社保。这些情况可能导致职工单方解除劳动合同，主张企业承担离职的经济补偿和赔偿责任。

3. 受训人员的服务期约定不合法、不明确

如果企业规定的服务期过长，超出的部分可能对职工不产生法律效力，职工在培训结束后，若不按协议约定履行服务期而离职，企业将难以主张返还相应培训费或者要求支付违约金；但若规定的职工服务期过短，可能导致企业无法充分享受职工培训后产生的工作效能，甚至浪费了培训资金，还要承担职工培训期间的工资。

4. 受训人员的违约金约定不合法、不明确

（1）约定的违约金超出劳动法规定的上限部分，可能被依法认定为无效。

（2）超出劳动法规关于职工违约的范围，增加约定受训职工违约情形的，该约定可能被依法认定为无效。

（二）防范建议

1. 培训事项约定

（1）专业技术培训。专业技术培训是指企业为提高职工的特定技能而进行的有针对性的培训，不同于企业基于履行法定义务而对职工进行的培训（如入职培训、岗前培训、日常业务培训等）。企业不得基于履行法定义务对职工进行的培训，与职工约定服务期、违约金。

（2）培训费用。包括差旅费用、培训产生的用于该职工的其他直接费用等，服务期约定的违约金数额不得超过企业所支付的培训费用。

2．服务期限

企业在约定期限协议时，应注意职工的劳动合同期限，若约定的服务期长于劳动合同期限，应在劳动合同期满前与职工签订协议延续劳动合同。

3．违约金

（1）《劳动合同法》只规定了两种可以约定违约金的情形：一是违反服务期约定；二是违反竞业限制约定。除这两种情况外，企业与职工在劳动合同中不得约定违约金。

（2）企业约定违约金时应注意三点：①违约金数额的计算基数是专项培训费用。②服务期尚未履行的，违约金的总额不得超过企业支付的专业技术培训费用的总额。③已经履行部分服务期的处理方法是，对已经履行的服务期，企业不得主张职工该期间应分摊的费用；对尚未履行的服务期，企业可以主张职工分摊该期间对应的费用，计算公式为（培训费用÷服务期期限）×（服务期限－已经履行的期限）。

关联法规

《劳动合同法》（2012 年 12 月 28 日修正）

第二十二条　【服务期】　用人单位为劳动者提供专项培训费用，对其进行专业技术培训的，可以与该劳动者订立协议，约定服务期。

劳动者违反服务期约定的，应当按照约定向用人单位支付违约金。违约金的数额不得超过用人单位提供的培训费用。用人单位要求劳动者支付的违约金不得超过服务期尚未履行部分所应分摊的培训费用。

用人单位与劳动者约定服务期的，不影响按照正常的工资调整机制提高劳动者在服务期期间的劳动报酬。

第二十五条　【违约金】　除本法第二十二条和第二十三条规定的情形外，用人单位不得与劳动者约定由劳动者承担违约金。

第三十八条第一款第（一）项　【劳动者单方解除劳动合同】　用人单位有下列情形之一的，劳动者可以解除劳动合同：

（一）未按照劳动合同约定提供劳动保护或者劳动条件的。

第四十六条第（一）项　【经济补偿】　有下列情形之一的，用人单位应当向劳动者支付经济补偿：

（一）劳动者依照本法第三十八条规定解除劳动合同的。

《劳动合同法实施条例》 (2008 年 9 月 18 日公布)

第十六条 【培训费用】 劳动合同法第二十二条第二款规定的培训费用，包括用人单位为了对劳动者进行专业技术培训而支付的有凭证的培训费用、培训期间的差旅费用以及因培训产生的用于该劳动者的其他直接费用。

第十七条 【服务期未满的劳动合同】 劳动合同期满，但是用人单位与劳动者依照劳动合同法第二十二条的规定约定的服务期尚未到期的，劳动合同应当续延至服务期满；双方另有约定的，从其约定。

第二十六条 【服务期解除的违约金】 用人单位与劳动者约定了服务期，劳动者依照劳动合同法第三十八条的规定解除劳动合同的，不属于违反服务期的约定，用人单位不得要求劳动者支付违约金。

有下列情形之一，用人单位与劳动者解除约定服务期的劳动合同的，劳动者应当按照劳动合同的约定向用人单位支付违约金：

（一）劳动者严重违反用人单位的规章制度的；

（二）劳动者严重失职，营私舞弊，给用人单位造成重大损害的；

（三）劳动者同时与其他用人单位建立劳动关系，对完成本单位的工作任务造成严重影响，或者经用人单位提出，拒不改正的；

（四）劳动者以欺诈、胁迫的手段或者乘人之危，使用人单位在违背真实意思的情况下订立或者变更劳动合同的；

（五）劳动者被依法追究刑事责任的。

第六节　竞业限制

《劳动合同法》规定，对于负有保密义务的劳动者，用人单位可以在劳动合同或者保密协议中与劳动者约定竞业限制条款。但是，有的企业却未与该类职工签订竞业限制协议，或者竞业限制协议内容不合法、不合理。

一、职工竞业限制措施操作不当将面临的法律风险

（一）对涉密职工或专业技术职工流失、核心技术泄露无法管控

如对涉密职工或专业技术职工流失、核心技术泄露无法管控，将使企业陷入不可估量的被动局面。

（二）竞业限制的时间过长

根据《劳动合同法》的规定，竞业限制超过两年的，超过部分对职工无法律约束力，若职工守约，又会使企业长时间地承担经济补偿负担。

（三）竞业限制涉及的区域范围过宽

竞业限制涉及的区域范围过宽，将会侵害职工的就业权，产生争议纠纷时，企业难以获得法律支持。

（四）未约定企业支付经济补偿金或者支付时间、金额不合理

若职工履行了竞业限制义务，可要求企业按劳动合同终止前的 12 个月平均工资的 30% 按月支付经济补偿；若企业 3 个月内未支付经济补偿，职工有权解除竞业限制协议。

二、防范建议

（一）竞业限制的必要性

企业在与职工签订竞业协议时，可以充分权衡是否需要对该职工实行竞业限制，也可以在该职工离职前采取脱密措施，提前依法合理调离涉密岗位，缩短竞业限制期限，减少企业经济补偿负担。

（二）竞业限制的期限

若对该职工确有竞业限制的必要，企业应当将竞业限制的期限控制在职工劳动合同解除或者终止后的两年内。

（三）竞业限制的地域范围

竞业限制的地域范围以能与企业形成实际竞争关系的地域为限。

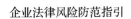

（四）竞业限制的经济补偿金

1. 经济补偿金的支付时间

经济补偿金通常自职工离职之日起按月支付。

2. 经济补偿的数额

经济补偿的数额由双方当事人约定，可参照《最高人民法院关于审理劳动争议案件适用法律问题的解释（一）》的规定，按照职工在劳动合同解除或者终止前 12 个月平均工资的 30% 按月支付经济补偿，且不得低于劳动合同履行地的最低工资标准。

3. 书面通知

对于已经不再需要该职工履行竞业限制协议的，企业应当书面通知职工并付清竞业限制经济补偿金。

关联法规

《劳动合同法》（2012 年 12 月 28 日修正）

第二十三条 【保密义务和竞业限制】 用人单位与劳动者可以在劳动合同中约定保守用人单位的商业秘密和与知识产权相关的保密事项。

对负有保密义务的劳动者，用人单位可以在劳动合同或者保密协议中与劳动者约定竞业限制条款，并约定在解除或者终止劳动合同后，在竞业限制期限内按月给予劳动者经济补偿。劳动者违反竞业限制约定的，应当按照约定向用人单位支付违约金。

第二十四条 【竞业限制的范围和期限】 竞业限制的人员限于用人单位的高级管理人员、高级技术人员和其他负有保密义务的人员。竞业限制的范围、地域、期限由用人单位与劳动者约定，竞业限制的约定不得违反法律、法规的规定。

在解除或者终止劳动合同后，前款规定的人员到与本单位生产或者经营同类产品、从事同类业务的有竞争关系的其他用人单位，或者自己开业生产或者经营同类产品、从事同类业务的竞业限制期限，不得超过二年。

第二十五条 【违约金】 除本法第二十二条和第二十三条规定的情形外，用人单位不得与劳动者约定由劳动者承担违约金。

第九十条 【劳动者的赔偿责任】 劳动者违反本法规定解除劳动合同，或者违反劳动合同中约定的保密义务或者竞业限制，给用人单位造成损失的，应当承担赔偿责任。

《最高人民法院关于审理劳动争议案件适用法律问题的解释（一）》（法释〔2020〕26号）

第三十六条　【竞业限制的经济补偿】　当事人在劳动合同或者保密协议中约定了竞业限制，但未约定解除或者终止劳动合同后给予劳动者经济补偿，劳动者履行了竞业限制义务，要求用人单位按照劳动者在劳动合同解除或者终止前十二个月平均工资的30%按月支付经济补偿的，人民法院应予支持。

前款规定的月平均工资的30%低于劳动合同履行地最低工资标准的，按照劳动合同履行地最低工资标准支付。

第三十七条　【竞业限制与经济补偿】　当事人在劳动合同或者保密协议中约定了竞业限制和经济补偿，当事人解除劳动合同时，除另有约定外，用人单位要求劳动者履行竞业限制义务，或者劳动者履行了竞业限制义务后要求用人单位支付经济补偿的，人民法院应予支持。

第三十八条　【劳动者解除竞业限制】　当事人在劳动合同或者保密协议中约定了竞业限制和经济补偿，劳动合同解除或者终止后，因用人单位的原因导致三个月未支付经济补偿，劳动者请求解除竞业限制约定的，人民法院应予支持。

第三十九条　【用人单位解除竞业限制】　在竞业限制期限内，用人单位请求解除竞业限制协议的，人民法院应予支持。

在解除竞业限制协议时，劳动者请求用人单位额外支付劳动者三个月的竞业限制经济补偿的，人民法院应予支持。

第四十条　【继续履行竞业限制义务】　劳动者违反竞业限制约定，向用人单位支付违约金后，用人单位要求劳动者按照约定继续履行竞业限制义务的，人民法院应予支持。

第七节　工作时间与休息休假

一、企业违法适用综合工时制、不定时工时制

综合工时制、不定时工时制是针对因生产特点不能实行标准工时制的企业，经过人力社保行政部门审批，实行的特殊工作制。

特殊工作制企业有其特殊的工种、工作性质、工作环境和工作任务，特殊工作制应严格按照劳动法规定实行。

（一）企业如未报经人力社保行政部门审批或者违法适用综合工时制、不定时工时制将面临的法律风险

企业所适用综合工时制、不定时工时制无效的，按标准工时制对待。如企业在实行综合工时制、不定时工时制时不安排职工休息，职工有权以企业不为劳动者提供劳动保护为由，单方解除劳动合同并主张经济补偿金。

（二）防范建议

（1）企业因实际情况需要，适用综合工时制、不定时工时制的，应当向人力社保行政部门书面申请，报告企业的性质、经营范围、工作任务等基本情况，申请实行特殊工作制的原因、工作岗位及人数、申请期限等，并征求职工代表的意见，如有工会的，应征求工会的意见。

（2）特殊工作制企业应当依法支付职工工资、加班费，依法保障职工休息。

关联法规

《劳动法》（2018年12月29日修正）

第三十九条 【补休】 企业因生产特点不能实行本法第三十六条、第三十八条规定的，经劳动行政部门批准，可以实行其他工作和休息办法。

《关于贯彻执行〈中华人民共和国劳动法〉若干问题的意见》（劳部发〔1995〕309号）

60.**【工作时间】** 实行每天不超过8小时，每周不超过44小时或40小时标准工作时间制度的企业，以及经批准实行综合计算工时工作制的企业，应当按照劳动法的规定支付劳动者延长工作时间的工资报酬。全体职工已实行劳动合同制度的企业，一般管理人员（实行不定时工作制人员除外）经批准延长工作时间的，可以支付延长工作时间的工资报酬。

62.**【计时工工资报酬的认定】** 实行综合计算工时工作制的企业职工，工作日正好是周休息日的，属于正常工作；工作日正好是法定节假日时，要依照劳动法第四十四条第（三）项的规定支付职工的工资报酬。

67.【**弹性工作时间**】　经批准实行不定时工作制的职工，不受劳动法第四十一条规定的日延长工作时间标准和月延长工作时间标准的限制，但用人单位应采用弹性工作时间等适当的工作和休息方式，确保职工的休息休假权利和生产、工作任务的完成。

《关于企业实行不定时工作制和综合计算工时工作制的审批办法》（劳部发〔1994〕503 号）

第四条　【不定时工作制的适用对象】　企业对符合下列条件之一的职工，可以实行不定时工作制。

（一）企业中的高级管理人员、外勤人员、推销人员、部分值班人员和其他因工作无法按标准工作时间衡量的职工；

（二）企业中的长途运输人员、出租汽车司机和铁路、港口、仓库的部分装卸人员以及因工作性质特殊，需机动作业的职工；

（三）其他因生产特点、工作特殊需要或职责范围，适合实行不定时工作制的职工。

第五条　【计时工作制的适用对象】　企业对符合下列条件之一的职工，可实行综合计算工时工作制，即分别以周、月、季、年等为周期，综合计算工作时间，但其平均日工作时间和平均周工作时间应与法定标准工作时间基本相同。

（一）交通、铁路、邮电、水运、航空、渔业等行业中因工作性质特殊，需连续作业的职工；

（二）地质及资源勘探、建筑、制盐、制糖、旅游等受季节和自然条件限制行业的部分职工；

（三）其他适合实行综合计算工时工作制的职工。

二、企业的职工加班制度不合法

在企业的加班制度中，最容易发生争议的问题就是加班工资。加班工资，是指职工按照企业生产和工作的需要，在规定的工作时间外从事劳动所取得的劳动报酬。

（一）企业常发生的有关加班工资的争议

（1）不按法定标准支付加班工资。

（2）加班费计算基数约定不合法。

（3）不支付计件工资制下的加班费，又无特别约定。

（二）企业不依法支付职工加班费将面临的法律风险

1．承担赔偿责任

企业的此类行为构成克扣或者拖欠工资的违法行为时，职工可依法解除劳动关系并主张经济补偿。

2．承担行政处罚责任

由人力社保行政部门责令限期支付加班费；逾期不支付的，责令企业按应付金额的 50% 以上 100% 以下的标准向职工加倍赔偿。

（三）防范建议

1．建立加班审批制度

建立加班审批制度，既可以防止职工不按规定加班，又可以防止职工未实际加班却要求企业支付加班费。实务中，职工以工作时间超过法定工作时间为由向企业主张加班费时，如果企业已建立了加班审批制度的，则可按未经审批不视作加班为由，拒绝支付加班费。

2．注意区分非加班的情形

企业应当在规章制度中明确规定不属于加班的情形，比如未经过加班审批自行加班、就餐时间等；特别要注意区分加班与值班，要明确区分加班与值班的情形，专门制定值班期间的管理、值班补贴等管理制度。

3．正确实行综合工时制和不定时工时制

对于季节性生产和比较特殊的行业，企业通过实行综合工时制，将加班时间分摊至淡季或者其他空闲时间段，可以有效控制加班费的支出。

4．优先选择调休

企业在休息日安排职工加班的，有权决定是安排职工调休还是选择支付加班费。有条件的企业应当优先选择调休来代替加班费支出。

5．实行复合式工资结构，并在合同中约定加班费计算基数

企业可以将工资拆分为基本工资、奖金、津贴、补贴、提成等项目，并在劳动合同中明确约定加班费的计算基数。建议加班费的计算基数至少不低于基本工资，并且不低于当地最低工资标准，以保障劳动者权益并符合相关法律要求。

6．加班与绩效挂钩

有些企业常出现职工加班多却无明显绩效的问题，建议企业将加班与部门、

个人绩效挂钩，加班超额部分从部门、个人绩效中扣除，有效控制加班申请。

7. 制作规范完备的工资支付凭证

企业应当制作规范完备的加班工资支付凭证，由职工签字确认已领到加班费。实务中，如企业安排职工加班又未保存加班工资支付凭证，若职工再次主张加班费时，企业可能会处于被动的不利地位。

关联法规

《劳动法》（2018 年 12 月 29 日修正）

第四十二条　【延长工作时间限制的例外】　有下列情形之一的，延长工作时间不受本法第四十一条规定的限制：

（一）发生自然灾害、事故或者因其他原因，威胁劳动者生命健康和财产安全，需要紧急处理的；

（二）生产设备、交通运输线路、公共设施发生故障，影响生产和公众利益，必须及时抢修的；

（三）法律、行政法规规定的其他情形。

第四十四条　【延长工时的报酬支付】　有下列情形之一的，用人单位应当按照下列标准支付高于劳动者正常工作时间工资的工资报酬：

（一）安排劳动者延长时间的，支付不低于工资的百分之一百五十的工资报酬；

（二）休息日安排劳动者工作又不能安排补休的，支付不低于工资百分之二百的工资报酬；

（三）法定休假日安排劳动者工作的，支付不低于工资的百分之三百的工资报酬。

第九十一条第（二）项　【对用人单位侵权的处理】　用人单位有下列侵害劳动者合法权益情形之一的，由劳动行政部门责令支付劳动者的工资报酬、经济补偿，并可以责令支付赔偿金：

（二）拒不支付劳动者延长工作时间工资报酬的。

《劳动合同法》（2012 年 12 月 28 日修正）

第三十一条　【加班】　用人单位应当严格执行劳动定额标准，不得强迫或者变相强迫劳动者加班。用人单位安排加班的，应按照国家有关规定向劳动者支付加班费。

第三十八条第一款第（二）项 【劳动者解除劳动合同】 用人单位有下列情形之一的，劳动者可以解除劳动合同：

（二）未及时足额支付劳动报酬的。

第四十六条第（一）项 【经济补偿】 有下列情形之一的，用人单位应当向劳动者支付经济补偿：

（一）劳动者依照本法第三十八条规定解除劳动合同的。

第八十五条第（一）（三）项【未依法支付劳动报酬、经济补偿等的法律责任】 用人单位有下列情形之一的，由劳动行政部门责令限期支付劳动报酬、加班费或者经济补偿；劳动报酬低于当地最低工资标准的，应当支付其差额部分；逾期不支付的，责令用人单位按应付金额百分之五十以上百分之一百以下的标准向劳动者加付赔偿金：

（一）未按劳动合同的约定或者国家规定及时足额支付劳动者劳动报酬的；

（三）安排加班不支付加班费的。

《中华人民共和国劳动争议调解仲裁法》（2007 年 12 月 29 日公布）

第二十七条第四款 【加班费诉讼时效】 劳动关系存续期间因拖欠劳动报酬发生争议的，劳动者申请仲裁不受本条第一款规定的仲裁时效期间的限制；但是，劳动关系终止的，应当自劳动关系终止之日起一年内提出。

三、企业的职工年休假制度违法

我国实行带薪年休假制度，只要职工连续工作一年以上，就享有年休假待遇。而"连续工作一年以上"不仅指在同一单位工作一年以上，也可以是在不同单位连续工作一年以上。

（一）企业年休假制度违法将面临的法律风险

1. 面临劳动争议诉讼

职工有权向企业主张获取带薪年休假的报酬。

2. 受到行政处罚

根据法律规定，若企业未安排年休假又未发放年休假报酬的，由人力社保行政部门责令改正，用人单位除支付未休年休假报酬外，还应当按未休年休假报酬的数额向职工加付赔偿金；对拒不执行支付未休年休假报酬、赔偿金的行政处理决定的，由人力社保行政部门向人民法院申请强制执行。

（二）防范建议

1. 保障职工假期

（1）无薪假期：包括休息日和事假。

（2）有薪假期：包括法定节假日、带薪年休假、探亲假、婚假、产假、丧假、医疗期病假、工伤治疗期（医嘱休息期）等。

若企业对职工有薪假期和无薪假期的区分或者处理不正确，导致应当向职工支付的工资待遇而没有支付的，职工有权以企业拖欠工资为由，主张解除劳动合同并要求企业支付经济补偿金；或者对不应当给予工资待遇的假期计发了工资，则会造成企业工资支付损失及休假管理混乱。

2. 依法执行职工带薪年休假制度

（1）带薪年休假的享受条件。根据《关于〈企业职工带薪年休假实施办法〉有关问题的复函》，《企业职工带薪年休假实施办法》第三条中的"职工连续工作满12个月以上"，既包括职工在同一用人单位连续工作满12个月以上的情形，也包括职工在不同用人单位连续工作满12个月以上的情形。

（2）带薪年休假的计算（见表5-3）。

表5-3 带薪年休假的计算方式

累计工作年限（N）	年休假（天）
$1 \leqslant N < 10$	5
$10 \leqslant N < 20$	10
$N \geqslant 20$ 年	15

（3）新入职职工带薪年休假的计算。《企业职工带薪年休假实施办法》第五条规定的折算方法为：（当年度在本单位剩余日历天数÷365天）×职工本人全年应当享受的年休假天数。

（4）离职职工年休假的计算。《企业职工带薪年休假实施办法》第十二条规定的折算方法为：（当年度在本单位已过日历天数÷365天）×职工本人全年应当享受的年休假天数－当年度已安排年休假天数。

（5）未休年休假的工资报酬。企业确因工作需要不能安排职工休年假的，经职工本人同意，可以不安排职工休年假。对职工应休而未休假天数，企业应当按照该职工日工资收入的300%支付年休假工资报酬。

📚 关联法规

《劳动法》（2018年12月29日修正）

第四十五条【带薪年休假】 国家实行带薪年休假制度。
劳动者连续工作一年以上的，享受带薪年休假。具体办法由国务院规定。
第五十一条【带薪假期】 劳动者在法定休假日和婚丧假期间以及依法参加社会活动期间，用人单位应当依法支付工资。

《关于贯彻执行〈中华人民共和国劳动法〉若干问题的意见》（劳部发〔1995〕309号）

---

59. **【病假工资】** 职工患病或非因工负伤治疗期间，在规定的医疗期间内由企业按有关规定支付其病假工资或疾病救济费，病假工资或疾病救济费可以低于当地最低工资标准支付，但不能低于最低工资标准的80%。

《劳动合同法》（2012年12月28日修正）

第三十八条第一款第（一）项【劳动者单方解除劳动合同】 用人单位有下列情形之一的，劳动者可以解除劳动合同：
（一）未按照劳动合同约定提供劳动保护或者劳动条件的。

《职工带薪年休假条例》（2007年12月14日公布）

第二条【年休假】 机关、团体、企业、事业单位、民办非企业单位、有雇工的个体工商户等单位的职工连续工作1年以上的，享受带薪年休假（以下简称年休假）。单位应当保证职工享受年休假。
职工在年休假期间享受与正常工作期间相同的工资收入。
第三条【年休假】 职工累计工作已满1年不满10年的，年休假5天；已满10年不满20年的，年休假10天；已满20年的，年休假15天。
国家法定休假日、休息日不计入年休假的假期。

第四条 【不享有年休假的情形】 职工有下列情形之一的，不享受当年的年休假：

（一）职工依法享受寒暑假，其休假天数多于年休假天数的；

（二）职工请事假累计20天以上且单位按照规定不扣工资的；

（三）累计工作满1年不满10年的职工，请病假累计2个月以上的；

（四）累计工作满10年不满20年的职工，请病假累计3个月以上的；

（五）累计工作满20年以上的职工，请病假累计4个月以上的。

第五条 【年休假的强制性规定】 单位根据生产、工作的具体情况，并考虑职工本人意愿，统筹安排职工年休假。

年休假在1个年度内可以集中安排，也可以分段安排，一般不跨年度安排。单位因生产、工作特点确有必要跨年度安排职工年休假的，可以跨1个年度安排。

单位确因工作需要不能安排职工休年假的，经职工本人同意，可以不安排职工休年假。对职工应休未休的年休假天数，单位应当按照该职工日工资收入的300%支付年休假工资报酬。

第七条 【违反年休假条例的法律责任】 单位不安排职工休年休假又不依照本条例规定给予年休假工资报酬的，由县级以上地方人民政府人事部门或者劳动保障部门依据职权责令限期改正；对逾期不改正的，除责令该单位支付年休假工资报酬外，单位还应当按照年休假工资报酬的数额向职工加付赔偿金；对拒不支付年休假工资报酬、赔偿金的，属于公务员和参照公务员法管理的人员所在单位的，对直接负责的主管人员以及其他直接责任人员依法给予处分；属于其他单位的，由劳动保障部门、人事部门或者职工申请人民法院强制执行。

《企业职工带薪年休假实施办法》（2008年9月18日公布）

第十条 【年休假的例外】 用人单位经职工同意不安排年休假或者安排职工年休假天数少于应休年休假天数，应当在本年度内对职工应休未休年休假天数，按照其日工资收入的300%支付未休年休假工资报酬，其中包含用人单位支付职工正常工作期间的工资收入。

用人单位安排职工休年休假，但是职工因本人原因且书面提出不休年休假的，用人单位可以只支付其正常工作期间的工资收入。

第十一条 【未休年休假工资】 计算未休年休假工资报酬的日工资收入按照职工本人的月工资除以月计薪天数（21.75天）进行折算。

前款所称月工资是指职工在用人单位支付其未休年休假工资报酬前12个月剔除加班工资后的月平均工资。在本用人单位工作时间不满12个月的，按实际月份计算月平均工资。

职工在年休假期间享受与正常工作期间相同的工资收入。实行计件工资、提成工资或者其他绩效工资制的职工，日工资收入的计发办法按照本条第一款、第二款的规定执行。

第十二条　【未休年休假天数的计算方式】　用人单位与职工解除或终止劳动合同时，当年度未安排职工休满应休年休假天数的，应按照职工当年已工作时间折算应休未休年休假天数并支付未休年休假工资报酬，但折算后不足1整天的部分不支付未休年休假工资报酬。

前款规定的折算方法为：（当年度在本单位已过日历天数÷365天）×职工本人全年应享受的年休假天数－当年度已安排年休假天数。

用人单位当年已安排职工年休假的，多于折算应休年休假的天数不再扣回。

第十五条　【用人单位不依法安排年休假或支付未休年休假工资的法律责任】　县级以上地方人民政府劳动行政部门应当依法监督检查用人单位执行条例及本办法的情况。

用人单位不安排职工休年休假又不依照条例及本办法规定支付未休年休假工资报酬的，由县级以上地方人民政府劳动行政部门依据职权责令限期改正；对逾期不改正的，除责令该用人单位支付未休年休假工资报酬外，用人单位还应当按照未休年休假工资报酬的数额向职工加付赔偿金；对拒不执行支付未休年休假工资报酬、赔偿金行政处理决定的，由劳动行政部门申请人民法院强制执行。

四、企业的职工病假制度违法

病假和医疗期的管理制度问题，是我国劳动用工管理中最为繁杂的法律问题之一，企业既要保护职工的生命健康权，又需要顾及自身的用工管理权。

（一）企业对职工请病假的操作违法将面临的法律风险

（1）如果企业贸然将未办理请假手续的患病职工以旷工论处，或者将其辞退，极有可能会被认定为违法解除劳动合同。

（2）如果企业未按时、足额支付职工病假期间的工资，则属于拖欠、克扣劳动报酬的违法行为，企业将面临被处以限期补发工资的行政处罚，或因拖欠职工工资被认定为违法解除劳动合同。

（二）防范建议

1. 完善请病假手续

对需请病假职工要求提供门（急）诊挂号单据、医生诊断证明、休假证明，并提供与原件核对无误的病历复印件。

2. 获得核查职工病历的授权

由职工承诺企业基于正当的理由和管理的需要，可以核实或者使用职工的部分个人信息和个人隐私，包括但不限于姓名、地址、出生日期、身份证件号码、生物识别信息、电话号码、电子邮箱、健康信息、行踪信息等资料。

3. 正确区分对待职工的病假与医疗期

职工医疗期规定见表5－4。

表5－4　职工医疗期规定

累计工作年限	本单位工作年限	医疗期期限	累计计算周期
<10 年	服务期<5 年	3 个月	6 个月内
	服务期≥5 年	6 个月	12 个月
≥10 年	服务期<5 年	6 个月	12 个月内
	10 年>服务期≥5 年	9 个月	15 个月
	15 年>服务期≥10 年	12 个月	18 个月内
	20 年>服务期≥15 年	18 个月	24 个月内
	服务期≥20 年	24 个月	30 个月内

需要注意的是医疗期计算的起点：根据原劳动部《关于贯彻〈企业职工患病或非因工负伤医疗期规定〉的通知》的规定，医疗期应当从病休第一天开始累计计算。

关联法规

《劳动合同法》（2012 年 12 月 28 日修正）

第四十二条　【用人单位不得解除劳动合同的情形】 劳动者有下列情形之一的，用人单位不得依照本法第四十条、第四十一条的规定解除劳动合同：

（一）从事接触职业病危害作业的劳动者未进行离岗前职业健康检查，或者疑似职业病病人在诊断或者医学观察期间的；

（二）在本单位患职业病或因工负伤并被确认丧失或者部分丧失劳动能力的；

（三）患病或者非因工负伤，在规定的医疗期内的；

（四）女职工在孕期、产期、哺乳期的；

（五）在本单位连续工作满十五年，且距法定退休年龄不足五年的；

（六）法律、行政法规规定的其他情形。

《关于贯彻执行〈中华人民共和国劳动法〉若干问题的意见》（劳部发〔1995〕309 号）

59. **【病假工资】** 职工患病或非因工负伤治疗期间，在规定的医疗期间内由企业按有关规定支付其病假工资或疾病救济费，病假工资或疾病救济费可以低于当地最低工资标准支付，但不能低于最低工资标准的80%。

《企业职工患病或非因工负伤医疗期规定》（劳部发〔1994〕479 号）

第二条 【医疗期】 医疗期是指企业职工因患病或非因工负伤停止工作治病休息不得解除劳动合同的时限。

第三条 【医疗期限】 企业职工因患病或非因工负伤，需要停止工作医疗时，根据本人实际参加工作年限和在本单位工作年限，给予三个月到二十四个月的医疗期：

（一）实际工作年限十年以下的，在本单位工作年限五年以下的为三个月；五年以上的为六个月。

（二）实际工作年限十年以上的，在本单位工作年限五年以下的为六个月；五年以上十年以下的为九个月；十年以上十五年以下的为十二个月；十五年以上二十年以下的为十八个月；二十年以上的为二十四个月。

第四条 【医疗期的计算方式】 医疗期三个月的按六个月内累计病休时间计算；六个月的按十二个月内累计病休时间计算；九个月的按十五个月内累计病休时间计算；十二个月的按十八个月内累计病休时间计算；十八个月的按二十四个月内累计病休时间计算；二十四个月的按三十个月内累计病休时间计算。

五、企业对女职工产假规定违法

女职工休产假期间，企业应当视同其提供正常劳动并支付其工资。

（一）企业对女职工休产假规定违法将面临的法律风险

（1）受到人力社保行政部门行政处罚。

（2）被职工诉求主张支付工资、生育津贴，并主张企业违法解除劳动合同，从而要求企业支付经济赔偿金。

（二）防范建议

企业应当依据劳动法律法规的相关规定，建立健全女职工休产假的制度，确保女职工在产假期间获得法定的工资、生育津贴及休假权利。

关联法规

《劳动法》（2018 年 12 月 29 日修正）

第九十五条　【违反女职工和未成年工保护规定的法律责任】　用人单位违反本法对女职工和未成年工的保护规定，侵害其合法权益的，由劳动行政部门责令改正，处以罚款；对女职工或者未成年工造成损害的，应当承担赔偿责任。

《劳动合同法》（2012 年 12 月 28 日修正）

第四十二条第（四）项　【用人单位不得解除劳动合同的情形】　劳动者有下列情形之一的，用人单位不得依照本法第四十条、第四十一条的规定解除劳动合同：

（四）女职工在孕期、产期、哺乳期的。

《女职工劳动保护特别规定》（2012 年 4 月 28 日公布）

第七条　【产假】　女职工生育享受 98 天产假，其中产前可以休假 15 天；难产的，增加产假 15 天；生育多胞胎的，每多生育 1 个婴儿，增加产假 15 天。

女职工怀孕未满 4 个月流产的，享受 15 天产假；怀孕满 4 个月流产的，享受 42 天产假。

第八条 【生育津贴】 女职工产假期间的生育津贴，对已经参加生育保险的，按照用人单位上年度职工月平均工资的标准由生育保险基金支付；对未参加生育保险的，按照女职工产假前工资的标准由用人单位支付。

女职工生育或者流产的医疗费用，按照生育保险规定的项目和标准，对已经参加生育保险的，由生育保险基金支付；对未参加生育保险的，由用人单位支付。

第八节 职工薪酬制度

一、劳动者工资支付标准不合法或不规范

工资，是指企业依据法律规定、行业规定及劳动合同的约定，以货币形式支付给职工的劳动报酬，是职工切身合法权益的核心。

（一）企业在职工的工资支付方面经常出现的不合法、不规范的操作

（1）工资计算方式约定不准确，将不应纳入工资总额的项目计入工资总额中。

（2）不按时足额支付工资。

（二）企业工资支付不合法、不规范将面临的法律风险

（1）工资计算方式如果约定得不准确，就会影响到职工的平均工资数额，进而影响到职工在职时的社会保险缴费基数和离职经济补偿金的计算标准。

（2）被人力社保行政部门责令改正，给职工造成损害的需承担赔偿责任。

（3）企业未及时、足额支付劳动报酬的，职工可以主张单方解除劳动合同，并要求企业支付经济补偿。

（三）防范建议

（1）劳动报酬是劳动合同的必备条款，企业应在劳动合同中与职工明确约定劳动报酬的计算及支付方式，并将劳动合同交职工签收保存一份。

（2）如因劳动合同对劳动报酬约定不明确引发争议的，企业可以采取与职工重新协商或适用集体合同（同工同酬）的办法。

（3）企业应按时、足额支付职工工资，若因生产经营困难，无法按时、足额支付工资，需及时与职工协商解决办法。在劳动合同约定的工资支付日前 5 日征得职工或企业工会书面同意的，可暂时延期支付工资，延期时间不得超过 1 个月。需延期 1 个月以上的，应提请职工大会同意，但最长不得超过 2 个月。

（4）薪资架构的拆分，合法的工资拆分，是把工资总额分解为多项，通常可包括基本工资、岗位工资、职级工资、绩效工资、固定加班补助和全勤奖等各项津贴补助，并可以设定各个工资项目的发放标准。拆分薪资架构时应注意，薪资架构中要明确各项工资享受的条件，比如职工在病假、产假等特殊期间是否享受企业补助。

关联法规

1. 工资的范围

《关于工资总额组成的规定》（1990 年 1 月 1 日公布）

第四条　【工资的组成】　工资总额由下列六个部分组成：

（一）计时工资；

（二）计件工资；

（三）奖金；

（四）津贴和补贴；

（五）加班加点工资；

（六）特殊情况下支付的工资。

《劳动合同法》（2012 年 12 月 28 日修正）

第十八条　【劳动合同对劳动报酬和劳动条件约定不明确的解决】　劳动合同对劳动报酬和劳动条件等标准约定不明确，引发争议的，用人单位与劳动者可以重新协商；协商不成的，适用集体合同规定；没有集体合同或者集体合同未规定劳动报酬的，实行同工同酬；没有集体合同或者集体合同未规定劳动条件等标准的，适用国家有关规定。

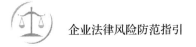

2. 工资折算

《关于职工全年月平均工作时间和工资折算问题的通知》 （劳社部发〔2008〕3 号）

二、日工资和小时工资的折算

按照《劳动法》第五十一条的规定，法定节假日用人单位应当依法支付工资，即折算日工资、小时工资时不剔除国家规定的 11 天法定节假日。据此，日工资、小时工资的折算为：

日工资：月工资收入÷月计薪天数

小时工资：月工资收入÷（月计薪天数×8 小时）

月计薪天数＝（365 天－104 天）÷12 月＝21.75 天

3. 工资支付

《工资支付暂行规定》（劳部发〔1994〕489 号）

第六条　【工资的领取】　用人单位应将工资支付给劳动者本人。劳动者本人因故不能领取工资时，可由其亲属或委托他人代领。

用人单位可委托银行代发工资。

用人单位必须书面记录支付劳动者工资的数额、时间、领取者的姓名以及签字，并保存两年以上备查。用人单位在支付工资时应向劳动者提供一份其个人的工资清单。

第七条　【工资的支付】　工资必须在用人单位与劳动者约定的日期支付。如遇节假日或休息日，则应提前在最近的工作日支付。工资至少每月支付一次，实行周、日、小时工资制的可按周、日、小时支付工资。

第九条　【工资的付清】　劳动关系双方依法解除或终止劳动合同时，用人单位应在解除或终止劳动合同时一次付清劳动者工资。

第十条　【社会活动】　劳动者在法定工作时间内依法参加社会活动期间，用人单位应视同其提供了正常劳动而支付工资。社会活动包括：依法行使选举权或被选举权；当选代表出席乡（镇）、区以上政府、党派、工会、青年团、妇女联合会等组织召开的会议；出任人民法庭证明人；出席劳动模范、先进工作者大会；《工会法》规定的不脱产工会基层委员会委员因工会活动占用的生产或工作时间；其它依法参加的社会活动。

第十一条 【合法假期】 劳动者依法享受年休假、探亲假、婚假、丧假期间，用人单位应按劳动合同约定的标准支付劳动者工资。

第十二条 【停工停产工资】 非因劳动者原因造成单位停工、停产在一个工资支付周期内的，用人单位应按劳动合同约定的标准支付劳动者工资。超过一个工资支付周期的，若劳动者提供了正常劳动，则支付给劳动者的劳动报酬不得低于当地的最低工资标准；若劳动者没有提供正常劳动，应按国家有关规定办理。

第十五条 【代扣工资】 用人单位不得克扣劳动者工资。有下列情况之一的，用人单位可以代扣劳动者工资：

（一）用人单位代扣代缴的个人所得税；

（二）用人单位代扣代缴的应由劳动者个人负担的各项社会保险费用；

（三）法院判决、裁定中要求代扣的抚养费、赡养费；

（四）法律、法规规定可以从劳动者工资中扣除的其他费用。

第十六条 【经济损失的赔偿限制】 因劳动者本人原因给用人单位造成经济损失的，用人单位可按照劳动合同的约定要求其赔偿经济损失。经济损失的赔偿，可从劳动者本人的工资中扣除。但每月扣除的部分不得超过劳动者当月工资的20%。若扣除后的剩余工资部分低于当地月最低工资标准，则按最低工资标准支付。

4. 未依法支付劳动报酬的法律责任

《劳动合同法》(2012年12月28日修正)

第三十八条第一款第（二）项 【劳动者解除劳动合同】 用人单位有下列情形之一的，劳动者可以解除劳动合同：

（二）未及时足额支付劳动报酬的。

第四十六条第（一）项 【经济补偿】 有下列情形之一的，用人单位应当向劳动者支付经济补偿：

（一）劳动者依照本法第三十八条规定解除劳动合同的。

第八十五条 【未依法支付劳动报酬、经济补偿等的法律责任】 用人单位有下列情形之一的，由劳动行政部门责令限期支付劳动报酬、加班费或者经济补偿；劳动报酬低于当地最低工资标准的，应当支付其差额部分；逾期不支付的，责令用人单位按应付金额百分之五十以上百分之一百以下的标准向劳动者加付赔偿金：

（一）未按劳动合同的约定或国家规定及时足额支付劳动者劳动报酬的；

（二）低于当地最低工资标准支付劳动者工资的；

（三）安排加班不支付加班费的；

（四）解除或终止劳动合同，未依本法规定向劳动者支付经济补偿的。

《刑法》（2023 年 12 月 29 日修正）

第二百七十六条之一　【拒不支付劳动报酬罪】　以转移财产、逃匿等方法逃避支付劳动者的劳动报酬或者有能力支付而不支付劳动者的劳动报酬，数额较大，经政府有关部门责令支付仍不支付的，处三年以下有期徒刑或者拘役，并处或者单处罚金；造成严重后果的，处三年以上七年以下有期徒刑，并处罚金。

单位犯前款罪的，对单位判处罚金，并对其直接负责的主管人员和其他直接责任人员，依照前款的规定处罚。

有前两款行为，尚未造成严重后果，在提起公诉前支付劳动者的劳动报酬，并依法承担相应赔偿责任的，可以减轻或者免除处罚。

二、企业的职工最低工资制度不合法

我国实行最低工资制度，即国家规定了职工在法定时间内，提供正常劳动所应取得的劳动报酬的最低限额，企业不得违反该限额。

（一）企业的职工最低工资制度不合法将面临的法律风险

（1）如企业未及时、足额支付劳动报酬，职工有权主张单方解除劳动合同，并要求企业支付经济补偿金。

（2）被劳动保障行政部门给予行政处罚（详见《最低工资规定》第十三条）。

（二）防范建议

（1）企业与职工约定的工资待遇，以及实际支付给职工的工资待遇，均不得低于企业所在地执行的最低工资标准。

（2）在企业实行的"底薪＋提成"工资构成模式中，底薪可以低于最低工资标准，但是，如果职工当月提供了正常劳动但提成较低或者无提成，使得职工最终核算的工作低于最低工资标准的，企业应当按照最低工资标准支付工资。

（3）职工取得最低工资标准的前提条件，是其在法定时间内提供了正常劳动，若因职工自身原因未提供正常劳动，就无权取得该期间的最低工资。

（4）法律规定不得低于最低工资标准支付劳动报酬的情形：①试用期工资。②计件工资或者提成工资。③工伤职工的伤残津贴。④劳动者赔偿单位损失后的工资。⑤竞业限制补偿金。⑥解除或者终止劳动合同的经济补偿金的基数。

（5）法律规定可以低于最低工资标准支付劳动报酬的情形：①在因职工本人原因未提供正常劳动时，如职工存在请事假、缺勤旷工等情形的，单位依法依规扣减工资的，可以少于最低工资标准支付。②病假和医疗期工资，一般可以按最低工资的80%支付。③下岗待工或者停产、停工、停业期间支付的生活费。④企业改制等情形下内退人员的生活费标准。

关联法规

《劳动合同法》（2012年12月28日修正）

第五十五条　【集体合同中劳动报酬、劳动条件等标准】　集体合同中劳动报酬和劳动条件等标准不得低于当地人民政府规定的最低标准；用人单位与劳动者订立的劳动合同中劳动报酬和劳动条件等标准不得低于集体合同规定的标准。

《最低工资规定》（2004年1月20日公布）

第三条　【最低工资标准及正常劳动】　本规定所称最低工资标准，是指劳动者在法定工作时间或依法签订的劳动合同约定的工作时间内提供了正常劳动的前提下，用人单位依法应支付的最低劳动报酬。

本规定所称正常劳动，是指劳动者按依法签订的劳动合同约定，在法定工作时间或劳动合同约定的工作时间内从事的劳动。劳动者依法享受带薪年休假、探亲假、婚丧假、生育（产）假、节育手术假等国家规定的假期间，以及法定工作时间内依法参加社会活动期间，视为提供了正常劳动。

第十条　【最低工资标准的调整】　最低工资标准发布实施后，如本规定第六条所规定的相关因素发生变化，应当适时调整。最低工资标准每两年至少调整一次。

第十一条　【最低工资标准的公示】　用人单位应在最低工资标准发布后10日内将该标准向本单位全体劳动者公示。

第十二条　【最低工资标准范围的例外】　在劳动者提供正常劳动的情况下，

用人单位应支付给劳动者的工资在剔除下列各项以后，不得低于当地最低工资标准：

（一）延长工作时间工资；

（二）中班、夜班、高温、低温、井下、有毒有害等特殊工作环境、条件下的津贴；

（三）法律、法规和国家规定的劳动者福利待遇等。

实行计件工资或提成工资等工资形式的用人单位，在科学合理的劳动定额基础上，其支付劳动者的工资不得低于相应的最低工资标准。

劳动者由于本人原因造成在法定工作时间内或依法签订的劳动合同约定的工作时间内未提供正常劳动的，不适用于本条规定。

第十三条　【违反最低工资规定的法律责任】 用人单位违反本规定第十一条规定的，由劳动保障行政部门责令其限期改正；违反本规定第十二条规定的，由劳动保障行政部门责令其限期补发所欠劳动者工资，并可责令其按所欠工资的1至5倍支付劳动者赔偿金。

三、企业对职工缺勤的工资支付不合法

（一）职工缺勤的工资支付

职工缺勤的工资支付建议按以下两种情形处理。

1. 因职工自身原因缺勤

（1）职工请事假或者旷工的，企业可以不支付工资。

（2）职工因违法犯罪被限制人身自由的，企业可以不支付工资。

（3）职工被采取医学隔离措施的，企业应当支付工资。

（4）职工依法参加社会活动（参加代表选举、国家及社会团体会议等）的，企业应当支付工资。

2. 非因职工自身原因缺勤

非因职工原因造成企业停工的，或者企业因遇不可抗力（比如自然灾害、传染性疾病等因素）停工的，企业应根据停产周期决定是否支付工资。

（二）企业对职工缺勤的工资支付不合法可能面临的法律风险

企业未及时、足额支付劳动报酬的，职工可以主张单方解除劳动合同，并要求企业支付经济补偿金。

（三）防范建议

（1）因违法犯罪被限制人身自由的职工，若在劳动合同期内被变更强制措施，该职工继续提供正常劳动的，企业应当支付工资。

（2）非因职工原因造成的企业停工、停产，如因企业遇不可抗力停工、停产的，企业应当根据停产期限决定是否支付工资：①停工、停产在一个工资周期内的，企业应当支付工资。②超过一个工资周期的，若职工提供正常劳动，企业支付给职工的劳动报酬不得低于当地的最低工资标准；若职工未提供正常劳动，企业可根据具体情况按当地最低工资标准的70%～80%酌情确定。

关联法规

《劳动法》（2008年12月29日修正）

第五十一条　【带薪假期】　劳动者在法定休假日和婚丧假期间以及依法参加社会活动期间，用人单位应当依法支付工资。

《关于贯彻执行〈中华人民共和国劳动法〉若干问题的意见》（劳部发〔1995〕309号）

28. 【暂时停止劳动合同的情形】　劳动者涉嫌违法犯罪被有关机关收容审查、拘留或逮捕的，用人单位在劳动者被限制人身自由期间，可与其暂时停止劳动合同的履行。

暂时停止履行劳动合同期间，用人单位不承担劳动合同规定的相应义务。劳动者经证明被错误限制人身自由的，暂时停止履行劳动合同期间劳动者的损失，可由其依据《国家赔偿法》要求有关部门赔偿。

《工资支付暂行规定》（劳部发〔1994〕489号）

第十条　【社会活动】　劳动者在法定工作时间内依法参加社会活动期间，用人单位应视同其提供了正常劳动而支付工资。社会活动包括：依法行使选举权或被选举权；当选代表出席乡（镇）、区以上政府、党派、工会、青年团、妇女联合会等组织召开的会议；出任人民法庭证明人；出席劳动模范、先进工作者大会；《工会法》规定的不脱产工会基层委员会委员因工作活动占用的生产或工作时间；其它依法参加的社会活动。

第十一条 【带薪假期】 劳动者依法享受年休假、探亲假、婚假、丧假期间，用人单位应按劳动合同规定的标准支付劳动者工资。

《重庆市劳动和社会保障局关于企业职工在"监视居住"、"取保候审"期间有关工资问题的处理意见的通知》（渝劳社办发〔2000〕23号）

一、【职工在"监视居住"、"取保候审"期间的薪资发放】职工在"监视居住"、"取保候审"期间，仍在企业原工作岗位上班的，可按原工资待遇发放；不在企业上班，但又没有解除劳动关系的，可由企业发给生活费。

四、职工奖金和绩效工资处理不当

在企业用工管理中，因奖金支付问题产生的争议相当普遍。根据《关于工资总额组成的规定》，奖金是指支付给职工的超额劳动报酬和增收节支的劳动报酬。

（一）职工奖金的性质类型

从法律性质上看，职工的奖金可分为以下四种类型：

1. 非工资性质的奖金

以是否纳入工资组成部分来划分，奖金可以分为工资意义上的奖金和非工资意义上的奖金。

2. 基本工资性质的奖金

基本工资性质的资金即名为奖金，实为基本工资的"奖金"，如"年底薪"等。

3. 年薪性质的奖金

年薪性质的资金即约定为"年薪"的一部分，并在年底发放的"奖金"，实际上，这种"奖金"也非真正意义上的奖金，其实属于基本薪酬。

4. 提成工资性质的奖金

提成工资，是指根据职工的业绩标准核算支付的工资。提成工资本质上可以作为计件工资的一种形式，而不属于真正意义上的奖金。

（二）奖金和绩效工资管理中的法律风险及防范建议

1. 关于"离职不支付奖金"约定的操作

（1）分清奖金的类别。通常企业中所谓的"奖金"，有些属基本工资性质，如"年底薪"，即只要劳动关系存在，且职工在岗工作都会有的奖金，可以依照制度和约定处理。

（2）根据不同的离职原因而分别处理。有些企业会规定，职工主动离职时不支付奖金。但职工离职的原因是多样的，企业要视情况而定，可通过区分职工离职的原因，选择不同的处理办法，如：①在协商解除劳动合同的情况下，劳资双方完全可以就薪资的结算问题另行协商；②职工因自身过错而被解雇的，除了提成工资外，其他类型的奖金可以不予支付。

（3）设置奖金支付的条件。企业完全可以通过细化奖金支付的条件，来代替"离职不支付奖金"的简单操作。比如：规定在职工离职时，当年度工作时间或相应的工作任务未达50％的不予核算奖金；对尚未达到奖金核算时间或条件的离职职工，双方可以协商处理，协商不成，按50％的标准结算。

2. 关于"奖金分期兑现"的操作

有的企业采用奖金分期兑现的方式支付资金。实际上，在劳动关系存续期间，此类约定是薪酬管理细化和优化的体现，可以激励职工发挥出更大的潜力，能在很大程度上实现挽留核心人才的目的。

奖金分期兑现的约定如为劳资双方真实的意思表示，则与劳动法关于拖欠、克扣工资等基准性规定并不冲突。但需要注意以下两点：

（1）职工离职时应予结算薪资，企业在采用分期兑现奖金的方式时，应事先约定职工离职时的处理方案，在满足公平性和合理性的条件下，可按约定处理。

（2）分期兑现奖金中的奖金，企业应当基于职工的绩效或者业绩进行核算，而不应将工资奖金定义成"年底薪"。

3. 关于"以回款为前提核算奖金或者提成工资"的操作

有的企业与销售业务员约定，奖金的核算与支付以企业销售回款为标准。为此，要注意以下问题：

（1）明确法律底线。《工资支付暂行规定》第九条规定，劳动关系双方依法解除或终止劳动合同时，用人单位应在解除或终止劳动合同时一次付清劳动者工资。因此，即使企业规定离职职工的绩效工资或奖金以回款作为核算条件，也难以得到法律的支持。

（2）考虑约定优先。①按签约数量核算绩效和提成。提成比例可低一些，只要签约签单就可以按月核算并按月支付。②设置"业绩奖金"。约定如销售业务职工跟进催收货款，则可以按所收的货款核算业绩奖金。如果职工离职，则尚未收回货款的部分暂不核算业绩奖金。③尽力优化协商机制。劳资双方可协商达成折中的处理方案，例如：约定时间上限，如可以约定离职后2年内依然未能回款的，企业需支付绩效工资；约定核算基数，如约定不得低于原合同基数80%进行核算。

第九节　社会保险

一、企业未依法为职工缴纳社保

企业未依法为职工缴纳社保，将面临以下两个方面的法律风险。

（一）被人力社保行政部门给予行政处罚

《中华人民共和国社会保险法》（以下简称《社会保险法》）第六十二条规定：用人单位未按规定申报应当缴纳的社会保险费数额的，按照该单位上月缴费额的百分之一百一十确定应当缴纳数额；缴费单位补办申报手续后，由社会保险费征收机构按照规定结算。

（二）被职工解除劳动合同并主张经济补偿金

职工有权以企业未依法缴纳社会保险费为由，主张解除劳动合同并要求企业支付经济补偿金。同时，职工也可以向劳动监察大队投诉，或向人力社保行政部门申请补缴社会保险费。

关联法规

《社会保险法》（2008年12月29日修正）

第四十一条　【未缴纳社保的工伤待遇赔偿】　职工所在用人单位未依法缴纳工伤保险费，发生工伤事故的，由用人单位支付工伤保险待遇。用人单位不支付的，从工伤保险基金中先行支付。

从工伤保险基金中先行支付的工伤保险待遇应当由用人单位偿还。用人单位不偿还的，社会保险经办机构可以依照本法第六十三条的规定追偿。

第五十八条　【社保登记】　用人单位应当自用工之日起三十日内为其职工向社会保险经办机构申请办理社会保险登记。未办理社会保险登记的，由社会保险经办机构核定其应当缴纳的社会保险费。

自愿参加社会保险的无雇工的个体工商户、未在用人单位参加社会保险的非全日制从业人员以及其他灵活就业人员，应当向社会保险经办机构申请办理社会保险登记。

国家建立全国统一的个人社会保障号码。个人社会保障号码为公民身份号码。

第六十三条　【未依法缴纳社保的强制措施】　用人单位未按时足额缴纳社会保险费的，由社会保险费征收机构责令其限期缴纳或者补足。

用人单位逾期仍未缴纳或者补足社会保险费的，社会保险费征收机构可以向银行和其他金融机构查询其存款账户；并可以申请县级以上有关行政部门作出划拨社会保险费的决定，书面通知其开户银行或者其他金融机构划拨社会保险费。用人单位账户余额少于应当缴纳的社会保险费的，社会保险费征收机构可以要求该用人单位提供担保，签订延期缴费协议。

用人单位未足额缴纳社会保险费且未提供担保的，社会保险费征收机构可申请人民法院扣押、查封、拍卖其价值相当于应缴纳社会保险费的财产，以拍卖所得抵缴社会保险费。

第八十六条　【未依法缴纳社保的法律责任】　用人单位未按时足额缴纳社会保险费的，由社会保险费征收机构责令限期缴纳或者补足，并自欠缴之日起，按日加收万分之五的滞纳金；逾期仍不缴纳的，由有关行政部门处欠缴数额一倍以上三倍以下的罚款。

《社会保险费征缴暂行条例》（2019年3月24日修订）

第二十四条　【故意导致社保缴费基数不明的法律责任】　缴费单位违反有关财务、会计、统计的法律、行政法规和国家有关规定，伪造、变造、故意毁灭有关账册、材料，或者不设账册，致使社会保险费缴费基数无法确定的，除依照有关法律、行政法规的规定给予行政处罚、纪律处分、刑事处罚外，依照本条例第十条的规定征缴；迟延缴纳的，由劳动保障行政部门或者税务机关依照第十三条规定决定加收滞纳金，并对直接负责的主管人员和其他直接责任人员处5000元以上 20000 元以下的罚款。

《劳动法》（2018 年 12 月 29 日修正）

第一百条　【未依法缴纳社保的法律责任】　用人单位无故不缴纳社会保险费的，由劳动行政部门责令其限期缴纳；逾期不缴的，可以加收滞纳金。

《劳动合同法》（2012 年 12 月 28 日修正）

第三十八条第一款第（三）项　【劳动者单方解除劳动合同】　用人单位有下列情形之一的，劳动者可以解除劳动合同：

（三）未依法为劳动者缴纳社会保险费的。

二、企业为职工缴纳社保基数违法

企业为职工缴纳社保基数违法，将面临以下两个方面的法律风险。

（一）被人力社保行政部门给予行政处罚

《社会保险法》第六十二条规定，用人单位未按规定申报应当缴纳的社会保险费数额的，由社会保险费征收机构按照规定征缴相应罚额。

（二）被职工解除劳动合同并主张经济补偿金

企业为职工缴纳社保的基数违法时，职工有权以企业未依法缴纳社会保险费为由，主张解除劳动合同并要求企业支付经济补偿金。同时，职工也可以向劳动监察大队投诉，或向人力社保行政部门申请补缴社会保险费。

关联法规

《社会保险法》（2018 年 12 月 29 日修正）

第十二条　【社保的缴纳比例】　用人单位应当按照国家规定的本单位职工工资总额的比例缴纳基本养老保险费，记入基本养老保险统筹基金。

职工应当按照国家规定的本人工资的比例缴纳基本养老保险费，记入个人账户。

无雇工的个体工商户、未在用人单位参加基本养老保险的非全日制从业人员以及其他灵活就业人员参加基本养老保险的，应当按照国家规定缴纳基本养老保险费，分别记入基本养老保险统筹基金和个人账户。

第三十四条　【差别费率】　国家根据不同行业的工伤风险程度确定行业的差别费率，并根据使用工伤保险基金、工伤发生率等情况在每个行业内确定费率档次。行业差别费率和行业内费率档次由国务院社会保险行政部门制定，报国务院批准后公布施行。

社会保险经办机构根据用人单位使用工伤保险基金、工伤发生率和所属行业费率档次等情况，确定用人单位缴费费率。

第六十二条　【未按规定申报社保的行政处理】　用人单位未按规定申报应当缴纳的社会保险费数额的，按照该单位上月缴费额的百分之一百一十确定应当缴纳数额；缴费单位补办申报手续后，由社会保险费征收机构按照规定结算。

《社会保险费征缴暂行条例》（2019 年 3 月 24 日修订）

第十二条　【缴纳社保的方式】　缴费单位和缴费个人应以货币形式全额缴纳社会保险费。

缴费个人应当缴纳的社会保险费，由所在单位从其本人工资中代扣代缴。

社会保险费不得减免。

《劳动合同法》（2012 年 12 月 28 日修正）

第三十八条第一款第（三）项　【劳动者单方解除劳动合同】　用人单位有下列情形之一的，劳动者可以解除劳动合同：

（三）未依法为劳动者缴纳社会保险费的。

三、企业违法准许职工承诺自愿放弃缴纳社保

（一）企业违法准许职工承诺自愿放弃缴纳社保将面临的法律风险

1. 被人力社保行政部门责令补缴

《社会保险法》第六十三条规定，用人单位未按时足额缴纳社会保险费的，由社会保险费征收机构责令其限期缴纳或者补足。

2. 被职工解除劳动合同并主张经济补偿金

职工可能会以企业未依法缴纳社会保险费为由，主张解除劳动合同并要求企业支付经济补偿金。同时，职工也可以向劳动监察大队投诉，或者向人力社保行政部门申请补缴社会保险费。

（二）防范建议

（1）企业可将参加社会保险作为职工应聘入职的条件，从源头上杜绝职工与企业确立劳动关系后不买社保的情况。

（2）若企业在职工入职后，查明其已在其他单位缴纳社保，可要求职工将社保关系从其他单位转入本企业，否则，企业可不予聘用。

关联法规

《社会保险法》（2018 年 12 月 29 日修正）

第五十八条第一款 【个人单位社保登记】 用人单位应当自用工之日起三十日内为其职工向社会保险经办机构申请办理社会保险登记。未办理社会保险登记的，由社会保险经办机构核定其应当缴纳的社会保险费。

第八十四条 【未依法办理社保登记的法律责任】 用人单位不办理社会保险登记的，由社会保险行政部门责令限期改正；逾期不改正的，对用人单位处应缴社会保险费数额一倍以上三倍以下的罚款，对其直接负责的主管人员和其他直接责任人员处五百元以上三千元以下的罚款。

《社会保险费征缴暂行条例》（2019 年 3 月 24 日修订）

第二十三条 【未依法办理社保登记的法律责任】 缴费单位未按照规定办理社会保险登记、变更登记或者注销登记，或者未按照规定申报应缴纳的社会保险费数额的，由劳动保障行政部门责令限期改正；情节严重的，对直接负责的主管人员和其他直接责任人员可以处 1000 元以上 5000 元以下的罚款；情节特别严重的，对直接负责的主管人员和其他直接责任人员可以处 5000 元以上 10000 元以下的罚款。

《劳动法》（2018 年 12 月 29 日修正）

第七十二条 【社保的社会统筹】 社会保险基金按照保险类型确定资金来源，逐步实行社会统筹。用人单位和劳动者必须依法参加社会保险，缴纳社会保险费。

第十节 职工工伤与职业病

一、企业未办理劳动者工伤保险

企业与职工之间，可能会建立多雇主间的灵活就业模式，如双重用工、派遣用工、借调用工、外包用工或者挂靠用工等。实践中，由这些用工模式引发的工伤保险责任争议频繁发生，企业主须引起重视。

（一）工伤保险责任主体

根据《最高人民法院关于审理工伤保险行政案件若干问题的规定》，特殊用工模式的工伤保险责任主体包括以下五种情形。

1. **双重用工**

存在双重用工时，两个企业都有义务为职工缴纳工伤保险，工伤事故发生时，由职工为之工作的企业承担工伤保险责任。

2. **派遣用工**

因职工的劳动关系在其派遣单位，故应由派遣单位承担工伤保险责任。如企业与派遣单位均未给职工购买保险，则由该两类单位承担工伤连带赔偿责任。

3. **借调用工**

职工在企业工作期间，因工作原因被借调到其他关联公司，但劳动关系并未从原单位转出的，此时如职工发生工伤事故，理应由建立劳动关系的企业承担工伤保险责任。

4. **外包用工**

承包方派驻到发包方的职工，与发包单位无任何法律关系，但如果承包方是自然人或者是不具备用工主体资质的组织，职工若在工作中受到伤害的，由发包单位承担其工伤保险责任。

5. **挂靠用工**

自然人挂靠某单位进行经营，该自然人聘用的职工在工作中遭受伤害的，由具备用工主体资质的被挂靠单位承担工伤保险责任。

（二）工伤保险责任主体的例外情况

工伤保险责任主体的例外情况，即"达到法定退休年龄人员"。根据《人力资源社会保障部关于执行〈工伤保险条例〉若干问题的意见（二）》规定，用人单位招用已经达到、超过法定退休年龄或者已经领取城镇职工基本养老保险待遇的人员，在用工期间因工作原因受到事故伤害或者患职业病的，如招用单位已按项目参保等方式为其缴纳工伤保险费的，应适用《工伤保险条例》。

（三）企业未依法为职工缴纳工伤保险可能面临的法律风险

1. 承担行政责任

根据《工伤保险条例》第六十二条规定，用人单位未依法参加工伤保险的，由社会保险行政部门责令限期参加，补缴应当缴纳的工伤保险费，并承担相应的滞纳金、罚款。

2. 承担相当于工伤保险待遇的赔偿

根据《社会保险法》第四十一条规定，职工所在用人单位未依法缴纳工伤保险费，发生工伤事故的，由用人单位支付工伤保险待遇。

3. 承担劳动关系被解除的法律责任

根据《劳动合同法》第三十八条、第四十六条规定，用人单位未依法为劳动者缴纳社会保险费的，劳动者可以解除劳动合同。同时，用人单位应向劳动者支付经济补偿。

关联法规

《社会保险法》（2018 年 12 月 29 日修正）

第四十一条 【企业未参加工伤保险的法律后果】 职工所在用人单位未依法缴纳工伤保险费，发生工伤事故的，由用人单位支付工伤保险待遇。用人单位不支付的，从工伤保险基金中先行支付。

从工伤保险基金中先行支付的工伤保险待遇应当由用人单位偿还。用人单位不偿还的，社会保险经办机构可以依照本法第六十三条的规定追偿。

《工伤保险条例》 (2010 年 12 月 20 日修订)

第六十二条 【企业未参加工伤保险的行政处罚】 用人单位依照本条例规定应当参加工伤保险而未参加的，由社会保险行政部门责令限期参加，补缴应当缴纳的工伤保险费，并自欠缴之日起，按日加收万分之五的滞纳金；逾期仍不缴纳的，处欠缴数额 1 倍以上 3 倍以下的罚款。

依照本条例规定应当参加工伤保险而未参加工伤保险的用人单位职工发生工伤的，由该用人单位按照本条例规定的工伤保险待遇项目和标准支付费用。

用人单位参加工伤保险并补缴应当缴纳的工伤保险费、滞纳金后，由工伤保险基金和用人单位依照本条例的规定支付新发生的费用。

二、工伤认定程序操作不当

（1）如果企业不熟悉职工工伤认定情形、工伤申请期限及程序，可能会造成企业即使为职工缴纳了工伤保险也无法享受工伤保险待遇，最终由企业承担相当于工伤保险待遇的赔偿责任。

（2）企业拒不配合协助社保行政部门对工伤事故进行调查的，由社保行政部门责任改正，并处以 2000 元以上 10000 元以下的罚款。

关联法规

《工伤保险条例》 (2010 年 12 月 20 日修订)

第十四条 【工伤的认定】 职工有下列情形之一的，应当认定为工伤：

（一）在工作时间和工作场所内，因工作原因受到事故伤害的；

（二）工作时间前后在工作场所内，从事与工作有关的预备性或者收尾性工作受到事故伤害的；

（三）在工作时间和工作场所内，因履行工作职责受到暴力等意外伤害的；

（四）患职业病的；

（五）因工外出期间，由于工作原因受到伤害或者发生事故下落不明的；

（六）在上下班途中，受到非本人主要责任的交通事故或者城市轨道交通、客运轮渡、火车事故伤害的；

（七）法律、行政法规规定应当认定为工伤的其他情形。

第十五条 【视同工伤的认定】 职工有下列情形之一的，视同工伤：

（一）在工作时间和工作岗位，突发疾病死亡或者在 48 小时之内经抢救无效死亡的；

（二）在抢险救灾等维护国家利益、公共利益活动中受到伤害的；

（三）职工原在军队服役，因战、因公负伤致残，已取得革命伤残军人证，到用人单位后旧伤复发的。

职工有前款第（一）项、第（二）项情形的，按照本条例的有关规定享受工伤保险待遇；职工有前款第（三）项情形的，按照本条例的有关规定享受除一次性伤残补助金以外的工伤保险待遇。

第十七条 【工伤认定申请的期限】 职工发生事故伤害或者按照职业病防治法规定被诊断、鉴定为职业病，所在单位应当自事故伤害发生之日或者被诊断、鉴定为职业病之日起 30 日内，向统筹地区社会保险行政部门提出工伤认定申请。遇有特殊情况，经报社会保险行政部门同意，申请时限可以适当延长。

用人单位未按前款规定提出工伤认定申请的，工伤职工或者其近亲属、工会组织在事故伤害发生之日或者被诊断、鉴定为职业病之日起 1 年内，可以直接向用人单位所在地统筹地区社会保险行政部门提出工伤认定申请。

按照本条第一款规定应当由省级社会保险行政部门进行工伤认定的事项，根据属地原则由用人单位所在地的设区的市级社会保险行政部门办理。

用人单位未在本条第一款规定的时限内提交工伤认定申请，在此期间发生符合本条例规定的工伤待遇等有关费用由该用人单位负担。

第十九条第二款 【工伤的举证责任倒置】 职工或者其近亲属认为是工伤，用人单位不认为是工伤的，由用人单位承担举证责任。

《最高人民法院关于审理劳动争议案件适用法律问题的解释（一）》（法释〔2020〕26 号）

第三十二条 【劳务关系和劳动关系的区分处理】 用人单位与其招用的已经依法享受养老保险待遇或者领取退休金的人员发生用工争议而提起诉讼的，人民法院应当按劳务关系处理。

企业停薪留职人员、未达到法定退休年龄的内退人员、下岗待岗人员以及企业经营性停产放长假人员，因与新的用人单位发生用工争议而提起诉讼的，人民法院应按劳动关系处理。

《最高人民法院关于审理工伤保险行政案件若干问题的规定》（法释〔2014〕9 号）

第九条　【工伤认定错误的认定和处理】　因工伤认定申请人或者用人单位隐瞒有关情况或者提供虚假材料，导致工伤认定错误的，社会保险行政部门可以在诉讼中依法予以更正。

工伤认定依法更正后，原告不申请撤诉，社会保险行政部门在作出原工伤认定时有过错的，人民法院应判决确认违法；社会保险行政部门无过错的，人民法院可驳回原告诉讼请求。

三、企业未依法支付职工工伤赔偿金

企业应当按照国家法律、法规的如下规定支付职工工伤赔偿金：

（一）一级至十级一次性伤残补助金

依据《工伤保险条例》第三十五条、第三十六条、第三十七条规定，职工因工伤由工伤保险基金支付一次性伤残补助金，标准见表 5-5。

表 5-5　职工工伤由工伤保险基金支付一次性伤残补助金的标准

一级伤残	本人工资 ×27 个月
二级伤残	本人工资 ×25 个月
三级伤残	本人工资 ×23 个月
四级伤残	本人工资 ×21 个月
五级伤残	本人工资 ×18 个月
六级伤残	本人工资 ×16 个月
七级伤残	本人工资 ×13 个月
八级伤残	本人工资 ×11 个月
九级伤残	本人工资 ×9 个月
十级伤残	本人工资 ×7 个月

注：本人工资是指工伤职工，因工作遭受事故伤害或者患职业病前 12 个月平均月缴费工资。本人工资高于统筹地区职工平均工资 300% 的，按照统筹地区职工平均工资的 300% 计算；本人工资低于统筹地区职工平均工资 60% 的，按照统筹地区职工平均工资的 60% 计算（下同）。

（二）一级至六级伤残津贴（按月享受）

依据《工伤保险条例》第三十五条、第三十六条规定，职工因工致残应按月享受伤残津贴，标准见表5－6。

表5－6　从工伤保险基金按月支付伤残津贴的标准

一级伤残	本人工资×90%
二级伤残	本人工资×85%
三级伤残	本人工资×80%
四级伤残	本人工资×75%
五级伤残	本人工资×70%
六级伤残	本人工资×60%

注：1～4级伤残津贴由工伤保险基金支付，实际金额低于当地最低工资标准的，由工伤保险基金补足差额；5～6级伤残津贴由用人单位在难以安排工作的情况下支付，伤残津贴实际金额低于当地最低工资标准的，由用人单位补足差额。

（三）五级至十级一次性工伤医疗补助金和伤残就业补助金

（1）一次性工伤医疗补助金，由工伤保险基金支付。

（2）一次性伤残就业补助金，由用人单位支付。

上述两金标准，根据伤残等级确定，《工伤保险条例》未规定统一标准，具体标准授权各省、自治区、直辖市人民政府规定，一般是按照本人工资一定倍数计算。

（四）停工留薪期工资

依据《工伤保险条例》第三十三条规定，职工因工作遭受事故伤害或者患职业病需要暂停工作接受工伤医疗的，在停工留薪期内，原工资福利待遇不变，由所在单位按月支付。停工留薪期一般不超过12个月。伤情严重或者情况特殊，经设区的市级劳动能力鉴定委员会确认，可以适当延长，但延长不得超过12个月。

（五）停工留薪期的护理费

依据《工伤保险条例》第三十三条规定，生活不能自理的工伤职工在停工留薪期需要护理的，由所在单位负责。

（六）评残后的护理费

依据《工伤保险条例》第三十四条规定，工伤职工已评定伤残等级并经劳动能力鉴定委员会确认需生活护理的，从工伤保险基金按月支付生活护理费，标准见表5－7。

表5－7　工伤保险基金按月支付生活护理费标准

生活完全不能自理	统筹地区上年度职工月平均工资×50%
生活大部分不能自理	统筹地区上年度职工月平均工资×40%
生活部分不能自理	统筹地区上年度职工月平均工资×30%

（七）住院伙食补助费、交通费、食宿费

依据《工伤保险条例》第三十条规定，职工住院治疗工伤的伙食补助费，以及经医疗机构出具证明，报经办机构同意，工伤职工到统筹地区以外就医所需的交通、食宿费用从工伤保险基金支付，基金支付的具体标准由统筹地区人民政府规定。

（八）医疗费

依据《工伤保险条例》第三十规定，治疗工伤所需费用符合工伤保险诊疗项目目录、工伤保险药品目录、工伤保险住院服务标准的，从工伤保险基金支付。

（九）工伤康复费

依据《工伤保险条例》第三十条规定，工伤职工到签订服务协议的医疗机构进行工伤康复的费用，符合规定的，从工伤保险基金支付。

（十）辅助器具费

依据《工伤保险条例》第三十二条规定，工伤职工因日常生活或者就业需要，经劳动能力鉴定委员会确认，可以安装假肢、矫形器、假眼、假牙和配置轮椅等辅助器具，所需费用按照国家规定的标准从工伤保险基金支付。

辅助器具一般应当限于辅助日常生活及生产劳动之必需，并采用国内市场的普及型产品。工伤职工选择其他型号产品，费用高出普及型部分，由个人自付。

（十一）工伤复发待遇

依据《工伤保险条例》第三十八条规定，工伤职工工伤复发，确认需要治疗的，享受工伤医疗费、辅助器具费、停工留薪期工资等工伤待遇。

（十二）因工死亡待遇标准

依据《工伤保险条例》第三十九条规定，职工因工死亡，其近亲属按照规定从工伤保险基金领取丧葬补助金、供养亲属抚恤金和一次性工亡补助金。

依据《工伤保险条例》第六十二条第二款规定，应当参加工伤保险而未参加工伤保险的用人单位职工发生工伤的，由该用人单位按照《工伤保险条例》规定的工伤保险待遇项目和标准支付费用。

因此，职工因工死亡，其近亲属可获得三项费用：丧葬补助金、供养亲属抚恤金和一次性工亡补助金。三项费用标准如下。

1. 丧葬补助金

丧葬补助金为 6 个月的统筹地区上年度职工月平均工资。这个标准每年会有变化，每个地区标准不一样。计算公式为：当地上年度社平工资 ×6。

2. 供养亲属抚恤金

供养亲属抚恤金应按照职工本人工资的一定比例，发给由因工死亡职工生前提供主要生活来源、无劳动能力的亲属。标准为：配偶每月 40%，其他亲属每人每月 30%，孤寡老人或者孤儿每人每月在上述标准的基础上增加 10%。核定的各供养亲属的抚恤金之和不应高于因工死亡职工生前的工资。计算公式如下。

配偶：死者本人工资 ×40%（按月支付）；

其他亲属：死者本人工资 ×30%（每人每月）；

孤寡老人或孤儿：上述标准 ×110%。

3. 一次性工亡补助金

一次性工亡补助金标准为上一年度全国城镇居民人均可支配收入的 20 倍。这个标准每年都会变化，一般每年至少增加数万元。计算公式为：全国城镇居民人均可支配收入 ×20。

关联法规

1. 一级至四级伤残赔偿金

《工伤保险条例》（2010 年 12 月 20 日修订）

第三十五条 【一级至四级伤残的待遇】 职工因工致残被鉴定为一级至四级伤残的，保留劳动关系，退出工作岗位，享受以下待遇：

（一）从工伤保险基金按伤残等级支付一次性伤残补助金，标准为：一级伤残为 27 个月的本人工资，二级伤残为 25 个月的本人工资，三级伤残为 23 个月的本人工资，四级伤残为 21 个月的本人工资；

（二）从工伤保险基金按月支付伤残津贴，标准为：一级伤残为本人工资的 90%，二级伤残为本人工资的 85%，三级伤残为本人工资的 80%，四级伤残为本人工资的 75%。伤残津贴实际金额低于当地最低工资标准的，由工伤保险基金补足差额；

（三）工伤职工达到退休年龄并办理退休手续后，停发伤残津贴，按照国家有关规定享受基本养老保险待遇。基本养老保险待遇低于伤残津贴的，由工伤保险基金补足差额。

职工因工致残被鉴定为一级至四级伤残的，由用人单位和职工个人以伤残津贴为基数，缴纳基本医疗保险费。

2. 五级至六级伤残赔偿金

《工伤保险条例》（2010 年 12 月 20 日修订）

第三十六条 【五级至六级伤残的待遇】 职工因工致残被鉴定为五级、六级伤残的，享受以下待遇：

（一）从工伤保险基金按伤残等级支付一次性伤残补助金，标准为：五级伤残为 18 个月的本人工资，六级伤残为 16 个月的本人工资；

（二）保留与用人单位的劳动关系，由用人单位安排适当工作。难以安排工作的，由用人单位按月发给伤残津贴，标准为：五级伤残为本人工资的 70%，六级伤残为本人工资的 60%，并由用人单位按照规定为其缴纳应缴纳的各项社会保险费。伤残津贴实际金额低于当地最低工资标准的，由用人单位补足差额。

经工伤职工本人提出，该职工可以与用人单位解除或者终止劳动关系，由工伤保险基金支付一次性工伤医疗补助金，由用人单位支付一次性伤残就业补助金。一次性工伤医疗补助金和一次性伤残就业补助金的具体标准由省、自治区、直辖市人民政府规定。

3. 七级至十级伤残赔偿金

《工伤保险条例》(2010 年 12 月 20 日修订)

第三十七条 【七级至十级伤残的待遇】 职工因工致残被鉴定为七级至十级伤残的，享受以下待遇：

（一）从工伤保险基金按伤残等级支付一次性伤残补助金，标准为：七级伤残为 13 个月的本人工资，八级伤残为 11 个月的本人工资，九级伤残为 9 个月的本人工资，十级伤残为 7 个月的本人工资；

（二）劳动、聘用合同期满终止，或者职工本人提出解除劳动、聘用合同的，由工伤保险基金支付一次性工伤医疗补助金，由用人单位支付一次性伤残就业补助金。一次性工伤医疗补助金和一次性伤残就业补助金的具体标准由省、自治区、直辖市人民政府规定。

4. 死亡赔偿金

《工伤保险条例》(2010 年 12 月 20 日修订)

第三十九条 【工亡的待遇】 职工因工死亡，其近亲属按照下列规定从工伤保险基金领取丧葬补助金、供养亲属抚恤金和一次性工亡补助金：

（一）丧葬补助金为 6 个月的统筹地区上年度职工月平均工资；

（二）供养亲属抚恤金按照职工本人工资的一定比例发给由因工死亡职工生前提供主要生活来源、无劳动能力的亲属。标准为：配偶每月 40%，其他亲属每人每月 30%，孤寡老人或者孤儿每人每月在上述标准的基础上增加 10%。核定的各供养亲属的抚恤金之和不应高于因工死亡职工生前的工资。供养亲属的具体范围由国务院社会保险行政部门规定；

（三）一次性工亡补助金标准为上一年度全国城镇居民人均可支配收入的 20 倍。

伤残职工在停工留薪期内因工伤导致死亡的，其近亲属享受本条第一款规定的待遇。

一级至四级伤残职工在停工留薪期满后死亡的，其近亲属可以享受本条第一款第（一）项、第（二）项规定的待遇。

第四十一条　【视同工亡的情况】　职工因工外出期间发生事故或者在抢险救灾中下落不明的，从事故发生当月起 3 个月内照发工资，从第 4 个月起停发工资，由工伤保险基金向其供养亲属按月支付供养亲属抚恤金。生活有困难的，可以预支一次性工亡补助金的 50%。职工被人民法院宣告死亡的，按照本条例第三十九条职工因工死亡的规定处理。

5. 非因公死亡抚恤待遇

《企业职工基本养老保险遗属待遇暂行办法》（人社部发〔2021〕18 号）

第三条　【遗属待遇】　遗属待遇为一次性待遇，所需资金从企业职工基本养老保险统筹基金中列支。

第四条　【丧葬补助金的标准】　丧葬补助金的标准，按照参保人员死亡时本省（自治区、直辖市，以下简称本省）上一年度城镇居民月人均可支配收入的 2 倍计算。

第五条　【抚恤金的标准】　抚恤金标准按以下办法确定：

（一）在职人员（含灵活就业等以个人身份参保人员），以死亡时本省上一年度城镇居民月人均可支配收入为基数，根据本人的缴费年限（包括实际缴费年限和视同缴费年限，下同）确定发放月数。

缴费年限不满 5 年的，发放月数为 3 个月；

缴费年限满 5 年不满 10 年的，发放月数为 6 个月；

缴费年限满 10 年不超过 15 年（含 15 年）的，发放月数为 9 个月；

缴费年限 15 年以上的，每多缴费 1 年，发放月数增加 1 个月。缴费年限 30 年以上的，按照 30 年计算，发放月数最高为 24 个月。

（二）退休人员（含退职人员），以死亡时本省上一年度城镇居民月人均可支配收入为基数，根据本人在职时的缴费年限确定最高发放月数（计算方法与在职人员相同），每领取 1 年基本养老金减少 1 个月，发放月数最低为 9 个月。

本条所述缴费年限和领取基本养老金时间计算到月。

四、非法用工劳动者发生工伤

非法用工，是指无营业执照或者未经依法登记、备案的单位以及被依法吊销营业执照或者撤销登记、备案的单位招用职工，或者企业使用童工的行为。非法用工职工发生工伤的，企业可能要承担一次性赔偿金，其赔偿标准按《非法用工单位伤亡人员一次性赔偿办法》第五条规定确定，单位拒不支付一次性赔偿的，将被人力资源和社会保障行政部门责令限期改正。

为了避免非法用工的法律风险，建议企业在取得营业执照或者经依法登记、备案取得用人资格后，再招用职工，且不要招用童工。

关联法规

《工伤保险条例》（2010 年 12 月 20 日修订）

第六十六条 【非法用工单位的工伤保险待遇责任】 无营业执照或者未经依法登记、备案的单位及被依法吊销营业执照或者撤销登记、备案的单位的职工受到事故伤害或者患职业病的，由该单位向伤残职工或者死亡职工的近亲属给予一次性赔偿，赔偿标准不得低于本条例规定的工伤保险待遇；用人单位不得使用童工，用人单位使用童工造成童工伤残、死亡的，由该单位向童工或者童工的近亲属给予一次性赔偿，赔偿标准不得低于本条例规定的工伤保险待遇。具体办法由国务院社会保险行政部门规定。

前款规定的伤残职工或者死亡职工的近亲属就赔偿数额与单位发生争议的，以及前款规定的童工或童工的近亲属就赔偿数额与单位发生争议的，按照处理劳动争议的有关规定处理。

《非法用工单位伤亡人员一次性赔偿办法》（2010 年 12 月 31 日公布）

第二条 【非法用工单位的童工工伤、工亡责任】 本办法所称非法用工单位伤亡人员，是指无营业执照或者未经依法登记、备案的单位以及被依法吊销营业执照或者撤销登记、备案的单位受到事故伤害或者患职业病的职工，或者用人单位使用童工造成的伤残、死亡童工。

前款所列单位必须按照本办法的规定向伤残职工或者死亡职工的近亲属、伤残童工或者死亡童工的近亲属给予一次性赔偿。

第三条　【一次性赔偿的范围】　一次性赔偿包括受到事故伤害或者患职业病的职工或童工在治疗期间的费用和一次性赔偿金。一次性赔偿金数额应当在受到事故伤害或者患职业病的职工或童工死亡或者经劳动能力鉴定后确定。

劳动能力鉴定按照属地原则由单位所在地设区的市级劳动能力鉴定委员会办理。劳动能力鉴定费用由伤亡职工或童工所在单位支付。

第四条　【工伤或职业病期间应付费用的标准】　职工或童工受到事故伤害或者患职业病，在劳动能力鉴定之前进行治疗期间的生活费按照统筹地区上年度职工月平均工资标准确定，医疗费、护理费、住院期间的伙食补助费以及所需的交通费等费用按照《工伤保险条例》规定的标准和范围确定，并全部由伤残职工或童工所在单位支付。

第五条　【一次性赔偿金的标准】　一次性赔偿金按照以下标准支付：

一级伤残的为赔偿基数的16倍，二级伤残的为赔偿基数的14倍，三级伤残的为赔偿基数的12倍，四级伤残的为赔偿基数的10倍，五级伤残的为赔偿基数的8倍，六级伤残的为赔偿基数的6倍，七级伤残的为赔偿基数的4倍，八级伤残的为赔偿基数的3倍，九级伤残的为赔偿基数的2倍，十级伤残的为赔偿基数的1倍。

前款所称赔偿基数，是指单位所在工伤保险统筹地区上年度职工年平均工资。

第六条　【赔偿金的计算标准】　受到事故伤害或者患职业病造成死亡的，按照上一年度全国城镇居民人均可支配收入的20倍支付一次性赔偿金，并按照上一年度全国城镇居民人均可支配收入的10倍一次性支付丧葬补助等其他赔偿金。

第七条　【不支付一次性赔偿的行政责任】　单位拒不支付一次性赔偿的，伤残职工或者死亡职工的近亲属、伤残童工或者死亡童工的近亲属可以向人力资源和社会保障行政部门举报。经查证属实的，人力资源和社会保障行政部门应当责令该单位限期改正。

第八条　【赔偿争议的处理】　伤残职工或者死亡职工的近亲属、伤残童工或者死亡童工的近亲属就赔偿数额与单位发生争议的，按照劳动争议处理的有关规定处理。

五、企业工伤赔偿协商解决机制操作不当

（一）以商业保险代替工伤保险

为职工缴纳工伤保险费是企业的法定义务，故企业不能以商业保险代替工伤

保险。如果企业为职工投保商业保险时未与职工就商业保险的赔偿金进行约定，则该商业保险只能视为企业给职工的一种福利。其结果是，职工可获得商业意外保险金，但不能免除企业为职工办理工伤保险的法定责任。

（二）工伤赔偿和解的内容与程序

（1）工伤赔偿和解协议的内容及签订程序应当符合法律规定，企业应当在职工完成工伤认定、劳动能力鉴定后，再与其进行工伤赔偿和解并签订协议，为了增强和解协议的效力，最好经人力资源和社会保障行政部门或人民调解组织等具有调解职能的组织盖章，并可申请人民法院进行司法确认。

（2）工伤赔偿和解协议的内容，如果存在显失公平的情形，可能会被依法撤销。实践中，如果职工得到的赔偿金额低于法定标准的70%，一般会被认定为显失公平。另外，职工要求撤销工伤赔偿协议，应自知道或者应当知道撤销事由之日起一年内行使撤销权，自工伤赔偿协议签订之日起5年内未行使撤销权的，撤销权消灭。

🏛 关联法规

《民法典》（2020年5月28日公布）

第一百四十七条　【重大误解实施的民事法律行为】　基于重大误解实施的民事法律行为，行为人有权请求人民法院或者仲裁机构予以撤销。

第一百五十一条　【显失公平的救济】　一方利用对方处于危困状态、缺乏判断能力等情形，致使民事法律行为成立时显失公平的，受损害方有权请求人民法院或者仲裁机构予以撤销。

第一百五十二条　【撤销权消灭的情形】　有下列情形之一的，撤销权消灭：

（一）当事人自知道或者应当知道撤销事由之日起一年内、重大误解的当事人自知道或者应当知道撤销事由之日起九十日内没有行使撤销权；

（二）当事人受胁迫，自胁迫行为终止之日起一年内没有行使撤销权；

（三）当事人知道撤销事由后明确表示或者以自己的行为表明放弃撤销权。

当事人自民事法律行为发生之日起五年内没有行使撤销权的，撤销权消灭。

《劳动合同法》（2012年12月28日修正）

第二十六条　【劳动合同无效或者部分无效的情形】　下列劳动合同无效或者

部分无效：

（一）以欺诈、胁迫的手段或者乘人之危，使对方在违背真实意思的情况下订立或者变更劳动合同的；

（二）用人单位免除自己的法定责任、排除劳动者权利的；

（三）违反法律、行政法规强制性规定的。

对劳动合同的无效或者部分无效有争议的，由劳动争议仲裁机构或者人民法院确认。

《社会保险法》（2018 年 12 月 29 日修正）

第四十一条　【未缴纳社保的工伤待遇赔偿】　职工所在用人单位未依法缴纳工伤保险费，发生工伤事故的，由用人单位支付工伤保险待遇。用人单位不支付的，从工伤保险基金中先行支付。

从工伤保险基金中先行支付的工伤保险待遇应当由用人单位偿还。用人单位不偿还的，社会保险经办机构可以依照本法第六十三条的规定追偿。

《工伤保险条例》（2010 年 12 月 20 日修订）

第六十二条　【未依法缴纳工伤保险的法律责任】　用人单位依照本条例规定应当参加工伤保险而未参加的，由社会保险行政部门责令限期参加，补缴应当缴纳的工伤保险费，并自欠缴之日起，按日加收万分之五的滞纳金；逾期仍不缴纳的，处欠缴数额 1 倍以上 3 倍以下的罚款。

依照本条例规定应当参加工伤保险而未参加工伤保险的用人单位职工发生工伤的，由该用人单位按照本条例规定的工伤保险待遇项目和标准支付费用。

用人单位参加工伤保险并补缴应当缴纳的工伤保险费、滞纳金后，由工伤保险基金和用人单位依照本条例的规定支付新发生的费用。

《最高人民法院关于审理劳动争议案件适用法律问题的解释（一）》（法释〔2020〕26 号）

第三十五条　【和解协议】　劳动者与用人单位就解除或者终止劳动合同办理相关手续、支付工资报酬、加班费、经济补偿或者赔偿金等达成的协议，不违反法律、行政法规的强制性规定，且不存在欺诈、胁迫或者乘人之危情形的，应当

认定有效。

前款协议存在重大误解或者显失公平情形，当事人请求撤销的，人民法院应予支持。

第五十一条　【调解协议】　当事人在调解仲裁法第十条规定的调解组织主持下达成的具有劳动权利义务内容的调解协议，具有劳动合同的约束力，可以作为人民法院裁判的根据。

当事人在调解仲裁法第十条规定的调解组织主持下仅就劳动报酬争议达成调解协议，用人单位不履行调解协议确定的给付义务，劳动者直接提起诉讼的，人民法院可以按照普通民事纠纷受理。

第五十二条　【司法确认】　当事人在人民调解委员会主持下仅就给付义务达成的调解协议，双方认为有必要的，可以共同向人民调解委员会所在地的基层人民法院申请司法确认。

六、企业未履行生产经营期间的职业病防护职责

（一）未履行生产经营期间的职业病防护职责可能面临的法律风险

1. 行政责任

企业不履行职业病防护管理职责的，将由卫生行政部门责令限期改正，给予警告，可以并处五万元以上十万元以下的罚款。

2. 承担劳动争议的不利法律后果

企业违反国家规定，未向职工提供劳动安全卫生条件和必要的劳动防护用品的，或者未采取措施保障职工获得职业卫生保护及有关职业病的知情权，职工有权以企业违反《劳动合同法》第三十八条、第四十六条的规定为由，主张解除劳动合同并要求企业支付经济补偿金。

（二）防范建议

企业应当履行以下三个方面职业病防护职责。

1. 劳动安全与职业卫生保护职责

企业应当为职工提供符合国家规定的劳动安全卫生条件和必要的劳动防护用品，采取措施保障职工获得职业卫生保护。

2. 日常监测与防治职责

企业应当安排专人负责职业病危害因素的日常监测，并确保监测系统处于正常运行状态。对职业病防护设备、应急救援设施和个人使用的职业病防护用品，

企业应当进行经常性的维护、检修，定期检测其性能和效果，确保其处于正常状态，不得擅自拆除或者停止使用。

3. 保障职工有关职业病的知情权

企业在与职工订立劳动合同时，应当将工作期间可能产生的职业病危害及其后果、职业病防护措施和待遇等如实告知职工，并在劳动合同中写明，不得隐瞒或者欺骗。

关联法规

《劳动法》（2018 年 12 月 29 日修正）

第五十四条　【劳动防护】　用人单位必须为劳动者提供符合国家规定的劳动安全卫生条件和必要的劳动防护用品，对从事有职业危害作业的劳动者应当定期进行健康检查。

《劳动合同法》（2012 年 12 月 28 日修正）

第三十八条第一款第（一）项　【劳动者解除劳动合同】　用人单位有下列情形之一，劳动者可以解除劳动合同：

（一）未按照劳动合同约定提供劳动保护或者劳动条件的。

第四十六条第（一）项　【应支付经济补偿的情形】　有下列情形之一的，用人单位应当向劳动者支付经济补偿：

（一）劳动者依照本法第三十八条规定解除劳动合同的。

《中华人民共和国职业病防治法》（2018 年 12 月 29 日修正，以下简称《职业病防治法》）

第四条　【职业卫生保护】　劳动者依法享有职业卫生保护的权利。

用人单位应当为劳动者创造符合国家职业卫生标准和卫生要求的工作环境和条件，并采取措施保障劳动者获得职业卫生保护。

工会组织依法对职业病防治工作进行监督，维护劳动者的合法权益。用人单位制定或者修改有关职业病防治的规章制度，应当听取工会组织的意见。

第二十二条　【职业病防护设施】　用人单位必须采用有效的职业病防护设

施，并为劳动者提供个人使用的职业病防护用品。

用人单位为劳动者个人提供的职业病防护用品必须符合防治职业病的要求；不符合要求的，不得使用。

第二十四条 【职业病危害的公告】 产生职业病危害的用人单位，应在醒目位置设置公告栏，公布有关职业病防治的规章制度、操作规程、职业病危害事故应急救援措施和工作场所职业病危害因素检测结果。

对产生严重职业病危害的作业岗位，应当在其醒目位置，设置警示标识和中文警示说明。警示说明应当载明产生职业病危害的种类、后果、预防以及应急救治措施等内容。

第二十五条 【急性职业损伤的防护】 对可能发生急性职业损伤的有毒、有害工作场所，用人单位应当设置报警装置，配置现场急救用品、冲洗设备、应急撤离通道和必要的泄险区。

对放射工作场所和放射性同位素的运输、贮存，用人单位必须配置防护设备和报警装置，保证接触放射线的工作人员佩戴个人剂量计。

对职业病防护设备、应急救援设施和个人使用的职业病防护用品，用人单位应当进行经常性的维护、检修，定期检测其性能和效果，确保其处于正常状态，不得擅自拆除或者停止使用。

第二十六条 【职业病危害因素的日常监测】 用人单位应当实施由专人负责的职业病危害因素日常监测，并确保监测系统处于正常运行状态。

用人单位应当按照国务院卫生行政部门的规定，定期对工作场所进行职业病危害因素检测、评价。检测、评价结果存入用人单位职业卫生档案，定期向所在地卫生行政部门报告并向劳动者公布。

职业病危害因素检测、评价由依法设立的取得国务院卫生行政部门或者设区的市级以上地方人民政府卫生行政部门按照职责分工给予资质认可的职业卫生技术服务机构进行。职业卫生技术服务机构所作检测、评价应当客观、真实。

发现工作场所职业病危害因素不符合国家职业卫生标准和卫生要求时，用人单位应当立即采取相应治理措施，仍然达不到国家职业卫生标准和卫生要求的，必须停止存在职业病危害因素的作业；职业病危害因素经治理后，符合国家职业卫生标准和卫生要求的，方可重新作业。

第三十三条 【职业病危害的告知】 用人单位与劳动者订立劳动合同（含聘用合同，下同）时，应当将工作过程中可能产生的职业病危害及其后果、职业病防护措施和待遇等如实告知劳动者，并在劳动合同中写明，不得隐瞒或者欺骗。

劳动者在已订立劳动合同期间因工作岗位或者工作内容变更，从事与所订立劳动合同中未告知的存在职业病危害的作业时，用人单位应当依照前款规定，向劳动者履行如实告知的义务，并协商变更原劳动合同相关条款。

用人单位违反前两款规定的，劳动者有权拒绝从事存在职业病危害的作业，用人单位不得因此解除与劳动者所订立的劳动合同。

第七十一条　【违反职业病防治法的行政责任】 用人单位违反本法规定，有下列行为之一的，由卫生行政部门责令限期改正，给予警告，可以并处五万元以上十万元以下的罚款：

（一）未按照规定及时、如实向卫生行政部门申报产生职业病危害的项目的；

（二）未实施由专人负责的职业病危害因素日常监测，或者监测系统不能正常监测的；

（三）订立或者变更劳动合同时，未告知劳动者职业病危害真实情况的；

（四）未按照规定组织职业健康检查、建立职业健康监护档案或者未将检查结果书面告知劳动者的；

（五）未依照本法规定在劳动者离开用人单位时提供职业健康监护档案复印件的。

第七十二条　【违反职业病防治法的强制措施】 用人单位违反本法规定，有下列行为之一的，由卫生行政部门给予警告，责令限期改正，逾期不改正的，处五万元以上二十万元以下的罚款；情节严重的，责令停止产生职业病危害的作业，或者提请有关人民政府按照国务院规定的权限责令关闭：

（一）工作场所职业病危害因素的强度或者浓度超过国家职业卫生标准的；

（二）未提供职业病防护设施和个人使用的职业病防护用品，或者提供的职业病防护设施和个人使用的职业病防护用品不符合国家职业卫生标准和卫生要求的；

（三）对职业病防护设备、应急救援设施和个人使用的职业病防护用品未按照规定进行维护、检修、检测，或者不能保持正常运行、使用状态的；

（四）未按照规定对工作场所职业病危害因素进行检测、评价的；

（五）工作场所职业病危害因素经治理仍然达不到国家职业卫生标准和卫生要求时，未停止存在职业病危害因素的作业的；

（六）未按照规定安排职业病病人、疑似职业病病人进行诊治的；

（七）发生或者可能发生急性职业病危害事故时，未立即采取应急救援和控制措施或者未按照规定及时报告的；

（八）未按规定在产生严重职业病危害的作业岗位醒目位置设置警示标识和中文警示说明的；

（九）拒绝职业卫生监督管理部门监督检查的；

（十）隐瞒、伪造、篡改、毁损职业健康监护档案、工作场所职业病危害因素检测评价结果等相关资料，或者拒不提供职业病诊断、鉴定所需资料的；

（十一）未按照规定承担职业病诊断、鉴定费用和职业病病人的医疗、生活保障费用的。

第七十八条 【违反职业病防治法的刑事责任】 用人单位违反本法规定，造成重大职业病危害事故或者其他严重后果，构成犯罪的，对直接负责的主管人员和其他直接责任人员，依法追究刑事责任。

七、企业未履行生产经营期间的健康管理职责

（一）企业未履行健康管理职责将面临的法律风险

1. 行政责任

企业不履行职业病防护管理职责的，将由卫生行政部门责令限期改正，给予警告，可以并处五万元以上十万元以下的罚款。

2. 承担劳动争议的不利法律后果

企业未安排职工进行符合规定的健康检查、未建立职业健康监护档案管理，或者未采取措施保障职工职业健康的，职工有权以企业违反《劳动合同法》第三十八条、第四十六条的规定为由，主张解除劳动合同并要求企业支付经济补偿金。

（二）防范建议

企业在生产经营期间应当履行以下两方面健康管理职责。

1. 健康检查职责

对从事接触职业病危害作业的职工，企业应当按照国务院卫生行政部门的规定，组织上岗前、在岗期间和离岗时的职业健康检查，并将检查结果书面告知职工，职业健康检查费用由企业承担。禁止隐瞒、伪造、篡改、毁损职业健康监护档案、工作场所职业病危害因素检测评价结果等相关资料。要特别注意：

（1）企业不得安排未经岗前健康检查的职工从事接触职业病危害的作业。

（2）对在健康检查中发现有与所从事的职业相关的健康损害的职工，应当调离原工作岗位，并妥善安置。

（3）对未进行离岗前健康检查的职工不得解除或者终止劳动合同。

2. 职业健康监护档案管理职责

企业应为职工建立职业健康监护档案，内容应包括职工的职业史、职业病危害接触史、职业健康检查结果和职业病诊疗等资料。职工在离开企业时，有权索取本人职业健康监护档案的复印件，并要求企业在复印件上签章。

关联法规

《职业病防治法》（2018 年 12 月 29 日修正）

第三十五条　【职业健康检查】　对从事接触职业病危害的作业的劳动者，用人单位应当按照国务院卫生行政部门的规定组织上岗前、在岗期间和离岗时的职业健康检查，并将检查结果书面告知劳动者。职业健康检查费用由用人单位承担。

用人单位不得安排未经上岗前职业健康检查的劳动者从事接触职业病危害的作业；不得安排有职业禁忌的劳动者从事其所禁忌的作业；对在职业健康检查中发现有与所从事的职业相关的健康损害的劳动者，应当调离原工作岗位，并妥善安置；对未进行离岗前职业健康检查的劳动者不得解除或者终止与其订立的劳动合同。

职业健康检查应当由取得《医疗机构执业许可证》的医疗卫生机构承担。卫生行政部门应当加强对职业健康检查工作的规范管理，具体管理办法由国务院卫生行政部门制定。

第三十六条　【职业健康监护档案】　用人单位应为劳动者建立职业健康监护档案，并按照规定的期限妥善保存。

职业健康监护档案应当包括劳动者的职业史、职业病危害接触史、职业健康检查结果和职业病诊疗等有关个人健康资料。

劳动者离开用人单位时，有权索取本人职业健康监护档案复印件，用人单位应当如实、无偿提供，并在所提供的复印件上签章。

第七十一条　【违反职业病防治法的行政责任】　用人单位违反本法规定，有下列行为之一的，由卫生行政部门责令限期改正，给予警告，可以并处五万元以上十万元以下的罚款：

（一）未按照规定及时、如实向卫生行政部门申报产生职业病危害的项目的；

（二）未实施由专人负责的职业病危害因素日常监测，或者监测系统不能正常监测的；

（三）订立或者变更劳动合同时，未告知劳动者职业病危害真实情况的；

（四）未按照规定组织职业健康检查、建立职业健康监护档案或者未将检查结果书面告知劳动者的；

（五）未依照本法规定在劳动者离开用人单位时提供职业健康监护档案复印件的。

第七十二条 【违反职业病防治法的强制措施】 用人单位违反本法规定，有下列行为之一的，由卫生行政部门给予警告，责令限期改正，逾期不改正的，处五万元以上二十万元以下的罚款；情节严重的，责令停止产生职业病危害的作业，或者提请有关人民政府按照国务院规定的权限责令关闭：

（一）工作场所职业病危害因素的强度或者浓度超过国家职业卫生标准的；

（二）未提供职业病防护设施和个人使用的职业病防护用品，或者提供的职业病防护设施和个人使用的职业病防护用品不符合国家职业卫生标准和卫生要求的；

（三）对职业病防护设备、应急救援设施和个人使用的职业病防护用品未按照规定进行维护、检修、检测，或者不能保持正常运行、使用状态的；

（四）未按照规定对工作场所职业病危害因素进行检测、评价的；

（五）工作场所职业病危害因素经治理仍然达不到国家职业卫生标准和卫生要求时，未停止存在职业病危害因素的作业的；

（六）未按照规定安排职业病病人、疑似职业病病人进行诊治的；

（七）发生或者可能发生急性职业病危害事故时，未立即采取应急救援和控制措施或者未按照规定及时报告的；

（八）未按照规定在产生严重职业病危害的作业岗位醒目位置设置警示标识和中文警示说明的；

（九）拒绝职业卫生监督管理部门监督检查的；

（十）隐瞒、伪造、篡改、毁损职业健康监护档案、工作场所职业病危害因素检测评价结果等相关资料，或者拒不提供职业病诊断、鉴定所需资料的；

（十一）未按照规定承担职业病诊断、鉴定费用和职业病病人的医疗、生活保障费用的。

第七十八条 【违反职业病防治法的刑事责任】 用人单位违反本法规定，造成重大职业病危害事故或者其他严重后果，构成犯罪的，对直接负责的主管人员和其他直接责任人员，依法追究刑事责任。

八、企业未依法保障职工的职业病待遇和工伤保险待遇

《职业病防治法》规定，职业病病人依法享受国家规定的职业病待遇。职业病病人经社会保险行政部门依法认定工伤后，应当依法享受工伤保险待遇。

关联法规

《职业病防治法》（2018 年 12 月 29 日修正）

第五十六条　【职业病待遇】　用人单位应当保障职业病病人依法享受国家规定的职业病待遇。

用人单位应当按照国家有关规定，安排职业病病人进行治疗、康复和定期检查。

用人单位对不适宜继续从事原工作的职业病病人，应当调离原岗位，并妥善安置。

用人单位对从事接触职业病危害的作业的劳动者，应当给予适当岗位津贴。

《工伤保险条例》（2010 年 12 月 20 日修订）

第十九条　【工伤及职业病的调查核实】　社会保险行政部门受理工伤认定申请后，根据审核需要可以对事故伤害进行调查核实，用人单位、职工、工会组织、医疗机构及有关部门应当予以协助。职业病诊断和诊断争议的鉴定，依照职业病防治法的有关规定执行。对依法取得职业病诊断证明书或者职业病诊断鉴定书的，社会保险行政部门不再进行调查核实。

职工或者其近亲属认为是工伤，用人单位不认为是工伤的，由用人单位承担举证责任。

《工伤职工劳动能力鉴定管理办法》（2018 年 12 月 14 日修订）

第十八条　【近亲属代为申请】　工伤职工本人因身体等原因无法提出劳动能力初次鉴定、复查鉴定、再次鉴定申请的，可由其近亲属代为提出。

企业法律风险防范指引

第十一节　职工劳动合同变更

一、企业降低职工劳动待遇程序违法

职工劳动待遇，是职工切身利益的核心，企业降低职工劳动待遇应经职工或者职工代表民主协商签字确认。

（一）企业违法降低职工劳动待遇将面临的法律风险

若企业不能证明其降低职工劳动待遇的行为，是与职工或职工代表民主协商的结果，并经职工或职工代表书面同意，职工有权以企业非法克扣拖欠工资为由，向企业主张解除劳动合同并要求企业支付经济补偿金。

（二）防范建议

企业拟修改与职工切身利益相关规定，应当与职工代表或全体职工平等协商，并经过职工代表或者全体职工书面同意之后，方可调整职工劳动待遇。

关联法规

《劳动合同法》（2012 年 12 月 28 日修正）

第四条　【规章制度】　用人单位应当依法建立和完善劳动规章制度，保障劳动者享有劳动权利、履行劳动义务。

用人单位在制定、修改或者决定有关劳动报酬、工作时间、休息休假、劳动安全卫生、保险福利、职工培训、劳动纪律以及劳动定额管理等直接涉及劳动者切身利益的规章制度或者重大事项时，应当经职工代表大会或者全体职工讨论，提出方案和意见，与工会或者职工代表平等协商确定。

在规章制度和重大事项决定实施过程中，工会或者职工认为不适当的，有权向用人单位提出，通过协商予以修改完善。

用人单位应当将直接涉及劳动者切身利益的规章制度和重大事项决定公示，或者告知劳动者。

第三十五条　【劳动合同的变更】　用人单位与劳动者协商一致，可以变更劳动合同约定的内容。变更劳动合同，应当采用书面形式。

变更后的劳动合同文本由用人单位和劳动者各执一份。

《最高人民法院关于审理劳动争议案件适用法律问题的解释（一）》（法释〔2020〕26号）

第五十条　【规章制度的效力】　用人单位根据劳动合同法第四条规定，通过民主程序制定的规章制度，不违反国家法律、行政法规及政策规定，并已向劳动者公示的，可以作为确定双方权利义务的依据。

用人单位制定的内部规章制度与集体合同或者劳动合同约定的内容不一致，劳动者请求优先适用合同约定的，人民法院应予支持。

二、企业调整职工的工作地点及工作岗位不合法

职工的工作地点和工作岗位，是劳动合同的必备条款，且事关职工的切身利益。

（一）企业违法调整职工的工作地点及工作岗位将产生的法律风险

企业调整职工工作地点及工作岗位的行为，如果不具备合法性、正当性，会被认定为企业单方变更劳动合同的重要条款，涉嫌违法解除劳动合同，职工有权向企业主张解除劳动关系，并要求企业支付经济补偿金。

（二）防范建议

（1）企业应当在劳动合同中，设置较为具体的工作地点及工作岗位，不要过于宽泛或者模糊。

（2）企业安排的工作地点与工作岗位与劳动合同不同时，应当与职工协商一致，并取得职工的书面同意。

关联法规

《劳动合同法》（2012年12月28日修正）

第十七条第一款第（四）项和第二款　【劳动合同的内容】　劳动合同应当具备以下条款：

（四）工作内容和工作地点。

劳动合同除前款规定的必备条款外，用人单位与劳动者可以约定试用期、培训、保守秘密、补充保险和福利待遇等其他事项。

第二十六条　【劳动合同无效的情形】　下列劳动合同无效或者部分无效：

（一）以欺诈、胁迫的手段或者乘人之危，使对方在违背真实意思的情况下订立或者变更劳动合同的；

（二）用人单位免除自己的法定责任、排除劳动者权利的；

（三）违反法律、行政法规强制性规定的。

对劳动合同的无效或者部分无效有争议的，由劳动争议仲裁机构或者人民法院确认。

第三十五条　【劳动合同的变更】　用人单位与劳动者协商一致，可以变更劳动合同约定的内容。变更劳动合同，应当采用书面形式。

变更后的劳动合同文本由用人单位和劳动者各执一份。

第四十条　【无过失性辞退】　有下列情形之一的，用人单位提前三十日以书面形式通知劳动者本人或者额外支付劳动者一个月工资后，可以解除劳动合同：

（一）劳动者患病或者非因工负伤，在规定的医疗期满后不能从事原工作，也不能从事由用人单位另行安排的工作的；

（二）劳动者不能胜任工作，经过培训或者调整工作岗位，仍不能胜任工作的；

（三）劳动合同订立时所依据的客观情况发生重大变化，致使劳动合同无法履行，经用人单位与劳动者协商，未能就变更劳动合同内容达成协议的。

《最高人民法院关于审理劳动争议案件适用法律问题的解释（一）》（法释〔2020〕26号）

第四十三条　【口头变更劳动合同】　用人单位与劳动者协商一致变更劳动合同，虽未采用书面形式，但已经实际履行了口头变更的劳动合同超过一个月，变更后的劳动合同内容不违反法律、行政法规且不违背公序良俗，当事人以未采用书面形式为由主张劳动合同变更无效的，人民法院不予支持。

第十二节　劳动合同解除

一、职工单方解除劳动合同

企业存在《劳动合同法》规定的特定违法行为时，职工有权主张解除劳动合同，并要求企业支付经济补偿金，同时，如给职工造成损害的，还应当承担赔偿责任。

企业应当具备法律风险防范意识，在职工提出解除劳动合同时，要求职工提交书面辞职申请并建档保管，以防职工离职后，又以企业违法解除劳动合同为由向企业索赔。

关联法规

《劳动合同法》(2012 年 12 月 28 日修正)

第三十八条　【劳动者单方解除劳动合同】　用人单位有下列情形之一的，劳动者可以解除劳动合同：

（一）未按照劳动合同约定提供劳动保护或者劳动条件的；

（二）未及时足额支付劳动报酬的；

（三）未依法为劳动者缴纳社会保险费的；

（四）用人单位的规章制度违反法律、法规的规定，损害劳动者权益的；

（五）因本法第二十六条第一款规定的情形致使劳动合同无效的；

（六）法律、行政法规规定劳动者可以解除劳动合同的其他情形。

用人单位以暴力、威胁或者非法限制人身自由的手段强迫劳动者劳动的，或者用人单位违章指挥、强令冒险作业危及劳动者人身安全的，劳动者可以立即解除劳动合同，不需事先告知用人单位。

第八十六条　【订立无效劳动合同的法律责任】　劳动合同依照本法第二十六条规定被确认无效，给对方造成损害的，有过错的一方应当承担赔偿责任。

《劳动合同法实施条例》（2008 年 9 月 18 日公布）

第十八条 【劳动者解除劳动合同】 有下列情形之一的，依照劳动合同法规定的条件、程序，劳动者可以与用人单位解除固定期限劳动合同、无固定期限劳动合同或者以完成一定工作任务为期限的劳动合同：

（一）劳动者与用人单位协商一致的；

（二）劳动者提前 30 日以书面形式通知用人单位的；

（三）劳动者在试用期内提前 3 日通知用人单位的；

（四）用人单位未按照劳动合同约定提供劳动保护或劳动条件的；

（五）用人单位未及时足额支付劳动报酬的；

（六）用人单位未依法为劳动者缴纳社会保险费的；

（七）用人单位的规章制度违反法律、法规的规定，损害劳动者权益的；

（八）用人单位以欺诈、胁迫的手段或者乘人之危，使劳动者在违背真实意思的情况下订立或者变更劳动合同的；

（九）用人单位在劳动合同中免除自己的法定责任、排除劳动者权利的；

（十）用人单位违反法律、行政法规强制性规定的；

（十一）用人单位以暴力威胁或非法限制人身自由手段强迫劳动者劳动的；

（十二）用人单位违章指挥、强令冒险作业危及劳动者人身安全的；

（十三）法律、行政法规规定劳动者可以解除劳动合同的其他情形。

《最高人民法院关于审理劳动争议案件适用法律问题的解释（一）》（法释〔2020〕26 号）

第四十条 【继续履行竞业限制义务】 劳动者违反竞业限制约定，向用人单位支付违约金后，用人单位要求劳动者按照约定继续履行竞业限制义务的，人民法院应予支持。

二、企业违法解除劳动合同

（一）企业违法解除劳动合同的类型

1. 企业认定试用期职工不符合录用条件而无合法根据

实践中，有的企业没有为试用期职工制定明确具体的录用条件或者缺乏明确的考核评估标准，或者在未让职工充分知晓该录用条件的情况下，出具职工不能接受的考评结果，或者直接让试用期职工走人。这些行为都将产生法律风险。

2．企业认定职工严重违反规章制度而无证据证明

有的企业缺乏合法有效并经公示的规章制度，又考虑以职工严重违反规章制度为由解除劳动合同，或者未经查明职工违反规章制度是否达到"严重"的程度，直接以职工"严重违反规章制度"予以辞退。此种状况将会使企业陷入被动。

3．企业以职工不能胜任工作解除劳动合同未经法定程序

《劳动合同法》规定，对于不能胜任工作的职工，企业不能直接辞退，必须先经过岗位调整，或者针对其不能胜任工作进行专项性的培训，且该培训不得是与"不能胜任工作"无关的培训。

有的企业缺乏完善的岗位考核制度，时常会因职工对考核指标、考核过程或者考核结果不认可而引发纠纷；或者未经岗位调整或岗位专项培训，也未提前一个月通知职工，就草率地辞退不能胜任工作的职工，引发劳动纠纷。

4．企业以职工有其他过错作为解约事由处理不当

职工发生《劳动合同法》第三十九条规定的事由时，有的企业使用了不合法的处理方式，比如：有些企业把职工被采取行政处罚或治安拘留，当作职工被依法追究刑事责任而对其予以立即辞退；对于劳动者同时与其他企业建立劳动关系的问题，有的企业往往未经查实，或者未向职工提出，要求职工改正，就直接辞退职工，从而引发纠纷。

（二）防范建议

（1）企业应当建立职工试用期间的考评与录用制度，根据不同工作岗位的要求，针对职工的年龄与身体状况、文化与技能等条件，制定可以考评的、明确具体的岗位选录标准，在职工入职时要求其知悉并签名确认，承诺若在试用期内未达到企业岗位选录标准则自愿离职。

（2）企业应当建立合法有效的规章制度，并进行公示，同时，要让职工签名确认知悉且同意遵守。对违反规章制度的"严重性"，需要有较为客观、明细的标准，且要具备考评性和可操作性，同时，要存入职工考评档案，防止其后无法查证。

（3）企业应当建立职工任职考核、调岗与培训机制。①企业需要了解职工的任职情况，若职工不能胜任本职工作，应当考虑是否有其他合适的职位可以调整，其对调整后的岗位是否能够胜任。对此，企业应当制定相关规章制度进行规范。②职工若经调岗仍不能胜任工作，建议企业帮助职工查明不能胜任工作的原因，对该类职工进行有针对性的教育培训。

（4）若职工经过调岗或者培训后仍不胜任工作，或者发生其他类似于《劳动合同法》第三十九条规定的情形时，企业应当事先进行调查取证，并向职工进行认真核实，经过充分协商后，方可依法解除劳动关系。

关联法规

《劳动合同法》（2012 年 12 月 28 日修正）

第三十九条　【即时解雇】　劳动者有下列情形之一的，用人单位可以解除劳动合同：

（一）在试用期间被证明不符合录用条件的；

（二）严重违反用人单位的规章制度的；

（三）严重失职，营私舞弊，给用人单位造成重大损害的；

（四）劳动者同时与其他用人单位建立劳动关系，对完成本单位的工作任务造成严重影响，或者经用人单位提出，拒不改正的；

（五）因本法第二十六条第一款第一项规定情形致使劳动合同无效的；

（六）被依法追究刑事责任的。

第四十条　【预告解雇】　有下列情形之一的，用人单位提前三十日以书面形式通知劳动者本人或者额外支付劳动者一个月工资后，可以解除劳动合同：

（一）劳动者患病或者非因工负伤，在规定的医疗期满后不能从事原工作，也不能从事由用人单位另行安排的工作的；

（二）劳动者不能胜任工作，经过培训或者调整工作岗位，仍不能胜任工作的；

（三）劳动合同订立时所依据的客观情况发生重大变化，致使劳动合同无法履行，经用人单位与劳动者协商，未能就变更劳动合同内容达成协议的。

第四十二条　【用人单位不得解除劳动合同的情形】　劳动者有下列情形之一的，用人单位不得依照本法第四十条、第四十一条的规定解除劳动合同：

（一）从事接触职业病危害作业的劳动者未进行离岗前职业健康检查，或者疑似职业病病人在诊断或者医学观察期间的；

（二）在本单位患职业病或者因工负伤并被确认丧失或者部分丧失劳动能力的；

（三）患病或者非因工负伤，在规定的医疗期内的；

（四）女职工在孕期、产期、哺乳期的；

（五）在本单位连续工作满十五年，且距法定退休年龄不足五年的；

（六）法律、行政法规规定的其他情形。

第四十八条 【违法解除或者终止劳动合同的法律后果】 用人单位违反本法规定解除或者终止劳动合同，劳动者要求继续履行劳动合同的，用人单位应当继续履行；劳动者不要求继续履行劳动合同或者劳动合同已经不能继续履行的，用人单位应当依照本法第八十七条规定支付赔偿金。

《职业病防治法》（2018 年 12 月 29 日修正）

第三十五条第一款、第二款 【职业健康检查】 对从事接触职业病危害的作业的劳动者，用人单位应当按照国务院卫生行政部门的规定组织上岗前、在岗期间和离岗时的职业健康检查，并将检查结果书面告知劳动者。职业健康检查费用由用人单位承担。

用人单位不得安排未经上岗前职业健康检查的劳动者从事接触职业病危害的作业；不得安排有职业禁忌的劳动者从事其所禁忌的作业；对在职业健康检查中发现有与所从事的职业相关的健康损害的劳动者，应当调离原工作岗位，并妥善安置；对未进行离岗前职业健康检查的劳动者不得解除或者终止与其订立的劳动合同。

第五十五条第一款、第二款 【疑似职业病的通知及处理】 医疗卫生机构发现疑似职业病病人时，应当告知劳动者本人并及时通知用人单位。

用人单位应当及时安排对疑似职业病病人进行诊断；在疑似职业病病人诊断或者医学观察期间，不得解除或者终止与其订立的劳动合同。

三、企业经济性裁员操作不合法

（一）企业可裁减人员的法定情形

根据《劳动合同法》第四十一条的规定，企业只有发生以下情形时才能裁员：

（1）依照企业破产法规定进行重整的。

（2）生产经营发生严重困难的。

（3）企业转产、重大技术革新或者经营方式调整，经变更劳动合同后，仍需裁减人员的。

（4）其他因劳动合同订立时所依据的客观经济情况发生重大变化，致使劳动合同无法履行的。

（二）企业裁减人员的法定程序

《企业经济性裁减人员规定》对企业裁减人员的程序有明确的规定，具体参见关联法规。

（三）企业不得裁减的人员

根据《劳动合同法》第四十二条规定，有几种人员企业是不得裁减的，具体参见关联法规。

（四）企业裁减人员时应尽的义务

1. 应优先留用特定人员

企业裁减人员时，应当优先留用下列人员（《劳动合同法》第四十一条第二款）：

（1）与本单位订立较长期限的固定期限劳动合同的。
（2）与本单位订立无固定期限劳动合同的。
（3）家庭无其他就业人员，有需要扶养的老人或者未成年人的。

2. 裁员后六个月内新招人员应优先录用被裁人员

企业从裁减人员之日起，6个月内需要新招人员的，应优先从本单位裁减人员中录用，并向当地劳动行政部门报告录用人员的数量、时间、条件及优先录用人员的情况。（《企业经济性裁减人员规定》第七条）

3. 应向职工支付经济补偿金

企业裁减人员时应当向职工支付经济补偿金。（《劳动合同法》第四十六条第四项的规定）

关联法规

《劳动合同法》（2012年12月28日修正）

第四十一条 【经济性裁员】 有下列情形之一，需要裁减人员二十人以上或者裁减不足二十人但占企业职工总数百分之十以上的，用人单位提前三十日向工会或全体职工说明情况，听取工会或者职工的意见后，裁减人员方案经向劳动行政部门报告，可裁减人员：

（一）依照企业破产法规定进行重整的；

（二）生产经营发生严重困难的；

（三）企业转产、重大技术革新或者经营方式调整，经变更劳动合同后，仍需裁减人员的；

（四）其他因劳动合同订立时所依据的客观经济情况发生重大变化，致使劳动合同无法履行的。

裁减人员时，应当优先留用下列人员：

（一）与本单位订立较长期限的固定期限劳动合同的；

（二）与本单位订立无固定期限劳动合同的；

（三）家庭无其他就业人员，有需要扶养的老人或者未成年人的。

用人单位依照本条第一款规定裁减人员，在六个月内重新招用人员的，应当通知被裁减的人员，并在同等条件下优先招用被裁减的人员。

第四十二条　【不得裁减劳动者的情形】　劳动者有下列情形之一的，用人单位不得依照本法第四十条、第四十一条的规定解除劳动合同：

（一）从事接触职业病危害作业的劳动者未进行离岗前职业健康检查，或者疑似职业病病人在诊断或者医学观察期间的；

（二）在本单位患职业病或者因工负伤并被确认丧失或者部分丧失劳动能力的；

（三）患病或者非因工负伤，在规定的医疗期内的；

（四）女职工在孕期、产期、哺乳期的；

（五）在本单位连续工作满十五年，且距法定退休年龄不足五年的；

（六）法律、行政法规规定的其他情形。

第四十六条第（四）项　有下列情形之一的，用人单位应当向劳动者支付经济补偿：

（四）用人单位依照本法第四十一条第一款规定解除劳动合同的。

《企业经济性裁减人员规定》（劳部发〔1994〕447 号）

第四条　【裁员程序】　用人单位确需裁减人员，应按下列程序进行：

（一）提前三十日向工会或者全体职工说明情况，并提供有关生产经营状况的资料；

（二）提出裁减人员方案，内容包括：被裁减人员名单，裁减时间及实施步骤，符合法律、法规规定和集体合同约定的被裁减人员经济补偿办法；

（三）将裁减人员方案征求工会或者全体职工的意见，并对方案进行修改和完善；

（四）向当地劳动行政部门报告裁减人员方案以及工会或者全体职工的意见，并听取劳动行政部门的意见；

（五）由用人单位正式公布裁减人员方案，与被裁减人员办理解除劳动合同手续，按有关规定向被裁减人员本人支付经济补偿金，出具裁减人员证明书。

第七条　【裁员后的招聘】　用人单位从裁减人员之日起，六个月内需要新招人员的，必须优先从本单位裁减的人员中录用，并向当地劳动行政部门报告录用人员的数量、时间、条件以及优先录用人员的情况。

四、企业支付经济补偿金的法定情形及罚则

有的企业在与职工解除劳动合同时，不了解需支付经济补偿金的情形及经济补偿金的支付标准。本书根据提出解除劳动合同的主体不同分类总结，见表5－8。

表5－8　企业支付经济补偿金的法定情形

提出主体	具体情形
劳动者合法解除劳动合同	用人单位未按照劳动合同约定提供劳动保护或劳动条件
	用人单位未及时足额支付劳动报酬
	用人单位未依法为劳动者缴纳社会保险费
	用人单位的规章制度违反法律、法规的规定，损害劳动者权益
	用人单位与劳动者签订的劳动合同无效或者部分无效
	用人单位以暴力、威胁或者非法限制人身自由的手段强迫劳动者劳动
	用人单位违章指挥、强令冒险作业危及劳动者人身安全
	法律、行政法规规定劳动者可以解除劳动合同的其他情形
用人单位合法解除或终止劳动合同	用人单位提出，并与劳动者协商一致
	劳动者患病或非因工负伤，在规定的医疗期满后不能从事原工作，也不能从事由用人单位另行安排的工作
	劳动者不能胜任工作，经过培训或者调整工作岗位，仍不能胜任工作
	劳动合同订立时所依据的客观情况发生重大变化，致使劳动合同无法履行，经用人单位与劳动者协商，未能就变更劳动合同内容达成协议

续表 5 - 8

提出主体	具体情形
用人单位合法解除 或终止劳动合同	用人单位依照企业破产法规定进行重整依法裁减人员
	用人单位生产经营发生严重困难，依法裁减人员
	企业转产、重大技术革新或经营方式调整，经变更劳动合同后，仍需裁减人员，依法定程序裁员
	劳动合同期满，劳动者同意续订劳动合同而用人单位不同意续订劳动合同
法律、行政法规 规定的其他情形	用人单位被吊销营业执照、责令关闭、撤销或者用人单位决定提前解散
	用人单位被依法宣告破产

（一）经济补偿金的计算方式

经济补偿金的计算公式为：月平均工资（计算基数）×工作年限。

1．工作年限

工作年限，应从劳动者为本单位提供劳动之日起计算。对于非因劳动者原因，发生工作单位调动且原单位未支付经济补偿金的情形，原工作单位工龄合并计算为本单位的工作年限。

2．月平均工资

职工的月平均工资，是指劳动者在劳动合同解除或者终止前 12 个月的平均应得工资（劳动者工作不满 12 个月的，按照实际工作的月数计算平均工资），包括计时工资或者计件工资以及奖金、津贴和补贴等货币性收入。

月平均工资低于当地最低工资标准的，按当地最低工资标准计算；高于当地上年度职工月平均工资三倍的，经济补偿金的标准按职工月平均工资三倍的数额计算，且向其支付经济补偿金的年限最高不超过 12 年。

（二）赔偿金的计算年限

企业违法解除或者终止劳动合同的，应当依照经济补偿金标准的两倍向劳动者支付赔偿金。赔偿金的计算年限自用工之日起计算。

用人单位违反《劳动合同法》的规定解除或者终止劳动合同，若支付了赔偿金，则不再支付经济补偿金。

关联法规

《劳动合同法》(2012 年 12 月 28 日修正)

第三十八条 【劳动者解除劳动合同】 用人单位有下列情形之一的，劳动者可以解除劳动合同：

（一）未按照劳动合同约定提供劳动保护或者劳动条件的；

（二）未及时足额支付劳动报酬的；

（三）未依法为劳动者缴纳社会保险费的；

（四）用人单位的规章制度违反法律、法规的规定，损害劳动者权益的；

（五）因本法第二十六条第一款规定的情形致使劳动合同无效的；

（六）法律、行政法规规定劳动者可以解除劳动合同的其他情形。

用人单位以暴力、威胁或者非法限制人身自由的手段强迫劳动者劳动的，或者用人单位违章指挥、强令冒险作业危及劳动者人身安全的，劳动者可以立即解除劳动合同，不需事先告知用人单位。

第四十条 【预告解雇】 有下列情形之一的，用人单位提前三十日以书面形式通知劳动者本人或者额外支付劳动者一个月工资后，可以解除劳动合同：

（一）劳动者患病或者非因工负伤，在规定的医疗期满后不能从事原工作，也不能从事由用人单位另行安排的工作的；

（二）劳动者不能胜任工作，经过培训或者调整工作岗位，仍不能胜任工作的；

（三）劳动合同订立时所依据的客观情况发生重大变化，致使劳动合同无法履行，经用人单位与劳动者协商，未能就变更劳动合同内容达成协议的。

第四十一条 【经济性裁员】 有下列情形之一，需要裁减人员二十人以上或者裁减不足二十人但占企业职工总数百分之十以上的，用人单位提前三十日向工会或者全体职工说明情况，听取工会或者职工的意见后，裁减人员方案经向劳动行政部门报告，可以裁减人员：

（一）依照企业破产法规定进行重整的；

（二）生产经营发生严重困难的；

（三）企业转产、重大技术革新或者经营方式调整，经变更劳动合同后，仍需裁减人员的；

（四）其他因劳动合同订立时所依据的客观经济情况发生重大变化，致使劳动合同无法履行的。

裁减人员时，应当优先留用下列人员：

（一）与本单位订立较长期限的固定期限劳动合同的；

（二）与本单位订立无固定期限劳动合同的；

（三）家庭无其他就业人员，有需要扶养的老人或者未成年人的。

用人单位依照本条第一款规定裁减人员，在六个月内重新招用人员的，应当通知被裁减的人员，并在同等条件下优先招用被裁减的人员。

第四十四条第（四）（五）项　【劳动合同的终止】　有下列情形之一的，劳动合同终止：

（四）用人单位被依法宣告破产的；

（五）用人单位被吊销营业执照、责令关闭、撤销或者用人单位决定提前解散的。

第四十六条　【经济补偿】　有下列情形之一的，用人单位应当向劳动者支付经济补偿：

（一）劳动者依照本法第三十八条规定解除劳动合同的；

（二）用人单位依照本法第三十六条规定向劳动者提出解除劳动合同并与劳动者协商一致解除劳动合同的；

（三）用人单位依照本法第四十条规定解除劳动合同的；

（四）用人单位依照本法第四十一条第一款规定解除劳动合同的；

（五）除用人单位维持或者提高劳动合同约定条件续订劳动合同，劳动者不同意续订的情形外，依照本法第四十四条第一项规定终止固定期限劳动合同的；

（六）依照本法第四十四条第四项、第五项规定终止劳动合同的；

（七）法律、行政法规规定的其他情形。

第四十七条　【经济补偿的计算】　经济补偿按劳动者在本单位工作的年限，每满一年支付一个月工资的标准向劳动者支付。六个月以上不满一年的，按一年计算；不满六个月的，向劳动者支付半个月工资的经济补偿。

劳动者月工资高于用人单位所在直辖市、设区的市级人民政府公布的本地区上年度职工月平均工资三倍的，向其支付经济补偿的标准按职工月平均工资三倍的数额支付，向其支付经济补偿的年限最高不超过十二年。

本条所称月工资是指劳动者在劳动合同解除或终止前十二个月的平均工资。

第八十五条第（四）项　【未依法支付经济补偿等的法律责任】　用人单位有下列情形之一的，由劳动行政部门责令限期支付劳动报酬、加班费或者经济补偿；劳动报酬低于当地最低工资标准的，应当支付其差额部分；逾期不支付的，责令用人单位按应付金额百分之五十以上百分之一百以下的标准向劳动者加付赔偿金：

（四）解除或终止劳动合同，未依照本法向劳动者支付经济补偿的。

第九十七条第三款　【过渡性条款】　本法施行之日存续的劳动合同在本法施行后解除或者终止，依照本法第四十六条规定应当支付经济补偿的，经济补偿年限自本法施行之日起计算；本法施行前按照当时有关规定，用人单位应当向劳动者支付经济补偿的，按照当时有关规定执行。

《劳动合同法实施条例》

第二十二条　【一次性劳动合同的经济补偿】　以完成一定工作任务为期限的劳动合同因任务完成而终止的，用人单位应当依照劳动合同法第四十七条的规定向劳动者支付经济补偿。

第二十三条　【依法终止工伤职工的劳动合同的补偿及补助】　用人单位依法终止工伤职工的劳动合同的，除依照劳动合同法第四十七条的规定支付经济补偿外，还应当依照国家有关工伤保险的规定支付一次性工伤医疗补助金和伤残就业补助金。

第二十五条　【赔偿金与经济补偿的限制】　用人单位违反劳动合同法的规定解除或者终止劳动合同，依照劳动合同法第八十七条的规定支付了赔偿金的，不再支付经济补偿。赔偿金的计算年限自用工之日起计算。

第二十七条　【月工资标准】　劳动合同法第四十七条规定的经济补偿的月工资按照劳动者应得工资计算，包括计时工资或者计件工资以及奖金、津贴和补贴等货币性收入。劳动者在劳动合同解除或者终止前 12 个月的平均工资低于当地最低工资标准的，按照当地最低工资标准计算。劳动者工作不满 12 个月的，按照实际工作的月数计算平均工资。

五、企业办理职工离职手续操作不当

（一）企业不依法办理职工离职手续的主要情形

1. 企业解除劳动合同未书面通知职工

企业解除劳动合同，不书面通知职工或者有工会的企业解除劳动合同不通知工会、不研究工会的意见，未将处理结果书面通知工会的，均属于违法操作。

2. 企业解除或者终止劳动合同不为职工出具离职证明

根据《劳动合同法》第五十条的规定，用人单位应当在解除或终止劳动合同时出具解除或终止劳动合同的证明，并在十五日内为劳动者办理档案和社会保险关系转移手续。如果用人单位违反法律规定未向劳动者出具解除或终止劳动合同的书面证明，由劳动行政部门责令改正；给劳动者造成损害的，应当承担赔偿责任。

（二）企业不依法办理职工离职手续将面临的法律风险

《劳动合同法》第八十七条规定："用人单位违反本法规定解除或者终止劳动合同的，应当依照本法第四十七条规定的经济补偿标准的二倍向劳动者支付赔偿金。"同时，有工会的企业，如果工会认为该行为违反法律、行政法规或劳动合同约定的，工会有权要求企业纠正。

（三）防范建议

1. 书面通知
企业发出解除劳动合同的书面通知，若职工拒绝签收，则企业可以发送邮政快递或者通过公告的方式向职工送达。

2. 职工离职证明
职工离职的，企业应当向其出具离职证明，其中内容应包括工作岗位、入职与离职时间、离职原因等。并且，企业应当在职工离职后 15 日以内，为其办理档案和社会保险关系的转移手续。

3. 工会意见处理
有工会的企业，在主动解除劳动合同时要先通知工会，企业对于工会的意见应当研究，并将处理结果书面通知工会。

关联法规

《劳动合同法》(2012 年 12 月 28 日修正)

　　第四十三条　【工会在劳动合同解除中的监督作用】　用人单位单方解除劳动合同，应当事先将理由通知工会。用人单位违反法律、行政法规规定或者劳动合同约定的，工会有权要求用人单位纠正。用人单位应当研究工会的意见，并将处理结果书面通知工会。

　　第五十条　【劳动合同解除或者终止后双方的义务】　用人单位应当在解除或者终止劳动合同时出具解除或者终止劳动合同的证明，并在十五日内为劳动者办理档案和社会保险关系转移手续。

劳动者应当按照双方约定，办理工作交接。用人单位依照本法有关规定应当向劳动者支付经济补偿的，在办结工作交接时支付。

用人单位对已经解除或者终止的劳动合同的文本，至少保存二年备查。

第八十九条 【不出具解除、终止书面证明的法律责任】 用人单位违反本法规定未向劳动者出具解除或者终止劳动合同的书面证明，由劳动行政部门责令改正；给劳动者造成损害的，应当承担赔偿责任。

《社会保险法》（2018年12月29日修正）

第五十条 【失业人员】 用人单位应当及时为失业人员出具终止或者解除劳动关系的证明，并将失业人员的名单自终止或者解除劳动关系之日起十五日内告知社会保险经办机构。

失业人员应当持本单位为其出具的终止或者解除劳动关系的证明，及时到指定的公共就业服务机构办理失业登记。

失业人员凭失业登记证明和个人身份证明，到社会保险经办机构办理领取失业保险金的手续。失业保险金领取期限自办理失业登记之日起计算。

《实施〈中华人民共和国社会保险法〉若干规定》（2011年6月29日公布）

第十三条 【失业人员申请失业金等待遇的情形】 失业人员符合社会保险法第四十五条规定条件的，可以申请领取失业保险金并享受其他失业保险待遇。其中，非因本人意愿中断就业包括下列情形：

（一）依照劳动合同法第四十四条第一项、第四项、第五项规定终止劳动合同的；

（二）由用人单位依照劳动合同法第三十九条、第四十条、第四十一条规定解除劳动合同的；

（三）用人单位依照劳动合同法第三十六条规定向劳动者提出解除劳动合同并与劳动者协商一致解除劳动合同的；

（四）由用人单位提出解除聘用合同或被用人单位辞退、除名、开除的；

（五）劳动者本人依照劳动合同法第三十八条规定解除劳动合同的；

（六）法律、法规、规章规定的其他情形。

第十三节　劳务派遣与非全日制用工

一、用工企业与劳务派遣单位、劳务派遣职工的法律关系

（一）用工企业在处理与劳务派遣单位、劳务派遣职工的法律关系时可能发生的违法行为

1. 针对劳务派遣劳动者的违法操作问题

（1）未对劳务派遣劳动者实行同工同酬。

（2）将劳务派遣劳动者再派遣到其他企业。

（3）违法退回被派遣劳动者。

2. 未依法处理劳务派遣职工的社会保险问题

用工企业未与劳务派遣单位依法约定社会保险由哪一方购买、垫付，社会保险费承担比例、如何结算等事项。

（二）用工企业不依法处理与劳务派遣单位、劳务派遣职工的法律关系将面临的法律风险

1. 承担行政责任

用工企业不依法处理与劳务派遣单位、劳务派遣职工的法律关系，将会被人力社保行政部门责令改正，逾期不改正的，还可能被处以每人 5000～10000 元的罚款。

2. 承担劳动争议纠纷的不利后果

劳务派遣劳动者有权以劳务派遣单位未缴纳社保为由，主张解除劳动关系并要求支付经济补偿金。

3. 承担连带赔偿责任

若劳务派遣劳动者发生工伤，则劳务派遣单位与用工单位需要依《劳动合同法》规定承担连带赔偿责任。

用工企业给被派遣劳动者造成其他损害的，由劳务派遣单位与用工企业承担连带赔偿责任。

4. 承担违约责任

用工企业的行为如果违反了《劳务派遣协议》，还将对劳务派遣单位承担违约责任。

（三）防范建议

1. 同工同酬

用工企业在与劳务派遣单位签订《劳务派遣协议》时，应当注意在协议中明确体现出被派遣职工的薪酬分配办法，还应当与本企业正式职工的工资、提成及奖金等薪酬适用相同的分配办法。

2. 再派遣的禁止

用工企业应当依法依约妥善安排被派遣劳动者的工作和岗位，不得以借调或者设立关联公司转包的方式再派遣到其他企业。

3. 正确区分被派遣劳动者的退回情形

用工企业在接受被派遣劳动者之前，应当慎重了解被派遣劳动者的基本状况与职业技能等。严格审查其是否符合本企业招聘同类工种的入职条件，以防用工后才发现其职业素质与本企业正式合同工差距太大，或者不能胜任本职工作，使企业陷入被动的局面。企业应当掌握可以退回被派遣劳动者的情形，在必要时依法依约将不能胜任工作的劳动者退回派遣单位。

4. 缴纳社保

（1）明确法律底线。根据《劳动合同法》第五十八条的规定，劳务派遣单位是劳务派遣劳动者的用人单位，有义务为劳务派遣劳动者缴纳社保。同时，《劳动合同法》第五十九条也规定，劳务派遣单位应当与接受劳务派遣的用工单位就劳务派遣劳动者的社会保险的数额与支付方式作出约定。

（2）由用工企业依约缴纳社保的操作。若《劳务派遣协议》约定由用工企业为劳务派遣劳动者缴纳社保的，用工企业应当依约履行义务，并将劳务派遣劳动者社保费用清单与缴费职工名册书面告知劳务派遣单位及劳务派遣劳动者。若用工企业未按约定缴纳社保，劳务派遣劳动者可以要求劳务派遣单位缴纳社保，但劳务派遣单位依法缴纳社保后，可以向用工单位追偿。

（3）由劳务派遣单位依约缴纳社保的操作。若约定由劳务派遣单位为劳务派遣劳动者缴纳社保的，用工企业应对此类职工的社保缴纳情况进行监督，核实其是否实际依法缴纳社保。如劳务派遣单位尚未依法为职工缴纳社保的，用工企业应通知劳务派遣单位缴纳社保，或者先行为其缴纳社保再向劳务派遣单位追偿，避免发生此类职工已在用工企业提供劳务而尚未缴纳社保的情况，防止三方对社保责任产生争议。

关联法规

《劳动合同法》(2012 年 12 月 28 日修正)

　　第五十八条　【劳动者劳务派遣合同】　劳务派遣单位与被派遣劳动者订立的劳动合同，除应当载明本法第十七条规定的事项外，还应当载明被派遣劳动者的用工单位以及派遣期限、工作岗位等情况。

　　劳务派遣单位应当与被派遣劳动者订立二年以上的固定期限劳动合同，按月支付劳动报酬；被派遣劳动者在无工作期间，劳务派遣单位应当按照所在地人民政府规定的最低工资标准，向其按月支付报酬。

　　第六十条　【劳务派遣协议的限制事项】　劳务派遣单位应当将劳务派遣协议的内容告知被派遣劳动者。

　　劳务派遣单位不得克扣用工单位按照劳务派遣协议支付给被派遣劳动者的劳动报酬。

　　劳务派遣单位和用工单位不得向被派遣劳动者收取费用。

　　第六十一条　【跨地区派遣劳动者劳动报酬支付】　劳务派遣单位跨地区派遣劳动者的，被派遣劳动者享有的劳动报酬和劳动条件，按照用工单位所在地的标准执行。

　　第六十二条　【劳务派遣用工单位的义务】　用工单位应当履行下列义务：

　　(一) 执行国家劳动标准，提供相应的劳动条件和劳动保护；

　　(二) 告知被派遣劳动者的工作要求和劳动报酬；

　　(三) 支付加班费、绩效奖金，提供与工作岗位相关的福利待遇；

　　(四) 对在岗被派遣劳动者进行工作岗位所必需的培训；

　　(五) 连续用工的，实行正常的工资调整机制。

　　用工单位不得将被派遣劳动者再派遣到其他用人单位。

　　第六十三条　【被派遣劳动者与用工单位的劳动者同工同酬】　被派遣劳动者享有与用工单位的劳动者同工同酬的权利。用工单位应当按照同工同酬原则，对被派遣劳动者与本单位同类岗位的劳动者实行相同的劳动报酬分配办法。用工单位无同类岗位劳动者的，参照用工单位所在地相同或者相近岗位劳动者的劳动报酬确定。

　　劳务派遣单位与被派遣劳动者订立的劳动合同和与用工单位订立的劳务派遣协议，载明或者约定的向被派遣劳动者支付的劳动报酬应当符合前款规定。

第六十五条 【劳务派遣用工单位解除劳动合同】 被派遣劳动者可以依照本法第三十六条、第三十八条的规定与劳务派遣单位解除劳动合同。

被派遣劳动者有本法第三十九条和第四十条第一项、第二项规定情形的，用工单位可以将劳动者退回劳务派遣单位，劳务派遣单位依照本法有关规定，可以与劳动者解除劳动合同。

第六十六条 【劳务派遣的适用岗位】 劳动合同用工是我国的企业基本用工形式。劳务派遣用工是补充形式，只能在临时性、辅助性或者替代性的工作岗位上实施。

前款规定的临时性工作岗位是指存续时间不超过六个月的岗位；辅助性工作岗位是指为主营业务岗位提供服务的非主营业务岗位；替代性工作岗位是指用工单位的劳动者因脱产学习、休假等原因无法工作的一定期间内，可以由其他劳动者替代工作的岗位。

用工单位应当严格控制劳务派遣用工数量，不得超过其用工总量的一定比例，具体比例由国务院劳动行政部门规定。

第六十七条 【劳务派遣的限制规定】 用人单位不得设立劳务派遣单位向本单位或者所属单位派遣劳动者。

第九十二条 【劳务派遣单位的法律责任】 违反本法规定，未经许可，擅自经营劳务派遣业务的，由劳动行政部门责令停止违法行为，没收违法所得，并处违法所得一倍以上五倍以下的罚款；没有违法所得的，可以处五万元以下的罚款。

劳务派遣单位、用工单位违反本法有关劳务派遣规定的，由劳动行政部门责令限期改正；逾期不改正的，以每人五千元以上一万元以下的标准处以罚款，对劳务派遣单位，吊销其劳务派遣业务经营许可证。用工单位给被派遣劳动者造成损害的，劳务派遣单位与用工单位承担连带赔偿责任。

《劳动合同法实施条例》（2008 年 9 月 18 日公布）

第二十九条 【劳务派遣用工单位的义务】 用工单位应履行劳动合同法第六十二条规定的义务，维护被派遣劳动者的合法权益。

第三十条 【劳务派遣的招用限制】 劳务派遣单位不得以非全日制用工形式招用被派遣劳动者。

《劳动争议调解仲裁法》(2007 年 12 月 29 日发布)

第二十二条　【劳动争议仲裁案件当事人】　发生劳动争议的劳动者和用人单位为劳动争议仲裁案件的双方当事人。

劳务派遣单位或者用工单位与劳动者发生劳动争议的，劳务派遣单位和用工单位为共同当事人。

《社会保险法》(2018 年 12 月 29 日修正)

第八十四条　【不办理社会保险登记的法律责任】　用人单位不办理社会保险登记的，由社会保险行政部门责令限期改正；逾期不改正的，对用人单位处应缴社会保险费数额一倍以上三倍以下的罚款，对其直接负责的主管人员和其他直接责任人员处五百元以上三千元以下的罚款。

《社会保险费征缴暂行条例》(2019 年 3 月 24 日修订)

第二十三条　【未依法办理社保登记的法律责任】　缴费单位未按照规定办理社会保险登记、变更登记或者注销登记，或者未按照规定申报应缴纳的社会保险费数额的，由劳动保障行政部门责令限期改正；情节严重的，对直接负责的主管人员和其他直接责任人员可以处 1000 元以上 5000 元以下的罚款；情节特别严重的，对直接负责的主管人员和其他直接责任人员可以处 5000 元以上 10000 元以下的罚款。

《劳务派遣暂行规定》(2014 年 1 月 24 日公布)

第十二条　【劳务派遣的退回情形】　有下列情形之一的，用工单位可以将被派遣劳动者退回劳务派遣单位：

（一）用工单位有劳动合同法第四十条第三项、第四十一条规定情形的；

（二）用工单位被依法宣告破产、吊销营业执照、责令关闭、撤销、决定提前解散或者经营期限届满不再继续经营的；

（三）劳务派遣协议期满终止的。

被派遣劳动者退回后在无工作期间，劳务派遣单位应当按照不低于所在地人民政府规定的最低工资标准，向其按月支付报酬。

第十三条 【劳务派遣退回情形的例外】 被派遣劳动者有劳动合同法第四十二条规定情形的，在派遣期限届满前，用工单位不得依据本规定第十二条第一款第一项规定将被派遣劳动者退回劳务派遣单位；派遣期限届满的，应当延续至相应情形消失时方可退回。

第二十四条 【违规退回被派遣劳动者的法律责任】 用工单位违反本规定退回被派遣劳动者的，按照劳动合同法第九十二条第二款规定执行。

二、非全日制职工工伤保险强制义务

非全日制用工是一种特殊的用工形式。企业必须认识到，非全日制职工与企业之间同样存在劳动合同关系，企业需承担相应的用工责任。根据法律规定，企业需要为非全日制职工缴纳工伤保险费用，这也是法律强制要求的义务。在实践中，有些企业不为非全日制职工缴纳工伤保险。若职工发生工伤，企业将承担相当于工伤保险待遇的赔偿责任。因此，建议企业依法为非全日制职工缴纳工伤保险费，以避免潜在的法律风险和经济负担。

关联法规

《社会保险法》（2018 年 12 月 29 日修正）

第十条 【基本养老保险】 职工应当参加基本养老保险，由用人单位和职工共同缴纳基本养老保险费。

无雇工的个体工商户、未在用人单位参加基本养老保险的非全日制从业人员以及其他灵活就业人员可以参加基本养老保险，由个人缴纳基本养老保险费。

公务员和参照公务员法管理的工作人员养老保险的办法由国务院规定。

第十二条 【基本养老保险的缴纳】 用人单位应当按照国家规定的本单位职工工资总额的比例缴纳基本养老保险费，记入基本养老保险统筹基金。

职工应当按照国家规定的本人工资的比例缴纳基本养老保险费，记入个人账户。

无雇工的个体工商户、未在用人单位参加基本养老保险的非全日制从业人员以及其他灵活就业人员参加基本养老保险的，应当按照国家规定缴纳基本养老保险费，分别记入基本养老保险统筹基金和个人账户。

第二十三条 【职工基本医疗保险】 职工应当参加职工基本医疗保险，由用人单位和职工按照国家规定共同缴纳基本医疗保险费。

无雇工的个体工商户、未在用人单位参加职工基本医疗保险的非全日制从业人员以及其他灵活就业人员可以参加职工基本医疗保险，由个人按照国家规定缴纳基本医疗保险费。

《实施〈中华人民共和国社会保险法〉若干规定》（2011 年 6 月 29 日公布）

第九条　【双重用工的社保责任】 职工（包括非全日制从业人员）在两个或者两个以上用人单位同时就业的，各用人单位应当分别为职工缴纳工伤保险费。职工发生工伤，由职工受到伤害时工作的单位依法承担工伤保险责任。

《关于非全日制用工若干问题的意见》（劳社部发〔2003〕12 号）

10.　**【非全日制职工的基本养老保险】** 从事非全日制工作的劳动者应当参加基本养老保险，原则上参照个体工商户的参保办法执行。对于已参加过基本养老保险和建立个人账户的人员，前后缴费年限合并计算，跨统筹地区转移的，应办理基本养老保险关系和个人账户的转移、接续手续。符合退休条件时，按国家规定计发基本养老金。

11.　**【非全日制职工的基本医疗保险】** 从事非全日制工作的劳动者可以以个人身份参加基本医疗保险，并按照待遇水平与缴费水平相挂钩的原则，享受相应的基本医疗保险待遇。参加基本医疗保险的具体办法由各地劳动保障部门研究制定。

12.　**【非全日制职工的工伤保险待遇】** 用人单位应当按照国家有关规定为建立劳动关系的非全日制劳动者缴纳工伤保险费。从事非全日制工作的劳动者发生工伤，依法享受工伤保险待遇；被鉴定为伤残 5—10 级的，经劳动者与用人单位协商一致，可以一次性结算伤残待遇及有关费用。

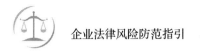

第十四节　企业安全生产管理

一、企业的安全生产条件

生产企业应当具备符合国家标准或者行业标准的安全生产条件，具备保障安全生产条件所必需的资金投入，使用符合标准的安全设备并确保其安全性能。企业不能认为已经取得生产经营许可证和资质证，就可以动工生产了，还应当树立安全生产意识，创造符合法律、法规规定的安全生产条件。

同时，生产企业不应将生产经营项目、场所、设备发包或者出租给不具备安全生产条件的企业，要时刻警惕企业财产安全、职工的健康与生命安全。

关联法规

《安全生产法》（2021 年 6 月 10 日修正）

第二十条　【安全生产条件】　生产经营单位应具备本法和有关法律、行政法规和国家标准或者行业标准规定的安全生产条件；不具备安全生产条件的，不得从事生产经营活动。

第二十三条　【保证安全生产资金投入】　生产经营单位应当具备的安全生产条件所必需的资金投入，由生产经营单位的决策机构、主要负责人或者个人经营的投资人予以保证，并对由于安全生产所必需的资金投入不足导致的后果承担责任。

有关生产经营单位应当按照规定提取和使用安全生产费用，专门用于改善安全生产条件。安全生产费用在成本中据实列支。安全生产费用提取、使用和监督管理的具体办法由国务院财政部门会同国务院应急管理部门征求国务院有关部门意见后制定。

第三十六条第二款　【安全设备管理】　生产经营单位必须对安全设备进行经常性维护、保养，并定期检测，保证正常运转。维护、保养、检测应当作好记录，并由有关人员签字。

第三十八条第三款　【淘汰制度】　生产经营单位不得使用应当淘汰的危及生产安全的工艺、设备。

第四十九条　【发包或出租的安全生产责任】　生产经营单位不得将生产经营项目、场所、设备发包或者出租给不具备安全生产条件或者相应资质的单位或者个人。

生产经营项目、场所发包或者出租给其他单位的，生产经营单位应当与承包单位、承租单位签订专门的安全生产管理协议，或者在承包合同、租赁合同中约定各自的安全生产管理职责；生产经营单位对承包单位、承租单位的安全生产工作统一协调、管理，定期进行安全检查，发现安全问题的，应当及时督促整改。

矿山、金属冶炼建设项目和用于生产、储存、装卸危险物品的建设项目的施工单位应当加强对施工项目的安全管理，不得倒卖、出租、出借、挂靠或者以其他形式非法转让施工资质，不得将其承包的全部建设工程转包给第三人或者将其承包的全部建设工程支解以后以分包的名义分别转包给第三人，不得将工程分包给不具备相应资质条件的单位。

第九十九条【生产经营单位安全管理违法责任（二）】　生产经营单位有下列行为之一的，责令限期改正，处五万元以下的罚款；逾期未改正的，处五万元以上二十万元以下的罚款，对其直接负责的主管人员和其他直接责任人员处一万元以上二万元以下的罚款；情节严重的，责令停产停业整顿；构成犯罪的，依照刑法有关规定追究刑事责任：

（一）未在有较大危险因素的生产经营场所和有关设施、设备上设置明显安全警示标志的；

（二）安全设备安装、使用、检测、改造和报废不符合国家标准或行业标准的；

（三）未对安全设备进行经常性维护、保养和定期检测的；

（四）关闭、破坏直接关系生产安全的监控、报警、防护、救生设备、设施，或者篡改、隐瞒、销毁其相关数据、信息的；

（五）未为从业人员提供符合国家标准或者行业标准的劳动防护用品的；

（六）危险物品的容器、运输工具，以及涉及人身安全、危险性较大的海洋石油开采特种设备和矿山井下特种设备未经具有专业资质的机构检测、检验合格，取得安全使用证或者安全标志，投入使用的；

（七）使用应当淘汰的危及生产安全的工艺、设备的；

（八）餐饮等行业的生产经营单位使用燃气未安装可燃气体报警装置的。

第一百零三条　【生产经营单位发包、出租违法责任】　生产经营单位将生产经营项目、场所、设备发包或者出租给不具备安全生产条件或相应资质的单位或者个人的，责令限期改正，没收违法所得；违法所得十万元以上的，并处违法所得二倍以上五倍以下的罚款；没有违法所得或者违法所得不足十万元的，单处或者并处十万元以上二十万元以下的罚款；对其直接负责的主管人员和其他直接责任人员处一万元以上二万元以下的罚款；导致发生生产安全事故给他人造成损害的，与承包方、承租方承担连带赔偿责任。

生产经营单位未与承包单位、承租单位签订专门的安全生产管理协议或未在承包合同、租赁合同中明确各自的安全生产管理职责，或未对承包单位、承租单位的安全生产统一协调、管理的，责令限期改正，可以处五万元以下的罚款，对其直接负责的主管人员和其他直接责任人员可以处一万元以下的罚款；逾期未改正的，责令停产停业整顿。

矿山、金属冶炼建设项目和用于生产、储存、装卸危险物品的建设项目的施工单位未按照规定对施工项目进行安全管理的，责令限期改正，处十万元以下的罚款，对其直接负责的主管人员和其他直接责任人员处二万元以下的罚款；逾期未改正的，责令停产停业整顿。以上施工单位倒卖、出租、出借、挂靠或者以其他形式非法转让施工资质的，责令停产停业整顿，吊销资质证书，没收违法所得；违法所得十万元以上的，并处违法所得二倍以上五倍以下的罚款，没有违法所得或者违法所得不足十万元的，单处或者并处十万元以上二十万元以下的罚款；对其直接负责的主管人员和其他直接责任人员处五万元以上十万元以下的罚款；构成犯罪的，依照刑法有关规定追究刑事责任。

二、企业主要负责人的安全生产管理职责

生产企业是否达到国家法律规定的安全生产条件，是否能够建立完善、科学的安全生产制度，从根本上取决于企业主要负责人是否重视企业财产安全及职工生命安全，是否坚决贯彻、落实国家有关安全生产制度的实施，生产企业主要负责人若不按照法律规定履行安全生产管理职责，将受到行政处罚，如果导致发生生产安全事故的，还将被追究刑事责任。

关联法规

《安全生产法》（2021年6月10日修正）

第二十一条 【单位主要负责人安全生产职责】 生产经营单位主要负责人对本单位安全生产工作负有下列职责：

（一）建立健全落实本单位全员安全生产责任制，加强安全生产标准化

建设；

（二）组织制定并实施本单位安全生产规章制度和操作规程；

（三）组织制定并实施本单位安全生产教育和培训计划；

（四）保证本单位安全生产投入的有效实施；

（五）组织建立并落实安全风险分级管控和隐患排查治理双重预防工作机制，督促、检查本单位的安全生产工作，及时消除生产安全事故隐患；

（六）组织制定并实施本单位的生产安全事故应急救援预案；

（七）及时、如实报告生产安全事故。

第九十三条　【单位负责人未履行职责的责任】　生产经营单位的决策机构、主要负责人或者个人经营的投资人不依照本法规定保证安全生产所必需的资金投入，致使生产经营单位不具备安全生产条件的，责令限期改正，提供必需的资金；逾期未改正的，责令生产经营单位停产停业整顿。

有前款违法行为，导致发生生产安全事故的，对生产经营单位的主要负责人给予撤职处分，对个人经营的投资人处二万元以上二十万元以下的罚款；构成犯罪的，依照刑法有关规定追究刑事责任。

第九十四条　【单位主要负责人违法责任】　生产经营单位的主要负责人未履行本法规定的安全生产管理职责的，责令限期改正，处二万元以上五万元以下的罚款；逾期未改正的，处五万元以上十万元以下的罚款，责令生产经营单位停产停业整顿。

生产经营单位的主要负责人有前款违法行为，导致发生生产安全事故的，给予撤职处分；构成犯罪的，依照刑法有关规定追究刑事责任。

生产经营单位的主要负责人依照前款规定受刑事处罚或者撤职处分的，自刑罚执行完毕或者受处分之日起，五年内不得担任任何生产经营单位的主要负责人；对重大、特别重大生产安全事故负有责任的，终身不得担任本行业生产经营单位的主要负责人。

第九十五条　【对单位主要负责人罚款】　生产经营单位的主要负责人未履行本法规定的安全生产管理职责，导致发生生产安全事故的，由应急管理部门依照下列规定处以罚款：

（一）发生一般事故的，处上一年年收入百分之四十的罚款；

（二）发生较大事故的，处上一年年收入百分之六十的罚款；

（三）发生重大事故的，处上一年年收入百分之八十的罚款；

（四）发生特别重大事故的，处上一年年收入百分之一百的罚款。

《刑法》（2023 年 12 月 29 日修正）

第一百三十四条第二款　【强令、组织他人违章冒险作业罪】　强令他人违章冒险作业，或者明知存在重大事故隐患而不排除，仍冒险组织作业，因而发生重大伤亡事故或者造成其他严重后果的，处五年以下有期徒刑或者拘役；情节特别恶劣的，处五年以上有期徒刑。

第一百三十五条　【重大劳动安全事故罪】　安全生产设施或者安全生产条件不符合国家规定，因而发生重大伤亡事故或者造成其他严重后果的，对直接负责的主管人员和其他直接责任人员，处三年以下有期徒刑或者拘役；情节特别恶劣的，处三年以上七年以下有期徒刑。

三、企业安全生产管理制度

安全生产管理制度的健全与规范，以及从业人员安全生产规章制度的教育与安全操作规程的培训是生产企业的安全生产管理中关键的环节之一。生产企业要杜绝安全生产事故的发生，首先要在从业人员的安全操作意识、技能的培训，以及相关制度的建设上下大功夫。不能与职工约定免除或者减轻企业因职工发生工伤事故依法应承担的责任，即使有约定也不产生法律效力。同时，对于两个以上生产企业在同一作业区域内进行生产活动的，应当严格明确各自的安全生产管理职责和应采取的安全措施。

 **关联法规**

《安全生产法》（2021 年 6 月 10 日修正）

第二十五条　【安全生产管理机构及人员职责】　生产经营单位的安全生产管理机构以及安全生产管理人员履行下列职责：

（一）组织或者参与拟订本单位安全生产规章制度、操作规程和生产安全事故应急救援预案；

（二）组织或者参与本单位安全生产教育和培训，如实记录安全生产教育和培训情况；

（三）组织开展危险源辨识和评估，督促落实本单位重大危险源的安全管理措施；

（四）组织或者参与本单位应急救援演练；

（五）检查本单位的安全生产状况，及时排查生产安全事故隐患，提出改进安全生产管理的建议；

（六）制止和纠正违章指挥、强令冒险作业、违反操作规程的行为；

（七）督促落实本单位安全生产整改措施。

生产经营单位可以设置专职安全生产分管负责人，协助本单位主要负责人履行安全生产管理职责。

第二十六条　【履职要求与履职保障】　生产经营单位的安全生产管理机构以及安全生产管理人员应当恪尽职守，依法履行职责。

生产经营单位作出涉及安全生产的经营决策，应当听取安全生产管理机构以及安全生产管理人员的意见。

生产经营单位不得因安全生产管理人员依法履行职责而降低其工资、福利等待遇或者解除与其订立的劳动合同。

危险物品的生产、储存单位以及矿山、金属冶炼单位的安全生产管理人员的任免，应当告知主管的负有安全生产监督管理职责的部门。

第二十八条　【安全生产教育和培训】　生产经营单位应当对从业人员进行安全生产教育和培训，保证从业人员具备必要的安全生产知识，熟悉有关的安全生产规章制度和安全操作规程，掌握本岗位的安全操作技能，了解事故应急处理措施，知悉自身在安全生产方面的权利和义务。未经安全生产教育和培训合格的从业人员，不得上岗作业。

生产经营单位使用被派遣劳动者的，应当将被派遣劳动者纳入本单位从业人员统一管理，对被派遣劳动者进行岗位安全操作规程和安全操作技能的教育和培训。劳务派遣单位应当对被派遣劳动者进行必要的安全生产教育和培训。

生产经营单位接收中等职业学校、高等学校学生实习的，应当对实习学生进行相应的安全生产教育和培训，提供必要的劳动防护用品。学校应当协助生产经营单位对实习学生进行安全生产教育和培训。

生产经营单位应当建立安全生产教育和培训档案，如实记录安全生产教育和培训的时间、内容、参加人员以及考核结果等情况。

第二十九条　【技术更新及教育和培训】　生产经营单位采用新工艺、新技术、新材料或者使用新设备，必须了解、掌握其安全技术特性，采取有效的安全防护措施，并对从业人员进行专门的安全生产教育和培训。

第四十一条　【事故隐患治理】　生产经营单位应当建立安全风险分级管控制度，按照安全风险分级采取相应的管控措施。

生产经营单位应当建立健全并落实生产安全事故隐患排查治理制度，采取技术、管理措施，及时发现并消除事故隐患。事故隐患排查治理情况应当如实记录，并通过职工大会或者职工代表大会、信息公示栏等方式向从业人员通报。其中，重大事故隐患排查治理情况应当及时向负有安全生产监督管理职责的部门和职工大会或者职工代表大会报告。

县级以上地方各级人民政府负有安全生产监督管理职责的部门应当将重大事故隐患纳入相关信息系统，建立健全重大事故隐患治理督办制度，督促生产经营单位消除重大事故隐患。

第四十四条 【从业人员的安全管理】 生产经营单位应当教育和督促从业人员严格执行本单位的安全生产规章制度和安全操作规程；并向从业人员如实告知作业场所和工作岗位存在的危险因素、防范措施以及事故应急措施。

生产经营单位应当关注从业人员的身体、心理状况和行为习惯，加强对从业人员的心理疏导、精神慰藉，严格落实岗位安全生产责任，防范从业人员行为异常导致事故发生。

第四十六条 【安全检查和报告】 生产经营单位的安全生产管理人员应当根据本单位的生产经营特点，对安全生产状况进行经常性检查；对检查中发现的安全问题，应当立即处理；不能处理的，应当及时报告本单位有关负责人，有关负责人应当及时处理。检查及处理情况应当如实记录在案。

生产经营单位的安全生产管理人员在检查中发现重大事故隐患，依照前款规定向本单位有关负责人报告，有关负责人不及时处理的，安全生产管理人员可以向主管的负有安全生产监督管理职责的部门报告，接到报告的部门应当依法及时处理。

第四十八条 【安全生产管理协议】 两个以上生产经营单位在同一作业区域内进行生产经营活动，可能危及对方生产安全的，应签订安全生产管理协议，明确各自的安全生产管理职责和应采取的安全措施，并指定专职安全生产管理人员进行安全检查与协调。

第九十七条【生产经营单位安全管理违法责任（一）】 生产经营单位有下列行为之一的，责令限期改正，处十万元以下的罚款；逾期未改正的，责令停产停业整顿，并处十万元以上二十万元以下的罚款，对其直接负责的主管人员和其他直接责任人员处二万元以上五万元以下的罚款：

（一）未按规定设置安全生产管理机构或者配备安全生产管理人员、注册安全工程师的；

（二）危险物品的生产、经营、储存、装卸单位以及矿山、金属冶炼、建筑施工、运输单位的主要负责人和安全生产管理人员未按照规定经考核合格的；

（三）未按规定对从业人员、被派遣劳动者、实习学生进行安全生产教育和培训，或者未按照规定如实告知有关的安全生产事项的；

（四）未如实记录安全生产教育和培训情况的；

（五）未将事故隐患排查治理情况如实记录或者未向从业人员通报的；

（六）未按规定制定生产安全事故应急救援预案或未定期组织演练的；

（七）特种作业人员未按照规定经专门的安全作业培训并取得相应资格，上岗作业的。

第一百零二条　【未采取措施消除事故隐患】　生产经营单位未采取措施消除事故隐患的，责令立即消除或者限期消除，处五万元以下的罚款；生产经营单位拒不执行的，责令停产停业整顿，对其直接负责的主管人员和其他直接责任人员处五万元以上十万元以下的罚款；构成犯罪的，依照刑法有关规定追究刑事责任。

第一百零四条　【同一作业区域安全管理违法责任】　两个以上生产经营单位在同一作业区域内进行可能危及对方安全生产的生产经营活动，未签订安全生产管理协议或者未指定专职安全生产管理人员进行安全检查与协调的，责令限期改正，处五万元以下的罚款，对其直接负责的主管人员和其他直接责任人员可以处一万元以下的罚款；逾期未改正的，责令停产停业。

第一百零六条　【免责协议违法责任】　生产经营单位与从业人员订立协议，免除或者减轻其对从业人员因生产安全事故伤亡依法应承担的责任的，该协议无效；对生产经营单位的主要负责人、个人经营的投资人处二万元以上十万元以下的罚款。

四、企业的作业区域、危险区域与生活区域管理

生产经营企业应当对职工的作业区域、危险区域与生活区域进行科学规范的划分，实行分区治理、严格管控；否则，企业将受到行政处罚甚至要承担刑事责任。

关联法规

《安全生产法》（2021年6月10日修正）

第三十五条　【安全警示标志】　生产经营单位应当在有较大危险因素的生产经营场所和有关设施、设备上，设置明显的安全警示标志。

第四十二条　【生产经营场所和职工宿舍安全要求】　生产、经营、储存、使

用危险物品的车间、商店、仓库不得与职工宿舍在同一座建筑物内，并应当与职工宿舍保持安全距离。

生产经营场所和职工宿舍应当设有符合紧急疏散要求、标志明显、保持畅通的出口、疏散通道。禁止占用、锁闭、封堵、封堵生产经营场所或者职工宿舍的出口、疏散通道。

第九十九条第（一）项【生产经营单位安全管理违法责任（二）】 生产经营单位有下列行为之一的，责令限期改正，处五万元以下的罚款；逾期未改正的，处五万元以上二十万元以下的罚款，对其直接负责的主管人员和其他直接责任人员处一万元以上二万元以下的罚款；情节严重的，责令停产停业整顿；构成犯罪的，依照刑法有关规定追究刑事责任：

（一）未在有较大危险因素的生产经营场所和有关设施、设备上设置明显安全警示标志的。

第一百零五条 【生产经营场所和职工宿舍违法责任】 生产经营单位有下列行为之一的，责令限期改正，处五万元以下的罚款，对其直接负责的主管人员和其他直接责任人员可以处一万元以下罚款；逾期未改正的，责令停产停业整顿；构成犯罪的，依照刑法规定追究刑事责任：

（一）生产、经营、储存、使用危险物品的车间、商店、仓库与员工宿舍在同一座建筑内，或者与员工宿舍的距离不符合安全要求的；

（二）生产经营场所和员工宿舍未设有符合紧急疏散需要、标志明显、保持畅通的出口、疏散通道，或者占用、锁闭、封堵生产经营场所或者员工宿舍出口、疏散通道的。

第六章　企业知识产权法律风险与防范

第一节　企业商标管理

一、企业的商标未依法申请注册

（一）商标未注册可能面临的法律风险

1. 未注册的商标不受法律保护，也可能被其他企业抢注

《中华人民共和国商标法》（以下简称《商标法》）第三十一条规定："两个或者两个以上的商标注册申请人，在同一种商品或者类似商品上，以相同或者近似的商标申请注册的，初步审定并公告申请在先的商标；同一天申请的，初步审定并公告使用在先的商标，驳回其他人的申请，不予公告。"如果企业商标未注册，一旦商标被他人申请在先，就将无法再合法使用该商标。

2. 未注册商标容易侵犯他人商标专用权

企业使用的未注册商标，若与他人的商标相同或者近似，被依法认定为商标侵权的，企业将面临经济赔偿责任及其他法律制裁。

（二）防范建议

建议企业在申请注册商标之前，进行商标的近似查询，以防止商标被驳回。

关联法规

《商标法》（2019 年 4 月 23 日修正）

　　第三条第一款　【注册商标】　经商标局核准注册的商标为注册商标，包括商品商标、服务商标和集体商标、证明商标；商标注册人享有商标专用权，受法律保护。

第四条 【商标注册】 自然人、法人或者其他组织在生产经营活动中，对其商品或服务需要取得商标专用权的，应当向商标局申请商标注册。不以使用为目的的恶意商标注册申请，应予以驳回。

本法有关商品商标的规定，适用于服务商标。

第二十二条 【商标注册申请】 商标注册申请人应当按规定的商品分类表填报使用商标的商品类别和商品名称，提出注册申请。

商标注册申请人可以通过一份申请就多个类别的商品申请注册同一商标。

商标注册申请等有关文件，可以以书面方式或者数据电文方式提出。

第二十三条 【核定使用范围之外的商品的商标注册】 注册商标需要在核定使用范围之外的商品上取得商标专用权的，应当另行提出注册申请。

第三十一条 【商标注册冲突】 两个或者两个以上的商标注册申请人，在同一种商品或者类似商品上，以相同或者近似的商标申请注册的，初步审定并公告申请在先的商标；同一天申请的，初步审定并公告使用在先的商标，驳回其他人的申请，不予公告。

二、企业的注册商标侵犯他人在先权利

(一) 法律风险

注册商标侵犯他人在先权利，指商标申请人已获准注册的商标对他人已在商标局公示的相同、相似、近似商标的侵犯，其行为将面临以下两种法律风险。

1. 承担行政责任

侵犯他人在先权利，可能被在先权利人视为不正当竞争行为向商标主管部门投诉，从而受到相应的行政处罚。

2. 承担民事责任

侵犯他人在先权利，可能导致在先权利人申请宣告注册商标无效，或者被在先权利人以注册商标侵权为由诉至法院，要求侵权人停止使用并承担赔偿损失的民事责任。

(二) 防范建议

企业不应模仿或抄袭已有的商标图案，应自行设计适合自身的商标图案，确保自主设计的商标图形具备独创性，对自己原创的商标图案要及时备案登记，同时，在商标申请前进行商标检索，以免陷入不必要的被动局面。

关联法规

《商标法》（2019 年 4 月 23 日修正）

第九条第一款　【商标的限制】　申请注册的商标，应当有显著特征，便于识别，并不得与他人在先取得的合法权利相冲突。

第三十条　【驳回商标注册的情形】　申请注册的商标，凡不符合本法有关规定或者同他人在同一种商品或者类似商品上已经注册的或者初步审定的商标相同或者近似的，由商标局驳回申请，不予公告。

第三十二条　【商标注册的限制】　申请商标注册不得损害他人现有的在先权利，也不得以不正当手段抢先注册他人已经使用并有一定影响的商标。

第四十五条第一款　【违法注册商标的无效】　已经注册的商标，违反本法第十三条第二款和第三款、第十五条、第十六条第一款、第三十条、第三十一条、第三十二条规定的，自商标注册之日起五年内，在先权利人或者利害关系人可以请求商标评审委员会宣告该注册商标无效。对恶意注册的，驰名商标所有人不受五年的时间限制。

三、注册商标无正当理由连续三年不使用

（一）法律风险

注册商标若无正当理由连续三年不使用的，任何单位或者个人均可向商标局申请撤销该注册商标。

（二）防范建议

（1）企业在注册商标之后，要及时依法正确使用该商标，防止商标被撤销。

（2）保存商标使用的材料，如商标使用合同与发票、商品或者服务广告宣传、产品包装、产品检测报告、商标印制材料等。

（3）保存如下有关商标未使用的合法证据：①不可抗力。②政府政策性限制。③破产清算。④其他不可归责于商标注册人的正当事由。

关联法规

《商标法》（2019 年 4 月 23 日修正）

第四十九条　【注册商标的变更限制与撤销】　商标注册人在使用注册商标的过程中，自行改变注册商标、注册人名义、地址或者其他注册事项的，由地方工商行政管理部门责令限期改正；期满不改正的，由商标局撤销其注册商标。

注册商标成为其核定使用的商品的通用名称或者没有正当理由连续三年不使用的，任何单位或者个人可以向商标局申请撤销该注册商标。商标局应当自收到申请之日起九个月内做出决定。有特殊情况需要延长的，经国务院工商行政管理部门批准，可以延长三个月。

四、注册商标有效期满未及时办理续展

（一）法律风险

企业注册商标有效期满未及时办理续展的，存在可能被注销的法律风险。

（二）防范建议

1. 注册商标的有效期

注册商标自核准注册之日起计算有效期为 10 年。注册商标有效期满，需要继续使用的，商标注册人应当在期满前 12 个月内按照规定办理续展手续。

2. 宽展期

企业未按时办理商标续展手续的，有 6 个月的宽展期。若宽展期满仍未办理续展手续的，商标局会注销其注册商标。

3. 商标保护重要措施

（1）企业应关注商标到期日、下次续展时间和商标保护有效期，并及时办理商标续展。

（2）若注册商标错过续展手续，企业可以在商标局注销其商标一年时重新申请注册；同时，以"在先权利"为由，请求商标评审委员会宣告其他企业抢注该商标行为无效。

关联法规

《商标法》（2019 年 4 月 23 日修正）

第三十九条　【注册商标的有效期】　注册商标的有效期为十年，自核准注册之日起计算。

第四十条　【注册商标的续展】　注册商标有效期满，需继续使用的，商标注册人应当在期满前十二个月内按照规定办理续展手续；在此期间未能办理的，可以给予六个月的宽展期。每次续展注册的有效期为十年，自该商标上一届有效期满次日起计算。期满未办理续展手续的，注销其注册商标。

商标局应当对续展注册的商标予以公告。

《中华人民共和国商标法实施条例》（2014 年 4 月 29 日修订）

第三十三条　【注册商标续展的申请】　注册商标需要续展注册的，应当向商标局提交商标续展注册申请书。商标局核准商标注册续展申请的，发给相应证明并予以公告。

五、商标转让不按规定办理申请手续

（一）法律风险

商标转让当事人若未按规定办理商标转让申请，将会导致商标转让无效。

（二）防范建议

申请商标转让必须由转让方和受让方共同申请，按规定程序提交证明文件。在经过合法程序进行转让申请后才能生效。商标转让程序一般包含以下两个方面。

1. 转让人和受让人签订转让合同

转让合同内容应包括合同主体、商标基本情况、商标使用许可情况、受让方的权限、商标转让的期限、商标转让的价款与付款方式、产品质量保证、保密义务、违约责任、争议解决等。

2. 进行商标转让申请

（1）申请：提交申请书和相关证明文件。

（2）受理：由主管部门对申请材料进行初审，符合相关法律规定的应当受理；不符合条件的作出不予受理的决定并告知理由，对于需要补正材料的应当一次性告知需要补正的材料。

（3）审查：由主管部门对提交的材料，依据相关规定进行审查，必要时可以进行询问调查，并应于法律规定期限内作出审查决定，对于符合要求的申请应作出核准决定，对于不符合要求的作出不核准决定并说明理由。

（4）公告：市场监督局在作出核准商标转让的许可后应进行公告，自商标局公告之日起该商标权转让生效。

（5）核发转让证明：主管部门公告期结束后，应及时向申请人核发转让证明。

关联法规

《商标法》（2019 年 4 月 23 日修正）

第四十二条 【注册商标的转让】 转让注册商标的，转让人和受让人应当签订转让协议，并共同向商标局提出申请。受让人应当保证使用该注册商标的商品质量。

转让注册商标的，商标注册人对其在同一种商品上注册的近似的商标，或者在类似商品上注册的相同或者近似的商标，应当一并转让。

对容易导致混淆或者有其他不良影响的转让，商标局不予核准，书面通知申请人并说明理由。

转让注册商标经核准后，予以公告。受让人自公告之日起享有商标专用权。

六、商标使用许可合同双方未履行法定义务

商标注册人有权许可他人使用其注册商标，但许可合同当事人若不履行相应的法定义务，则将面临法律风险。

（一）许可人的风险及防范措施

（1）由于法律规定商标使用许可未经备案不得对抗善意第三人，为了防止被许可人滥用商标权，商标使用许可时应经商标局备案。

（2）如果商标被许可人的产品质量较差，可能会降低商标许可人的企业信誉和品牌价值。因此，许可人应重视被许可人的资格审查，做好许可期间的产品

质量监控，且要防止被许可人注册与被许可商标近似的商标，产生商标混淆使用的风险。

（3）许可人应在许可合同中与被许可人明确约定许可终止后被许可人剩余未销售的货物、剩余的商标标识，以及印有该类标识的包装物、宣传资料等的处理方式。

（二）被许可人的风险及防范措施

（1）被许可人应当保证使用该注册商标的商品质量，且应在使用该商标的商品上标明被许可人的名称和商品产地，未标明被许可人的名称和商品产地的将被市场监管局责令限期改正。

（2）被许可人应当及时办理许可备案。通过许可合同约定许可类型并进行备案，保证许可使用期间被许可商标权利的稳定性。

关联法规

《商标法》（2019 年 4 月 23 日修正）

第四十三条　【注册商标的使用许可】　商标注册人可以通过签订商标使用许可合同，许可他人使用其注册商标。许可人应当监督被许可人使用其注册商标的商品质量。被许可人应当保证使用该注册商标的商品质量。

经许可使用他人注册商标的，必须在使用该注册商标的商品上标明被许可人的名称和商品产地。

许可他人使用其注册商标的，许可人应当将其商标使用许可报商标局备案，由商标局公告。商标使用许可未经备案不得对抗善意第三人。

七、侵犯他人注册商标的法律后果

企业侵犯他人商标权的，可能被追究行政、民事等法律责任。企业应当充分了解侵犯他人商标权通常的情形。

（1）伪造、擅自制造他人注册商标标识。

（2）销售伪造、擅自制造的注册商标标识。

（3）销售侵犯他人商标权的产品。

（4）为侵犯他人商标专用权行为提供便利，帮助他人实施侵犯商标专用权的行为。

关联法规

《商标法》（2019 年 4 月 23 日修正）

第五十七条　【侵犯注册商标专用权的情形】　有下列行为之一的，均属侵犯注册商标专用权：

（一）未经商标注册人的许可，在同一种商品上使用与其注册商标相同的商标的；

（二）未经商标注册人的许可，在同一种商品上使用与其注册商标近似的商标，或者在类似商品上使用与其注册商标相同或者近似的商标，容易导致混淆的；

（三）销售侵犯注册商标专用权的商品的；

（四）伪造、擅自制造他人注册商标标识或者销售伪造、擅自制造的注册商标标识的；

（五）未经商标注册人同意，更换其注册商标并将该更换商标的商品又投入市场的；

（六）故意为侵犯他人商标专用权行为提供便利条件，帮助他人实施侵犯商标专用权行为的；

（七）给他人的注册商标专用权造成其他损害的。

第五十八条　【使用未注册驰名商标的法律责任】　将他人注册商标、未注册的驰名商标作为企业名称中的字号使用，误导公众，构成不正当竞争行为的，依照《中华人民共和国反不正当竞争法》处理。

第六十条　【侵犯注册商标专用权的处理】　有本法第五十七条所列侵犯注册商标专用权行为之一，引起纠纷的，由当事人协商解决；不愿协商或者协商不成的，商标注册人或者利害关系人可以向人民法院起诉，也可以请求工商行政管理部门处理。

工商行政管理部门处理时，认定侵权行为成立的，责令立即停止侵权行为，没收、销毁侵权商品和主要用于制造侵权商品、伪造注册商标标识的工具，违法经营额五万元以上的，可以处违法经营额五倍以下的罚款，没有违法经营额或者违法经营额不足五万元的，可以处二十五万元以下的罚款。对五年内实施两次以上商标侵权行为或者有其他严重情节的，应当从重处罚。销售不知道是侵犯注册商标专用权的商品，能证明该商品是自己合法取得并说明提供者的，由工商行政管理部门责令停止销售。

对侵犯商标专用权的赔偿数额的争议，当事人可以请求进行处理的工商行政管理部门调解，也可以依照《中华人民共和国民事诉讼法》向人民法院起诉。经工商行政管理部门调解，当事人未达成协议或者调解书生效后不履行的，当事人可以依照《中华人民共和国民事诉讼法》向人民法院起诉。

第六十一条　【侵犯注册商标专用权的法律责任】　对侵犯注册商标专用权的行为，工商行政管理部门有权依法查处；涉嫌犯罪的，应当及时移送司法机关依法处理。

《最高人民法院关于审理商标民事纠纷案件适用法律若干问题的解释》（法释〔2020〕32 号）

第十条　【认定商标相同或者近似的原则】　人民法院依据商标法第五十七条第（一）（二）项的规定，认定商标相同或者近似按照以下原则进行：

（一）以相关公众的一般注意力为标准；

（二）既要进行对商标的整体比对，又要进行对商标主要部分的比对，比对应当在比对对象隔离的状态下分别进行；

（三）判断商标是否近似，应当考虑请求保护注册商标的显著性和知名度。

第二节　企业专利管理

一、发明创造被他人抢先申请专利权

（一）法律风险

根据《中华人民共和国专利法》（以下简称《专利法》）的有关规定，我国对专利采取在先申请原则，即两个以上的申请人分别就同样的发明创造申请专利的，专利权授予最先申请的人。如为同日申请，则需双方进行专利的权属协商，如果协商不成，同时驳回申请。因此，如果企业的专利权被他人抢先申请，就会导致企业在后申请专利时被驳回。

（二）防范建议

（1）企业应当注重专利申请前的保密工作，防止由于职工离职导致发明创造技术泄露，发生被他人抢先申请或者同日申请的现象。

（2）可以依据专利优先权原则及其他在先权利的规则，排除专利抄袭干扰，实施专利申请。

（3）申请人要求优先权的，应当在申请时提出书面声明，并且在 3 个月内提交第一次提出的专利申请文件的副本；未提出书面声明或者逾期未提交专利文件副本的，视为未要求优先权。

（4）申请人应当在书面声明中写明在先申请的申请日、申请号和受理该申请的国家；否则，视为未提出声明。

（5）要求外国优先权的，申请人提交的在先申请文件副本应当经原受理机关证明。在先申请人的姓名或者名称与在后申请的申请人姓名或者名称不一致的，应当提交优先权转让证明材料。要求本国优先权的，申请人提交的在先申请文件副本应当通过国务院专利行政部门的证明。

（6）根据专利无效程序规定，进行专利无效申请，最大限度地排除专利被抢先注册的可能性。

🏛 关联法规

《专利法》（2020 年 10 月 17 日修正）

第九条　【专利权的限制】　同样的发明创造只能授予一项专利权。但是，同一申请人同日对同样的发明创造既申请实用新型专利又申请发明专利，先获得的实用新型专利权尚未终止，且申请人声明放弃该实用新型专利权的，可以授予发明专利权。

两个以上的申请人分别就同样的发明创造申请专利的，专利权授予最先申请的人。

第二十九条　【专利权的申请】　申请人自发明或者实用新型在外国第一次提出专利申请之日起十二个月内，或者自外观设计在外国第一次提出专利申请之日起六个月内，又在中国就相同主题提出专利申请的，依照该外国同中国签订的协议或者共同参加的国际条约，或者依照相互承认优先权的原则，可以享有优先权。

申请人自发明或者实用新型在中国第一次提出专利申请之日起十二个月内，或者自外观设计在中国第一次提出专利申请之日起六个月内，又向国务院专利行政部门就相同主题提出专利申请的，可以享有优先权。

第三十条　【专利权的申请期限】　申请人要求发明、实用新型专利优先权的，应当在申请的时候提出书面声明，并且在第一次提出申请之日起十六个月内，提交第一次提出的专利申请文件的副本。

申请人要求外观设计专利优先权的，应当在申请的时候提出书面声明，并且在三个月内提交第一次提出的专利申请文件的副本。

申请人未提出书面声明或者逾期未提交专利申请文件副本的，视为未要求优先权。

《中华人民共和国专利法实施细则》（2023 年 12 月 11 日修订，以下简称《专利法实施细则》）

第四条　【专利行政部门的邮寄认定】　向国务院专利行政部门邮寄的各种文件，以寄出的邮戳日为递交日；邮戳日不清晰的，除当事人能够提出证明外，以国务院专利行政部门收到日为递交日。

以电子形式向国务院专利行政部门提交各种文件的，以进入国务院专利行政部门指定的特定电子系统的日期为递交日。

国务院专利行政部门的各种文件，可以通过电子形式、邮寄、直接送交或者其他方式送达当事人。当事人委托专利代理机构的，文件送交专利代理机构；未委托专利代理机构的，文件送交请求书中指明的联系人。

国务院专利行政部门邮寄的各种文件，自文件发出之日起满 15 日，推定为当事人收到文件之日。当事人提供证据能够证明实际收到文件的日期的，以实际收到日为准。

根据国务院专利行政部门规定应当直接送交的文件，以交付日为送达日。

文件送交地址不清，无法邮寄的，可以通过公告的方式送达当事人。自公告之日起满 1 个月，该文件视为已经送达。

国务院专利行政部门以电子形式送达的各种文件，以进入当事人认可的电子系统的日期为送达日。

第五条　【期限计算方式】　专利法和本细则规定的各种期限开始的当日不计算在期限内，自下一日开始计算。期限以年或者月计算的，以其最后一月的相应日为期限届满日；该月无相应日的，以该月最后一日为期限届满日；期限届满日是法定休假日的，以休假日后的第一个工作日为期限届满日。

第三十四条　【外国优先权】　申请人依照专利法第三十条的规定要求外国优先权的，申请人提交的在先申请文件副本应当经原受理机构证明。依照国务院专利行政部门与该受理机构签订的协议，国务院专利行政部门通过电子交换等途径获得在先申请文件副本的，视为申请人提交了经该受理机构证明的在先申请文件副本。要求本国优先权，申请人在请求书中写明在先申请的申请日和申请号的，视为提交了在先申请文件副本。

要求优先权，但请求书中漏写或者错写在先申请的申请日、申请号和原受理机构名称中的一项或者两项内容的，国务院专利行政部门应当通知申请人在指定期限内补正；期满未补正的，视为未要求优先权。

要求优先权的申请人的姓名或者名称与在先申请文件副本中记载的申请人姓名或者名称不一致的，应当提交优先权转让证明材料，未提交该证明材料的，视为未要求优先权。

外观设计专利申请人要求外国优先权，其在先申请未包括对外观设计的简要说明，申请人按照本细则第三十一条规定提交的简要说明未超出在先申请文件的图片或者照片表示的范围的，不影响其享有优先权。

第三十五条　【本国优先权】　申请人在一件专利申请中，可以要求一项或者多项优先权；要求多项优先权的，该申请的优先权期限从最早的优先权日起计算。

发明或者实用新型专利申请人要求本国优先权，在先申请是发明专利申请的，可以就相同主题提出发明或者实用新型专利申请；在先申请是实用新型专利申请的，可以就相同主题提出实用新型或者发明专利申请。外观设计专利申请人要求本国优先权，在先申请是发明或者实用新型专利申请的，可以就附图显示的设计提出相同主题的外观设计专利申请；在先申请是外观设计专利申请的，可以就相同主题提出外观设计专利申请。但是，提出后一申请时，在先申请的主题有下列情形之一的，不得作为要求本国优先权的基础：

（一）已经要求外国优先权或者本国优先权的；

（二）已经被授予专利权的；

（三）属于按照规定提出的分案申请的。

申请人要求本国优先权的，其在先申请自后一申请提出之日起即视为撤回，但外观设计专利申请人要求以发明或者实用新型专利申请作为本国优先权基础的除外。

第四十七条　【发明创造专利的申请冲突】　两个以上的申请人同日（指申请日；有优先权的，指优先权日）分别就同样的发明创造申请专利的，应当在收到国务院专利行政部门的通知后自行协商确定申请人。

同一申请人在同日（指申请日）对同样的发明创造既申请实用新型专利又申请发明专利的，应当在申请时分别说明对同样的发明创造已申请了另一专利；

未作说明的，依照专利法第九条第一款关于同样的发明创造只能授予一项专利权的规定处理。

国务院专利行政部门公告授予实用新型专利权，应当公告申请人已依照本条第二款的规定同时申请了发明专利的说明。

发明专利申请经审查没有发现驳回理由，国务院专利行政部门应当通知申请人在规定期限内声明放弃实用新型专利权。申请人声明放弃的，国务院专利行政部门应当作出授予发明专利权的决定，并在公告授予发明专利权时一并公告申请人放弃实用新型专利权声明。申请人不同意放弃的，国务院专利行政部门应当驳回该发明专利申请；申请人期满未答复的，视为撤回该发明专利申请。

实用新型专利权自公告授予发明专利权之日起终止。

第一百一十二条 【费用缴纳的期限】 申请人应当自申请日起2个月内或者在收到受理通知书之日起15日内缴纳申请费、公布印刷费和必要的申请附加费；期满未缴纳或者未缴足的，其申请视为撤回。

申请人要求优先权的，应当在缴纳申请费的同时缴纳优先权要求费；期满未缴纳或者未缴足的，视为未要求优先权。

第一百二十二条 【国际申请在中国的效力终止的情形】 国际申请有下列情形之一的，其在中国的效力终止：

（一）在国际阶段，国际申请被撤回或者被视为撤回，或者国际申请对中国的指定被撤回的；

（二）申请人未在优先权日起32个月内按照本细则第一百二十条规定办理进入中国国家阶段手续的；

（三）申请人办理进入中国国家阶段的手续，但自优先权日起32个月期限届满仍不符合本细则第一百二十一条第（一）项至第（三）项要求的。

依照前款第（一）项的规定，国际申请在中国的效力终止的，不适用本细则第六条的规定；依照前款第（二）项、第（三）项的规定，国际申请在中国的效力终止的，不适用本细则第六条第二款的规定。

第一百二十七条 【国内外优先权的过渡】 申请人在国际阶段已要求一项或者多项优先权，在进入中国国家阶段时该优先权要求继续有效的，视为已经依照专利法第三十条的规定提出了书面声明。

申请人应当自进入日起2个月内缴纳优先权要求费；期满未缴纳或者未缴足的，视为未要求该优先权。

申请人在国际阶段已依照专利合作条约的规定，提交过在先申请文件副本的，办理进入中国国家阶段手续时不需要向国务院专利行政部门提交在先申请文件副本。申请人在国际阶段未提交在先申请文件副本的，国务院专利行政部门认为必要时，可以通知申请人在指定期限内补交；申请人期满未补交的，其优先权要求视为未提出。

二、发明创造不具备新颖性

所谓新颖性，是指该发明或者实用新型不属于现有技术；在申请日以前，没有任何单位或者个人就同样的发明或者实用新型向国务院专利行政部门提出申请，并记载在申请日以后公布的专利申请文件或者公告的专利文件中。

（一）法律风险

新颖性是专利申请的必备条件之一，企业的发明创造若不具备新颖性，其专利申请必然会被驳回。

（二）防范建议

1．专利技术检索

在技术开发立项前、技术开发期间及技术发明后，要分别做好国内外专利检索、跟踪和管理，实时关注国家知识产权局有关类似发明创造专利申请信息，避免同类发明创造专利申请在先而发生新颖性冲突。

2．专利技术申请前的保密措施

对于委托发明、合作技术开发、职务发明等特殊类专利，要在申请前对专利权归属、技术发明奖励、技术保密等事项，与相关人员签订完善的书面协议，并采取技术发明的保密措施，防止发明创造被泄露。

3．处理好专利与技术秘密的关系

专利申请若需公开技术方案（包括技术秘密），企业应处理好专利公开与技术秘密的关系，不宜公开的技术不列入专利申请文件。

📖 关联法规

《专利法》（2020 年 10 月 17 日修正）

第九条 【专利权的限制】 同样的发明创造只能授予一项专利权。但是，同一申请人同日对同样的发明创造既申请实用新型专利又申请发明专利，先获得的实用新型专利权尚未终止，且申请人声明放弃该实用新型专利权的，可以授予发明专利权。

两个以上的申请人分别就同样的发明创造申请专利的，专利权授予最先申请的人。

第二十四条　【不丧失新颖性的情形】　申请专利的发明创造在申请日以前六个月内，有下列情形之一的，不丧失新颖性：

（一）在国家出现紧急状态或者非常情况时，为公共利益目的首次公开的；

（二）在中国政府主办或者承认的国际展览会上首次展出的；

（三）在规定的学术会议或者技术会议上首次发表的；

（四）他人未经申请人同意而泄露其内容的。

第三十条　【专利权的申请期限】　申请人要求发明、实用新型专利优先权的，应当在申请的时候提出书面声明，并且在第一次提出申请之日起十六个月内，提交第一次提出的专利申请文件的副本。

申请人要求外观设计专利优先权的，应当在申请的时候提出书面声明，并且在三个月内提交第一次提出的专利申请文件的副本。

申请人未提出书面声明或者逾期未提交专利申请文件副本的，视为未要求优先权。

三、企业未与职务发明者就专利权属作出明确约定

（一）法律风险

企业在经营过程中，可能会与职务发明者就发明创造的专利权归属问题产生纠纷，这一风险产生的主要原因，是双方对职务发明创造的归属存在争议。

（二）防范建议

1. 正确区分操作职务发明与非职务发明专利权

（1）职务发明。执行单位的任务所完成的发明创造，权利归属于单位；主要利用单位的物质技术条件（如本单位的技术研发资金、设备、零部件、原材料或不对外公开的技术资料等）完成的发明创造，单位与发明人或者设计人订有合同，对申请专利的权利和专利权的归属作出约定的，从约定，未约定的，权利归属于单位。

（2）非职务发明。企业、事业单位、社会团体、国家机关的工作人员在职务之外，没有（或很少）利用本单位的物质条件所完成的发明创造，权利归属于发明人或者设计人。

2. 制定企业的发明技术管理制度

对于职工利用本单位的物质技术条件完成的发明创造，单位与发明人、设计人应签订有关技术发明专利权属合同，约定专利的申请权及归属权归属企业所有。

3. 对发明创造申请保护

企业应当对相关发明创造进行申请保护，或者将其纳入企业商业秘密管理范围，明确专利权归属以及相关职工的保密义务。

4. 奖励技术开发贡献

对于为企业发明创造做出较大努力或贡献的职工，可以考虑给予适当补偿或者技术开发贡献奖，企业要妥善处理因职务发明产生的纠纷问题，建立健全职务发明专利归属协商解决机制。

📚 关联法规

《专利法》（2020 年 10 月 17 日修正）

第六条 【**职务发明创造**】 执行本单位的任务或者主要是利用本单位的物质技术条件所完成的发明创造为职务发明创造。职务发明创造申请专利的权利属于该单位，申请被批准后，该单位为专利权人。该单位可以依法处置其职务发明创造申请专利的权利和专利权，促进相关发明创造的实施和运用。

非职务发明创造，申请专利的权利属于发明人或者设计人；申请被批准后，该发明人或者设计人为专利权人。

利用本单位的物质技术条件所完成的发明创造，单位与发明人或者设计人订有合同，对申请专利的权利和专利权的归属作出约定的，从其约定。

第七条 【**专利申请自由**】 对发明人或者设计人的非职务发明创造专利申请，任何单位或者个人不得压制。

第十五条 【**职务发明创造的奖励与报酬**】 被授予专利权的单位应当对职务发明创造的发明人或者设计人给予奖励；发明创造专利实施后，根据其推广应用的范围和取得的经济效益，对发明人或者设计人给予合理的报酬。

国家鼓励被授予专利权的单位实行产权激励，采取股权、期权、分红等方式，使发明人或者设计人合理分享创新收益。

四、企业与他人合作完成的发明创造专利申请权约定不明

(一) 法律风险

合作完成的发明创造，如果专利申请权约定不明，合作者之间可能会产生权属纠纷，进而影响到企业专利的申请与后续使用。

(二) 防范建议

1. 提前约定权属

(1) 对合作完成的发明创造，应当依照合作者之间的合同约定申请专利。如果没有合同或者约定，其合作完成的发明创造成果的专利申请权属于合作者各方共同享有；如果其中一方或者多方转让其专利申请权的，合作的其他方享有在同等条件下的优先购买权。

(2) 合作完成发明创造的一方或多方放弃其发明创造的专利申请权，可以由没有放弃专利申请权的其他各方行使专利申请权。但是，在没有放弃专利申请权的一方或者多方经申请取得专利权后，放弃专利申请权的一方或多方的发明设计人可免费实施其专利。

2. 发明创造的权利归属顺序

合作完成和接受委托所完成的发明创造的权利归属，按下列顺序确定：

(1) 合同优先，即如有合同则从其约定。

(2) 无合同时，依据法律相关规定处理。

关联法规

《专利法》(2020 年 10 月 17 日修正)

第八条　【申请人为专利权人原则】　两个以上单位或者个人合作完成的发明创造、一个单位或者个人接受其他单位或者个人委托所完成的发明创造，除另有协议的以外，申请专利的权利属于完成或者共同完成的单位或者个人；申请被批准后，申请的单位或者个人为专利权人。

《民法典》(2020 年 5 月 28 日公布)

第八百五十九条　【委托开发完成的发明创造】　委托开发完成的发明创造，

除法律另有规定或者当事人另有约定外，申请专利的权利属于研究开发人。研究开发人取得专利权的，委托人可以依法实施该专利。

研究开发人转让专利申请权的，委托人享有以同等条件优先受让的权利。

第八百六十条 【合作开发完成的发明创造】 合作开发完成的发明创造，申请专利的权利属于合作开发的当事人共有；当事人一方转让其共有的专利申请权的，其他各方享有以同等条件优先受让的权利。但是，当事人另有约定的除外。

合作开发的当事人一方声明放弃其共有的专利申请权的，除当事人另有约定外，可以由另一方单独申请或者由其他各方共同申请。申请人取得专利权的，放弃专利申请权的一方可以免费实施该专利。

合作开发的当事人一方不同意申请专利的，另一方或者其他各方不得申请专利。

五、未及时缴纳专利年费导致专利无效

(一) 法律风险

专利权人未及时缴纳专利年费将导致专利无效。

(二) 防范建议

根据《调整后的专利收费项目和标准以及有关事项公告（第75号）》的规定，专利年费以3年为一个阶段收取，并随着保护时间延长年费增加。为了避免因未交年费导致专利无效的被动局面，建议企业遵守专利年费缴纳有关规定。

1. 关注专利年费缴纳的时间、项目

第一次缴纳年费的时间：申请人在收到专利局发出的《办理登记手续通知书》《授予专利权通知书》后，应当办理登记手续，同时缴纳年费。以后的年费应当在前一年度期满前一个月内预缴。

第一次缴纳年费的项目包括专利登记费、授予专利权当年的年费和专利证书印花税。其中授予专利权当年的年费应当根据专利局发出的《办理登记手续通知书》中指明的期限足额缴纳。

2. 未按时缴纳年费可采取的补救措施

（1）过期1个月内可补缴年费，不需缴滞纳金。

（2）过期超过1个月不到6个月按《缴费通知书》缴纳。

（3）过期超过6个月将收到《专利权终止通知书》，但可办理恢复；收到《专利权终止通知书》两个半月内未办理专利权恢复，则专利权彻底终止。

（4）因不可抗力的原因，两年内可办理专利权恢复。

关联法规

《专利法》（2020 年 10 月 17 日修正）

第四十三条　【专利年费的缴纳】　专利权人应当自被授予专利权的当年开始缴纳年费。

六、受让存在瑕疵的专利权导致损失

（一）专利权瑕疵的主要情形

（1）转让之前的权利瑕疵，比如专利在研发申请的过程中存在侵犯他人权利的情形。

（2）转让之后的权利瑕疵，比如：未交年费导致的专利无效；被他人提起专利权无效时未正确应对，导致专利被宣告无效；专利权人后续的专利许可行为违反已订立的专利转让合同中的约定等情形。

（二）法律风险

专利权存在瑕疵会导致专利权受让方遭受损失，因专利权瑕疵被宣告无效以后，专利权被视为自始不存在。

（三）防范建议

（1）企业在签订专利权转让合同时应查明转让方的专利权在转让时是否处于合法状态。

（2）企业在签订专利权转让合同时应查明转让方的专利权在转让完成后是否可能存在被宣告无效的情况。

（3）企业应在签订专利权转让合同时约定，转让方应当保证转让的专利权无瑕疵，保证在专利权有效期内真实、合法、完整，否则，由转让方承担法律责任。

（4）受让方企业可要求转让方提交相关的技术资料，并提供必要的技术指导，保障实现专利转让目的。

关联法规

《专利法》(2020 年 10 月 17 日修正)

第四十四条 【专利权在期限届满前终止的情形】 有下列情形之一的，专利权在期限届满前终止：

（一）没有按照规定缴纳年费的；

（二）专利权人以书面声明放弃其专利权的。

专利权在期限届满前终止的，由国务院专利行政部门登记和公告。

第四十五条 【专利权的申请无效】 自国务院专利行政部门公告授予专利权之日起，任何单位或者个人认为该专利权的授予不符合本法有关规定的，可以请求国务院专利行政部门宣告该专利权无效。

第四十六条 【宣告专利权无效请求的处理】 国务院专利行政部门对宣告专利权无效的请求应当及时审查和作出决定，并通知请求人和专利权人。宣告专利权无效的决定，由国务院专利行政部门登记和公告。

对国务院专利行政部门宣告专利权无效或者维持专利权的决定不服的，可以自收到通知之日起三个月内向人民法院起诉。人民法院应当通知无效宣告请求程序的对方当事人作为第三人参加诉讼。

第四十七条 【专利权的无效】 宣告无效的专利权视为自始即不存在。

宣告专利权无效的决定，对在宣告专利权无效前人民法院作出并已执行的专利侵权的判决、调解书，已经履行或者强制执行的专利侵权纠纷处理决定，以及已经履行的专利实施许可合同和专利权转让合同，不具有追溯力。但是因专利权人的恶意给他人造成的损失，应当给予赔偿。

依照前款规定不返还专利侵权赔偿金、专利使用费、专利权转让费，明显违反公平原则的，应当全部或者部分返还。

七、专利许可合同未办理备案登记

（一）专利许可合同未登记备案的主要风险

（1）被许可人不得对抗善意第三人。虽然专利实施许可合同未备案不影响合同效力，但是对于专利独占许可的被许可人来说，若许可合同未登记备案，其权利不得对抗善意第三人，即权利人违反约定再次向第三方授权许可的，第三方基于善意第三人的抗辩，可能使在先独占性被许可人无法追究其侵权责任。

（2）若权利人再次给予第三方实施独占性许可并经备案的，在后独占被许可人可以对抗该在先被许可人，从而阻碍该在先被许可人实施专利技术。

（二）防范建议

专利许可合同当事人应当及时办理许可合同的备案登记，专利权人与他人订立专利实施许可合同，应自合同生效之日起 3 个月内向国家专利行政部门备案。

关联法规

《专利法》（2020 年 10 月 17 日修正）

第十条　【专利申请权与专利权的转让】　专利申请权和专利权可以转让。

中国单位或者个人向外国人、外国企业或者外国其他组织转让专利申请权或者专利权的，应当依照有关法律、行政法规的规定办理手续。

转让专利申请权或者专利权的，当事人应当订立书面合同，并向国务院专利行政部门登记，由国务院专利行政部门予以公告。专利申请权或者专利权的转让自登记之日起生效。

《专利法实施细则》（2023 年 12 月 11 日修订）

第十五条　【专利转移手续】　除依照专利法第十条规定转让专利权外，专利权因其他事由发生转移的，当事人应当凭有关证明文件或者法律文书向国务院专利行政部门办理专利权转移手续。

专利权人与他人订立的专利实施许可合同，应当自合同生效之日起 3 个月内向国务院专利行政部门备案。

以专利权出质的，由出质人和质权人共同向国务院专利行政部门办理出质登记。

八、企业在生产经营中侵犯他人的专利权

（一）法律风险

企业生产经营侵害他人专利权，通常情形有：

（1）因购买、使用专利侵权产品或者技术构成专利侵权。

（2）未谨慎审查来料加工、委托设计订单而生产专利侵权产品。

（3）因销售自己或他人生产的产品侵犯他人专利权。

（4）对外货物或技术贸易引进或者出口的技术、产品侵犯他人在国内或国外的专利权。

（二）防范建议

（1）对有关重要物资、装备、技术采购进行专利检索，规避专利侵权行为。

（2）对来料加工、委托设计订单进行专利权的合理审查。

（3）对销售的产品或者购进产品及开展技术、产品进出口贸易，应进行目标市场所在地区或国家的专利检索，避免专利侵权行为。

（4）强化、完善专利保护合约，对于采购、生产、销售各环节涉及专利使用的，应约定各方在履行合同中均负有专利保护的义务，否则，应当承担相应法律责任，以避免专利侵权可能造成的法律后果。

关联法规

《专利法》（2020 年 10 月 17 日修正）

第十一条 【专利权使用许可的强制性】 发明和实用新型专利权被授予后，除本法另有规定的以外，任何单位或者个人未经专利权人许可，都不得实施其专利，即不得为生产经营目的制造、使用、许诺销售、销售、进口其专利产品，或者使用其专利方法以及使用、许诺销售、销售、进口依照该专利方法直接获得的产品。

外观设计专利权被授予后，任何单位或者个人未经专利权人许可，都不得实施其专利，即不得为生产经营目的制造、许诺销售、销售、进口其外观设计专利产品。

九、专利侵权赔偿的计算

专利侵权赔偿的计算方法有以下五种：依据权利人的损失确定赔偿金额、侵权人因侵权行为所获得的利益、参照该专利许可使用费、法定赔偿、调解协议约定赔偿。见表 6-1。

表 6-1 专利侵权赔偿的计算方法

赔偿依据	计算方式	
依据权利人的损失确定赔偿金额	专利产品因侵权造成减少的销售量×专利产品合理利润	对故意侵犯专利权情节严重的,可以在法定数额的一倍以上五倍以下确定赔偿数额
侵权人因侵权行为所获得的利益	侵权产品销售量×侵权产品合理利润	
参照该专利许可使用费	参照该专利许可使用费的倍数合理确定	
法定赔偿	权利人的损失、侵权人获得的利益和专利许可使用费均难以确定的,人民法院可以根据专利权的类型、侵权行为的性质和情节等因素,确定给予十万元以上五百万元以下的赔偿	
调解协议约定赔偿	赔偿额由专利侵权双方在诉讼前协商确定,并诉请法院按此约定裁判	

第三节 企业商业秘密保护

一、商业秘密的一般规定

商业秘密,是指不为公众所知悉,能为权利人带来经济利益,具有实用性的技术信息和经济信息。根据《中华人民共和国反不正当竞争法》(以下简称《反不正当竞争法》)等相关法律法规的规定,商业秘密主要分为技术信息和经营信息。

(一)技术信息

技术信息包括设计、程序、产品配方、制作工艺、制作方法。包括完整的技术方案、开发过程中的阶段性技术成果以及取得的有价值的技术数据,也包括针对技术问题的技术诀窍。

（二）经营信息

经营信息包括经营策略、管理诀窍、客户名单、货源情报、产销策略、招投标中的标底及标书内容等信息。

除了以上列举的商业秘密类型外，随着社会经济的进步，商业秘密还会不断出现新的内容和形式，凡是符合《反不正当竞争法》规定要件的技术信息和经营信息都是商业秘密，都应当受到法律的保护。

关联法规

《反不正当竞争法》（2019 年 4 月 23 日修正）

第九条　【侵犯商业秘密】　经营者不得实施下列侵犯商业秘密的行为：

（一）以盗窃、贿赂、欺诈、胁迫、电子侵入或者其他不正当手段获取权利人的商业秘密；

（二）披露、使用或者允许他人使用以前项手段获取的权利人的商业秘密；

（三）违反保密义务或者违反权利人有关保守商业秘密的要求，披露、使用或者允许他人使用其所掌握的商业秘密；

（四）教唆、引诱、帮助他人违反保密义务或者违反权利人有关保守商业秘密的要求，获取、披露、使用或者允许他人使用权利人的商业秘密。

经营者以外的其他自然人、法人和非法人组织实施前款所列违法行为的，视为侵犯商业秘密。

第三人明知或者应知商业秘密权利人的职工、前职工或者其他单位、个人实施本条第一款所列违法行为，仍获取、披露、使用或者允许他人使用该商业秘密的，视为侵犯商业秘密。

本法所称的商业秘密，是指不为公众所知悉、具有商业价值并经权利人采取相应保密措施的技术信息、经营信息等商业信息。

《关于禁止侵犯商业秘密行为的若干规定》（1998 年 12 月 3 日修订）

第二条　【商业秘密的定义】　本规定所称商业秘密，是指不为公众所知悉、能为权利人带来经济利益、具有实用性并经权利人采取保密措施的技术信息和经营信息。

本规定所称不为公众所知悉，是指该信息是不能从公开渠道直接获取的。

本规定所称能为权利人带来经济利益、具有实用性，是指该信息具有确定的可应用性，能为权利人带来现实的或者潜在的经济利益或者竞争优势。

本规定所称权利人采取保密措施，包括订立保密协议，建立保密制度及采取其他合理的保密措施。

本规定所称技术信息和经营信息，包括设计、程序、产品配方、制作工艺、制作方法、管理诀窍、客户名单、货源情报、产销策略、招投标中的标底及标书内容等信息。

本规定所称权利人，是指依法对商业秘密享有所有权或者使用权的公民、法人或者其它组织。

《刑法》（2023 年 12 月 29 日修正）

第二百一十九条　【侵犯商业秘密罪】　有下列侵犯商业秘密行为之一，情节严重的，处三年以下有期徒刑，并处或者单处罚金；情节特别严重的，处三年以上十年以下有期徒刑，并处罚金：

（一）以盗窃、贿赂、欺诈、胁迫、电子侵入或者其他不正当手段获取权利人的商业秘密的；

（二）披露、使用或者允许他人使用以前项手段获取的权利人的商业秘密的；

（三）违反保密义务或者违反权利人有关保守商业秘密的要求，披露、使用或者允许他人使用其所掌握的商业秘密的。

明知前款所列行为，获取、披露、使用或者允许他人使用该商业秘密的，以侵犯商业秘密论。

本条所称权利人，是指商业秘密的所有人和经商业秘密所有人许可的商业秘密使用人。

二、企业在经营管理中对商业秘密保护不力

（一）法律风险

（1）企业若经营管理行为不规范，未建立合法完善的保密制度，未与职工签订保密协议，对自身的商业秘密保护范围不做明确界定，极有可能导致企业的商业秘密泄露，给企业造成巨大经济损失。

（2）随着企业间竞争加剧，通过引进竞争对手的职工来获取对手的商业秘

密，提高企业在市场竞争中的优势，已成为少数企业惯用的手段。如果涉密职工在离职时带走原公司的工作文件、技术资料等，并用这些资料为自己另谋高薪，用工企业有可能面临重大的法律风险。

（二）防范建议

1. 加强保密教育

企业应加强对职工的保密教育，让职工充分认识到泄露商业秘密的法律风险，从源头上、整体上普及商业秘密保守的法律认知。

2. 制定商业秘密保护规章制度

企业应制定完整、详细及明确的商业秘密保护规章制度，并向全体人员进行公示，让职工知悉并签名承诺保密，若违反保密制度，造成企业损失，须承担民事赔偿甚至受到刑事处罚的法律后果。

3. 明确涉密信息资料的知悉人员范围

企业应明确涉密信息资料的知悉人员范围，规定非涉密人员不得知悉，严格管控涉密人员范围与工作相关联人员。

4. 对涉密文件及信息进行严格保密管理与控制

企业应对涉密文件及信息进行严格保密管理与控制，设立专区、专柜及派专人保管，对涉密文件交替要制作详细的文件交接单据并经交接人签名确认，以防涉密文件泄露却无人承担责任。同时，要采取保密措施，如对职工电脑中涉密文件进行加密处理，或者进行能追查到信息泄露源头的特殊技术处理。

5. 签订职工保密协议

企业应与涉密职工签订保密协议，让职工明确应当予以保密的技术信息和经济信息资料，承诺保密责任，协议内容应当包含职工如泄露企业商业秘密须承担的法律责任，或者签订竞业限制协议，避免其离职后泄露企业的商业秘密。

6. 对外业务合同设定保密条款

企业在对外签订业务合同时，要加强商业秘密保护，可在合同中设定商业秘密保护条款，要求对方不得将涉及本企业商业秘密的合同内容向任何第三方披露，否则将承担相应的违约责任，从而达到保护商业秘密的目的。

7. 商业接待注意做好保密措施

企业在商业接待时，应当避免让合作对象参观涉及商业秘密的敏感区域，若需要演示或讲解涉及商业秘密的生产制造工艺，可先签订保密协议。

《劳动合同法》（2012 年 12 月 28 日修正）

第二十三条　【保密义务和竞业限制】　用人单位与劳动者可以在劳动合同中约定保守用人单位的商业秘密和与知识产权相关的保密事项。

对负有保密义务的劳动者，用人单位可以在劳动合同或者保密协议中与劳动者约定竞业限制条款，并约定在解除或者终止劳动合同后，在竞业限制期限内按月给予劳动者经济补偿。劳动者违反竞业限制约定的，应当按照约定向用人单位支付违约金。

第二十四条　【竞业限制的范围和期限】　竞业限制的人员限于用人单位的高级管理人员、高级技术人员和其他负有保密义务的人员。竞业限制的范围、地域、期限由用人单位与劳动者约定，竞业限制的约定不得违反法律、法规的规定。

在解除或者终止劳动合同后，前款规定的人员到与本单位生产或者经营同类产品、从事同类业务的有竞争关系的其他用人单位，或者自己开业生产或者经营同类产品、从事同类业务的竞业限制期限，不得超过二年。

三、企业经营侵犯他人商业秘密

（一）法律风险

企业侵犯他人商业秘密，属于不正当竞争的行为，将被监督检查部门责令停止违法行为，没收违法所得，处十万元以上一百万元以下的罚款；情节严重的，处五十万元以上五百万元以下的罚款。

企业侵犯商业秘密的常见行为有：

（1）以盗窃、贿赂、欺诈、胁迫、电子侵入或者其他不正当手段获取权利人的商业秘密；

（2）披露、使用或者允许他人使用以前项手段获取的权利人的商业秘密；

（3）违反保密义务或者违反权利人有关保守商业秘密的要求，披露、使用或者允许他人使用其所掌握的商业秘密；

（4）教唆、引诱、帮助他人违反保密义务或者违反权利人有关保守商业秘密的要求，获取、披露、使用或者允许他人使用权利人的商业秘密；

（5）明知或者应知他人实施上述所列违法行为，仍获取、披露、使用或者允许他人使用该商业秘密的，视为侵犯商业秘密。

（二）防范建议

企业在经营过程中一定要合法经营，不以违法手段刺探他人的商业秘密。

关联法规

《反不正当竞争法》（2019 年 4 月 23 日修正）

第六条 【禁止实施混淆行为】 经营者不得实施下列混淆行为，引人误认为是他人商品或与他人存在特定联系：

（一）擅自使用与他人有一定影响的商品名称、包装、装潢等相同或者近似的标识；

（二）擅自使用他人有一定影响的企业名称（包括简称、字号等）、社会组织名称（包括简称等）、姓名（包括笔名、艺名、译名等）；

（三）擅自使用他人有一定影响的域名主体部分、网站名称、网页等；

（四）其他足以引人误认为是他人商品或者与他人存在特定联系的混淆行为。

第七条 【禁止实施贿赂谋取交易机会或者竞争优势】 经营者不得采用财物或者其他手段贿赂下列单位或者个人，以谋取交易机会或者竞争优势：

（一）交易相对方的工作人员；

（二）受交易相对方委托办理相关事务的单位或者个人；

（三）利用职权或者影响力影响交易的单位或者个人。

经营者在交易活动中，可以以明示方式向交易相对方支付折扣，或者向中间人支付佣金。经营者向交易相对方支付折扣、向中间人支付佣金的，应当如实入账。接受折扣、佣金的经营者也应当如实入账。

经营者的工作人员进行贿赂的，应当认定为经营者的行为；但是，经营者有证据证明该工作人员的行为与为经营者谋取交易机会或者竞争优势无关的除外。

第八条 【禁止虚假宣传】 经营者不得对其商品的性能、功能、质量、销售状况、用户评价、曾获荣誉等作虚假或者引人误解的商业宣传，欺骗、误导消费者。

经营者不得通过组织虚假交易等方式，帮助其他经营者进行虚假或引人误解的商业宣传。

第九条 【禁止侵犯商业秘密】 经营者不得实施下列侵犯商业秘密的行为：

（一）以盗窃、贿赂、欺诈、胁迫、电子侵入或其他不正当手段获取权利人的商业秘密；

（二）披露、使用或者允许他人使用以前项手段获取的权利人的商业秘密；

（三）违反保密义务或者违反权利人有关保守商业秘密的要求，披露、使用或者允许他人使用其所掌握的商业秘密；

（四）教唆、引诱、帮助他人违反保密义务或者违反权利人有关保守商业秘密的要求，获取、披露、使用或者允许他人使用权利人的商业秘密。

经营者以外的其他自然人、法人和非法人组织实施前款所列违法行为的，视为侵犯商业秘密。

第三人明知或者应知商业秘密权利人的职工、前职工或者其他单位、个人实施本条第一款所列违法行为，仍获取、披露、使用或者允许他人使用该商业秘密的，视为侵犯商业秘密。

本法所称的商业秘密，是指不为公众所知悉、具有商业价值并经权利人采取相应保密措施的技术信息、经营信息等商业信息。

第十条　【有奖销售的许可例外】　经营者进行有奖销售不得存在下列情形：

（一）所设奖的种类、兑奖条件、奖金金额或者奖品等有奖销售信息不明确，影响兑奖；

（二）采用谎称有奖或者故意让内定人员中奖的欺骗方式进行有奖销售；

（三）抽奖式的有奖销售，最高奖的金额超过五万元。

第十一条　【禁止损害竞争对手商业信誉、商品声誉】　经营者不得编造、传播虚假信息或者误导性信息，损害竞争对手的商业信誉、商品声誉。

第十二条　【利用网络从事生产经营活动的限制】　经营者利用网络从事生产经营活动，应当遵守本法的各项规定。

经营者不得利用技术手段，通过影响用户选择或者其他方式，实施下列妨碍、破坏其他经营者合法提供的网络产品或者服务正常运行的行为：

（一）未经其他经营者同意，在其合法提供的网络产品或者服务中，插入链接、强制进行目标跳转；

（二）误导、欺骗、强迫用户修改、关闭、卸载其他经营者合法提供的网络产品或服务；

（三）恶意对其他经营者合法提供的网络产品或者服务实施不兼容；

（四）其他妨碍、破坏其他经营者合法提供的网络产品或者服务正常运行的行为。

第十七条　【违法经营的民事责任】　经营者违反本法规定，给他人造成损害的，应当依法承担民事责任。

经营者合法权益受到不正当竞争行为损害的，可以向人民法院提起诉讼。

因不正当竞争行为受到损害的经营者的赔偿数额，按照其因被侵权所受到的实际损失确定；实际损失难以计算的，按照侵权人因侵权所获得的利益确定。经营者恶意实施侵犯商业秘密行为，情节严重的，可以在按照上述方法确定数额的一倍以上五倍以下确定赔偿数额。赔偿数额还应当包括经营者为制止侵权行为所支付的合理开支。

经营者违反本法第六条、第九条规定，权利人因被侵权所受到的实际损失、侵权人因侵权所获得的利益难以确定的，由人民法院根据侵权行为的情节判决给予权利人五百万元以下的赔偿。

第二十一条 【侵犯商业秘密的法律责任】 经营者以及其他自然人、法人和非法人组织违反本法第九条规定侵犯商业秘密的，由监督检查部门责令停止违法行为，没收违法所得，处十万元以上一百万元以下的罚款；情节严重的，处五十万元以上五百万元以下的罚款。

第七章 企业税务缴纳法律风险与防范

第一节 账簿建立、税务登记申报

纳税人和扣缴义务人应当按照法律、行政法规及其他相关规定设置账簿，根据合法有效的记账凭证进行核算。

一、法律风险

（一）纳税人责任

纳税人未按照规定设置、保管账簿或者保管记账凭证和有关资料的，未按照规定将财务、会计制度或财务、会计处理办法和会计核算软件报送税务机关备查的，未按照规定将其全部银行账号向税务机关报告的，由税务机关责令限期改正，可处二千元以下的罚款；情节严重的，处二千元以上一万元以下的罚款。

（二）扣缴义务人责任

扣缴义务人未按照规定设置、保管代扣代缴、代收代缴税款账簿或者保管代扣代缴、代收代缴税款记账凭证及有关资料的，由税务机关责令限期改正，可以处二千元以下的罚款；情节严重的，处二千元以上五千元以下的罚款。

二、防范建议

建议企业建立完整、规范的账簿，记账凭证、报表、完税凭证、发票、出口凭证以及其他有关涉税资料应当具有合法性、真实性和完整性，且应当保存10年，当然，法律、行政法规另有规定的除外。

关联法规

《税收征收管理法》（2015年4月24日修正）

第十五条　【税务登记】　企业，企业在外地设立的分支机构和从事生产、经营的场所，个体工商户和从事生产、经营的事业单位（以下统称从事生产、经营的纳税人）自领取营业执照之日起三十日内，持有关证件，向税务机关申报办理税务登记。税务机关应当于收到申报的当日办理登记并发给税务登记证件。

工商行政管理机关应当将办理登记注册、核发营业执照的情况，定期向税务机关通报。

本条第一款规定以外的纳税人办理税务登记和扣缴义务人办理扣缴税款登记的范围和办法，由国务院规定。

第十六条　【变更登记与注销登记】　从事生产、经营的纳税人，税务登记内容发生变化的，自工商行政管理机关办理变更登记之日起三十日内或者在向工商行政管理机关申请办理注销登记之前，持有关证件向税务机关申报办理变更或者注销税务登记。

第十九条　【账簿】　纳税人、扣缴义务人按照有关法律、行政法规和国务院财政、税务主管部门的规定设置帐簿，根据合法、有效凭证记帐，进行核算。

第二十条【财务、会计制度或者财务、会计处理办法】从事生产、经营的纳税人的财务、会计制度或者财务、会计处理办法和会计核算软件，应当报送税务机关备案。

第二十四条　【资料保管】　从事生产、经营的纳税人、扣缴义务人必须按照国务院财政、税务主管部门规定的保管期限保管帐簿、记帐凭证、完税凭证及其他有关资料。

帐簿、记帐凭证、完税凭证及其他有关资料不得伪造、变造或者擅自损毁。

第二十五条　【申报】　纳税人必须依照法律、行政法规规定或税务机关依照法律、行政法规的规定确定的申报期限、申报内容如实办理纳税申报，报送纳税申报表、财务会计报表以及税务机关根据实际需要要求纳税人报送的其他纳税资料。

扣缴义务人必须依照法律、行政法规规定或者税务机关依照法律、行政法规的规定确定的申报期限、申报内容如实报送代扣代缴、代收代缴税款报告表以及税务机关根据实际需要要求扣缴义务人报送的其他有关资料。

第二十七条　【延期申报】　纳税人、扣缴义务人不能按期办理纳税申报或者报送代扣代缴、代收代缴税款报告表的，经税务机关核准，可以延期申报。

经核准延期办理前款规定的申报、报送事项的，应当在纳税期内按照上期实际缴纳的税额或者税务机关核定的税额预缴税款，并在核准的延期内办理税款结算。

第三十五条 【税额核定】 纳税人有下列情形之一的，税务机关有权核定其应纳税额：

（一）依照法律、行政法规的规定可以不设置帐簿的；

（二）依照法律、行政法规的规定应当设置帐簿但未设置的；

（三）擅自销毁帐簿或者拒不提供纳税资料的；

（四）虽设置帐簿，但账目混乱或成本资料、收入凭证、费用凭证残缺不全，难以查帐的；

（五）发生纳税义务，未按照规定的期限办理纳税申报，经税务机关责令限期申报，逾期仍不申报的；

（六）纳税人申报的计税依据明显偏低，又无正当理由的。

税务机关核定应纳税额的具体程序和方法由国务院税务主管部门规定。

第六十条 【纳税人的一般法律责任】 纳税人有下列行为之一的，由税务机关责令限期改正，可以处二千元以下的罚款；情节严重的，处二千元以上一万元以下的罚款：

（一）未按照规定的期限申报办理税务登记、变更或者注销登记的；

（二）未按照规定设置、保管帐簿或者保管记帐凭证和有关资料的；

（三）未按照规定将财务、会计制度或财务、会计处理办法和会计核算软件报送税务机关备查的；

（四）未按照规定将其全部银行帐号向税务机关报告的；

（五）未按照规定安装、使用税控装置，或者损毁或者擅自改动税控装置的。

纳税人不办理税务登记的，由税务机关责令限期改正；逾期不改正的，经税务机关提请，由工商行政管理机关吊销其营业执照。

纳税人未按照规定使用税务登记证件，或者转借、涂改、损毁、买卖、伪造税务登记证件的，处二千元以上一万元以下的罚款；情节严重的，处一万元以上五万元以下的罚款。

第六十一条 【扣缴义务人的一般法律责任】 扣缴义务人未按照规定设置、保管代扣代缴、代收代缴税款帐簿或者保管代扣代缴、代收代缴税款记帐凭证及有关资料的，由税务机关责令限期改正，可以处二千元以下的罚款；情节严重的，处二千元以上五千元以下的罚款。

《中华人民共和国税收征收管理法实施细则》（2016 年 2 月 6 日修订，以下简称《税收征收管理法实施细则》）

第二十二条　【账簿】　从事生产、经营的纳税人应当自领取营业执照或者发生纳税义务之日起 15 日内，按照国家有关规定设置账簿。

前款所称账簿，是指总账、明细账、日记账以及其他辅助性账簿。总账、日记账应当采用订本式。

第二十三条　【代办账簿】　生产、经营规模小又确无建账能力的纳税人，可以聘请经批准从事会计代理记账业务的专业机构或者财会人员代为建账和办理账务。

第二十四条　【财务备案】　从事生产、经营的纳税人应当自领取税务登记证件之日起 15 日内，将其财务、会计制度或者财务、会计处理办法报送主管税务机关备案。

纳税人使用计算机记账的，应当在使用前将会计电算化系统的会计核算软件、使用说明书及有关资料报送主管税务机关备案。

纳税人建立的会计电算化系统应当符合国家有关规定，并能正确、完整核算其收入或者所得。

第二十五条　【代扣代缴、代收代缴税款账簿】　扣缴义务人应当自税收法律、行政法规规定的扣缴义务发生之日起 10 日内，按照所代扣、代收的税种，分别设置代扣代缴、代收代缴税款账簿。

第二十六条　【会计制度】　纳税人、扣缴义务人会计制度健全，能够通过计算机正确、完整计算其收入和所得或者代扣代缴、代收代缴税款情况的，其计算机输出的完整的书面会计记录，可视同会计账簿。

纳税人、扣缴义务人会计制度不健全，不能通过计算机正确、完整计算其收入和所得或者代扣代缴、代收代缴税款情况的，应当建立总账及与纳税或者代扣代缴、代收代缴税款有关的其他账簿。

第二十八条　【税控装置】　纳税人应当按照税务机关的要求安装、使用税控装置，并按照税务机关的规定报送有关数据和资料。

税控装置推广应用的管理办法由国家税务总局另行制定，报国务院批准后实施。

第二十九条　【涉税资料的保存限制与例外】　账簿、记账凭证、报表、完税凭证、发票、出口凭证以及其他有关涉税资料应当合法、真实、完整。

账簿、记账凭证、报表、完税凭证、发票、出口凭证以及其他有关涉税资料应当保存10年；但是，法律、行政法规另有规定的除外。

第三十三条　【纳税申报或者代扣代缴、代收代缴税款报告表的主要内容】纳税人、扣缴义务人的纳税申报或者代扣代缴、代收代缴税款报告表的主要内容包括：税种、税目，应纳税项目或者应代扣代缴、代收代缴税款项目，计税依据，扣除项目及标准，适用税率或者单位税额，应退税项目及税额、应减免税项目及税额，应纳税额或者应代扣代缴、代收代缴税额，税款所属期限、延期缴纳税款、欠税、滞纳金等。

第三十七条　【报告的延期】　纳税人、扣缴义务人按照规定的期限办理纳税申报或者报送代扣代缴、代收代缴税款报告表确有困难，需要延期的，应当在规定的期限内向税务机关提出书面延期申请，经税务机关核准，在核准的期限内办理。

纳税人、扣缴义务人因不可抗力，不能按期办理纳税申报或者报送代扣代缴、代收代缴税款报告表的，可以延期办理；但是，应当在不可抗力情形消除后立即向税务机关报告。税务机关应当查明事实，予以核准。

第二节　税款缴纳

企业应当遵照《税收征收管理法》和其他相关法律的规定，按期缴纳税款，同时，作为纳税的扣缴义务人，还应履行税法及税务机关规定的代扣代缴税款义务。

一、法律风险

（一）不按期纳税、不按期解缴税款

纳税人不按期纳税、扣缴义务人不按期解缴税款的，税务机关除责令限期缴纳外，从滞纳税款之日起，按日加收滞纳税款万分之五的滞纳金。

（二）不缴或者少缴已扣、已收税款

纳税人伪造、变造、隐匿、擅自销毁账簿、记账凭证，或者在账簿上多列支

出或者不列、少列收入，或者经税务机关通知申报而拒不申报或者进行虚假的纳税申报，不缴或者少缴应纳税款的，由税务机关追缴其不缴或者少缴的税款、滞纳金，并处不缴或者少缴的税款50%以上5倍以下的罚款；构成犯罪的，依法追究刑事责任。

（三）妨碍税务机关追缴税款

纳税人欠缴应纳税款，采取转移或者隐匿财产的手段，妨碍税务机关追缴欠缴的税款的，由税务机关追缴欠缴的税款、滞纳金，并处欠缴税款50%以上5倍以下的罚款；构成犯罪的，依法追究刑事责任。

二、防范建议

企业应当依法依规按时足额缴纳税款，若有特殊困难不能按时足额纳税，需要延期纳税的，可依法定流程向税务机关申请延期缴纳税款。

关联法规

《税收征收管理法》（2015 年 4 月 24 日修正）

第三十一条 【缴纳与解缴期限】 纳税人、扣缴义务人按照法律、行政法规规定或者税务机关依照法律、行政法规的规定确定的期限，缴纳或者解缴税款。

纳税人因有特殊困难，不能按期缴纳税款的，经省、自治区、直辖市国家税务局、地方税务局批准，可以延期缴纳税款，但是，最长不得超过三个月。

第三十二条 【滞纳税款】 纳税人未按照规定期限缴纳税款的，扣缴义务人未按照规定期限解缴税款的，税务机关除责令限期缴纳外，从滞纳税款之日起，按日加收滞纳税款万分之五的滞纳金。

第三十五条 【核定税额】 纳税人有下列情形之一的，税务机关有权核定其应纳税额：

（一）依照法律、行政法规的规定可以不设置帐簿的；

（二）依照法律、行政法规的规定应当设置帐簿但未设置的；

（三）擅自销毁帐簿或者拒不提供纳税资料的；

（四）虽设置帐簿，但帐目混乱或者成本资料、收入凭证、费用凭证残缺不全，难以查帐的；

（五）发生纳税义务，未按照规定的期限办理纳税申报，经税务机关责令限期申报，逾期仍不申报的；

（六）纳税人申报的计税依据明显偏低，又无正当理由的。

税务机关核定应纳税额的具体程序和方法由国务院税务主管部门规定。

第三十七条　【税务扣押】　对未按照规定办理税务登记的从事生产、经营的纳税人以及临时从事经营的纳税人，由税务机关核定其应纳税额，责令缴纳；不缴纳的，税务机关可以扣押其价值相当于应纳税款的商品、货物。扣押后缴纳应纳税款的，税务机关必须立即解除扣押，并归还所扣押的商品、货物；扣押后仍不缴纳应纳税款的，经县以上税务局（分局）局长批准，依法拍卖或者变卖所扣押的商品、货物，以拍卖或者变卖所得抵缴税款。

第三十八条　【税务保全】　税务机关有根据认为从事生产、经营的纳税人有逃避纳税义务行为的，可以在规定的纳税期之前，责令限期缴纳应纳税款；在限期内发现纳税人有明显的转移、隐匿其应纳税的商品、货物以及其他财产或者应纳税的收入的迹象的，税务机关可以责成纳税人提供纳税担保。如果纳税人不能提供纳税担保，经县以上税务局（分局）局长批准，税务机关可以采取下列税收保全措施：

（一）书面通知纳税人开户银行或其他金融机构冻结纳税人的金额相当于应纳税款的存款；

（二）扣押、查封纳税人的价值相当于应纳税款的商品、货物或者其他财产。

纳税人在前款规定的限期内缴纳税款的，税务机关必须立即解除税收保全措施；限期期满仍未缴纳税款的，经县以上税务局（分局）局长批准，税务机关可以书面通知纳税人开户银行或者其他金融机构从其冻结的存款中扣缴税款，或者依法拍卖或者变卖所扣押、查封的商品、货物或者其他财产，以拍卖或者变卖所得抵缴税款。

个人及其所扶养家属维持生活必需的住房和用品，不在税收保全措施的范围之内。

第三十九条　【税务赔偿】　纳税人在限期内已缴纳税款，税务机关未立即解除税收保全措施，使纳税人的合法利益遭受损失的，税务机关应当承担赔偿责任。

第四十条　【强制执行措施】　从事生产、经营的纳税人、扣缴义务人未按照规定的期限缴纳或者解缴税款，纳税担保人未按照规定的期限缴纳所担保的税款，由税务机关责令限期缴纳，逾期仍未缴纳的，经县以上税务局（分局）局长批准，税务机关可以采取下列强制执行措施：

（一）书面通知其开户银行或者其他金融机构从其存款中扣缴税款；

（二）扣押、查封、依法拍卖或者变卖其价值相当于应纳税款的商品、货物或者其他财产，以拍卖或者变卖所得抵缴税款。

税务机关采取强制执行措施时，对前款所列纳税人、扣缴义务人、纳税担保人未缴纳的滞纳金同时强制执行。

个人及其所扶养家属维持生活必需的住房和用品，不在强制执行措施的范围之内。

第四十二条　【措施的依法采取】　税务机关采取税收保全措施和强制执行措施必须依照法定权限和法定程序，不得查封、扣押纳税人个人及其所扶养家属维持生活必需的住房和用品。

第四十四条　【阻止出境】　欠缴税款的纳税人或者他的法定代表人需要出境的，应当在出境前向税务机关结清应纳税款、滞纳金或者提供担保。未结清税款、滞纳金，又不提供担保的，税务机关可以通知出境管理机关阻止其出境。

第四十五条　【税收优先】　税务机关征收税款，税收优先于无担保债权，法律另有规定的除外；纳税人欠缴的税款发生在纳税人以其财产设定抵押、质押或者纳税人的财产被留置之前的，税收应当先于抵押权、质权、留置权执行。

纳税人欠缴税款，同时又被行政机关决定处以罚款、没收违法所得的，税收优先于罚款、没收违法所得。

税务机关应当对纳税人欠缴税款的情况定期予以公告。

第四十六条　【欠税情况】　纳税人有欠税情形而以其财产设定抵押、质押的，应当向抵押权人、质权人说明其欠税情况。抵押权人、质权人可以请求税务机关提供有关的欠税情况。

第四十九条　【财产处分报告】　欠缴税款数额较大的纳税人在处分其不动产或者大额资产之前，应当向税务机关报告。

第五十条　【代位权和撤销权】　欠缴税款的纳税人因怠于行使到期债权，或者放弃到期债权，或者无偿转让财产，或者以明显不合理的低价转让财产而受让人知道该情形，对国家税收造成损害的，税务机关可以依照合同法第七十三条、第七十四条的规定行使代位权、撤销权。

税务机关依照前款规定行使代位权、撤销权的，不免除欠缴税款的纳税人尚未履行的纳税义务和应承担的法律责任。

第五十一条　【税款退还】　纳税人超过应纳税额缴纳的税款，税务机关发现后应当立即退还；纳税人自结算缴纳税款之日起三年内发现的，可以向税务机关要求退还多缴的税款并加算银行同期存款利息，税务机关及时查实后应当立即退还；涉及从国库中退库的，依照法律、行政法规有关国库管理的规定退还。

第五十二条　【税款的未缴或者少缴】　因税务机关的责任，致使纳税人、扣缴义务人未缴或者少缴税款的，税务机关在三年内可以要求纳税人、扣缴义务人补缴税款，但是不得加收滞纳金。

因纳税人、扣缴义务人计算错误等失误，未缴或者少缴税款的，税务机关在三年内可以追征税款、滞纳金；有特殊情况的，追征期可以延长到五年。

对偷税、抗税、骗税的，税务机关追征其未缴或者少缴的税款、滞纳金或者所骗取的税款，不受前款规定期限的限制。

第五十五条　【税务检查中的税收保全措施和强制执行措施】　税务机关对从事生产、经营的纳税人以前纳税期的纳税情况依法进行税务检查时，发现纳税人有逃避纳税义务行为，并有明显的转移、隐匿其应纳税的商品、货物以及其他财产或者应纳税的收入的迹象的，可以按照本法规定的批准权限采取税收保全措施或者强制执行措施。

第六十二条　【延迟办理纳税申报和延迟报送纳税资料】　纳税人未按照规定的期限办理纳税申报和报送纳税资料的，或者扣缴义务人未按照规定的期限向税务机关报送代扣代缴、代收代缴税款报告表和有关资料的，由税务机关责令限期改正，可以处二千元以下的罚款；情节严重的，可以处二千元以上一万元以下的罚款。

第六十三条　【偷税】　纳税人伪造、变造、隐匿、擅自销毁账簿、记账凭证，或者在账簿上多列支出或者不列、少列收入，或者经税务机关通知申报而拒不申报或者进行虚假的纳税申报，不缴或者少缴应纳税款的，是偷税。对纳税人偷税的，由税务机关追缴其不缴或者少缴的税款、滞纳金，并处不缴或者少缴的税款百分之五十以上五倍以下的罚款；构成犯罪的，依法追究刑事责任。

扣缴义务人采取前款所列手段，不缴或者少缴已扣、已收税款，由税务机关追缴其不缴或者少缴的税款、滞纳金，并处不缴或者少缴的税款百分之五十以上五倍以下的罚款；构成犯罪的，依法追究刑事责任。

第六十四条　【编制虚假计税依据与不进行纳税申报等】　纳税人、扣缴义务人编造虚假计税依据的，由税务机关责令限期改正，并处五万元以下的罚款。

纳税人不进行纳税申报，不缴或者少缴应纳税款的，由税务机关追缴其不缴或者少缴的税款、滞纳金，并处不缴或者少缴的税款百分之五十以上五倍以下的罚款。

第六十五条　【欠税且转移或隐匿财产的责任】　纳税人欠缴应纳税款，采取转移或者隐匿财产的手段，妨碍税务机关追缴欠缴的税款的，由税务机关追缴欠缴的税款、滞纳金，并处欠缴税款百分之五十以上五倍以下的罚款；构成犯罪的，依法追究刑事责任。

第七十九条　【查封、扣押个人及其所扶养家属维持生活必需的住房和用品的责任】　税务机关、税务人员查封、扣押纳税人个人及其所扶养家属维持生活必需的住房和用品的，责令退还，依法给予行政处分；构成犯罪的，依法追究刑事责任。

第八十八条　【纳税争议】　纳税人、扣缴义务人、纳税担保人同税务机关在纳税上发生争议时，必须先依照税务机关的纳税决定缴纳或者解缴税款及滞纳金或者提供相应的担保，然后可以依法申请行政复议；对行政复议决定不服的，可以依法向人民法院起诉。

当事人对税务机关的处罚决定、强制执行措施或者税收保全措施不服的，可以依法申请行政复议，也可以依法向人民法院起诉。

当事人对税务机关的处罚决定逾期不申请行政复议也不向人民法院起诉、又不履行的，作出处罚决定的税务机关可以采取本法第四十条规定的强制执行措施，或者申请人民法院强制执行。

《税收征收管理法实施细则》（2016 年 2 月 6 日修订）

第四十一条　【特殊困难】　纳税人有下列情形之一的，属于税收征管法第三十一条所称特殊困难：

（一）因不可抗力，导致纳税人发生较大损失，正常生产经营活动受到较大影响的；

（二）当期货币资金在扣除应付职工工资、社会保险费后，不足以缴纳税款的。

计划单列市国家税务局、地方税务局可以参照税收征管法第三十一条第二款的批准权限，审批纳税人延期缴纳税款。

第四十二条　【税款的延期缴纳】　纳税人需要延期缴纳税款的，应当在缴纳税款期限届满前提出申请，并报送下列材料：申请延期缴纳税款报告，当期货币资金余额情况及所有银行存款账户的对账单，资产负债表，应付职工工资和社会保险费等税务机关要求提供的支出预算。

税务机关应当自收到申请延期缴纳税款报告之日起 20 日内作出批准或者不予批准的决定；不予批准的，从缴纳税款期限届满之日起加收滞纳金。

第五十九条　【其他财产】　税收征管法第三十八条、第四十条所称其他财产，包括纳税人的房地产、现金、有价证券等不动产和动产。

机动车辆、金银饰品、古玩字画、豪华住宅或者一处以外的住房不属于税收征管法第三十八条、第四十条、第四十二条所称个人及其所扶养家属维持生活必需住房和用品。

税务机关对单价 5000 元以下的其他生活用品，不采取税收保全措施和强制执行措施。

第七十五条　【加收滞纳金的起止时间】　税收征管法第三十二条规定的加收滞纳金的起止时间，为法律、行政法规规定或税务机关依照法律、行政法规的规定确定的税款缴纳期限届满次日起至纳税人、扣缴义务人实际缴纳或者解缴税款之日止。

第七十七条　【欠缴税款数额较大】　税收征管法第四十九条所称欠缴税款数额较大，是指欠缴税款 5 万元以上。

第七十八条　【多缴税款的退还】　税务机关发现纳税人多缴税款的，应当自发现之日起 10 日内办理退还手续；纳税人发现多缴税款，要求退还的，税务机关应当自接到纳税人退还申请之日起 30 日内查实并办理退还手续。

税收征管法第五十一条规定的加算银行同期存款利息的多缴税款退税，不包括依法预缴税款形成的结算退税、出口退税和各种减免退税。

退税利息按照税务机关办理退税手续当天中国人民银行规定的活期存款利率计算。

第八十一条　【纳税人、扣缴义务人计算错误等失误】　税收征管法第五十二条所称纳税人、扣缴义务人计算错误等失误，是指非主观故意的计算公式运用错误以及明显的笔误。

第八十二条　【特殊情况】　税收征管法第五十二条所称特殊情况，是指纳税人或者扣缴义务人因计算错误等失误，未缴或者少缴、未扣或者少扣、未收或者少收税款，累计数额在 10 万元以上的。

第八十三条　【补缴和追征税款、滞纳金的期限】　税收征管法第五十二条规定的补缴和追征税款、滞纳金的期限，自纳税人、扣缴义务人应缴未缴或者少缴税款之日起计算。

第八十八条　【税收保全措施的期限】　依照税收征管法第五十五条规定，税务机关采取税收保全措施的期限一般不得超过 6 个月；重大案件需要延长的，应当报国家税务总局批准。

第三节　虚开增值税专用发票

虚开增值税专用发票，是指违反国家税收征管和发票管理规定，为他人虚开、为自己虚开、让他人为自己虚开或者介绍他人虚开增值税专用发票，骗取国家税款的行为。

一、法律风险

企业常发生的虚开增值税专用发票的情形有：没有货物购销或者没有提供、接受应税劳务，而为他人、为自己、让他人为自己或介绍他人开具增值税专用发票；有货物购销或者已提供、接受应税劳务，但为他人、为自己、让他人为自己或介绍他人开具数量或者金额不实的增值税专用发票等。

二、防范建议

企业购销货物、接受或提供应税劳务，应当通过企业银行账户将相应款项划拨到交易对方的银行账户，或让对方通过银行账户将相应款项划拨到本企业银行账户，做到发票与货物核对一致，开票单位与收款单位、实际销售单位核对一致。

关联法规

《企业所得税法》(2018 年 12 月 29 日修正)

第八条　【实际发生的与取得收入有关的、合理的支出】　企业实际发生的与取得收入有关的、合理的支出，包括成本、费用、税金、损失和其他支出，准予在计算应纳税所得额时扣除。

《中华人民共和国发票管理办法》(2023 年 7 月 20 日修订)

第二十一条　【发票的开具】　开具发票应当按照规定的时限、顺序、栏目，全部联次一次性如实开具，开具纸质发票应当加盖发票专用章。

任何单位和个人不得有下列虚开发票行为：

（一）为他人、为自己开具与实际经营业务情况不符的发票；

（二）让他人为自己开具与实际经营业务情况不符的发票；

（三）介绍他人开具与实际经营业务情况不符的发票。

第三十五条　【虚开发票的法律责任】　违反本办法的规定虚开发票的，由税务机关没收违法所得；虚开金额在 1 万元以下的，可以并处 5 万元以下的罚款；虚开金额超过 1 万元的，并处 5 万元以上 50 万元以下的罚款；构成犯罪的，依法追究刑事责任。

非法代开发票的，依照前款规定处罚。

《刑法》（2023 年 12 月 29 日修正）

第二百零五条之一　【虚开发票罪】　虚开本法第二百零五条规定以外的其他发票，情节严重的，处二年以下有期徒刑、拘役或者管制，并处罚金；情节特别严重的，处二年以上七年以下有期徒刑，并处罚金。

单位犯前款罪的，对单位判处罚金，并对其直接负责的主管人员和其他直接责任人员，依照前款的规定处罚。

第八章　企业用地、建设项目与环境保护法律风险与防范

第一节　企业用地

一、企业使用的土地未依法办理用地审批手续

企业使用的土地，如果未依法办理用地审批手续，不仅可能被行政处罚或刑事制裁，而且因该用地在法律上属于无效合同，还可能导致企业所投资于该土地的建筑物、构筑物均成为违法建筑，得不到法律保障。

📖 **关联法规**

《中华人民共和国土地管理法》（2019 年 8 月 26 日修正，以下简称《土地管理法》）

第七十七条　【非法用地的法律责任】　未经批准或者采取欺骗手段骗取批准，非法占用土地的，由县级以上人民政府自然资源主管部门责令退还非法占用的土地，对违反土地利用总体规划擅自将农用地改为建设用地的，限期拆除在非法占用的土地上新建的建筑物和其他设施，恢复土地原状，对符合土地利用总体规划的，没收在非法占用的土地上新建的建筑物和其他设施，可以并处罚款；对非法占用土地单位的直接负责的主管人员和其他直接责任人员，依法给予处分；构成犯罪的，依法追究刑事责任。

超过批准的数量占用土地，多占的土地以非法占用土地论处。

《刑法》（2023 年 12 月 29 日修正）

第三百四十二条　【非法占用农用地罪】　违反土地管理法规，非法占用耕

地、林地等农用地，改变被占用土地用途，数量较大，造成耕地、林地等农用地大量毁坏的，处五年以下有期徒刑或者拘役，并处或者单处罚金。

二、企业取得出让土地的手续不符合"招拍挂"制度

企业取得出让土地的手续，如果不符合有关"招拍挂"制度，当事人所签订的土地出让合同，会因违反法律、行政法规的强制性规定而无效。

关联法规

《招标拍卖挂牌出让国有建设用地使用权规定》（2007 年 9 月 21 日修订）

第四条 【经营性用地的出让方式】 工业、商业、旅游、娱乐和商品住宅等经营性用地及同一宗地有两个以上意向用地者的，应当以招标、拍卖或挂牌方式出让。

前款规定的工业用地包括仓储用地，但不包括采矿用地。

三、企业使用的土地未依法缴清土地出让金

企业应在签订土地使用权出让合同后 60 日内，支付全部土地使用权出让金；否则，将面临承担违约责任甚至被解除合同的法律风险。

关联法规

《中华人民共和国城镇国有土地使用权出让和转让暂行条例》（2020 年 11 月 29 日修订，以下简称《城镇国有土地使用权出让和转让暂行条例》）

第十四条 【土地使用权出让】 土地使用者应当在签订土地使用权出让合同后六十日内，支付全部土地使用权出让金。逾期未全部支付的，出让方有权解除合同，并可请求违约赔偿。

第十六条 【土地使用权的取得】 土地使用者在支付全部土地使用权出让金后，应当依照规定办理登记，领取土地使用证，取得土地使用权。

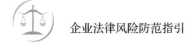

四、企业使用土地的实际情况与土地出让合同约定的情况不符

企业应当按土地使用权出让合同的规定和城市规划的要求，开发、利用、经营土地；否则，将被土地管理部门给予行政处罚甚至被无偿收回土地使用权。

关联法规

《城镇国有土地使用权出让和转让暂行条例》（2020 年 11 月 29 日修订）

第十七条 【未按合同约定期限和条件开发、利用土地的法律责任】 土地使用者应当按照土地使用权出让合同的规定和城市规划的要求，开发、利用、经营土地。

未按合同约定期限和条件开发、利用土地的，市、县人民政府土地管理部门应当予以纠正，并根据情节可以给予警告、罚款直至无偿收回土地使用权的处罚。

五、企业存在土地闲置的情况

闲置土地，是指国有建设用地使用权人，超越土地使用权有偿使用合同或划拨决定书约定、规定的动工开发日期，满一年未动工开发的国有建设用地。

依据我国有关土地法律法规的规定，闲置土地满一年以上的，将被征缴土地闲置费甚至被收回土地使用权。

关联法规

《闲置土地处置办法》（2012 年 5 月 22 日修订）

第二条 【闲置土地】 本办法所称闲置土地，是指国有建设用地使用权人超过国有建设用地使用权有偿使用合同或者划拨决定书约定、规定的动工开发日期满一年未动工开发的国有建设用地。

已动工开发但开发建设用地面积占应动工开发建设用地总面积不足三分之一或者已投资额占总投资额不足百分之二十五，中止开发建设满一年的国有建设用地，也可以认定为闲置土地。

第十四条　【闲置土地的处理】　除本办法第八条规定情形外，闲置土地按照下列方式处理：

（一）未动工开发满一年的，由市、县国土资源主管部门报经本级人民政府批准后，向国有建设用地使用权人下达《征缴土地闲置费决定书》，按照土地出让或者划拨价款的百分之二十征缴土地闲置费。土地闲置费不得列入生产成本；

（二）未动工开发满两年的，由市、县国土资源主管部门按照《中华人民共和国土地管理法》第三十七条和《中华人民共和国城市房地产管理法》第二十六条的规定，报经有批准权的人民政府批准后，向国有建设用地使用权人下达《收回国有建设用地使用权决定书》，无偿收回国有建设用地使用权。闲置土地设有抵押权的，同时抄送相关土地抵押权人。

六、企业未依法办理土地权属登记手续

企业获得土地使用权后，应当依法向不动产登记机关提供真实的权属来源和相关缴费凭证等证明材料，办理首次权属登记。未依法办理首次登记的，将无法办理其他类型的登记，从而导致企业在土地使用权权属变更或设定担保物权时面临无法办理登记手续的法律风险。

关联法规

《土地管理法》（2019 年 8 月 26 日修正）

第四十四条　【土地转化】　建设占用土地，涉及农用地转为建设用地的，应当办理农用地转用审批手续。

永久基本农田转为建设用地的，由国务院批准。

在土地利用总体规划确定的城市和村庄、集镇建设用地规模范围内，为实施该规划而将永久基本农田以外的农用地转为建设用地的，按土地利用年度计划分批次按照国务院规定由原批准土地利用总体规划的机关或者其授权的机关批准。在已批准的农用地转用范围内，具体建设项目用地可以由市、县人民政府批准。

在土地利用总体规划确定的城市和村庄、集镇建设用地规模范围外，将永久基本农田以外的农用地转为建设用地的，由国务院或者国务院授权的省、自治区、直辖市人民政府批准。

第五十六条　【国有土地的建设】　建设单位使用国有土地的，应当按照土地使用权出让等有偿使用合同的约定或者土地使用权划拨批准文件的规定使用土

地；确需改变该幅土地建设用途的，应当经有关人民政府自然资源主管部门同意，报原批准用地的人民政府批准。其中，在城市规划区内改变土地用途的，在报批前，应先经有关城市规划行政主管部门同意。

《不动产登记暂行条例实施细则》（2024 年 5 月 9 日修正）

第二十四条　【不动产首次登记】　不动产首次登记，是指不动产权利第一次登记。

未办理不动产首次登记的，不得办理不动产其他类型登记，但法律、行政法规另有规定的除外。

第三十四条　【首次登记应提交的材料】　申请国有建设用地使用权首次登记，应当提交下列材料：

（一）土地权属来源材料；

（二）权籍调查表、宗地图以及宗地界址点坐标；

（三）土地出让价款、土地租金、相关税费等缴纳凭证；

（四）其他必要材料。

前款规定的土地权属来源材料，根据权利取得方式的不同，包括国有建设用地划拨决定书、国有建设用地使用权出让合同、国有建设用地使用权租赁合同以及国有建设用地使用权作价出资（入股）、授权经营批准文件。

申请在地上或者地下单独设立国有建设用地使用权登记的，按照本条规定办理。

《民法典》（2020 年 5 月 28 日公布）

第三百五十九条　【建设用地使用权的续期】　住宅建设用地使用权期限届满的，自动续期。续期费用的缴纳或者减免，依照法律、行政法规的规定办理。

非住宅建设用地使用权期限届满后的续期，依照法律规定办理。该土地上的房屋以及其他不动产的归属，有约定的，按照约定；没有约定或者约定不明确的，依照法律、行政法规的规定办理。

七、企业使用农村集体土地未依法办理批准与登记手续

企业使用农村集体建设用地应当依法办理规划登记备案手续。否则，土地使

用权的出让、出租等流转合同可能会被视为无效。一旦土地流转合同被认定为无效合同，企业将面临无法按照合同约定的使用期限和目的正常使用土地，甚至产生项目延误、投资浪费、法律纠纷、违约赔偿以及声誉损害等多重风险和经济损失。

 关联法规

《土地管理法》（2019 年 8 月 26 日修正）

　　第六十三条　【集体经营性建设用地的使用方式】　土地利用总体规划、城乡规划确定为工业、商业等经营性用途，并经依法登记的集体经营性建设用地，土地所有权人可以通过出让、出租等方式交由单位或者个人使用，并应当签订书面合同，载明土地界址、面积、动工期限、使用期限、土地用途、规划条件和双方其他权利义务。

　　前款规定的集体经营性建设用地出让、出租等，应当经本集体经济组织成员的村民会议三分之二以上成员或者三分之二以上村民代表的同意。

　　通过出让等方式取得的集体经营性建设用地使用权可以转让、互换、出资、赠与或者抵押，但法律、行政法规另有规定或者土地所有权人、土地使用权人签订的书面合同另有约定的除外。

　　集体经营性建设用地的出租，集体建设用地使用权的出让及其最高年限、转让、互换、出资、赠与、抵押等，参照同类用途的国有建设用地执行。具体办法由国务院制定。

第二节　建设项目报建

一、建设项目未依法取得建设用地规划许可证

　　企业的建设项目应当依法取得建设用地规划许可，否则，将被国土资源主管部门作出撤销用地批准文件、收回土地的行政处罚，并且将有可能承担民事赔偿的法律责任。

关联法规

《中华人民共和国城乡规划法》（2019 年 4 月 23 日修正，以下简称《城乡规划法》）

第三十九条　【国有土地使用权出让的无效及法律责任】　规划条件未纳入国有土地使用权出让合同的，该国有土地使用权出让合同无效；对未取得建设用地规划许可证的建设单位批准用地的，由县级以上人民政府撤销有关批准文件；占用土地的，应及时退回；给当事人造成损失的，应当依法给予赔偿。

二、建设项目未依法取得建设工程规划许可证，也未按建设工程规划许可证的规定进行建设施工

企业应当在建设项目开工前，向国家有关建设行政主管部门申请领取施工许可证，否则，将被国家建设行政主管部门作出责令改正、停止施工、罚款等行政处罚。

 关联法规

《中华人民共和国建筑法》（2019 年 4 月 23 日修正，以下简称《建筑法》）

第七条　【建筑工程的施工许可】　建筑工程开工前，建设单位应当按照国家有关规定向工程所在地县级以上人民政府建设行政主管部门申请领取施工许可证；但是，国务院建设行政主管部门确定的限额以下的小型工程除外。

按国务院规定权限和程序批准开工报告的建筑工程，不再领取施工许可证。

第六十四条　【违法施工的法律责任】　违反本法规定，未取得施工许可证或者开工报告未经批准擅自施工的，责令改正，对不符合开工条件的责令停止施工，可以处以罚款。

《建筑工程施工许可管理办法》（2021 年 3 月 30 日修正）

第二条　【施工许可证】　在中华人民共和国境内从事各类房屋建筑及其附属设施的建造、装修装饰和与其配套的线路、管道、设备的安装，以及城镇市政基

础设施工程的施工，建设单位在开工前应当依照本办法的规定，向工程所在地的县级以上人民政府建设行政主管部门（以下简称发证机关）申请领取施工许可证。

工程投资额在 30 万元以下或者建筑面积在 300 平方米以下的建筑工程，可以不申请办理施工许可证。省、自治区、直辖市人民政府建设行政主管部门可以根据当地的实际情况，对限额进行调整，并报国务院建设行政主管部门备案。

按照国务院规定的权限和程序批准开工报告的建筑工程，不再领取施工许可证。

第三条 【施工许可证的强制性】 本办法规定必须申请领取施工许可证的建筑工程未取得施工许可证的，一律不得开工。

任何单位和个人不得将应当申请领取施工许可证的工程项目分解为若干限额以下的工程项目，规避申请领取施工许可证。

《建设工程质量管理条例》（2019 年 4 月 23 日修订）

第五十七条 【违规施工的法律责任】 违反本条例规定，建设单位未取得施工许可证或者开工报告未经批准，擅自施工的，责令停止施工，限期改正，处工程合同价款 1% 以上 2% 以下的罚款。

《城乡规划法》（2019 年 4 月 23 日修正）

第四十条 【建设工程规划许可证】 在城市、镇规划区内进行建筑物、构筑物、道路、管线和其他工程建设的，建设单位或者个人应当向城市、县人民政府城乡规划主管部门或者省、自治区、直辖市人民政府确定的镇人民政府申请办理建设工程规划许可证。

申请办理建设工程规划许可证，应当提交使用土地的有关证明文件、建设工程设计方案等材料。需要建设单位编制修建性详细规划的建设项目，还应当提交修建性详细规划。对符合控制性详细规划和规划条件的，由城市、县人民政府城乡规划主管部门或者省、自治区、直辖市人民政府确定的镇人民政府核发建设工程规划许可证。

城市、县人民政府城乡规划主管部门或者省、自治区、直辖市人民政府确定的镇人民政府应当依法将经审定的修建性详细规划、建设工程设计方案的总平面图予以公布。

第四十三条 【建设工程的变更】 建设单位应当按照规划条件进行建设；确需变更的，必须向城市、县人民政府城乡规划主管部门提出申请。变更内容不符合控制性详细规划的，城乡规划主管部门不得批准。城市、县人民政府城乡规划主管部门应当及时将依法变更后的规划条件通报同级土地主管部门并公示。

建设单位应当及时将依法变更后的规划条件报有关人民政府土地主管部门备案。

第六十四条 【违法施工的法律责任】 未取得建设工程规划许可证或者未按照建设工程规划许可证的规定进行建设的，由县级以上地方人民政府城乡规划主管部门责令停止建设；尚可采取改正措施消除对规划实施的影响的，限期改正，处建设工程造价百分之五以上百分之十以下的罚款；无法采取改正措施消除影响的，限期拆除，不能拆除的，没收实物或者违法收入，可以并处建设工程造价百分之十以下的罚款。

三、建设项目未依法办理消防设计与验收审核手续

依法应当进行消防设计审查的建设工程，未经依法审查或者审查不合格，擅自施工的，或者依法应当进行消防验收的建设工程，未经消防验收或消防验收不合格，擅自投入使用的，将可能被住房和城乡建设主管部门、消防救援机构按各自职权责令停止施工、停止使用或者停产停业，并处三万元以上三十万元以下罚款。

📖 关联法规

《中华人民共和国消防法》（2021 年 4 月 29 日修正）

第五十八条 【责令停止施工、停止使用或者停产停业的情形】 违反本法规定，有下列行为之一的，由住房和城乡建设主管部门、消防救援机构按照各自职权责令停止施工、停止使用或者停产停业，并处三万元以上三十万元以下罚款：

（一）依法应当进行消防设计审查的建设工程，未经依法审查或者审查不合格，擅自施工的；

（二）依法应当进行消防验收的建设工程，未经消防验收或者消防验收不合格，擅自投入使用的；

（三）本法第十三条规定的其他建设工程验收后经依法抽查不合格，不停止使用的；

（四）公众聚集场所未经消防救援机构许可，擅自投入使用、营业的，或者经核查发现场所使用、营业情况与承诺内容不符的。

核查发现公众聚集场所使用、营业情况与承诺内容不符，经责令限期改正，逾期不整改或者整改后仍达不到要求的，依法撤销相应许可。

建设单位未依照本法规定在验收后报住房和城乡建设主管部门备案的，由住房和城乡建设主管部门责令改正，处五千元以下罚款。

《房屋建筑和市政基础设施工程竣工验收备案管理暂行办法》（2009年10月19日修正）

第四条　【竣工备案期限】　建设单位应当自工程竣工验收合格之日起15日内，依照本办法规定，向工程所在地的县级以上地方人民政府建设主管部门备案。

四、建设项目未依法办理建设项目竣工验收手续

根据《建筑法》的规定，交付竣工验收的建筑工程，必须符合规定的建筑工程质量标准，有完整的工程技术经济资料和经签署的工程保修书，并具备国家规定的其他竣工条件。建筑工程竣工经验收合格后，方可交付使用；否则，将被住房和城乡建设主管部门责令改正，处工程合同价款2%以上4%以下的罚款，甚至可能要依法承担其他民事赔偿责任。

关联法规

《建筑法》（2019年4月23日修正）

第六十一条　【竣工验收】　交付竣工验收的建筑工程，必须符合规定的建筑工程质量标准，有完整的工程技术经济资料和经签署的工程保修书，并具备国家规定的其他竣工条件。

建筑工程竣工经验收合格后，方可交付使用；未经验收或验收不合格的，不得交付使用。

第七十九条　【违法发放施工许可、竣工验收文件的法律责任】　负责颁发建筑工程许可证的部门及其工作人员对不符合施工条件的建筑工程颁发施工许可证的，负责工程质量监督检查或者竣工验收的部门及其工作人员对不合格的建筑工

程出具质量合格文件或者按合格工程验收的，由上级机关责令改正，对责任人员给予行政处分；构成犯罪的，依法追究刑事责任；造成损失的，由该部门承担相应的赔偿责任。

《建设工程质量管理条例》（2019 年 4 月 23 日修订）

第十六条　**【竣工验收条件】**　建设单位收到建设工程竣工报告后，应当组织设计、施工、工程监理等有关单位进行竣工验收。

建设工程竣工验收应当具备下列条件：

（一）完成建设工程设计和合同约定的各项内容；

（二）有完整的技术档案和施工管理资料；

（三）有工程使用的主要建筑材料、建筑构配件和设备进场试验报告；

（四）有勘察、设计、施工、工程监理等单位分别签署质量合格文件；

（五）有施工单位签署的工程保修书。

建设工程经验收合格的，方可交付使用。

第四十九条　**【竣工验收备案期限】**　建设单位应当自建设工程竣工验收合格之日起 15 日内，将建设工程竣工验收报告和规划、公安消防、环保等部门出具的认可文件或者准许使用文件报建设行政主管部门或者其他有关部门备案。

建设行政主管部门或者其他有关部门发现建设单位在竣工验收过程中有违反国家有关建设工程质量管理规定行为的，责令停止使用，重新组织竣工验收。

第五十八条　**【违反建设工程质量管理条例的法律责任】**　违反本条例规定，建设单位有下列行为之一的，责令改正，处工程合同价款 2% 以上 4% 以下的罚款；造成损失的，依法承担赔偿责任：

（一）未组织竣工验收，擅自交付使用的；

（二）验收不合格，擅自交付使用的；

（三）对不合格的建设工程按照合格工程验收的。

第三节　企业环境保护

一、建设项目环保评价、批复规定

环境影响评价，是指对规划和建设项目实施后可能造成的环境影响进行分析、预测和评估，提出预防或者减轻不良环境影响的对策和措施，进行跟踪监测的方法和制度。法律规定，对环境影响程度不同的项目，需要编制不同的环境影响评价报告资料，国家根据建设项目对环境的影响程度，对建设项目的环境影响评价实行分类管理。

（一）环境影响报告书

建设项目可能对环境造成重大影响的，应当编制环境影响评价报告文件，对该项目产生的污染和可能对环境产生的影响进行全面、详细的评价。

（二）环境影响报告表

建设项目对环境可能造成轻度影响的，应当编制环境影响评价报告文件，对建设项目产生的污染和对环境的影响进行分析、专项评价。

（三）环境影响登记表

建设项目对环境可能造成影响很小的，应当编制环境影响评价报告文件。建设项目的环境影响评价文件未依法经审批部门审查或者审查后未予批准的，建设单位不得开工建设，否则，将受到行政处罚。

 关联法规

《中华人民共和国环境影响评价法》（2018 年 12 月 29 日修正）

第二条　**【环境影响评价】**　本法所称环境影响评价，是指对规划和建设项目实施后可能造成的环境影响进行分析、预测和评估，提出预防或者减轻不良环境影响的对策和措施，进行跟踪监测的方法与制度。

第十六条　**【环境影响评价文件】**　国家根据建设项目对环境的影响程度，对建设项目环境影响评价实行分类管理。

建设单位应当按照下列规定组织编制环境影响报告书、环境影响报告表或者填报环境影响登记表（以下统称环境影响评价文件）：

（一）可能造成重大环境影响的，应当编制环境影响报告书，对产生的环境影响进行全面评价；

（二）可能造成轻度环境影响的，应当编制环境影响报告表，对产生的环境影响进行分析或者专项评价；

（三）对环境影响很小、不需要进行环境影响评价的，应当填报环境影响登记表。

建设项目的环境影响评价分类管理名录，由国务院生态环境主管部门制定并公布。

第二十二条　【环境影响评价文件的审批】　建设项目的环境影响报告书、报告表，由建设单位按照国务院的规定报有审批权的生态环境主管部门审批。

海洋工程建设项目的海洋环境影响报告书的审批，依照《中华人民共和国海洋环境保护法》的规定办理。

审批部门应当自收到环境影响报告书之日起六十日内，收到环境影响报告表之日起三十日内，分别作出审批决定并书面通知建设单位。

国家对环境影响登记表实行备案管理。

审核、审批建设项目环境影响报告书、报告表以及备案环境影响登记表，不得收取任何费用。

第二十四条　【环境影响评价文件的变动】　建设项目的环境影响评价文件经批准后，建设项目的性质、规模、地点、采用的生产工艺或者防治污染、防止生态破坏的措施发生重大变动的，建设单位应当重新报批建设项目的环境影响评价文件。

建设项目的环境影响评价文件自批准之日起超过五年，方决定该项目开工建设的，其环境影响评价文件应当报原审批部门重新审核；原审批部门应当自收到建设项目环境影响评价文件之日起十日内，将审核意见书面通知建设单位。

第二十五条　【环境影响评价文件的强制性】　建设项目的环境影响评价文件未依法经审批部门审查或者审查后未予批准的，建设单位不得开工建设。

第三十一条　【未依法报批环境影响评价文件的法律责任】　建设单位未依法报批建设项目环境影响报告书、报告表，或者未依照本法第二十四条的规定重新报批或者报请重新审核环境影响报告书、报告表，擅自开工建设的，由县级以上生态环境主管部门责令停止建设，根据违法情节和危害后果，处建设项目总投资额百分之一以上百分之五以下的罚款，并可以责令恢复原状；对建设单位直接负责的主管人员和其他直接责任人员，依法给予行政处分。

建设项目环境影响报告书、报告表未经批准或者未经原审批部门重新审核同意，建设单位擅自开工建设的，依照前款的规定处罚、处分。

建设单位未依法备案建设项目环境影响登记表的，由县级以上生态环境主管部门责令备案，处五万元以下的罚款。

海洋工程建设项目的建设单位有本条所列违法行为的，依照《中华人民共和国海洋环境保护法》的规定处罚。

二、环保设施的验收与"三同时"制度

配套建设的环境保护设施经验收合格后，方可投入生产或者使用，未经验收或者验收不合格的，不得投入生产或者使用。建设项目需要配套建设的环境保护设施，必须与主体工程同时设计、同时施工、同时投产使用。

配套建设的环境保护设施未建成、未经验收或者验收不合格，建设项目即投入生产或者使用，或者在环境保护设施验收中弄虚作假的，企业及其相关责任人将被行政处罚。

关联法规

《建设项目环境保护管理条例》（2017 年 7 月 16 日修订）

第十五条 【环境保护设施】 建设项目需要配套建设的环境保护设施，必须与主体工程同时设计、同时施工、同时投产使用。

第十八条 【分期验收】 分期建设、分期投入生产或者使用的建设项目，其相应的环境保护设施应当分期验收。

第十九条 【配套建设验收合格的强制性】 编制环境影响报告书、环境影响报告表的建设项目，其配套建设的环境保护设施经验收合格，方可投入生产或者使用；未经验收或验收不合格的，不得投入生产或者使用。

前款规定的建设项目投入生产或者使用后，应当按照国务院环境保护行政主管部门的规定开展环境影响后评价。

第二十三条 【未验收配套建设的法律责任】 违反本条例规定，需要配套建设的环境保护设施未建成、未经验收或者验收不合格，建设项目即投入生产或者使用，或者在环境保护设施验收中弄虚作假的，由县级以上环境保护行政主管部

门责令限期改正，处 20 万元以上 100 万元以下的罚款；逾期不改正的，处 100 万元以上 200 万元以下的罚款；对直接负责的主管人员和其他责任人员，处 5 万元以上 20 万元以下的罚款；造成重大环境污染或者生态破坏的，责令停止生产或者使用，或者报经有批准权的人民政府批准，责令关闭。

违反本条例规定，建设单位未依法向社会公开环境保护设施验收报告的，由县级以上环境保护行政主管部门责令公开，处 5 万元以上 20 万元以下的罚款，并予以公告。

三、国家排污许可制度

（一）法律风险

企业违反国家排污许可制度常见的情形有以下四种。

1. 无排污许可证

即应依法申请排污许可证但未申请，或者虽已申请但未获许可，排污许可证过期后未获许可延续排污等。

2. 违规排放污染物

违规排放污染物的主要情形包括：超过排放标准或超过重点大气污染物、重点水污染排放总量控制指标，以逃避监管的方式排放大气污染物，私设暗管或采取其他逃避监管的方式排放水污染物等。

3. 违法设置排污口

企业向大气排放污染物的，应按照法律、法规的规定设置大气污染物排放口；企业在河流、湖泊建设排污口的，应经水行政主管部门批准。

4. 违法处置危险废物

违法处置危险废物的主要情形包括：未进行危险废物排污申请，无经营许可证或不按经营许可证规定从事危险废物收集、贮存、利用、处置的经营活动，将危险废物交给无经营许可资质的单位进行运输和处置，未采取有效措施对危险废物进行管理导致危险废物泄漏。企业对危险废物处置不当，将面临被行政处罚甚至刑事处罚的风险。

（二）防范建议

产生危险废物的企业，应当按照法律、法规的规定向国家相关生态环境主管部门申报危险废物的种类、产生量、流向、贮存、处置等有关资料，严格按照国家有关规定处置危险废物。

关联法规

《中华人民共和国环境保护法》（2014 年 4 月 24 日修订）

第四十五条　【排污许可管理】　国家依照法律规定实行排污许可管理制度。

实行排污许可管理的企业事业单位和其他生产经营者应当按照排污许可证的要求排放污染物；未取得排污许可证的，不得排放污染物。

《排污许可管理办法》（2024 年 4 月 1 日公布）

第三条　【排污许可证】　依照法律规定实行排污许可管理的企业事业单位和其他生产经营者（以下简称排污单位），应当依法申请取得排污许可证，并按照排污许可证的规定排放污染物；未取得排污许可证的，不得排放污染物。

依法需要填报排污登记表的企业事业单位和其他生产经营者（以下简称排污登记单位），应当在全国排污许可证管理信息平台进行排污登记。

第四条　【分类管理】　根据污染物产生量、排放量、对环境的影响程度等因素，对企业事业单位和其他生产经营者实行排污许可重点管理、简化管理和排污登记管理。

实行排污许可重点管理、简化管理的排污单位具体范围，依照固定污染源排污许可分类管理名录规定执行。实行排污登记管理的排污登记单位具体范围由国务院生态环境主管部门制定并公布。

第二十四条　【排污许可证的延续申请】　排污单位依照《条例》第十四条第二款规定提出延续排污许可证时，应当按照规定提交延续申请表。审批部门作出延续排污许可证决定的，延续后的排污许可证有效期自原排污许可证有效期届满的次日起计算。

排污单位未依照《条例》第十四条第二款规定提前六十日提交延续申请表，审批部门依法在原排污许可证有效期届满之后作出延续排污许可证决定的，延续后的排污许可证有效期自作出延续决定之日起计算；审批部门依法在原排污许可证有效期届满之前作出延续排污许可证决定的，延续后的排污许可证有效期自原排污许可证有效期届满的次日起计算。

第三十条　【撤销排污许可证并公告的情形】　有下列情形之一的，可以依法撤销排污许可证，并在全国排污许可证管理信息平台上公告：

（一）超越法定职权审批排污许可证的；

（二）违反法定程序审批排污许可证的；

（三）审批部门工作人员滥用职权、玩忽职守审批排污许可证的；

（四）对不具备申请资格或者不符合法定条件的排污单位审批排污许可证的；

（五）依法可以撤销排污许可证的其他情形。

排污单位以欺骗、贿赂等不正当手段取得排污许可证的，应当依法予以撤销。

《中华人民共和国水污染防治法》（2017 年 6 月 27 日修正）

第二十一条　【排污许可证的强制性】　直接或者间接向水体排放工业废水和医疗污水以及其他按照规定应当取得排污许可证方可排放的废水、污水的企业事业单位和其他生产经营者，应当取得排污许可证；城镇污水集中处理设施的运营单位，也应当取得排污许可证。排污许可证应当明确排放水污染物的种类、浓度、总量和排放去向等要求。排污许可的具体办法由国务院规定。

禁止企业事业单位和其他生产经营者无排污许可证或者违反排污许可证的规定向水体排放前款规定的废水、污水。

《中华人民共和国大气污染防治法》（2018 年 10 月 26 日修正）

第十八条　【大气污染物排放】　企业事业单位和其他生产经营者建设对大气环境有影响的项目，应当依法进行环境影响评价、公开环境影响评价文件；向大气排放污染物的，应当符合大气污染物排放标准，遵守重点大气污染物排放总量控制要求。

第九十九条　【违规排放大气污染物的法律责任】　违反本法规定，有下列行为之一的，由县级以上人民政府生态环境主管部门责令改正或者限制生产、停产整治，并处十万元以上一百万元以下的罚款；情节严重的，报经有批准权的人民政府批准，责令停业、关闭：

（一）未依法取得排污许可证排放大气污染物的；

（二）超过大气污染物排放标准或者超过重点大气污染物排放总量控制指标排放大气污染物的；

（三）通过逃避监管的方式排放大气污染物的。

《中华人民共和国噪声污染防治法》(2021年12月24日公布)

第二十四条 【环境影响评价】 新建、改建、扩建可能产生噪声污染的建设项目，应当依法进行环境影响评价。

第七十一条 【违规的法律责任】 违反本法规定，拒绝、阻挠监督检查，或者在接受监督检查时弄虚作假的，由生态环境主管部门或者其他负有噪声污染防治监督管理职责的部门责令改正，处二万元以上二十万元以下的罚款。

《中华人民共和国固体废物污染环境防治法》(2020年4月29日修订)

第三十九条 【工业固体废物排放】 产生工业固体废物的单位应当取得排污许可证。排污许可的具体办法和实施步骤由国务院规定。

产生工业固体废物的单位应当向所在地生态环境主管部门提供工业固体废物的种类、数量、流向、贮存、利用、处置等有关资料，以及减少工业固体废物产生、促进综合利用的具体措施，并执行排污许可管理制度的相关规定。

第一百零四条 【违规排放工业固体废物的法律责任】 违反本法规定，未依法取得排污许可证产生工业固体废物的，由生态环境主管部门责令改正或者限制生产、停产整治，处十万元以上一百万元以下的罚款；情节严重的，报经有批准权的人民政府批准，责令停业或者关闭。

《刑法》(2023年12月29日修正)

第三百三十八条 【污染环境罪】 违反国家规定，排放、倾倒或者处置有放射性的废物、含传染病病原体的废物、有毒物质或者其他有害物质，严重污染环境的，处三年以下有期徒刑或者拘役，并处或者单处罚金；情节严重的，处三年以上七年以下有期徒刑，并处罚金；有下列情形之一的，处七年以上有期徒刑，并处罚金：

（一）在饮用水水源保护区、自然保护地核心保护区等依法确定的重点保护区域排放、倾倒、处置有放射性的废物、含传染病病原体的废物、有毒物质，情节特别严重的；

（二）向国家确定的重要江河、湖泊水域排放、倾倒、处置有放射性的废物、含传染病病原体的废物、有毒物质，情节特别严重的；

（三）致使大量永久基本农田基本功能丧失或者遭受永久性破坏的；

（四）致使多人重伤、严重疾病，或者致人严重残疾、死亡的。

有前款行为，同时构成其他犯罪的，依照处罚较重的规定定罪处罚。

第三百三十九条 【非法处置进口的固体废物罪和擅自进口固体废物罪】 违反国家规定，将境外的固体废物进境倾倒、堆放、处置的，处五年以下有期徒刑或者拘役，并处罚金；造成重大环境污染事故，致使公私财产遭受重大损失或者严重危害人体健康的，处五年以上十年以下有期徒刑，并处罚金；后果特别严重的，处十年以上有期徒刑，并处罚金。

未经国务院有关主管部门许可，擅自进口固体废物用作原料，造成重大环境污染事故，致使公私财产遭受重大损失或者严重危害人体健康的，处五年以下有期徒刑或者拘役，并处罚金；后果特别严重的，处五年以上十年以下有期徒刑，并处罚金。

以原料利用为名，进口不能用作原料的固体废物、液态废物和气态废物的，依照本法第一百五十二条第二款、第三款的规定定罪处罚。

第三百四十六条 【单位犯破坏环境资源罪的处罚规定】 单位犯本节第三百三十八条至第三百四十五条规定之罪的，对单位判处罚金，并对其直接负责的主管人员和其他直接责任人员，依照本节各该条的规定处罚。

第三编 企业合同法律风险提示与防范指引

第九章　合同主体法律风险与防范

第一节　合同主体的缔约资格

一、自然人缔约资格

与自然人缔约，应当要求对方是完全民事行为能力人，即签约人精神正常且年满 18 周岁，或者是 16～18 周岁但能以自己的收入为主要生活来源。

二、营利法人缔约资格

（一）企业营业执照

（1）合同相对方营业执照上登记的注册资本额、经营范围要与交易规模、合同交易范围相符。

（2）合同相对方营业执照上载明的经营期限与合同履行期限应当相符。

（二）尚未登记注册的企业

企业在登记注册之前未获得法律主体资格，没有签订合同的主体资格，也不具备履行合同的能力。我国法律规定，企业法人自营业执照颁发之日成立并获得法律资格，享有民事权利，承担民事义务。

关联法规

《民法典》（2020 年 5 月 28 日公布）

第十八条　**【完全民事行为能力人】**　成年人为完全民事行为能力人，可以独立实施民事法律行为。

十六周岁以上的未成年人，以自己的劳动收入为主要生活来源的，视为完全民事行为能力人。

第五十八条 【法人的设立】 法人应当依法成立。

法人应当有自己的名称、组织机构、住所、财产或者经费。法人成立的具体条件和程序，依照法律、行政法规的规定。

设立法人，法律、行政法规规定须经有关机关批准的，依照其规定。

第五十九条 【法人的民事能力】 法人的民事权利能力和民事行为能力，从法人成立时产生，到法人终止时消灭。

第六十条 【法人的责任承担】 法人以其全部财产独立承担民事责任。

第六十七条 【法人合并、分立的责任承担】 法人合并的，其权利和义务由合并后的法人享有和承担。

法人分立的，其权利和义务由分立后的法人享有连带债权，承担连带债务，但是债权人和债务人另有约定的除外。

第六十八条 【法人终止的条件】 有下列原因之一并依法完成清算、注销登记的，法人终止：

（一）法人解散；

（二）法人被宣告破产；

（三）法律规定的其他原因。

法人终止，法律、行政法规规定须经有关机关批准的，依照其规定。

第七十八条 【营利法人】 依法设立的营利法人，由登记机关发给营利法人营业执照。营业执照签发日期为营利法人的成立日期。

第八十八条 【事业单位法人】 具备法人条件，为适应经济社会发展需要，提供公益服务设立的事业单位，经依法登记成立，取得事业单位法人资格；依法不需要办理法人登记的，从成立之日起，具有事业单位法人资格。

第九十条 【社会团体法人】 具备法人条件，基于会员共同意愿，为公益目的或者会员共同利益等非营利目的设立的社会团体，经依法登记成立，取得社会团体法人资格；依法不需要办理法人登记的，从成立之日起，具有社会团体法人资格。

第九十二条 【捐助法人】 具备法人条件，为公益目的以捐助财产设立的基金会、社会服务机构等，经依法登记成立，取得捐助法人资格。

依法设立的宗教活动场所，具备法人条件的，可以申请法人登记，取得捐助法人资格。法律、行政法规对宗教活动场所有规定的，依照其规定。

第九十七条 【机关法人】 有独立经费的机关和承担行政职能的法定机构从成立之日起，具有机关法人资格，可以从事为履行职能所需要的民事活动。

第九十九条　【农村集体经济组织】　农村集体经济组织依法取得法人资格。

法律、行政法规对农村集体经济组织有规定的，依照其规定。

第一百条　【合作经济组织】　城镇农村的合作经济组织依法取得法人资格。

法律、行政法规对城镇农村的合作经济组织有规定的，依照其规定。

第一百零一条　【基层群众性自治组织法人】　居民委员会、村民委员会具有基层群众性自治组织法人资格，可以从事为履行职能所需要的民事活动。

未设立村集体经济组织的，村民委员会可以依法代行村集体经济组织的职能。

第一百零三条　【非法人组织】　非法人组织应当依照法律的规定登记。

设立非法人组织，法律、行政法规规定须经有关机关批准的，依照其规定。

第二节　合同主体的缔约能力

根据《民法典》的规定，当事人订立合同应当具有相应的民事权利能力和民事行为能力。企业在选择合同相对方时应当考察相对方的履约能力，存在下列情况的相对方，应当谨慎与之订立合同。

一、未年检或者年检不合格

我国法律规定，企业每个年度应当接受国家市场监督管理机关书面审查，包括：企业登记事项的执行及变更情况、股东出资情况、生产经营情况、分支机构设立情况以及对外投资情况等。凡是年检审查合格的，企业可以继续从事生产经营活动。但凡未年检或年检不合格的企业往往具有如下缺陷：

（1）无法准确判别企业的生产经营状况，使得合同履行面临不确定性。

（2）未年检的企业若被吊销了营业执照就难以再订立和履行合同。

二、歇业

企业歇业，是指企业在生产经营中，由于某种原因而暂停生产经营活动。企业在注销之前可临时歇业，但歇业企业往往存在以下法律风险：

（1）企业处于不稳定的状态，导致其对合同的履行也可能不稳定。

（2）资金短缺必然给合同履行造成风险。

（3）企业可能因不再经营而注销，导致合同履行进入不确定的状态。

（4）企业的公章、营业执照及银行账户均仍存在，其可能继续与外人签订合同，从而给对方带来风险。

三、被兼并

企业兼并，是指一个企业购买其他企业的产权，使被兼并企业失去法人资格或者改变法人实体的一种经济行为。企业被兼并以后不再保留原企业名称和企业法人身份地位，没有法定资格再签订合同和履行合同。

四、企业分支机构、事业单位下属部门

由于企业分支机构和事业单位的下属部门均不具备法律上的民事主体资格，不具有财产支配权、决定权，企业如果要与这类组织签订合同，应当在其获得授权后再与之签订合同。

五、没有经营资质

资质证书，是指国家授予企业从事某种特定生产经营活动的资格证书，如果合同相对方没有相应的资质证书，说明其不具备订立相关合同的资格及履行相关合同的能力，企业不应与其订立合同。

六、资信差

资信差的企业，在签订和履行合同时不讲信誉，往往会严重影响合同的履行。与资信差的企业签订合同将面临如下三方面的法律风险。

（一）合同履行不完善

资信差的企业如频繁发生违约行为，会让守约方很难实现合同目的。

（二）合同风险高

资信差的企业往往会以各种理由要求守约方在利益上让步。

（三）合同不安全

资信差的企业经常拖欠货款，让守约方为清理欠款耗费精力。

七、无授权或者超越代理权

合同一般由企业的法定代表人签署，但也可以由代理人在获得授权的情况下依所授予的权限进行，如果代理人无权代理或者越权代理，都将使合同处于效力待定状态。

（一）无权代理

获得授权代理对外签订合同的前提是，委托人的法定代表人签署授权委托书，该授权委托书应由法定代表人签字并加盖单位公章；否则，在法律上属于无权代理。

（二）超越代理权

超越代理权，是指代理人虽然得到了授权，但所从事的活动超越了代理权限，其签订的合同，在合同效力上存在瑕疵。

八、存在以往履行合同的不良记录

合同相对方以往履行合同的情况是判断其履约能力的重要参考，比如，在其他合同履行上所出现的产品质量不合格、供货不及时、缺乏诚信或者有其他违约行为等不良记录，可以体现该类企业履约能力不理想，企业应当慎重与该类企业签订合同。

九、软硬件不能满足合同需要

与生产型企业签订采购产品或者工程承包类合同，如果供方的软硬件不能满足合同需要，其所提供的产品或者施工工程的质量、数量、期限都会受到其设备、设施状况及技术水平的限制。

十、资金和经营规模不能满足合同需要

资金和融资能力关系到企业的经营规模，如果合同相对方没有相应的资金和融资能力，其对合同的履行必然会遇到困难。

关联法规

《民法典》（2020 年 5 月 28 日公布）

第七十四条 【法人的分支机构】 法人可以依法设立分支机构。法律、行政法规规定分支机构应当登记的，依照其规定。

分支机构以自己的名义从事民事活动，产生的民事责任由法人承担；也可以先以该分支机构管理的财产承担，不足以承担的，由法人承担。

第一百六十五条 【委托代理】 委托代理授权采用书面形式的，授权委托书应当载明代理人的姓名或者名称、代理事项、权限和期限，并由被代理人签名或者盖章。

第五百零三条 【无权代理的追认】 无权代理人以被代理人的名义订立合同，被代理人已经开始履行合同义务或者接受相对人履行的，视为对合同的追认。

第五百零四条 【越权代理的效力】 法人的法定代表人或者非法人组织的负责人超越权限订立的合同，除相对人知道或者应当知道其超越权限外，该代表行为有效，订立的合同对法人或者非法人组织发生效力。

第五百零五条 【超越经营范围的合同效力】 当事人超越经营范围订立的合同的效力，应依照本法第一编第六章第三节和本编的有关规定确定，不得仅以超越经营范围确认合同无效。

第十章　合同订立法律风险与防范

第一节　合同管理规范

合同管理规范，是指企业制定并实行的关于合同管理的一系列规范性文件及制度的总称，主要是约束企业内部签订和履行合同的全过程。

企业通过合同管理规范的实施，提高合同管理能力，控制合同法律风险，预防合同纠纷，保障企业合同交易安全。

一、合同签约对象合作制度

企业应当在合同管理制度中规定如何选择合作对象，从合同主体的资格审查上杜绝风险，这是控制合同法律风险的首要任务。

以制度的方式明确合作对象应当符合的条件，比如，规定合作对象需要具备一定的经济实力、技术实力、产品质量、企业信誉等。

二、合同审查制度

企业合同审查制度，既是合同签订过程的内部流程，也是控制合同法律风险的重要组成部分，无论合同文本是由单方起草还是由各方共同选择使用范本合同，都应当对合同进行认真审查。

三、合同二次审查制度

对合同实行二次审查制度，可以有效降低和防止合同法律风险的发生，是规范合同管理的重要措施。企业在自行审查合同的基础上，可再聘请外部专业人士审查，使合同经过两次审查，排除合同存在的问题，排除合同法律障碍，确保合同的效力和维护自身利益。

四、合同签订流程管理

实行合同签订规范流程，规定当事人在合同签订时，按照事先制定的流程办理签署事项，把合同签订当作企业集体的行为，防止合同出现漏洞和不利条款，以控制合同签订的随意性所产生的风险。

合同签订的一般流程如下：

（一）目标选择

目标选择，就是在合同签署之前选择合同合作伙伴，它是合同是否存在风险的关键，通常应当综合考虑产品、信誉、实力、技术、合作经历等重要因素进行选择。

（二）协商谈判

合同的签订中，协商与谈判密不可分。协商以商量的方式进行，可以互相讨价还价，最终达成一致意见；而谈判是指在协商不妥时，双方可能以对价换对价，谈判达成一致后，双方将就所确定的事项写入合同。

（三）起草文本

文本可以独立起草，也可以选择合适的文本作为参考，对文本进行加工制作，使每一条都符合协商或者谈判的结果。

（四）合同审查

无论合同文本来自本方或者对方，双方都要对文本进行审查，包括检查合同条款是否齐全，结构是否完整，有无遗漏事项或者表述不清楚的地方。

（五）合同签订审批流程

业务人员制作合同后，企业经过审查确认没有法律风险时，由经办人签字，再由部门负责人签字，然后由主管领导签字，最后由法定代表人签字。

（六）合同签订

合同签订必须由各方在合同上签字。在各方盖章有先有后的情况下，一般以后盖章的日期为合同成立或者生效的日期。

（七）存档保管

合同存档保管是企业合同管理的重要组成部分，存档保管分为短期、中期和长期，重要合同的保管应当在中期以上。

五、合同公章使用管理制度

企业要实行合同公章使用管理制度，规定公章使用条件及审批程序，这样可以防止企业人员不适当使用公章而产生不必要的风险。

六、合同担保制度

企业制定合同担保制度，是以制度的方式规定企业的担保事项，确定担保范围、担保方式，这样可以防止企业高管人员滥用职权对外担保，给企业带来担保风险。

七、合同档案管理制度

合同档案管理，是指企业在合同订立后，由合同管理部门或专门人员对未履行完毕的合同档案和已履行完毕的合同档案进行分别建档管理。如果企业缺乏必要的合同档案管理制度，就会出现混乱，包括合同保管部门及人员混杂，甚至出现合同丢失、泄密或者合同被滥用等现象，严重影响合同交易安全。分类建档旨在使合同的查阅和使用更方便、更高效。合同档案不仅包括纸质文档，还包括电子文档，凡是在合同履行中形成的文件资料，均应建立档案并加以规范管理，使合同管理处于有序之中。

合同档案管理制度，主要有以下五个要点：

（1）明确合同管理人员的职责，实施合同管理责任追究制度。

（2）编制合同档案清单，对与合同有关的往来信息、通知、协议、会议纪要、补充协议等书面文件均应按照时间、项目类型分类编号进行档案管理。

（3）制定《合同交接管理制度》与《合同档案借阅、变更、销毁制度》，妥善管理企业因人事变动而产生的合同交接工作，管理企业合同档案的借阅、变更、销毁事项。

（4）妥善保管合同原件。

（5）对合同保管情况实施定期和不定期检查。

八、合同风险处置制度

合同风险处置制度，是指企业应对合同风险时的处置流程规定，包括遇到合同违约、合同损失、合同免责、合同诉讼、对方当事人下落不明或者不可抗力因素，以及重大项目谈判破裂等情形发生时的法律应对和处置方式。

在合同风险应对制度中，建议规定发生风险的不同情形和处置办法，以免发生风险时无章法可循。

九、后合同管理制度

后合同管理制度，是指合同履行结束后对合同的后期管理。法律规定合同履行结束后，合同当事人仍有一定的后合同附随义务，包括通知、协助、保密、说明、保护等各种义务，这是合同当事人依据诚实信用原则所应承担的义务。

合同当事人违反后合同附随义务，给对方当事人造成损失的，也应当承担损害赔偿责任。

第二节　合同审查

一、合同主体审查

详见第九章。

二、合法生效要件审查

合法生效要件审查，就是审查合同当事人是否意思表示真实，合同内容是否违反法律和公序良俗，符合特定形式要求。此项审查的目标在于保障合同合法有效。

三、合同形式审查

（一）合同是否采用书面形式

凡法律要求采用书面形式的合同，均应当采用书面形式，例如专利权转让合同、建筑工程合同、招投标合同等。

（二）合同形式要件是否齐备

合同形式要件审查包括：合同名称是否准确、合同主体是否前后一致、合同结构是否完整、合同必备条款及合同附件是否齐备、合同主体名称与盖章是否一致、各方盖章是否完整、各方所持合同文本及页码是否一致等。

四、合同内容审查

合同内容审查，主要是对合同中各方权利义务的审查，包括各方权利义务是否平等、权利义务条款设置是否齐全、是否存在霸王条款或者合同陷阱等。

五、合同程序审查

合同程序审查，就是审查合同订立程序是否符合法律规定，是否应当按法律特别规定申报批准、登记备案、公证。例如，中外合资经营企业合同和中外合作经营企业合同是否依据相应的"三资企业"法律规定报经外商企业管理机关批准；建设工程招投标合同是否依据建设法、招标投标法报经建设主管部门备案；等等。

六、合同冲突条款审查

合同冲突条款审查，就是审查合同中是否存在自相矛盾或者冲突的内容、合同条款是否前后一致等情况。

七、合同免责条款审查

法律规定的免责条款，只有在发生不可抗力或者紧急避险时才可适用，若合同的免责条款是由当事人一方强加给其他方的，必然因违反法律规定而应当进行相应的修订。

八、物权、债权、知识产权等所有权归属审查

合同中涉及交易各方的物权、债权、知识产权等所有权时，应当明确权属关系，否则，将会导致当事人在合同履行期间因为各种权属关系发生争议。

九、定金、违约金和合同解除条款审查

（1）定金规定不合理，可能导致定金条款无效。定金条款具有法律上的"罚则"功能，即支付定金一方若违约则无权收回定金，而收取定金的一方违约时应双倍返还定金。实务中，存在某些别有用心的当事人，利用定金"罚则"在合同中给对方设置陷阱。因此，当事人须认真审查定金条款及对应的违约事由。

（2）违约金是对当事人违约行为的惩罚，但违约责任不应过重、违约金不应过高，否则，将不符合法律的规定。

（3）虽然《民法典》对合同解除规定了法定情形，但从实践上看都是比较原则性的规定，若当事人对合同解除条款设置比较苛刻，当发生合同解除事由时可能会难以操作，甚至产生争议。

关联法规

《民法典》（2020年5月28日公布）

第四百六十九条 【合同的订立】 当事人订立合同，可采用书面形式、口头形式或者其他形式。

书面形式是合同书、信件、电报、电传、传真等可以有形地表现所载内容的形式。

以电子数据交换、电子邮件等方式能够有形地表现所载内容，并可以随时调取查用的数据电文，视为书面形式。

第七百八十九条 【建设工程合同的订立】 建设工程合同应当采用书面形式。

《中华人民共和国招标投标法》（2017 年 12 月 27 日修正，以下简称《招标投标法》）

第四十六条　【中标合同的订立】　招标人和中标人应当自中标通知书发出之日起三十日内，按照招标文件和中标人的投标文件订立书面合同。招标人和中标人不得再行订立背离合同实质性内容的其他协议。

招标文件要求中标人提交履约保证金的，中标人应当提交。

《中华人民共和国广告法》（2021 年 4 月 29 日修正，以下简称《广告法》）

第三十条　【广告合同的订立】　广告主、广告经营者、广告发布者之间在广告活动中应当依法订立书面合同。

《中华人民共和国政府采购法》（2014 年 8 月 31 日修正，以下简称《政府采购法》）

第四十四条　【政府采购合同的订立】　政府采购合同应当采用书面形式。

《建筑法》（2019 年 4 月 23 日修正）

第十五条第一款　【建筑工程合同的订立】　建筑工程的发包单位与承包单位应当依法订立书面合同，明确双方的权利和义务。

《商标法》（2019 年 4 月 23 日修正）

第四十二条第一款　【转让注册商标合同的订立】　转让注册商标的，转让人和受让人应当签订转让协议，并共同向商标局提出申请。受让人应当保证使用该注册商标的商品质量。

《专利法》（2020 年 10 月 17 日修正）

第十条　【专利转让合同的订立】　专利申请权和专利权可以转让。

中国单位或者个人向外国人、外国企业或者外国其他组织转让专利申请权或者专利权的，应当依照有关法律、行政法规的规定办理手续。

转让专利申请权或者专利权的，当事人应当订立书面合同，并向国务院专利行政部门登记，由国务院专利行政部门予以公告。专利申请权或者专利权的转让自登记之日起生效。

第十二条 【实施专利合同的订立】 任何单位或者个人实施他人专利的，应当与专利权人订立实施许可合同，向专利权人支付专利使用费。被许可人无权允许合同规定以外的任何单位或者个人实施该专利。

《著作权法》（2020 年 11 月 11 日修正）

第二十七条第一款 【著作权转让合同的订立】 转让本法第十条第一款第五项至第十七项规定的权利，应当订立书面合同。

第三节　各类合同性质文书

一、合同意向书

意向书，是指当事人之间在对某项事务正式签订协议之前，表达初步设想的意向性文书。当事人不能片面地认为意向书不具备法律效力，盲目签署意向书将产生法律风险。

如果意向书的基本条款具有合同性质，双方当事人并未表明不受其约束，一方已经履行了意向书中的部分义务，对方接受该义务的，则该意向书对双方具有约束力。

对于意向书的法律风险防范，关键是要把握好意向书的内容，不应具体约定当事人的权利义务关系或者做出实质性承诺，否则，该意向书将对合同各方具备法律约束力。①

---

① 参见江必新：《合同风险及其防范控制全书》，中国法制出版社 2019 年版，第 194 页。

二、合同担保承诺函

担保承诺函，又称保证书、承诺函或者称为担保书，实践中通常称为保函，即由保证人直接向债权人出具保函，承诺向其承担保证责任。承诺函是成立保证合同的一种形式。[①]

保证人出具保证书后，应当根据债权人对是否接受保证书所作出的意思表示，来确认保证合同是否成立：

（1）对于保证人以出具保证书的形式提供担保，债权人明确表示接受的，当然成立保证合同；如债权人对保证书明确表示不接受，则不能成立保证合同。

（2）债权人虽未作出明确的意思表示，但在债权人收到保证人的保证书后，立即与债务人签订借贷合同的，该行为已经表明债权人接受了保证书的保证要约，应当推定其接受保证书作出的保证；如债权人在收到保证书后未作出明确的意思表示，但未明确表示拒绝，则构成默示承诺。

（3）应当注意担保承诺函所表达的意思，有的承诺函虽名为保证函，但内容只有督促债务人还债、承担道义上的义务或者债务人现状的内容，不具有为债务人提供实质担保的意思表示，则不能认定为担保承诺函。

三、合同备忘录

备忘录，是指合同当事人在磋商过程中对某些事项达成一定的一致意见，将其内容以备忘录的形式记录下来，作为今后达成最终协议的参考或者依据。

（1）企业通常将备忘录用于记录双方的协商和交易成果，如果备忘录的内容具体约定了当事人之间的权利义务关系，具备了《民法典》中所规定的合同特征，则对合同各方已具备法律约束力。但因备忘录的内容不完整，或者当事人对备忘录的性质、效力认识不一，往往容易引起纠纷或者其他法律风险。

（2）企业在签订备忘录时，应当了解对方签署备忘录的意图。

（3）因备忘录内容确定的事实、证据将成为认定当事人权利义务的重要证据，故企业在签订备忘录时应当审慎对待，避免备忘录的表述对己方不利。

（4）如果该备忘录是由单方出具的承诺，则应当考虑是否有可能构成对己方不利的证据，且单方出具备忘录后，应保留有效的送达依据；如果备忘录是对

---

① 参见江必新：《合同风险及其防范控制全书》，中国法制出版社 2019 年版，第 195 页。

各方权利义务关系的进一步确认或变更，则应在备忘录中完善效力条款，并确保合同各方签署。

四、电子合同

电子合同，是指当事人之间以电子的形式通过电子信息网络达成的设立、变更、终止财产性民事权利义务关系的协议。

（一）不适用电子文书的情形

我国电子签名法规定以下三种文书不适用电子文书：

（1）涉及婚姻、收养、继承等人身关系的。

（2）涉及停止供水、供热、供气等公用事业服务的。

（3）法律、行政法规规定的不适用电子文书的其他情形。

（二）可靠的电子签名应具备的条件

电子签名同时符合下列条件的，视为可靠的电子签名：

（1）电子签名制作数据用于电子签名时，属于电子签名人专有。

（2）签署时的电子签名制作数据仅由电子签名人控制。

（3）签署后对电子签名的任何改动能够被发现。

（4）签署后对数据电文内容和形式的任何改动能够被发现。

（三）适用电子邮件应注意的问题

（1）采取书面形式确认各方当事人的有效电子邮箱地址。

（2）建立完善的电子邮件保存管理制度。

（3）通过公证、摄像、下载等形式进行证据保全。

（4）以实体方式对电子邮件的存在予以确认。

五、黑白合同

（一）黑白合同的概念

黑白合同，又称阴阳合同，是指合同当事人以实现经济利益的最大化、规避法律规定及政府监管为目的，就同一个合同标的所签订的两份实质性内容有明显差异的合同。①

"白合同"用于提交给相关管理部门登记和备案，但合同当事人并不实际履行，又称为"阳合同"或者"备案合同"，此类合同往往符合法律法规的规定和相关行业标准，经得起管理部门的检查监督。

"黑合同"由当事人持有并约定据此实际履行，又称为"阴合同"，其往往是规避法律及政府监管的私下交易。

（二）防范建议

（1）依法订立合同。签订"黑白合同"的目的是规避法律、法规的规定，而规避法律的行为一般是为了达到违法的目的，建议合同当事人尽量不要采用这种方式签订合同。

（2）企业不应签订比真实意思表示条件更低的白合同，以防止相对方要求按照白合同结算，致使企业利益受损。

（3）存在更有利的白合同的情况下，可以为了自己利益要求按白合同结算。

（4）当事人可根据客观原因改变合同的实际内容并办理备案，也可以从自身利益出发选择对自己有利的合同。

关联法规

《民法典》（2020 年 5 月 28 日公布）

第四百九十条 【书面合同的成立】 当事人采用合同书形式订立合同的，自当事人均签名、盖章或者按指印时合同成立。在签名、盖章或者按指印之前，当事人一方已经履行主要义务，对方接受时，该合同成立。

法律、行政法规规定或者当事人约定合同应当采用书面形式订立，当事人未采用书面形式但是一方已经履行主要义务，对方接受时，该合同成立。

第四百九十一条 【信件、数据电文合同的成立】 当事人采用信件、数据电文等形式订立合同要求签订确认书的，签订确认书时合同成立。

当事人一方通过互联网等信息网络发布的商品或者服务信息符合要约条件的，对方选择该商品或者服务并提交订单成功时合同成立，但是当事人另有约定的除外。

第四百九十二条 【合同的成立地】 承诺生效的地点为合同成立的地点。

---

① 参见江必新：《合同风险及其防范控制全书》，中国法制出版社 2019 年版，第 214 页。

采用数据电文形式订立合同的，收件人的主营业地为合同成立的地点；没有主营业地的，其住所地为合同成立的地点。当事人另有约定的，按照其约定。

第四百九十五条 【预约合同】 当事人约定在将来一定期限内订立合同的认购书、订购书、预订书等，构成预约合同。

当事人一方不履行预约合同约定的订立合同义务的，对方可以请求其承担预约合同的违约责任。

第四百九十六条 【格式条款】 格式条款是当事人为了重复使用而预先拟定，并在订立合同时未与对方协商的条款。

采用格式条款订立合同的，提供格式条款的一方应当遵循公平原则确定当事人之间的权利和义务，并采取合理的方式提示对方注意免除或者减轻其责任等与对方有重大利害关系的条款，按照对方的要求，对该条款予以说明。提供格式条款的一方未履行提示或者说明义务，致使对方没有注意或者理解与其有重大利害关系的条款的，对方可以主张该条款不成为合同的内容。

第四百九十九条 【悬赏合同】 悬赏人以公开方式声明对完成特定行为的人支付报酬的，完成该行为的人可以请求其支付。

第六百八十五条 【保证合同】 保证合同可以是单独订立的书面合同，也可以是主债权债务合同中的保证条款。

第三人单方以书面形式向债权人作出保证，债权人接收且未提出异议的，保证合同成立。

《中华人民共和国电子签名法》(2019 年 4 月 23 日修正)

第三条 【电子签名、数据电文的效力】 民事活动中的合同或其他文件、单证等文书，当事人可约定使用或不使用电子签名、数据电文。

当事人约定使用电子签名、数据电文的文书，不得仅因为其采用电子签名、数据电文的形式而否定其法律效力。

前款规定不适用下列文书：

（一）涉及婚姻、收养、继承等人身关系的；

（二）涉及停止供水、供热、供气等公用事业服务的；

（三）法律、行政法规规定的不适用电子文书的其他情形。

第四节　合同签订

一、要约与承诺

合同签署的过程，是对合同条款赋予法律效力的过程。因此，有必要加强对合同签署过程的审查。

（一）对要约的审查

根据《民法典》的规定，要约是一方当事人以缔结合同为目的，向对方当事人提出合同条件，希望对方当事人接受的意思表示。

常见的要约法律风险有以下四种。

1. 混淆要约和要约邀请

要约邀请是指希望他人向自己发出要约的意思表示，对象可以是特定或不特定的主体，常见形式包括广告、报价单、招标公告等。其主要目的是吸引潜在交易方提出正式要约，从而为订立合同创造条件。要约则是指一方当事人向另一方明确提出订立合同的意思表示，内容具体明确，并表明一旦对方接受即受该意思表示约束。要约具有法律约束力，一旦被接受，合同即告成立。在实际操作中，企业用于市场推广的报价单、宣传资料等文件可能并非其真实意思表示，但如果表达不准确，可能会被误解为要约，导致企业必须受其约束。因此，企业在发出要约或要约邀请时，应当谨慎把握文件内容，确保其准确性和合法性，以避免混淆两者而导致的法律风险。

2. 要约内容不当

根据《民法典》的规定，要约的内容必须明确具体，能够让受要约人了解要约人所拟签订合同的真实内容。

要约的内容有可能成为合同的内容，如果该内容表述有异或者表达错误，受要约人一旦承诺，合同即告成立，有可能对要约人不利。

3. 要约撤回或撤销不当

要约做出后可以进行撤回或者撤销，如果要约撤回或者撤销不当，必然会给当事人造成损害。

要约撤回，指在要约生效前，要约人使要约不发生法律效力的行为；要约撤销，是在要约生效后，受要约人作出承诺前，要约人取消要约，使要约法律效力归于消灭，但要约人撤销要约的通知须在受要约人承诺之前送达受要约人。

4．交错要约带来的法律风险

交错要约是一方向对方做出要约时，恰好对方也做出了一个同样的要约，双方在不充分沟通的情况下达成了一致。对此，企业仍应按照正常的合同订立程序向对方发出承诺，以保证合同的成立。

（二）对承诺的审查

根据《民法典》的规定，承诺是受要约人同意要约的意思表示，是受要约人向要约人做出的，按要约内容订立合同的意思表示，是交易双方意思合一的法律表现形式。因此，承诺到达要约人时合同生效。

常见的承诺法律风险有以下两种。

1．承诺方式不当

承诺的方式，是指承诺人采用何种方式将承诺通知送达要约人，只要承诺采用比要约更快捷或者方便的方式就是有效的方式，若要约中明确要求了承诺做出的方式，则应当按照该方式做出。

2．将新要约当成承诺

受要约人对要约的内容做出实质性变更的为新要约。

（1）有关合同标的、数量、质量、价款或者报酬、履行期限、履行地点和方式、违约责任和解决争议方法等的变更，是对要约内容的实质性变更。

（2）在合同签订过程中，双方当事人往往为争取更有利的合同条款而不断发出新要约，如果一方当事人将新要约当成承诺，认为合同成立而进行交易准备，则可能产生法律风险。

（3）如果当事人希望承诺立即生效，则应当在要约约定的时间内做出明确的意思表示，且采用便捷、有效的承诺方式；如果当事人不希望自己立即受承诺的限制，则可以发出新要约或撤回承诺。

二、合同文本

好的合同文本能够兼顾各方当事人的权利、义务，对于稳定合同当事人的关系、预防纠纷起到很好的作用，所以对企业来说，使用结构完整、权利义务内容平等且条款完善的合同文本至关重要。

（一）谨慎使用对方的合同文本

企业在使用对方合同文本时，应仔细审查合同内容是否合理，是否有苛刻条款，是否能够接受对方所提出的条件，合同约定的定金、违约、解除等敏感条款是否公平合理。

（二）争取合同起草权、争取使用己方的合同文本

合同起草方可以根据双方协商的内容，权衡选用对己方有利的措辞并写入合同，以更好地保护自己的权益。因此，一般情况下，能够掌握合同意思表达的主动权，就能争取到在履约中或发生争议时的主动权。

（三）对最终签字的合同文本进行仔细审查

合同文本，是经过当事人的反复修改以后最终形成的签字文本。因此，当事人在签订合同前，必须仔细审查对方修改的内容以及最终版本的书面表述内容，防止出现合同内容缺失或意思表述错误的情况，导致自己遭受损失。

三、签署合同时应注意的事项

（一）合同"签字、盖章后生效"与"签字盖章后生效"

1."签字、盖章后生效"

"签字、盖章后生效"等于"签字并盖章后生效"，如果仅有法定代表人的签字或者仅有企业盖章的合同，均不生效。①

2."签字盖章后生效"

根据最高人民法院的相关判例，签字盖章一般指签字或者盖章，"签字盖章后生效"则只需要签字或者盖章即可生效。

"签字、盖章后生效"的表述常带来风险，因此，建议采用"签字盖章后生效"或者"签署后生效"的表述。

（二）合同"清洁文本"

合同当事人为避免修改，可在合同上注明"清洁文本"条款：

（1）合同正文为清洁打印文本，如当事人对此合同正文有修改及补充均应

---

① 参见何力、常金光等：《合同起草审查指南：三观四步法》，法律出版社 2019 年版，第 369 页。

另行签订补充协议。

（2）合同正文中任何手写、涂改、非打印的文字、图形，除非另经双方确认，否则不产生约束力。①

（三）合同签字盖章位置之后出现合同正文

合同签字盖章位置之后仍有合同正文，应当做以下处理：

（1）如果这些合同正文并非合同的内容，则应当删除。

（2）如果是合同内容，应当将其移入合同正文中，作为合同条款。

（3）如果作为合同附件，应当按照合同附件处理。

（四）合同正文中的空白区域

合同正文中如果有空白区域，作为正式签约版本，应当填上适当内容，或者删去，或者写上"无"、加删除线，以避免删改。

根据最高人民法院的相关判例，将留有空白内容的合同交于对方的行为，被视为对合同内容的无限授权。

（五）合同页码

合同底部有必要增加"第 N 页/共 N 页"格式的页码，以免某一方增减页码。页码应当以装订在一起的合同正文为准，前面如有标题和目录，可一并计入页码，但无实质内容的封面、封底不应计入页码。

（六）个人签字与指纹

根据《民法典》的规定，当事人在合同书上摁手印的，人民法院应当认定其具有与签字或者盖章同等的法律效力。因此，个人签字应当同时要求摁指纹。

（七）合同页面真实无误

（1）企业合同一般应当在合同上盖骑缝章，若为公民自然人之间签订合同，建议在合同每页的页脚空白处签名。

（2）对于不适宜加盖骑缝章的合同，可以要求未盖骑缝章（或者未在每页签字）的一方，通过电子邮件将合同 PDF 版或者扫描版发送给其他合同当事人。

---

① 参见何力、常金光等：《合同起草审查指南：三观四步法》，法律出版社 2019 年版，第 370 页。

（八）合同签字盖章的位置

（1）当事人应当在合同指定的签章位置签字盖章，不能偏离太远，不应留出过多空行，以防止其他合同当事人恶意添加内容。

（2）在合同的正文结束后标明"以下无合同正文"，可有效防止他人添加内容。

（九）合同手写位置

如合同有手写部分的，应当要求手写一方在手写处专门进行签署。

（十）合同各方先后签署发生内容变更

对合同因各方先后签署而发生内容变更的，应当进行如下处理：

（1）合同一方先盖章，后盖章一方在盖章时对部分条款作出修改，但未经先盖章一方确认时，如果先盖章一方无书面异议或继续履行合同义务，应视为先盖章一方同意修改后的协议。

（2）收到对方盖章的合同后，如发现对方修改了合同条款且不符合本方意愿的，应当尽快提出书面异议，并通过快递、电子邮件等保留提出异议的证据。

（3）异地签署时，可采取"收到双方均签署的合同原件之日起合同生效"或者"本合同自双方均签署，且双方均确认收到签署的合同原件之日起生效"的办法。

关联法规

《民法典》（2020 年 5 月 28 日公布）

第四百七十二条　【要约的界定及其构成】　要约是希望与他人订立合同的意思表示，该意思表示应当符合下列条件：

（一）内容具体确定；

（二）表明经受要约人承诺，要约人即受该意思表示约束。

第四百七十三条　【要约邀请及其主要类型】　要约邀请是希望他人向自己发出要约的表示。拍卖公告、招标公告、招股说明书、债券募集办法、基金招募说明书、商业广告和宣传、寄送的价目表等为要约邀请。

商业广告和宣传的内容符合要约条件的，构成要约。

第四百七十五条　【要约撤回的规则】　要约可以撤回。要约的撤回适用本法

第一百四十一条的规定。

第四百七十六条 【要约不可撤销的情形】 要约可以撤销，但是有下列情形之一的除外：

（一）要约人以确定承诺期限或者其他形式明示要约不可撤销；

（二）受要约人有理由认为要约是不可撤销的，并已经为履行合同做了合理准备工作。

第四百七十七条 【撤销要约的生效时间】 撤销要约的意思表示以对话方式作出的，该意思表示的内容应当在受要约人作出承诺之前为受要约人所知道；撤销要约的意思表示以非对话方式作出的，应当在受要约人作出承诺之前到达受要约人。

第四百七十八条 【要约失效的情形】 有下列情形之一的，要约失效：

（一）要约被拒绝；

（二）要约被依法撤销；

（三）承诺期限届满，受要约人未作出承诺；

（四）受要约人对要约的内容作出实质性变更。

第四百八十条 【承诺的方式】 承诺应当以通知的方式作出；但是，根据交易习惯或者要约表明可以通过行为作出承诺的除外。

第四百八十一条 【承诺的生效、承诺的期限】 承诺应当在要约确定的期限内到达要约人。

要约没有确定承诺期限的，承诺应当依照下列规定到达：

（一）要约以对话方式作出的，应当即时作出承诺；

（二）要约以非对话方式作出的，承诺应当在合理期限内到达。

第四百八十二条 【承诺期限的起算】 要约以信件或者电报作出的，承诺期限自信件载明的日期或者电报交发之日开始计算。信件未载明日期的，自投寄该信件的邮戳日期开始计算。要约以电话、传真、电子邮件等快速通讯方式作出的，承诺期限自要约到达受要约人时开始计算。

第四百八十三条 【合同成立时间】 承诺生效时合同成立，但是法律另有规定或者当事人另有约定的除外。

第四百八十四条 【承诺生效时间】 以通知方式作出的承诺，生效的时间适用本法第一百三十七条的规定。

承诺不需要通知的，根据交易习惯或者要约的要求作出承诺的行为时生效。

第四百八十五条 【承诺的撤回】 承诺可以撤回。承诺的撤回适用本法第一百四十一条的规定。

第四百八十六条　【超期发出承诺的法律规则】　受要约人超过承诺期限发出承诺，或者在承诺期限内发出承诺，按照通常情形不能及时到达要约人的，为新要约；但是，要约人及时通知受要约人该承诺有效的除外。

第四百八十七条　【迟到的承诺】　受要约人在承诺期限内发出承诺，按照通常情形能够及时到达要约人，但是因其他原因致使承诺到达要约人时超过承诺期限的，除要约人及时通知受要约人因承诺超过期限不接受该承诺外，该承诺有效。

第四百八十八条　【承诺对要约内容的实质性变更】　承诺的内容应与要约的内容一致。受要约人对要约的内容作出实质性变更的，为新要约。有关合同标的、数量、质量、价款或报酬、履行期限、履行地点和方式、违约责任和解决争议方法等的变更，是对要约内容的实质性变更。

第四百八十九条　【承诺对要约内容的非实质性变更】　承诺对要约的内容作出非实质性变更的，除要约人及时表示反对或者要约表明承诺不得对要约的内容作出任何变更外，该承诺有效，合同的内容以承诺的内容为准。

第四百九十三条　【书面合同的成立】　当事人采用合同书形式订立合同的，最后签名、盖章或者按指印的地点为合同成立的地点，但当事人另有约定的除外。

第五百零二条　【合同的效力】　依法成立的合同，自成立时生效，但法律另有规定或者当事人另有约定的除外。

依照法律、行政法规的规定，合同应当办理批准等手续的，依照其规定。未办理批准等手续影响合同生效的，不影响合同中履行报批等义务条款以及相关条款的效力。应当办理申请批准等手续的当事人未履行义务的，对方可以请求其承担违反该义务的责任。

依照法律、行政法规的规定，合同的变更、转让、解除等情形应当办理批准等手续的，适用前款规定。

第五节　合同条款与合同语言

一、合同常用条款的设置

（一）合同定义条款

1. 合同中需要定义的词语

合同中的核心词语、专业词语、较为复杂或者可能出现理解歧义的词语，以及被合同赋予特定含义的词语需要进行定义。

2. 定义中不应约定具体权利义务

合同当事人应当认真检查合同中所有条款的内容，若合同中出现某些词语的定义与通常含义不同，并且会直接影响到当事人具体权利义务时，应当在合同条款中进行准确表达。

（二）合同目的条款

实践中，在较为复杂的合同中约定合同目的，是非常必要的。一般来说，合同目的条款的设置要符合以下三点：

1. 在合同中设立独立的合同目的条款，单独对合同目的进行规定

合同目的应当获得相应的独立地位，并且作为独立条款，这样才能便于使用其作为判断标准。

2. 合同目的条款尽可能具体化、特定化

尽管合同目的一般比较抽象，但这种抽象是相对于其他具体条款而言的。对于合同目的本身而言，应尽可能进行具体化、特定化。

3. 规定合同目的条款的优先效力

合同目的对于当事人来说容易理解、容易表述清楚，所以其表达更容易符合当事人的本意。因此，规定合同目的条款的优先效力，有助于保证合同体现当事人的真实意思，当合同目的条款与其他条款矛盾时，可以依据合同目的否定其他条款的效力，从而保证合同当事人的合法权益。

（三）合同"鉴于"条款

"鉴于"条款中不应规定具体的权利义务，尤其是重要的权利义务内容；否

则，应当列入合同正文之中，或者在合同正文中对此进行明确约定。

（四）合同内容解释条款

当事人在订立合同时，应当尽可能地对一些概念、事项进行各方都认可的界定，以免事后发生争议和纠纷，应当将合同中的某些可能导致歧义或者多种解释的概念进行明确统一，尽量减少合同履行的争议。

（五）合同限制性条款

限制条款，就是在合同中设定的对某一方权利或者义务的限制性条款，主要是防止权利滥用或者加重对方不合理的义务。限制条款被经常使用于知识产权转让、许可合同、房屋租赁合同和网络许可合作合同中。

合同中如果没有限制条款，就容易导致一方不适当行使权利而侵害另一方利益。法律并不禁止合理使用限制条款，但权利限制应当是合理的，不应当通过限制条款来剥夺当事人应当享有的合同权利或者民事权利，不合理的限制条款是不被法律认可的。

（六）合同格式条款

企业在制定标准格式合同时，应当充分考虑到所进行的同类交易行为可能面临的法律风险，并在出现该风险时，能选择有利于保护己方利益的最佳处理办法。

1. 避免合同模板发生格式合同的法律效力

企业应当避免成为格式合同的定制方，以防止对方主张该模板是格式合同而导致条款无效。建议不要在合同的页眉页脚加上企业自身标识，封面不要显示出合同由何方定制。相反，企业合同模板中还可以进一步添加"非格式条款"，比如，可明确本合同是由合同双方平等协商，共同起草的非格式合同。

2. 合同模板可设置为专用条款与通用条款的结合

合同模板是要重复多次使用的，既要便于实际签署，又要能够兼顾安全。实务中，合同正文可以采取"专用条款＋通用条款"的设置，此时要注意：

（1）可将合同中需要填充的内容集中在"专用条款"中，以便于统一填写。

（2）明确约定"专用条款"可以填充或者修改，"通用条款"不允许修改，这样操作有利于企业合同管理。而专用条款通常涉及合同标的、价款、货期等特定交易信息，可填所需内容或者选项，通用条款则无填充内容。

（3）在专用条款部分明确专用条款与通用条款不一致时，以专用条款为准。

3. 采用技术手段限制企业职员随意对模板进行编辑

实践中，企业需要避免随意修改、添加合同条款，避免因此产生不可控的风险，除可将需要修改填充的内容集中一处，使控制与检查更方便之外，企业还可采取以下技术方法：

（1）仅提供不能编辑的合同文本，加注合同"清洁文档"条款。企业可以仅提供 PDF 版本给业务人员以及对方当事人，实际签约时只能在指定填空项上面填写，而无法修改合同。还可以在合同条款中特别注明：本合同正文中，除指定填空项目以外，如双方对此合同正文有修改、补充，均须另行签订补充协议，否则，对合同正文的任何单方补充均不发生效力。

（2）利用 Word 限制编辑功能。Word 中有限制编辑功能，可以限制对整个文档的编辑（可设为只读、只能用修订模式修订或只能批注等模式），还可以同时对某部分设置"例外条款"，明确该部分允许编辑。企业可以使用此功能，将合同模板中不允许修改的部分设置为只读，而对允许填写、补充的内容设置为"例外条款"。[①]

4. 对重点条款进行特别提示

（1）字体加大加粗，与一般条款相区别。

（2）在对方签约处专门增加"签约提示"条款。注意"提示条款"本身也是格式条款，字体也要加大加粗，以提示对方注意。

（3）让合同相对方抄写指定文字并签署，位置一般在尾部签约处。

（4）在网站上使用的格式条款应当要求对方点击确认该条款。

5. 审查对方提供的格式合同条款

（1）重点审查格式条款是否对己方不利，以及不利的程度，若对己方不利，需要协商变更该不利条款后再签订。

（2）若已签订了对己方不利的格式条款，可以通过协商或者诉讼的方式予以撤销。

（七）风险转移条款

在合同履行过程中，因不可归责于当事人的原因产生的损失，需要确定风险承担原则。

1. 超越法定范围承担风险

法律规定的风险转移规则属于任意性规定，故当事人可以在合同中重新约定

---

① 参见何力、常金光等：《合同起草审查指南：三观四步法》，法律出版社 2019 年版，第 293 页。

风险转移的规则。但从法律角度看，若当事人根据合同约定，承担了法律规定应当由对方承担的损失风险，则属于合同约定不当导致的法律风险。

2．无名合同的风险转移约定不明

实践中，合同类型纷繁复杂，有的合同的风险转移并没有相关法律规定，同时，风险转移条款不是合同的必要条款，当事人容易忽略。

3．法定风险转移的具体界定不明

法律规定的风险转移，采用了一些比较抽象的概念，这些概念在具体交易中如何界定并不简单，若没有一致的认识，则很容易引发争议。因此，当事人应当在合同中，对风险转移事项作出明确和妥当的约定。

4．风险转移违反法律强制性规定

法律为防止当事人利用自身的缔约优势免除、减轻自己的责任，规定了免责条款无效的情况。若合同中约定的风险转移规则违反了法律、行政法规的强制性规定，该约定无效。

（八）保密条款

企业在经营与对外合作时，难免会让他人了解到自己的经营信息、技术信息和管理信息等，企业应当与对方签订保密条款防止他人滥用这些信息。签订保密条款时，应当对技术秘密和商业秘密等进行定义，并约定保密义务的范围、方法、保密处理程序、保密期限以及失密救济等内容。

（九）知识产权条款

企业在签订合同的过程中，对于涉及知识产权保护的内容，应当预先制定完善的知识产权保护条款，避免因知识产权保护不力造成不必要的损失。

（1）当事人如果是购买产品或者服务的，应当约定对方是否对该产品或服务上的商标权合法持有，约定该产品或者服务不得侵犯他人的知识产权，否则，应由对方承担全部法律责任；若是提供产品或者服务，应当约定由于对方的原因或按对方的指示导致侵害他人知识产权，已方不承担法律责任。

（2）对技术合作中涉及的知识产权的归属、实施方式、利益分配等应当设置约定性条款，明确约定知识产权的归属方式为一方独占或者双方共有。

（十）不可抗力条款

不可抗力是法定的免责事由，即在合同订立后，发生了当事人在订合同时不能预见、不能避免或者不可控制的意外事故，以致当事人不能履行合同或不能如期履行合同，此时遭受不可抗力的一方可以免除履行合同责任的条款。

企业在订立合同时，不应将不可抗力法律条文直接搬用，而应当事先对损失进行预设承担规则，即约定如该风险是由于不可抗力所引起的，双方互不追究对方的责任。

（十一）定金与违约金条款

1. 立约定金

定金是担保的一种表现形式，是当事人为了确保债权的履行，由一方预先按照标的额的一定比例给付对方的金钱或者其他替代物。

正确利用立约定金，可以促进当事人签订合同，但利用不当同样会给企业带来法律风险。

（1）立约定金只确定当事人进行磋商的义务，协商不成的风险较大。

（2）立约定金仅仅是为了保障当事人磋商并订立合同，合同一旦签订，立约定金合同就履行完毕，若认为立约定金在合同成立后还有保障合同履行的违约定金效力，则属于认识错误。

2. 定金与违约金不可同时使用

如果当事人的合同，同时约定了定金和违约金的，根据《民法典》的规定，定金与违约金只能选择一种适用，不可同时使用。

（1）定金一般是固定的数额，只要不超过合同总额的20%即可。如果合同采用定金方式，当交付定金一方不履行合同时，守约方有权不予退还收取的定金；如果收取定金一方不履行合同，则应双倍返还定金。

（2）违约金可以约定一个固定的数额，也可以约定按合同总额的比例承担违约金。

当事人在签订合同之前，可以考虑使用违约金条款，还是使用定金条款对自己更为有利，但应避免在合同中既有定金条款，又有违约金条款。

（十二）变更、解除条款

根据《民法典》的规定，合同变更和解除的条件，可以由当事人在合同中进行约定，或者之后进行补充。

1. 合同变更条款

对原合同中的部分条款予以变更的，需另行签订书面变更协议，并注明原合同与变更协议之间的关系，以及变更条款的法律效力、未变更部分的条款效力，防止出现对同一事项有两种不同约定的情形。

2. 合同解除条款

合同约定解除的条款需明确，即使合同因该约定条款得以解除，合同其他条款也仍然有效，这样在解决相应纠纷时，可依据其他相应的合同条款予以裁判。对于违约解除合同的赔偿范围，当事人要根据合同的具体情况，约定各方在行使合同任意解除权的赔偿范围，是否包括解除方赔偿非违约方预期利益损失（即履行合同后可以获得的利益）。

（十三）联系方式条款

法律规定，当事人在某些预定情形下负有通知的义务，并且通知到达是通知生效的必备要件。当事人应当在合同中设置联系方式条款，明确联系方式，约定通知的送达时间、方式和送达的地址、电话、邮件或公告的具体媒体名称等。比如在邮寄特快专递（EMS）、挂号信时，要在信封的备注栏注明通知的主题及简要内容，并保存寄送邮件的相关证据，以证明自己履行了通知的义务。

二、合同条款的审查与处理建议

（一）合同条款漏洞

1. 合同漏洞的类型

（1）合同没有签字盖章，欠缺签约日期。合同应当避免出现没有签字、盖章或没有填写签约日期等漏洞，否则可能会导致合同不生效，或者发生无法确定合同签订和生效时间的情况，从而造成无法明确合同主体履行义务的起止时间等不良后果。[①]

（2）合同约定有附件而实际上没有附件。有些合同的履行，需要依靠附件进行明确细化，由于合同内容有限，许多不便记载于合同中的内容，可用附件的方式附在合同之后，如图纸列表、说明等，以作为合同履行的依据。有些企业合同约定把某些具体问题放在附件中，而实际又没有附件，导致合同履行出现困难。

（3）未约定违约金的具体数额或者计算方式。有的合同只约定当事人违约时应承担违约责任，但没有约定责任承担的具体方式，没有明确违约金的数额或者计算方式，导致出现违约状况时，难以确定违约金数额。

（4）未约定解除条款。合同不设立解除条款或者设定的解除条款不完善，

---

① 参见朱柏彦：《合同审查与风险控制法则》，北京大学出版社 2013 年版，第 112 页。

导致当事人在拟解除合同时难以操作。

（5）未约定保密条款。有的涉密合同没有保密条款，或者虽有保密条款但对没有尽到保密义务的一方如何处理未作出约定，导致出现泄密情况时，难以追究相应的法律责任。

2. 合同漏洞的预防

（1）合同形式审查：审查合同是否得到各方签字盖章，是否写清签订日期。

（2）合同内容审查：合同基本内容是否齐全，结构是否完整。

（3）标准合同框架审查：对起草的合同与范本合同进行对比，查缺补漏。

（4）关键字词审查：对关键词反复推敲，审查是否存在错字或者容易有歧义的字，必要时对关键字词进行定义。

（5）合同空白处理：对印制合同不留空白，全部准确填写。

（6）合同附件处理：合同约定有附件的，一定要把附件附在合同后面。

（7）合同页码处理：对页码较多的合同加盖骑缝章。

（二）合同条款冲突

条款冲突，是指合同中的条款内容相互冲突或者矛盾，导致合同内容主次不清，给合同带来隐患。

1. 冲突条款的表现形式

（1）内容冲突。有的合同总则与分则条款冲突，通用条款与专用条款冲突，比如建设工程施工合同中，通用条款与专用条款前后矛盾等。

（2）条件冲突。合同所规定的有关条件相互冲突，比如，合同约定甲方付第一笔款后合同生效，结尾条款却约定合同自双方签字盖章之日起生效，导致生效条件不一致。

（3）合同主文与附件冲突。例如，合同主文约定"本合同以前所达成的意向、纪要、协议、合同、附件如与本合同不一致，均以本合同为准"，但在合同附件中又约定"如有不一致的以附件为准"。

（4）关联冲突。在有关联的两个以上合同中，后一个合同与前一个合同约定的内容相冲突。

2. 冲突条款的排除

排除合同冲突条款，是确保合同全面履行的需要，排除方法主要是将两个冲突条款进行反复斟酌和对比，保留对自己更有利的、合法的条款。

（三）合同条款的协调搭配

1. 逻辑清晰

（1）区别各个条款的主旨与层次。

（2）依据主旨与逻辑层次，将各个条款分门别类整理好，归于不同层次的章节、条款之下。

（3）所有合同条款的设置，都应当以实现交易为目的。

2. 直观、准确

合同应当具有直观性和准确性，能使当事人很方便地通过条款目录，迅速把握整个合同的大体交易模式、行文结构及各方主要权利义务。

3. 条款之间不存在矛盾冲突之处

对于某些条款需要优先适用的，可约定"如本条款与其他约定有不一致的，以本条款约定为准"。

4. 交易结构类条款与违约救济条款搭配

对于重要的权利义务，应当匹配相应的违约责任条款，以使合同各方利益得到平等保障和救济。

5. 正确使用合同编号

如果设置了合同编号，应当将合同编号放在合同封面，或者标题的前面。合同编号由当事人根据合同管理的需要设置，对合同效力没有影响。

三、合同语言

（一）合同语言表达要求

合同中应当使用常规的、表达完整且清楚无歧义的文句。要全面、准确地表达合同权利义务，准确说明谁向谁、什么时间、什么地点、什么标的/对象、做到什么标准/程度。明确双方的权利义务，准确使用"有权、可以、应当、必须"等关键词，准确地表达并列项之间的逻辑关系。[①]

（二）合同语言风格：正式、规范的书面语言风格

（1）合同语言要接近法律法规条款的语言，应当正式、规范，不要口语化。

（2）合同语言的风格要客观、理性、中立，尽量避免带有情绪的或道德批

---

① 参见何力、常金光等：《合同起草审查指南：三观四步法》，法律出版社2019年版，第505页。

判意味的表述，而应当客观表达在何种条件下须承担何种义务、承担何种责任。

（三）合同语言应直观，便于理解

合同是实用性质的文书，其内容应当做到表达直观、阅读流畅，便于理解与修改。

（四）合同语言的合法性

为了尽量避免法律上的不利影响，符合相关法律法规的要求，合同语言应尽量使用法律专门术语和规范表述，以利于争议解决。

（五）合同常用词语辨析

1. 包括但不限于

（1）表示既包括后面所列举的，又不限于后面所列举的，即作扩张解释。

（2）其使用范围广，适用于作扩张解释的条款。但是对于本方的义务、责任范围等，显然不必要作扩张解释，因此，不能随意使用"包括但不限于"的表述，可考虑使用"仅限于"。①

2. 后、之后

合同中关于履行义务的截止期限的表述，在表达"……之后应履行××义务"时应当使用"之后××天内应履行××义务"的表述方式。

3. 以上、以下、以内

合同中对这些用语的含义要加以说明，如是否包含本数，可以加上"含本数""不含本数"等类似表述。比如"2023 年 3 月 31 日前"的表述，是否包括"2023 年 3 月 31 日"当日，如有必要可加上"含当日"或者"不含当日"。

4. 长期、适当、合理、一般、大约、数天、正当、尽快、第一时间

此类表述缺少量化标准，容易导致争议，应尽量避免在合同中使用。

5. 拒绝、擅自、恶意、故意、无故、过错、过失

（1）此类表述不符合合同语言"客观、中性"的要求。

（2）此类表述可能有争议，违约一方可能会主张，虽表面有违约情形，但并非故意要违约，并不存在"擅自、恶意、故意"或者并未"拒绝"，因此，不构成违约。应当使用更为明确的表述，例如"拒绝交货"应当改为"未交货"，"擅自更改"改为"未经甲方同意更改"。

---

① 参见何力、常金光等：《合同起草审查指南：三观四步法》，法律出版社 2019 年版，第 542 页。

（3）"过错、过失"一般是可在合同表述中使用的，但其表达意思不够明确，例如"因乙方过错造成的除外"。

6. 定金、订金、押金、保证金、质保金、诚意金

（1）界定为"定金"的才适用定金罚则，其他表述均不能适用定金罚则。

（2）"订金、押金"等表述的具体法律效果需进一步约定。如无明确约定，"订金、押金"等可能发生单方担保效力，也可能根本无担保效力。

7. 抵押、质押、保证、担保

（1）应准确使用"抵押、质押"的术语。股权、知识产权等应为"质押"；动产既可能"质押"，也可能"抵押"。

（2）"提供担保"或者"以××权益提供担保"之类的表述均不准确，应当进一步具体界定为抵押、质押或者保证。

（3）保证是《民法典》规定的担保方式，责任较严重，建议不要在其他含义上使用。

8. 账号、帐号

银行账号类的应当使用"账号"。

9. 股权、股份、财产份额、出资

（1）有限公司用"股权"，股份公司用"股份"，合伙企业用"财产份额"。

（2）"出资"含义较广泛，使用"出资"来代表股权容易产生歧义。

10. 终止、解除、中止

（1）约定合同的解除条件时应使用"解除"，实践中常被误用为"终止"，此类表达不规范。

（2）合同中不应当使用"中止合同"的表述。

11. 有权、可以、负责

（1）"有权"类似于"可以"，都用于表述有权利做某事而非义务，权利可以行使，也可以不行使。

（2）"有权、可以"不等于"负责"。

（3）不能把"应当"与"可以"混用，两者是有明显区别的。

12. 签订、签定

合同的订立应为"签订合同"，而非"签定合同"。

13. 交付、支付、交纳、缴纳

（1）交付：应当为履行非金钱义务，以交付货物、工作成果为典型。

（2）支付：平等主体之间履行金钱支付义务，以支付货款、报酬、费用等合同价款为典型。

（3）交纳：介于"支付"与"缴纳"之间，可用于保证金、押金等"交纳"，不用于货款、报酬、费用等正常合同价款支付。

（4）缴纳：履行公法规定的税款、罚款等缴付义务。

14. 罚款、罚金、滞纳金、利息、违约金

（1）民事合同作为平等主体之间的约定，在表述违约责任时，不宜采用罚款、滞纳金、罚金等名称，应使用符合《民法典》规定的"违约金"。

（2）"利息"在借贷关系中使用，非借贷关系中应当使用"逾期付款违约金"，也即"违约金"的一种表达方式。

（3）"扣款"一般用于"如发生某种情形，付款方将扣除一定金额的款项"。

15. 共有、共同所有、共同负责

仅在各方对具体如何共享、如何分配收益有约定的情况下，才使用此类表述；且除非需要承担连带责任，否则，也不应当使用"共同负责"这种表述，而应当具体指定该项为某一方的义务，另一方仅有协助义务。

关联法规

《民法典》（2020 年 5 月 28 日公布）

第四百九十六条　【格式条款的订立要求、说明义务】 格式条款是当事人为了重复使用而预先拟定，并在订立合同时未与对方协商的条款。

采用格式条款订立合同的，提供格式条款的一方应当遵循公平原则确定当事人之间的权利和义务，并采取合理的方式提示对方注意免除或减轻其责任等与对方有重大利害关系的条款，按照对方的要求，对该条款予以说明。提供格式条款的一方未履行提示或说明义务，致使对方没有注意或理解与其有重大利害关系的条款的，对方可主张该条款不成为合同的内容。

第四百九十七条　【格式条款无效的情形】 有下列情形之一的，该格式条款无效：

（一）具有本法第一编第六章第三节和本法第五百零六条规定的无效情形；

（二）提供格式条款一方不合理免除或减轻其责任、加重对方责任、限制对方主要权利；

（三）提供格式条款一方排除对方主要权利。

第五百一十一条　【合同内容约定不明确的履行规则】 当事人就有关合同内容约定不明确，依据前条规定仍不能确定的，适用下列规定：

（一）质量要求不明确的，按照强制性国家标准履行；没有强制性国家标准

的，按照推荐性国家标准履行；没有推荐性国家标准的，按照行业标准履行；没有国家标准、行业标准的，按照通常标准或者符合合同目的的特定标准履行。

（二）价款或者报酬不明确的，按照订立合同时履行地的市场价格履行；依法应当执行政府定价或者政府指导价的，依照规定履行。

（三）履行地点不明确，给付货币的，在接受货币一方所在地履行；交付不动产的，在不动产所在地履行；其他标的，在履行义务一方所在地履行。

（四）履行期限不明确的，债务人可以随时履行，债权人也可以随时请求履行，但是应当给对方必要的准备时间。

（五）履行方式不明确的，按照有利于实现合同目的的方式履行。

（六）履行费用的负担不明确的，由履行义务一方负担；因债权人原因增加的履行费用，由债权人负担。

第五百八十五条　【违约金的约定】　当事人可以约定一方违约时应当根据违约情况向对方支付一定数额的违约金，也可以约定因违约产生的损失赔偿额的计算方法。

约定的违约金低于造成的损失的，人民法院或者仲裁机构可以根据当事人的请求予以增加；约定的违约金过分高于造成的损失的，人民法院或者仲裁机构可以根据当事人的请求予以适当减少。

当事人就迟延履行约定违约金的，违约方支付违约金后，还应当履行债务。

第五百八十七条　【定金的约定】　债务人履行债务的，定金应当抵作价款或者收回。给付定金的一方不履行债务或者履行债务不符合约定，致使不能实现合同目的的，无权请求返还定金；收受定金的一方不履行债务或者履行债务不符合约定，致使不能实现合同目的的，应当双倍返还定金。

第五百八十八条　【违约金与定金冲突的解决】　当事人既约定违约金，又约定定金的，一方违约时，对方可以选择适用违约金或者定金条款。

定金不足以弥补一方违约造成的损失的，对方可以请求赔偿超过定金数额的损失。

第六节　缔约过失

缔约过失责任，是指在合同订立过程中，一方当事人因违背其应依据诚实信用原则所尽的义务导致另一方的信赖利益遭受损失时应当承担的民事责任。

一、缔约过失的主要情形

（1）假借订立合同，恶意进行磋商。

（2）故意隐瞒与订立合同有关的重要事实或者提供虚假情况。

（3）有其他违背诚实信用原则的行为。

二、针对缔约过失的防范措施

（一）规范自身行为

缔约过失责任产生的前提是企业在签约过程中有不规范的行为，这些行为的发生极易带来合同风险。建议企业对自身的合同行为加以规范，避免因违反诚实信用原则而承担缔约过失责任。

（二）关注对方缔约行为

密切关注对方的缔约行为，一旦对方存在缔约过失行为，应及时采取合法措施维护自身权益。

（三）签署保密协议

企业最好在对外进行商业谈判之初，就与对方签署保密协议，尤其是涉及重大投资、融资、增资扩股和公司并购等项目时，应当签署完善的保密协议。

关联法规

《民法典》（2020 年 5 月 28 日公布）

第五百条　【订立合同的损失赔偿】 当事人在订立合同过程中有下列情形之

一，造成对方损失的，应当承担赔偿责任：

（一）假借订立合同，恶意进行磋商；

（二）故意隐瞒与订立合同有关的重要事实或者提供虚假情况；

（三）有其他违背诚信原则的行为。

第五百零一条　【保密义务】　当事人在订立合同过程中知悉的商业秘密或其他应当保密的信息，无论合同是否成立，不得泄露或者不正当地使用；泄露、不正当地使用该商业秘密或者信息，造成对方损失的，应当承担赔偿责任。

第七节　无效合同

我国法律规定，无效合同的当事人因合同所取得的财产应当予以返还。有过错的一方应当赔偿对方因此遭受的损失，双方都有过错的，应当各自承担相应的责任。

一、无效的民事法律行为

为了防范合同无效产生的风险，企业应注意民事法律行为无效的五种情形：

（1）无民事行为能力人实施的民事法律行为。

（2）行为人以虚假的意思表示实施的民事法律行为。

（3）违反法律、行政法规强制性规定的民事法律行为。

（4）违背公序良俗的民事法律行为。

（5）行为人与相对人恶意串通、损害他人合法权益的民事法律行为。

二、无效合同的情形归纳

（一）民法典合同部分

（1）根据《民法典》第四百九十七条的规定，提供格式条款一方不合理地免除或者减轻其责任、加重对方责任、限制对方主要权利，或者提供格式条款一方排除对方主要权利，该条款无效。

（2）根据《民法典》第五百零六条的规定，合同中规定造成对方人身损害免责的条款无效；因故意或者重大过失造成对方财产损失免责的条款无效。

（3）根据《民法典》第六百八十二条的规定，主债权债务合同无效的，保证合同无效，但是法律另有规定的除外。保证合同被确认无效后，债务人、保证人、债权人有过错的，应当根据其过错各自承担相应的民事责任。

（4）根据《民法典》第七百零五条的规定，租赁期限超过二十年的，超过部分无效。

（5）根据《民法典》第八百五十条的规定，非法垄断技术或侵害他人技术成果的技术合同无效。

（二）公司法、民法典及其司法解释担保部分

（1）根据《民法典》第四百零六条第一款的规定，抵押期间，抵押人可以转让抵押财产。当事人另有约定的，按照其约定。抵押财产转让的，抵押权不受影响。

（2）根据《民法典》第五百八十六条第二款的规定，定金的数额由当事人约定，但不得超过主合同标的额的百分之二十，超过部分不产生定金的效力。

（3）根据《民法典》第六百八十三条的规定，机关法人不得为保证人，但是经国务院批准为使用外国政府或者国际经济组织贷款进行转贷的除外。以公益为目的的非营利法人、非法人组织不得为保证人。

（4）根据《公司法》第十五条的规定，公司向其他企业投资或者为他人提供担保，违反公司章程的规定，未经由董事会或者股东会决议，担保合同无效。

（5）根据《最高人民法院关于适用〈中华人民共和国民法典〉有关担保制度的解释》第五条的规定，机关法人提供担保的，未经国务院批准为使用外国政府或者国际经济组织贷款进行转贷的担保合同无效；居民委员会、村民委员会提供担保的，依法代行村集体经济组织职能的村民委员会，未依照村民委员会组织法规定的讨论决定程序对外提供担保的担保合同无效。

（6）根据《最高人民法院关于适用〈中华人民共和国民法典〉有关担保制度的解释》第六条的规定，除该条款所列除外情形外，以公益为目的的非营利性学校、幼儿园、医疗机构、养老机构等提供担保的担保合同无效。

（三）招标投标法部分

（1）根据《招标投标法》第五十条的规定，招标代理机构泄露应当保密的与招标投标活动有关的情况和资料，或者与招标人、投标人串通损害国家利益、社会公共利益或者他人合法权益，影响中标结果的，中标无效。

（2）根据《招标投标法》第五十二条的规定，招标人向他人透露已获取招

标文件的潜在投标人的名称、数量或者可能影响公平竞争的有关招标投标的其他情况或者泄露标底，影响中标结果的，中标无效。

（3）根据《招标投标法》第五十三条的规定，投标人相互串通投标或者与招标人串通投标的，投标人以向招标人或者评标委员会成员行贿的手段谋取中标的，中标无效。

（4）根据《招标投标法》第五十四条的规定，投标人以他人名义投标或者以其他方式弄虚作假，骗取中标的，中标无效。

（5）根据《招标投标法》第五十五条的规定，依法必须进行招标的项目，招标人违反法律规定，与投标人就投标价格、投标方案进行谈判，影响中标结果的，中标无效。

（6）根据《招标投标法》第五十七条的规定，招标人在评标委员会依法推荐的中标候选人以外确定中标人的，依法必须进行招标的项目在所有投标被评标委员会否决后自行确定中标人的，中标无效。

（四）建设工程施工合同部分

（1）承包人未取得建筑业企业资质，其签订的合同无效。（《最高人民法院关于审理建设工程施工合同纠纷案件适用法律问题的解释（一）》）

（2）承包人超越资质等级签订的合同无效。（《最高人民法院关于审理建设工程施工合同纠纷案件适用法律问题的解释（一）》）

（3）必须进行招标而未招标所签订的建设工程合同无效。（《最高人民法院关于审理建设工程施工合同纠纷案件适用法律问题的解释（一）》）

（4）中标无效所签订的建设工程合同无效。（《最高人民法院关于审理建设工程施工合同纠纷案件适用法律问题的解释（一）》）

（5）建设工程承包人因转包、违法分包建设工程与他人签订的建设工程施工合同无效；没有资质的实际施工人借用有资质的建筑施工企业名义与他人签订的建设工程施工合同无效。（《最高人民法院关于审理建设工程施工合同纠纷案件适用法律问题的解释（一）》）

（五）土地法律、法规部分

（1）根据《土地管理法》第二条的规定，任何单位和个人不得侵占、买卖或者以其他形式非法转让土地，土地买卖合同无效。

（2）根据《中华人民共和国农村土地承包法》第五十八条的规定，农村土地承包合同中违背承包方意愿或者违反法律、行政法规有关不得收回、调整承包地等强制性规定的约定无效。

（3）如果签订合作开发房地产合同的当事人双方都不具备房地产开发经营资质的，则合同无效。（《最高人民法院关于审理涉及国有土地使用权合同纠纷案件适用法律问题的解释》）

（六）商品房买卖合同司法解释部分

（1）出卖人未取得商品房预售许可证明，与买受人订立的商品房预售合同无效，但是在起诉前取得商品房预售许可证明的，可以认定有效。（《最高人民法院关于审理商品房买卖合同纠纷案件适用法律若干问题的解释》）

（2）出卖人与第三人恶意串通，另行订立商品房买卖合同并将房屋交付使用，导致买受人无法取得房屋的，出卖人与第三方订立的商品房买卖合同无效。（《最高人民法院关于审理商品房买卖合同纠纷案件适用法律若干问题的解释》）

（七）城镇房屋租赁合同司法解释部分

（1）出租人就未取得建设工程规划许可证或者未按照建设工程规划许可证的规定建设的房屋，与承租人订立的租赁合同无效。但在一审法庭辩论终结前取得建设工程规划许可证或者经主管部门批准建设的，人民法院应当认定有效。（《最高人民法院关于审理城镇房屋租赁合同纠纷案件具体应用法律若干问题的解释》）

（2）出租人就未经批准或者未按照批准内容建设的临时建筑，与承租人订立的租赁合同无效。但在一审法庭辩论终结前经主管部门批准建设的，人民法院应当认定有效。（《最高人民法院关于审理城镇房屋租赁合同纠纷案件具体应用法律若干问题的解释》）

（3）租赁期限超过临时建筑的使用期限，超过部分无效。但在一审法庭辩论终结前经主管部门批准延长使用期限的，人民法院应当认定延长使用期限内的租赁期间有效。（《最高人民法院关于审理城镇房屋租赁合同纠纷案件具体应用法律若干问题的解释》）

（八）其他部分

（1）在政府采购中，供应商提供虚假材料谋取中标、成交的，采取不正当手段诋毁、排挤其他供应商的，与采购人、其他供应商或者采购代理机构恶意串通的，向采购人、采购代理机构行贿或者提供其他不正当利益的，在招标采购过程中与采购人进行协商谈判的，中标、成交无效。（《政府采购法》）

（2）保险人对保险标的不具有保险利益的，保险合同无效。（《保险法》）

（3）企业借贷合同无效。（《最高人民法院关于对企业借贷合同借款方逾期不归还借款的应如何处理的批复》）

关联法规

《民法典》（2020 年 5 月 28 日公布）

第一百四十三条 【民事法律行为有效的条件】 具备下列条件的民事法律行为有效：

（一）行为人具有相应的民事行为能力；

（二）意思表示真实；

（三）不违反法律、行政法规的强制性规定，不违背公序良俗。

第一百四十四条 【无民事行为能力人实施的民事法律行为的效力】 无民事行为能力人实施的民事法律行为无效。

第一百四十六条 【虚假表示与隐藏行为的效力】 行为人与相对人以虚假的意思表示实施的民事法律行为无效。

以虚假的意思表示隐藏的民事法律行为的效力，依照有关法律规定处理。

第一百五十三条 【违反强制性规定及违背公序良俗的民事法律行为的效力】 违反法律、行政法规的强制性规定的民事法律行为无效。但是，该强制性规定不导致该民事法律行为无效除外。

违背公序良俗的民事法律行为无效。

第一百五十四条 【恶意串通的民事法律行为无效】 行为人与相对人恶意串通，损害他人合法权益的民事法律行为无效。

第十一章　合同履行法律风险与防范

第一节　合同履行的原则

一、全面、诚信履行合同

（1）企业应当按照合同约定全面、诚信履行合同义务，不得随意拒绝履行或者不全面履行合同义务，不得擅自变更或者解除合同，同时，还应当履行协助、告知、保密、防止损失扩大等义务。

（2）不全面履行合同义务或者履行合同义务违背诚信原则，会严重损害企业的信用并产生违约风险。

二、保存合同履行的证据

建议企业在合同交易环节中保留以下七种证据。

（一）交货凭证

合同中需要确认收货人、签收方式（签字或者盖章）。

（二）工作文档、工作成果提交凭证

工作成果一般指智力成果。合同中应确认对方接收文件的方式，如电子邮箱、短信、微信等。

（三）验收单、确认书

合同中应明确货物质量标准、工作成果的验收标准、提出异议的方式，并说明如果一定期限未验收或未提出异议则视为通过验收。

（四）费用的结算凭据

合同中应明确费用的结算凭据和对账结算方式。

（五）书面通知

合同履行中常要向对方发出通知，如订单、变更解除终止合同、结算、索赔等各类通知。为避免对方否认收到通知，当事人应当在合同中约定联系方式，并在发出通知后保留凭证。

（六）付款收款

如果对方的收款账号并非对方公司账号或者对方本人账号，则需要在合同中列明对方的指定收款账号。

（七）已经履行合同的证据

对于合同签署时已发生的重要法律事实（已履行的权利义务、已付款项、已出现的违约事实等），应当在合同中进行确认。

关联法规

《民法典》（2020 年 5 月 28 日公布）

第五百零九条 【合同的履行】 当事人应当按照约定全面履行自己的义务。

当事人应当遵循诚信原则，根据合同的性质、目的和交易习惯履行通知、协助、保密等义务。

当事人在履行合同过程中，应当避免浪费资源、污染环境和破坏生态。

第五百八十二条 【违约责任】 履行不符合约定的，应当按照当事人的约定承担违约责任。对违约责任没有约定或者约定不明确，依据本法第五百一十条的规定仍不能确定的，受损害方根据标的的性质以及损失的大小，可以合理选择请求对方承担修理、重作、更换、退货、减少价款或者报酬等违约责任。

第五百八十三条 【损失赔偿】 当事人一方不履行合同义务或者履行合同义务不符合约定的，在履行义务或者采取补救措施后，对方还有其他损失的，应当赔偿损失。

第二节　标的物验收与交付

一、验收的时间与期限

实践中，当事人经常会因为货物的验收时间与提出异议的期限引发争议，为了避免这一风险，建议企业在购销合同中约定验收时间和异议期限。

（一）即时验收

"即时验收"是指在标的物交付时立即验收，属于标的物数量、质量风险须立即转移的情形。比如发货人（承运人）要求收货人提取货物时在提货单上签名等。

（二）及时验收

及时验收在时间上不及前述的即时验收紧凑，但仍需接收方在短期内尽快进行验收，否则，由接收方承担标的物质量和数量损毁变化的风险。比如建筑工程中的"隐蔽工程"需要及时进行检验等。

二、将验收与质量保证加以区别

（一）验收

验收是检查交付标的物的数量、质量是否符合合同的约定，交付人承担的是双方约定的主合同义务的履行责任，是约定义务。

（二）质量保证责任

质量保证责任是后合同义务，属于法定的合同附随义务。在保修期内，交付人承担的是对交付产品的质量问题的瑕疵担保责任，属法定义务。

标的物验收与质量保证两者在法律性质上是不同的。

三、视作验收的情况

（1）当事人在合同约定或者法定的验收期限内，没有对标的物的数量、质量提出异议，视作默认质量合格。

（2）建设工程已投入使用，但根据工程特定情况经使用（运行）后才能发现质量问题的标的物除外。

（3）接收定作物后进行转手销售或者进行下一工序的安装制作或者加工。

四、合同付款方式

（一）一般合同中应指定收款账号

关于付款方：如果对方是通过非正式公司账号收款，则必须在合同中列明收款账号，否则存在风险。

关于收款方：企业为防止出现现场负责人员代收款的风险，应明确公司除指定账号收款之外未指定其他人（包括现场负责人员）收款。

（二）付款方式（一次付款或分期付款）

如果是分期付款，应当明确每一期付款的前提条件，通常最后一期款是在质量保证期结束后再支付，避免合同被单方控制。

（三）关于发票与税务负担

（1）开具发票是法定义务，合同中应当对开具发票产生的税款承担进行明确约定。

（2）合同中约定的价格如未明确为不含税价格，则应当理解为含税价格。如果收款方是自然人，应当明确向该人支付的费用是否为税后。如未明确则应为税前，付款方有义务代扣代缴个人所得税，如果未明确约定税款负担，当事人可能会因此发生争议。

（3）付款方可以与收款方明确约定先开发票后付款。

（4）如果是长期的合同，可考虑约定不含税价格，因为税率可能会有波动。或者可以约定税率和税金部分要根据法规政策相应调整。

（5）不同项目的价款对应的税率可能不同，为此，需要在合同中分别注明不同项目价款，而不能仅列明总价。

关联法规

《民法典》(2020 年 5 月 28 日公布)

第五百一十条 **【合同约定不明确的解决】** 合同生效后，当事人就质量、价款或者报酬、履行地点等内容没有约定或者约定不明确的，可以协议补充；不能达成补充协议的，按照合同相关条款或者交易习惯确定。

第五百一十一条 **【合同内容约定不明确的履行规则】** 当事人就有关合同内容约定不明确，依据前条规定仍不能确定的，适用下列规定：

（一）质量要求不明确的，按照强制性国家标准履行；没有强制性国家标准的，按照推荐性国家标准履行；没有推荐性国家标准的，按照行业标准履行；没有国家标准、行业标准的，按照通常标准或者符合合同目的的特定标准履行。

（二）价款或者报酬不明确的，按照订立合同时履行地的市场价格履行；依法应当执行政府定价或者政府指导价的，依照规定履行。

（三）履行地点不明确，给付货币的，在接受货币一方所在地履行；交付不动产的，在不动产所在地履行；其他标的，在履行义务一方所在地履行。

（四）履行期限不明确的，债务人可以随时履行，债权人也可以随时请求履行，但是应当给对方必要的准备时间。

（五）履行方式不明确的，按照有利于实现合同目的的方式履行。

（六）履行费用的负担不明确的，由履行义务一方负担；因债权人原因增加的履行费用，由债权人负担。

第五百一十二条 **【电子合同】** 通过互联网等信息网络订立的电子合同的标的为交付商品并采用快递物流方式交付的，收货人的签收时间为交付时间。电子合同的标的为提供服务的，生成的电子凭证或者实物凭证中载明的时间为提供服务时间；前述凭证没有载明时间或者载明时间与实际提供服务时间不一致的，以实际提供服务的时间为准。

电子合同的标的物为采用在线传输方式交付的，合同标的物进入对方当事人指定的特定系统且能够检索识别的时间为交付时间。

电子合同当事人对交付商品或者提供服务的方式、时间另有约定的，按照其约定。

第六百二十条 **【检验期间】** 买受人收到标的物时应当在约定的检验期间内检验。没有约定检验期间的，应当及时检验。

第七百八十条 **【承揽合同的交付】** 承揽人完成工作的，应当向定作人交付工作成果，并提交必要的技术资料和有关质量证明。定作人应当验收该工作成果。

第七百九十八条 【隐蔽工程】 隐蔽工程在隐蔽以前，承包人应当通知发包人检查。发包人没有及时检查的，承包人可以顺延工程日期，并有权要求赔偿停工、窝工等损失。

第八百三十一条 【约定检验期限】 收货人提货时应当按照约定的期限检验货物。对检验货物的期限没有约定或者约定不明确，依据本法第五百一十条的规定仍不能确定的，应当在合理期限内检验货物。收货人在约定的期限或者合理期限内对货物的数量、毁损等未提出异议的，视为承运人已经按照运输单证的记载交付的初步证据。

第九百零七条 【保管合同的验收】 保管人应当按照约定对入库仓储物进行验收。保管人验收时发现入库仓储物与约定不符合的，应当及时通知存货人。保管人验收后，发生仓储物的品种、数量、质量不符合约定的，保管人应当承担赔偿责任。

《最高人民法院关于审理建设工程施工合同纠纷案件适用法律问题的解释（一）》（法律〔2020〕25号）

第十四条 【建设工程的竣工验收】 建设工程未经竣工验收，发包人擅自使用后，又以使用部分质量不符合约定为由主张权利的，人民法院不予支持；但是承包人应当在建设工程的合理使用寿命内对地基基础工程和主体结构质量承担民事责任。

第三节　合同联系人与合同代理人

一、合同联系人与合同代理人

合同中的联系人不一定是合同代理人，比如该联系人无权代理合同当事人收款、收货或者代签法律文件。因此，必须明确该联系人的工作、权限范围。

合同中若有授权代理人，则应当明确该代理人的权限范围，并列明其无权代理的事项。

二、表见代理法律风险防范

(一) 审查签约人的身份情况

无论签约人是法定代表人还是代理人，都应当核对其身份证件。若是代理人，则应当审查其授权委托书或者介绍信，注意其授权事项是否包含合同签订，授权期限是否过期。在合同盖章时，应当审查签约人使用的合同专用章或者公章是否与其公司预留印章式样相一致、是否存在伪造的可能等。

(二) 表见代理的处理

若行为人没有代理权、超越代理权或者代理权终止后，以被代理人名义订立合同的，相对人可以催告被代理人在一个月内予以追认。被代理人未做表示的，视为拒绝追认。合同被追认之前，善意相对人有撤销的权利，撤销应当以通知的方式作出。

关联法规

《民法典》(2020年5月28日公布)

第一百七十一条 【无权代理】 行为人没有代理权、超越代理权或者代理权终止后，仍然实施代理行为，未经被代理人追认的，对被代理人不发生效力。

相对人可以催告被代理人自收到通知之日起三十日内予以追认。被代理人未作表示的，视为拒绝追认。行为人实施的行为被追认前，善意相对人有撤销的权利。撤销应当以通知的方式作出。

行为人实施的行为未被追认的，善意相对人有权请求行为人履行债务或者就其受到的损害请求行为人赔偿。但是，赔偿的范围不得超过被代理人追认时相对人所能获得的利益。

相对人知道或应当知道行为人无权代理的，相对人和行为人按照各自的过错承担责任。

第一百七十二条 【表见代理】 行为人没有代理权、超越代理权或代理权终止后，仍然实施代理行为，相对人有理由相信行为人有代理权的，代理行为有效。

第四节　合同履行的附随义务

合同附随义务，是合同义务的扩张，指合同当事人按照约定全面履行给付义务的同时，须履行通知、减损、协助、保密等与合同有关的义务。

一、通知义务

通知义务，又称告知义务，是指债务人有义务使债权人知晓涉及其利益的事项。通知义务包括说明义务、忠实报告义务、瑕疵告知义务、迟到告知义务、提存地点及其方式的通知等。

二、协助义务

协助义务，又称为协作义务，指合同当事人应当互为对方行使合同权利、履行合同义务提供协助和便利，促使合同目的的实现。

（一）缔约中

当事人在缔约过程中应承担协助义务。

（二）履约中

当事人在履约中应当顾及另一方及其标的物的状况，最大限度地运用其能力和一切可以运用的手段，实现对方的正当愿望，以利于合同的适当履行。

（三）履约后

合同关系终止后，当事人应当协助对方处理与合同相关的事务。

三、保密义务

保密义务，是指当事人一方对于知晓的对方的商业秘密或要求保密的信息、事项不得对第三人泄露，它只要求义务人消极的不作为，不要求义务人积极的作为。

（一）真实意图审查

企业在订立合同前，应注意审查合同相对方的真实意图，了解对方是否存在以假借订立合同的名义，实施恶意磋商或者恶意串通行为。

（二）签署保密协议

企业在订立合同之前，要与相关人员签署保密协议，明确保密事项与保密期限，保证商业秘密不被泄露。

（三）核心内容保护

企业在与合同相对方进行初步洽谈时，建议仅提供合同项目初步方案，以保护企业自身有关合同项目的核心内容。

（四）遵循诚信原则

企业须明确自身应尽的后合同义务，主要有遵循诚实信用原则，以及根据交易习惯应履行的通知、保密和协助义务等。

（五）保密条款的注意事项

1. 保密期限

保密期限可以约定为直至保密信息被依法公开披露为止，其主要是约定在双方的合作期限内，以及合作解除或者终止后一定期限内承担保密义务。

2. 保密信息的范围

对于重要的保密信息应专门说明，即明确约定"下列信息属于保密信息"，也可约定"一方提供的资料信息标注有'机密或者保密'字样时，均为保密信息"。

3. 违约责任

一般保密约定可不用专门约定违约责任，而按《民法典》要求违约方承担违约责任。

🌱 **关联法规**

《民法典》（2020 年 5 月 28 日公布）

第五百条　【缔约过失责任】　当事人在订立合同过程中有下列情形之一，造成对方损失的，应当承担赔偿责任：

（一）假借订立合同，恶意进行磋商；

（二）故意隐瞒与订立合同有关的重要事实或者提供虚假情况；

（三）有其他违背诚信原则的行为。

第五百零一条　【合同缔结人的保密义务】　当事人在订立合同过程中知悉的商业秘密或者其他应当保密的信息，无论合同是否成立，不得泄露或者不正当地使用；泄露、不正当地使用该商业秘密或者信息，造成对方损失的，应当承担赔偿责任。

第五百零九条【合同履行的原则：全面履行、诚信履行、生态履行】　当事人应当按照约定全面履行自己的义务。

当事人应遵循诚信原则，根据合同的性质、目的和交易习惯履行通知、协助、保密等义务。

当事人在履行合同过程中，应当避免浪费资源、污染环境和破坏生态。

第五百五十八条　【后合同义务】　债权债务终止后，当事人应当遵循诚信等原则，根据交易习惯履行通知、协助、保密、旧物回收等义务。

第七百二十六条　【租赁期间的出卖通知义务】　出租人出卖租赁房屋的，应当在出卖之前的合理期限内通知承租人，承租人享有以同等条件优先购买的权利；但是，房屋按份共有人行使优先购买权或者出租人将房屋出卖给近亲属的除外。

出租人履行通知义务后，承租人在十五日内未明确表示购买的，视为承租人放弃优先购买权。

第七百四十一条　【租赁期间承租人的代行权利】　出租人、出卖人、承租人可以约定，出卖人不履行买卖合同义务的，由承租人行使索赔的权利。承租人行使索赔权利的，出租人应当协助。

第七百七十五条　【承揽人的检验义务】　定作人提供材料的，应当按照约定提供材料。承揽人对定作人提供的材料应当及时检验，发现不符合约定时，应当及时通知定作人更换、补齐或者采取其他补救措施。

承揽人不得擅自更换定作人提供的材料，不得更换不需要修理的零部件。

第七百七十八条　【定作人的协助义务】　承揽工作需要定作人协助的，定作人有协助的义务。定作人不履行协助义务致使承揽工作不能完成的，承揽人可以催告定作人在合理期限内履行义务，并可以顺延履行期限；定作人逾期不履行的，承揽人可以解除合同。

第七百九十八条　【隐蔽工程的检查义务】　隐蔽工程在隐蔽以前，承包人应当通知发包人检查。发包人没有及时检查的，承包人可以顺延工程日期，并有权请求赔偿停工、窝工等损失。

第八百三十条 【承运人的通知义务】 货物运输到达后，承运人知道收货人的，应当及时通知收货人，收货人应当及时提货。收货人逾期提货的，应当向承运人支付保管费等费用。

第九百零七条 【保管人的验收义务】 保管人应当按照约定对入库仓储物进行验收。保管人验收时发现入库仓储物与约定不符合的，应当及时通知存货人。保管人验收后，发生仓储物的品种、数量、质量不符合约定的，保管人应当承担赔偿责任。

第五节　合同履行不能

一、瑕疵履行

依据《民法典》第五百八十二条的规定，履行合同不符合约定的，应当按照当事人的约定承担违约责任。对违约责任没有约定或者约定不明确，依据本法第五百一十条的规定仍不能确定的，受损害方根据标的的性质以及损失的大小，可以合理选择请求对方承担修理、重作、更换、退货、减少价款或者报酬等违约责任。

二、对方违约

企业在合同履行过程中，是没有任何方式能够完全避免对方的违约或者不当行为的。

当对方出现违约时，企业能做的只能是及时采取措施以弥补损失，避免造成更大的损失，并保留追究对方违约责任的权利。若因没有规范行使权利，使得自己的权利消失，或者没有保留有利证据，将给企业自身带来难以弥补的法律风险。

企业在自身权益受到侵害时，如果不及时采取相应的保全措施，必然会给自己带来法律风险。有的企业不知道采取保全措施来维护自身权益，甚至明知债务人有恶意不履行债务的情况，也因不了解自身享有代位权和撤销权，而错失了维权的时机。

（一）行使法定或约定的权利

在对方违约的情况下，企业应积极行使法定或者约定权利，并保留相关证据，以更好地追究对方相应的责任，保障自己的合法权益。

（二）抗辩权的行使及法律风险

《民法典》规定了先履行抗辩权、同时履行抗辩权、不安抗辩权。不同的抗辩权行使有不同的条件规定，必须依法行使。

1. 己方行使抗辩权

在对方违约的情况下，若己方行使抗辩权不当，则可能因此而造成违约行为，给自身带来法律风险。

2. 对方行使抗辩权

在对方行使抗辩权时，需要进一步分析其抗辩权是否符合法定条件和程序，以更好地维护自身权益。另外，企业如果希望合同继续，也可以通过向对方提供相应担保来要求恢复履行合同。

（三）保全措施及法律风险

保全措施是债权人用来维护自身权益的有效途径，法律规定了撤销权行使的期限，超过法定期限则将丧失撤销权，同样会给企业带来严重的损害。

三、己方违约

合同签订后，企业可能因为情事变更而不愿继续履行合同，此时的补救措施是对法律风险的减少和消除。

（一）向对方提供违约证据的法律风险

企业出现己方违约的情形时，可尽量表明如依原合同继续履行则会造成困难及损失，以表达与合同相对方协议解除合同的意愿。

若企业采用书面形式要求与对方协商解除合同，有可能产生以下两种法律风险：

（1）一旦协商不成，则己方出具的书面函件有可能被对方拿来主张企业违约。

（2）若企业要求继续履行合同，合同相对方仍可能根据企业提供的书面函件拒绝履行合同，并以此主张企业已经构成根本违约，要求解除合同，同时追究企业的违约责任。

（二）不当成就解除条件的法律风险

在己方违约时，如果企业为了解除约定，故意成就合同中约定的解除条件，然后向对方发出解除合同的通知，那么，合同相对方有可能以企业不当成就解除条件为由，追究企业的违约责任。

四、不可抗力

当事人履行合同过程中发生不可抗力事件时，应当履行通知义务、预防损失扩大等一系列附随义务，否则，合同当事人不能免除合同违约责任。

（一）通知、证明义务

（1）企业在履行通知义务时应该采用合适方式，不能仅采用电话或者传真方式履行通知义务，否则很难充分证明通知义务的履行。在以电话或传真方式履行通知义务后，仍应以函件形式进行补充通知，否则将可能难以免除合同违约责任。

（2）在合理时间内提供必要的证明文件，否则可能难以得到认可。

（3）不可抗力结束后，企业应当继续履行合同，以减轻可能给另一方造成的损失。

（二）减损措施

不可抗力造成的损失应当由当事人己方承担，因此，当事人必须采取有效的减损措施。在合同中约定减损措施费用承担、措施采纳机制等事项，不仅可以降低不可抗力条款本身约定不足的法律风险，同时，将为企业减少未来遇到不可抗力时的损失。

五、监督对方履行合同

当事人在合同履行中，如果只知道自己的履行情况，而不知道对方的履行情况，则对合同履行情况就失去全面的把控。如果发现对方履行存在瑕疵或者已经出现违约，守约方就需要考虑采取相应措施。

监督对方履行合同，也是保证合同全面履行的一种有效方法，可以减少合同违约的机会，有利于实现合同目的。监督对方履行合同有以下四种方法：

（1）进行必要沟通，向对方了解合同执行情况。

（2）实地了解合同的履行情况。

（3）发现对方违约及时提示，向对方发出口头或者书面提醒。

（4）在对方已经违约又无意改正时，向对方发出企业信函、律师函，进行严正的履约监督告示，正式要求对方限期改正违约行为，否则，依照法律规定追究违约责任，相应法律后果由违约方承担。

六、收集和保留对方违约的证据

合同履行中，如果遇到对方出现违约行为的，应当收集和留存对方违约的相关证据，便于双方发生合同纠纷时有效依法解决。

（一）保留合同及其附件

应收集和保留的首要证据就是合同及其附件，合同及其附件能证明当事人权利义务关系的建立，是证明当事人违约的最好证据。

（二）保留付款凭证、运单及验收单

1. 付款凭证

付款凭证是付款人履行付款义务的证据。

2. 运单

运单记载着所运货物的时间、地点、数量，是卖方交付的凭证，可以证明卖方履行交付义务的情况。

3. 验收单

验收单是收货方对货物验收的记载，是买方已收到货物的证明。

（三）保留异议书、双方往来信件、电子邮件

1. 异议书

如果买方对货物的数量、质量、包装破损有异议，应当在合同约定的时间内向卖方提出异议书，证明买方对所交货物不予认可。

2. 往来函件

往来函件反映双方对问题的处理意见和要求，可以证明其主张权利内容的存在。

3. 电子邮件

电子邮件可作为证据使用，使用之前有必要进行公证。

七、签订补充协议

合同签署后，如果发生了意料之外的问题，或者原合同对有些问题约定不明确，各方当事人可以重新达成一致意见并签订补充协议，以解决合同履行中悬而未决的问题，排除合同法律风险。签订补充协议应当注意以下两点：

（1）补充协议是对当事人履行合同情况进行调整、变更的记载，当事人应当写明所需补充的合同部分、补充的具体事项，原合同已有的规定若无变动则不需调整，但不得利用补充协议规避法律规定。

（2）有的合同约定本合同具备唯一的法律效力，这就排斥了补充协议的效力，此时应当在补充协议中先对原合同排斥条款进行修改，然后在补充协议中约定当发生合同中的内容与补充协议不一致的情况时，以补充协议为准，以确保补充协议的效力并使补充协议得到履行。

八、合同权利转让与义务转移

（一）合同义务转移

合同义务转移需与债权人协商，取得债权人的同意后方可转移，未经债权人同意不得转移。

在有法律特别规定的情况下（比如建设工程转包），即便是合同当事人均同意转移合同义务，法律法规也不允许转移，因为此时的合同义务人不能通过当事人的约定进行变更。

（二）合同权利转让

合同权利转让时，无须义务一方的同意，但权利人应当通知义务人，即权利人应当将转让合同权利的情况告知合同义务一方。

关联法规

《民法典》（2020年5月28日公布）

第五百四十五条　【债权转让的例外】　债权人可以将债权的全部或者部分转

让给第三人，但是有下列情形之一的除外：

（一）根据债权性质不得转让；

（二）按照当事人约定不得转让；

（三）依照法律规定不得转让。

当事人约定非金钱债权不得转让的，不得对抗善意第三人。当事人约定金钱债权不得转让的，不得对抗第三人。

第五百四十六条　【债权转让的效力】　债权人转让债权，未通知债务人的，该转让对债务人不发生效力。

债权转让的通知不得撤销，但是经受让人同意的除外。

第五百四十七条　【债权的取得】　债权人转让债权的，受让人取得与债权有关的从权利，但是该从权利专属于债权人自身的除外。

受让人取得从权利不因该从权利未办理转移登记手续或者未转移占有而受到影响。

第五百四十八条　【债权转让的抗辩权】　债务人接到债权转让通知后，债务人对让与人的抗辩，可以向受让人主张。

第五百四十九条　【债权的抵销】　有下列情形之一的，债务人可以向受让人主张抵销：

（一）债务人接到债权转让通知时，债务人对让与人享有债权，且债务人的债权先于转让的债权到期或者同时到期；

（二）债务人的债权与转让的债权是基于同一合同产生。

第五百五十条　【债权转让的费用承担】　因债权转让增加的履行费用，由让与人负担。

第五百五十一条　【债权转让的同意】　债务人将债务的全部或者部分转移给第三人的，应当经债权人同意。

债务人或者第三人可以催告债权人在合理期限内予以同意，债权人未作表示的，视为不同意。

第五百五十三条　【债权转让的抗辩与抵销】　债务人转移债务的，新债务人可以主张原债务人对债权人的抗辩；原债务人对债权人享有债权的，新债务人不得向债权人主张抵销。

第五百五十五条　【合同权利义务的转让】　当事人一方经对方同意，可以将自己在合同中的权利和义务一并转让给第三人。

第六节　合同履行受阻

一、债权人分立、合并或者变更住所

债权人分立、合并或者变更住所应当通知债务人，若没有通知债务人，以致债务人履行债务困难的，债务人可以中止履行债务。

二、标的物提存

债务履行的标的物符合提存条件的，债务人可以将标的物提存。

三、保留合同履行证据

债务人应当将自己履行合同的证据进行留存，避免因对方当事人主张债务人未履行义务而承担违约责任。

关联法规

《民法典》（2020 年 5 月 28 日公布）

第五百二十九条 【债权人致债务履行困难的处理】 债权人分立、合并或者变更住所没有通知债务人，致使履行债务发生困难的，债务人可以中止履行或者将标的物提存。

第七节 债务人提前履行、部分履行债务

针对债务人在履行合同时，提前履行或者部分履行损害企业利益的，企业可采取以下两方面的应对措施。

一、约定提前履行、部分履行债务的违约责任

为避免债务人提前履行、部分履行债务，债权人可以与其在合同中约定，若债务人提前履行或者部分履行债务需承担违约责任。

二、约定增加的费用承担

合同中可约定债权人有权拒绝债务人提前履行、部分履行债务，或者要求债务人承担由此增加的费用。

关联法规

《民法典》（2020 年 5 月 28 日公布）

第五百三十条 【债务人提前履行债务】 债权人可以拒绝债务人提前履行债务，但是提前履行不损害债权人利益的除外。

债务人提前履行债务给债权人增加的费用，由债务人负担。

第五百三十一条 【债务人部分履行债务】 债权人可以拒绝债务人部分履行债务，但是部分履行不损害债权人利益的除外。

债务人部分履行债务给债权人增加的费用，由债务人负担。

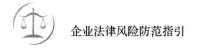

第八节 合同履行抗辩权

一、先履行抗辩权

先履行抗辩权，是指合同当事人互负债务，有先后履行顺序时，在应当先履行的一方未履行之前，后履行的一方有权拒绝其履行请求，先履行一方履行债务不符合约定的，后履行一方有权拒绝其相应的履行请求的权利。

合同出现风险时，当事人在符合法律规定的条件下，可以行使先履行抗辩权以维护自身合法利益，但应注意以下两方面问题。

（一）不混淆合同履行的先后顺序

合同约定履行有先后顺序的，负有先履行义务的一方应当先履行合同义务，不应当混淆合同履行的先后顺序，错误地要求后履行的一方先履行，导致发生合同纠纷。

（二）恢复履行合同义务

先履行抗辩权，是在负有先履行义务的一方没有履行或者履行不符合约定的情况下所行使的抗辩权。而且，行使先履行抗辩权并不等于自己可以不再履行合同义务，如对方完全履行了合同义务，行使先履行抗辩权的一方就应当恢复履行合同义务。

二、不安抗辩权

不安抗辩权，是指应当先履行的一方有确切证据证明对方不能履行，或者有不能履行义务的可能时，在对方没有履行或者提供担保之前，有拒绝先履行合同义务的权利。

负有先履行义务的一方当事人在确有证据证明对方不能履行合同义务时，可以中止履行合同，以行使合同履行中的法定自助权，但应当注意以下问题。

（一）行使不安抗辩权的前提

必须有证据证明后履行一方当事人出现以下情形：①经营状况严重恶化或者出现转移财产、抽逃资金以逃避债务的状况；②丧失商业信誉；③有丧失或者可能丧失履行债务能力的其他情形。

（二）举证责任

企业在行使不安抗辩权时，应当有证据证明对方不能履行合同，或者有不能履行合同的可能性。

（三）通知义务

企业行使不安抗辩权后，应当立即通知对方当事人。

（四）解除合同的情形

企业在行使不安抗辩权后，若对方在合理期限内既未提供担保，也不能证明自己具有履行能力的，企业有权解除合同。

关联法规

《民法典》（2020 年 5 月 28 日公布）

第五百二十六条　【先履行抗辩权】 当事人互负债务，有先后履行顺序，先履行一方未履行的，后履行一方有权拒绝其履行要求。先履行一方履行债务不符合约定的，后履行一方有权拒绝其相应的履行要求。

第五百二十七条　【不安抗辩权】 应当先履行债务的当事人，有确切证据证明对方有下列情形之一的，可以中止履行：

（一）经营状况严重恶化；

（二）转移财产、抽逃资金，以逃避债务；

（三）丧失商业信誉；

（四）有丧失或者可能丧失履行债务能力的其他情形。

当事人没有确切证据中止履行的，应当承担违约责任。

第五百二十八条　【行使不安抗辩权】 当事人依据前条规定中止履行的，应当及时通知对方。对方提供适当担保的，应当恢复履行。中止履行后，对方在合理期限内未恢复履行能力且未提供适当担保的，视为以自己的行为表明不履行主要债务，中止履行的一方可以解除合同并可以请求对方承担违约责任。

第十二章　合同撤销、变更、解除法律风险与防范

第一节　合同撤销

合同撤销权，是指因合同欠缺一定的生效要件，而导致一方当事人享有的单方撤销合同的权利。

一、行使合同撤销权的必要性、方法性

（一）行使合同撤销权的必要性

当事人发现合同存在撤销情形时，应当及时行使撤销权，如果当事人在知道或者应当知道撤销事由发生未及时行使撤销权，将产生撤销权消灭而对己不利的法律风险。

（二）行使合同撤销权的方法性

当事人在发现合同存在重大误解或者显失公平时，应通过主张变更或者撤销合同的方式进行补救，不能主张合同无效，否则，可能产生败诉的风险。

二、行使合同撤销权应注意的问题

（一）行使合同撤销权的法定情形

当合同存在重大误解、显失公平、欺诈或胁迫情形之一时，当事人可向人民法院申请撤销该合同。

（二）行使合同撤销权的主体

行使合同撤销权的主体视不同情况分别确定，如果是因重大误解和显失公平导致合同可撤销的，行使撤销权的主体为双方当事人；如果是一方以欺诈、胁迫

的手段使对方违背真实意思订立合同的，行使撤销权的主体为受损害的一方。

（三）行使合同撤销权的期限

《民法典》第一百五十二条（见本节关联法规）规定了撤销权的行使期限。

（四）合同被撤销后的法律效力

撤销权人行使合同撤销权后，被撤销的合同自始没有法律约束力，当事人需各自承担返还财产、折价补偿和赔偿损失的民事责任。

关联法规

《民法典》（2020 年 5 月 28 日公布）

第一百四十七条 【基于重大误解实施的民事法律行为的效力】 基于重大误解实施的民事法律行为，行为人有权请求人民法院或者仲裁机构予以撤销。

第一百四十八条 【以欺诈手段实施的民事法律行为的效力】 一方以欺诈手段，使对方在违背真实意思的情况下实施的民事法律行为，受欺诈方有权请求人民法院或仲裁机构予以撤销。

第一百四十九条 【受第三人欺诈的民事法律行为的效力】 第三人实施欺诈行为，使一方在违背真实意思的情况下实施的民事法律行为，对方知道或者应当知道该欺诈行为的，受欺诈方有权请求人民法院或者仲裁机构予以撤销。

第一百五十条 【以胁迫手段实施的民事法律行为的效力】 一方或者第三人以胁迫手段，使对方在违背真实意思的情况下实施的民事法律行为，受胁迫方有权请求人民法院或者仲裁机构予以撤销。

第一百五十一条 【显失公平的民事法律行为的效力】 一方利用对方处于危困状态、缺乏判断能力等情形，致使民事法律行为成立时显失公平的，受损害方有权请求人民法院或者仲裁机构予以撤销。

第一百五十二条 【撤销权的消灭】 有下列情形之一的，撤销权消灭：

（一）当事人自知道或者应当知道撤销事由之日起一年内、重大误解的当事人自知道或者应当知道撤销事由之日起九十日内没有行使撤销权；

（二）当事人受胁迫，自胁迫行为终止之日起一年内没有行使撤销权；

（三）当事人知道撤销事由后明确表示或者以自己的行为表明放弃撤销权。

当事人自民事法律行为发生之日起五年内没有行使撤销权的，撤销权消灭。

第二节　合同变更

一、合同变更的必要性

合同签订后，如果合同的履行期限、履行方式、履行内容、交付条件或者交易价款等事项有所改变，企业应当及时与对方签订补充协议，对变更事宜进行明确约定。否则，会对企业之后履行合同产生不利影响，一旦发生纠纷，企业还将难以维护自身合法权益。

二、合同变更应注意的问题

（一）发函与起诉

在双方未对合同变更达成一致补充协议的情况下，企业如果对实际履行的合同有异议，应当在知道相关情况时，及时通过函件等书面形式与对方进行交涉，并保留相关证据，也可以在法定时效内提起诉讼。

（二）签订变更协议

（1）当事人对合同条款的变更，应当按照合同文本审批的程序，对变更协议进行审查和管理，并应当注意保存在合同变更过程中所产生的相关材料。

（2）在合同相对方不能全面履行合同的情况下，应当签订书面变更协议，除对企业有利的情况外，不应当以推定的方式达成合同变更。

（3）有关合同变更的协议一定要履行相关的审查程序，切不可随意变更。

（三）重签合同

如果重新签订的合同内容与原合同不同，且新合同既没有体现出对原合同的补充，也没有约定原合同终止，则新合同与原合同会构成阴阳合同，由此，会导致风险的产生。因此，在重签合同时应当对原合同是否终止进行约定。

（四）补充合同的效力与内容衔接

补充合同应当以原合同为基础，并明确对原合同条款进行补充或者变更。如在签订补充合同前已经签订了多份补充合同，也应当在本次补充合同中明确约定以下问题，以做好几份合同内容的衔接：

(1) 原合同项下权利义务的履行期限。

(2) 已经履行完毕部分的后续责任。

(3) 新合同约定的生效时间。

(4) 跨越补充合同与原合同的行为界定、内容的搭配。

(5) 因合同变更所引起的费用和损失的界定等。

关联法规

《民法典》（2020 年 5 月 28 日公布）

第五百四十三条 **【变更合同的条件】** 当事人协商一致，可以变更合同。

第五百四十四条 **【合同变更内容不明确的推定为未变更】** 当事人对合同变更的内容约定不明确的，推定为未变更。

第三节 合同解除

一、合同解除的必要性

合同解除，是指当事人在合同生效后，因合同具备了解除条件，通过当事人的意思表示而使合同关系归于消灭的法律行为。

合同解除权分为约定解除权和法定解除权。约定解除权是根据合同双方当事人的约定而产生的解除权；法定解除权是由法律规定而产生的解除权，即法律在特定条件下赋予当事人解除合同的权利。

二、行使合同解除权应当注意的问题

当事人应当准确把握两种合同解除的情形，在合同签订和履行的过程中合理行使合同解除权，以避免产生法律风险。解除合同时主要应当注意以下问题：

（一）未约定解除条件

由于法律对合同解除只是作出了原则性的规定，其标准不甚明确，实务中，各方当事人对法律规定的理解难免存在分歧，极有可能导致解除合同时产生争议。因此，我们建议当事人各方应在合同中约定合同可以解除的情形，例如将合同订立的基础目的或者某些因素的改变等列为可以解除合同的条件，更有利于避免争议的产生。

（二）未经充分协商，擅自解除合同

在合同履行过程中，如果出现不利于合同履行的客观情况，或者当事人不愿意继续履行合同，但又无法通过法定或者约定解除时，意图解除合同的一方当事人应当及时向对方提出解除合同的要求，并就善后事宜的处理提出积极的建议，在征得对方同意后签订解除合同的协议，不应当单方擅自解除合同。

（三）合同解除通知义务

行使解除权的一方当事人，可以采取信函或电子邮件等方式向对方送达合同解除通知，对方签收后，尽量保存对方的签收单据。

如果采用上述方式无法送达时，可以采用登报公告的方式。登报应当选择在当事人所在地省级以上的公开报纸。

（四）限期行使单方解除权

无论是法定解除权还是约定解除权均受到除斥期间的限制，如在法定的除斥期间内怠于行使权利，则会产生解除权消灭的后果。

因此，企业在取得合同解除权后，应当及时向对方发出催告，并在催告后的合理期限内行使解除权。

（五）合同解除的异议处理

如果收到解除通知的一方当事人不同意解除合同或者有其他异议的，应当在约定的期限内向对方提出异议；如果双方未约定异议期限，解除通知亦未明确异议期限的，有异议的一方应当在接到解除通知后的 3 个月内提出异议，逾期提出的则可能要承担败诉的法律风险。

（六）合同解除后续事项约定

合同解除后通常还有善后事宜需要处理，双方应在解除合同时约定善后事宜的处理办法。特别是存在已经为合同履行做了准备工作或部分履行的情况时，合同已履行部分的处置应与解除事宜一并解决。

（七）依法履行解除合同的批准、登记手续

法律、行政法规规定解除合同需要办理批准或者登记手续的，企业应当及时办理相关批准或者登记手续。

（八）行使解除权所造成损失的责任承担

在合同履行期间，如果出现了需要提前解除合同的状况，必然可能给己方或者对方造成一定程度的损失。为了妥善处理合同解除的善后事宜，当事人在行使合同解除权时，应当明确损失责任承担主体。一般来说，合同解除权是由守约方行使的，故建议当事人在合同中明确约定由违约方承担相关损失。

关联法规

《民法典》（2020 年 5 月 28 日公布）

第五百六十三条　【合同的法定解除】　有下列情形之一的，当事人可以解除合同：

（一）因不可抗力致使不能实现合同目的；

（二）在履行期限届满前，当事人一方明确表示或以自己的行为表明不履行主要债务；

（三）当事人一方迟延履行主要债务，经催告后在合理期限内仍未履行；

（四）当事人一方迟延履行债务或者有其他违约行为致使不能实现合同目的；

（五）法律规定的其他情形。

以持续履行的债务为内容的不定期合同，当事人可以随时解除合同，但是应当在合理期限之前通知对方。

第五百六十四条　【解除权行使期限】　法律规定或者当事人约定解除权行使期限，期限届满当事人不行使的，该权利消灭。

法律没有规定或者当事人没有约定解除权行使期限，自解除权人知道或者应当知道解除事由之日起一年内不行使，或者经对方催告后在合理期限内不行使的，该权利消灭。

第五百六十五条　【合同解除的行使规则】　当事人一方依法主张解除合同的，应当通知对方。合同自通知到达对方时解除；通知载明债务人在一定期限内不履行债务则合同自动解除，债务人在该期限内未履行债务的，合同自通知载明的期限届满时解除。对方对解除合同有异议的，任何一方当事人均可以请求人民法院或者仲裁机构确认解除行为的效力。

当事人一方未通知对方，直接以提起诉讼或者申请仲裁的方式依法主张解除合同，人民法院或者仲裁机构确认该主张的，合同自起诉状副本或仲裁申请书副本送达对方时解除。

第五百六十六条　【合同解除的法律后果】　合同解除后，尚未履行的，终止履行；已经履行的，根据履行情况和合同性质，当事人可以请求恢复原状或者采取其他补救措施，并有权请求赔偿损失。

合同因违约解除的，解除权人可请求违约方承担违约责任，但当事人另有约定的除外。

主合同解除后，担保人对债务人应当承担的民事责任仍应当承担担保责任，但是担保合同另有约定的除外。

第十三章　合同违约与合同欺诈法律风险与防范

第一节　合同违约责任

一、针对合同相对方违约条款设置

（一）主要的违约情形设置

1. 明确违约金的金额或者约定损害赔偿金的计算标准

如违约行为是逾期付款的，当事人应当约定逾期付款的违约金；如为逾期交货或者逾期履行其他义务的，可约定逾期履行的违约金；约定的违约金金额应当明确，或者约定按一定方式计算违约金或损害赔偿金的金额。

2. 约定解除合同的条件及善后事宜

一般情况下，当事人可以约定在对方逾期超过一定期限时，本方有权立即解除合同。除了约定解除后的违约金或者损害赔偿金的计算方法之外，还应当将解除合同的善后（如退款退货、撤场退出等事宜）处理办法一并在违约责任条款中作出相应的约定。

（二）一般违约情形设置

当事人应当事先考虑哪一方更可能违约，视情况设置不同的赔偿责任条款。

（1）如果本方比较可能违约的，可以设置一般赔偿损失责任条款，以降低违约责任。

（2）如果对方更有可能违约的，则可设置全面赔偿损失条款，以更好地维护自身合法利益，但合同最终内容是双方协商一致的结果。

如果是比较复杂的合同，可能出现的违约情形较多时，可以区分"根本违约"与"一般违约"，专门列举"根本违约"的具体情形，并设定"根本违约"

的违约责任（违约金、解除合同等），其他情形则为"一般违约"的违约责任。

二、针对合同本方违约条款设置

（一）设置减少、排除违约情形的条款

企业可以通过设置以下条款减少、排除违约情形：
（1）非本方过错的除外。
（2）第三方造成的除外。
（3）法规、政策或者客观环境变化造成无法履行的除外。
（4）本方已经提前一定时间告知了对方无法正常履行的除外。

（二）降低违约责任的方法

（1）约定违约责任最高限额，特别是针对质量问题、逾期交货和逾期履行等事项的违约责任，可约定最高限额，无须对违约责任条款作过多的修改，只需要在最后增加一个责任限制条款即可。
（2）降低违约金的金额或者比例。

关联法规

《民法典》（2020 年 5 月 28 日公布）

　　第五百七十八条　【预期违约责任】　当事人一方明确表示或者以自己的行为表明不履行合同义务的，对方可以在履行期限届满前请求其承担违约责任。

　　第五百七十九条　【金钱债务继续履行】　当事人一方未支付价款、报酬、租金、利息，或者不履行其他金钱债务的，对方可以请求其支付。

　　第五百八十条　【非金钱债务继续履行责任及违约责任】　当事人一方不履行非金钱债务或者履行非金钱债务不符合约定的，对方可以请求履行，但是有下列情形之一的除外：

　　（一）法律上或者事实上不能履行；
　　（二）债务的标的不适于强制履行或者履行费用过高；
　　（三）债权人在合理期限内未请求履行。

　　有前款规定的除外情形之一，致使不能实现合同目的的，人民法院或者仲裁机构可以根据当事人的请求终止合同权利义务关系，但是不影响违约责任的承担。

第五百八十二条 【瑕疵履行的补救】 履行不符合约定的，应当按照当事人的约定承担违约责任。对违约责任没有约定或者约定不明确，依据本法第五百一十条的规定仍不能确定的，受损害方根据标的的性质以及损失的大小，可以合理选择请求对方承担修理、重作、更换、退货、减少价款或者报酬等违约责任。

第五百八十三条 【违约损害赔偿责任】 当事人一方不履行合同义务或者履行合同义务不符合约定的，在履行义务或者采取补救措施后，对方还有其他损失的，应当赔偿损失。

第五百八十四条 【法定的违约赔偿损失】 当事人一方不履行合同义务或者履行合同义务不符合约定，造成对方损失的，损失赔偿额应当相当于因违约所造成的损失，包括合同履行后可以获得的利益；但是，不得超过违约一方订立合同时预见到或者应当预见到的因违约可能造成的损失。

第五百八十五条 【违约金的约定】 当事人可以约定一方违约时应当根据违约情况向对方支付一定数额的违约金，也可以约定因违约产生的损失赔偿额的计算方法。

约定的违约金低于造成的损失的，人民法院或者仲裁机构可以根据当事人的请求予以增加；约定的违约金过分高于造成的损失的，人民法院或者仲裁机构可以根据当事人的请求予以适当减少。

当事人就迟延履行约定违约金的，违约方支付违约金后，还应当履行债务。

第五百八十六条 【定金】 当事人可以约定一方向对方给付定金作为债权的担保。定金合同自实际交付定金时成立。

定金的数额由当事人约定；但是，不得超过主合同标的额的百分之二十，超过部分不产生定金的效力。实际交付的定金数额多于或少于约定数额的，视为变更约定的定金数额。

第五百八十七条 【定金罚则】 债务人履行债务的，定金应当抵作价款或者收回。给付定金的一方不履行债务或者履行债务不符合约定，致使不能实现合同目的的，无权请求返还定金；收受定金的一方不履行债务或者履行债务不符合约定，致使不能实现合同目的的，应当双倍返还定金。

第五百八十八条 【违约金与定金竞合选择权】 当事人既约定违约金，又约定定金的，一方违约时，对方可以选择适用违约金或者定金条款。

定金不足以弥补一方违约造成的损失的，对方可以请求赔偿超过定金数额的损失。

第五百九十条 【因不可抗力不能履行合同】 当事人一方因不可抗力不能履行合同的，根据不可抗力的影响，部分或者全部免除责任，但是法律另有规定的除外。因不可抗力不能履行合同的，应当及时通知对方，以减轻可能给对方造成的损失，并应当在合理期限内提供证明。

当事人迟延履行后发生不可抗力的，不免除其违约责任。

第五百九十一条　【非违约方减损规则】　当事人一方违约后，对方应当采取适当措施防止损失的扩大；没有采取适当措施致使损失扩大的，不得就扩大的损失请求赔偿。

当事人因防止损失扩大而支出的合理费用，由违约方负担。

第五百九十二条　【双方违约和一方有过错】　当事人都违反合同的，应当各自承担相应的责任。

当事人一方违约造成对方损失，对方对损失的发生有过错的，可减少相应的损失赔偿额。

第五百九十三条　【第三人原因造成违约时违约责任承担】　当事人一方因第三人的原因造成违约的，应当依法向对方承担违约责任。当事人一方和第三人之间的纠纷，依照法律规定或者按照约定处理。

第二节　合同欺诈

合同欺诈，是指以订立合同为手段，以非法占有为目的，用虚构事实或者隐瞒真相的方法骗取公私财物的行为。

一、合同欺诈类型

（一）虚构主体

欺诈方通过伪造营业执照，虚构企业名称、资金或者经营范围等方式，以根本不存在的或者未经依法登记的企业名义与他人订立合同，骗取他人财物。

（二）盗用、假冒名义

（1）假冒知名企业的法定代表人或者法定代理人、业务负责人，利用伪造的证明文件与他人签订合同。

（2）盗用他人的合同专用章，或者盗用他人盖有合同专用章的合同纸、介绍信，冒充该公司与他人订立合同。

（3）使用他人已经作废或者遗失的合同纸、介绍信、合同专用章，冒充该公司的业务人员与他人订立合同。

（4）擅自刻制他人印章，冒充他人，打着别人的招牌与他人签订合同。

（三）货物引诱

欺诈方利用他人急需某种紧缺或者畅销商品的心理，谎称能提供某种紧俏商品，与他人签订虚假的购销合同，骗取对方的定金或者预付款。①

（四）伪造合同

欺诈人以非法占有为目的，用伪造合同主体或者合同内容等手法，凭空捏造或者虚构合同，骗取他人的财物。

（五）谎称专利技术引诱

欺诈方虚构拥有能带来高额利润的专利、高新技术，打着包技术、包设备、包培训、包回收、包利润的幌子，引诱他人签订合同，骗取对方的转让费、培训费或者设备费等。

（六）虚假广告、信息引诱

欺诈方通过发布虚假广告和信息，引诱他人与之签订合同，骗取对方的中介费、立项费等财物。

（七）虚构担保

欺诈方通过使用伪造、变造、作废的票据或者虚假的产权证明作担保，引诱他人与之签订合同、履行合同，进而骗取对方的财物。

（八）抵债诈骗

欺诈方通过先与他人签订合同，待对方交付货物后，以自己无力支付货款为由，再以拿产品抵货款的方式骗取他人财物。

---

① 参见江必新：《合同风险及其防范控制全书》，中国法制出版社 2019 年版，第 265 页。

二、合同欺诈的防范

（一）强化企业职工的合同法律风险意识

企业对于合同法律风险的有效事前防范，应当首先对企业职工进行普法教育，培育和增强企业职工的合同法律风险意识，使全体职工都具有合同法律风险防控的责任感。

（二）审查对方当事人订立合同的真实目的

订立合同前，要注意查询对方当事人的相关信息，可以通过查询对方企业的工商登记信息、管理及处罚信息、纳税情况和银行开户信息等，关注其是否持续从事拟合作的业务，初步判断其是否具备相应的履约能力。

（三）关注对方当事人的经营状况

合同签订前及签订后，均应当随时关注对方当事人是否存在经营异常，特别要留意对方当事人是否有被行政处罚、产生民事诉讼以及有关负责人是否被刑事处罚等情况，了解相关行业供销商、服务商等知情企事业单位或个人对该企业的评价。

（四）建立相对稳定的合同标准模板

企业对外签订合同时，可以按照合法性、有效性、确定性的原则建立相对稳定的合同标准模板，实现企业合同标准化和规范化管理，提高企业合同管理效率和管理质量，防范企业合同法律风险。

（五）建立健全合同管理组织体系

企业应当在内部设立专门的法务管理机构，或者设立专职法务岗位，聘请法律专业人士进行法务管理。同时，可以通过聘请企业法律顾问的方式开展专项法律事务工作，建立由专职法律事务机构统管，具体承办人员专管的相互协调的企业合同管理组织体系。

（六）建立合同订立的监督审查机制

企业应当设置专人全程监督审查合同订立及履行的相关情况，也可以通过合同管理软件，实时跟踪、监测对方当事人的动态信息。

（七）保留合同履行的证据

应当保留的合同履行的证据包括相关凭证、电子邮件、手机信息等。

关联法规

《民法典》（2020 年 5 月 28 日公布）

第一百四十八条　【欺诈】　一方以欺诈手段，使对方在违背真实意思的情况下实施的民事法律行为，受欺诈方有权请求人民法院或者仲裁机构予以撤销。

第一百四十九条　【第三人实施欺诈】　第三人实施欺诈行为，使一方在违背真实意思的情况下实施的民事法律行为，对方知道或者应当知道该欺诈行为的，受欺诈方有权请求人民法院或者仲裁机构予以撤销。

《刑法》（2023 年 12 月 29 日修正）

第二百二十四条　【合同诈骗罪】　有下列情形之一，以非法占有为目的，在签订、履行合同过程中，骗取对方当事人财物，数额较大的，处三年以下有期徒刑或者拘役，并处或者单处罚金；数额巨大或者有其他严重情节的，处三年以上十年以下有期徒刑，并处罚金；数额特别巨大或者有其他特别严重情节的，处十年以上有期徒刑或者无期徒刑，并处罚金或者没收财产：

（一）以虚构的单位或者冒用他人名义签订合同的；

（二）以伪造、变造、作废的票据或者其他虚假的产权证明作担保的；

（三）没有实际履行能力，以先履行小额合同或者部分履行合同的方法，诱骗对方当事人继续签订和履行合同的；

（四）收受对方当事人给付的货物、货款、预付款或担保财产后逃匿的；

（五）以其他方法骗取对方当事人财物的。

第十四章　几类重要合同的法律风险

第一节　买卖合同

一、合同条款审查

在签订合同前，对拟签订合同的条款进行严格审查非常必要，不但要审查合同中的重要条款是否都已齐备，还要保证条款的内容明确无歧义，且要注意对细节进行说明，如：①对标的物有特殊要求的，是否已经作出说明；②如果无法用语言对标的物质量作准确描述的，是否已经视情况采取封存样品的方法来确定交货标准，是否规定了在封存时对样品质量情况作周到细致的检查，防止隐蔽瑕疵的存在；③对于需要验收的标的物，是否已经规定了提出质量异议的合理时间。[①]

二、克服心理弱点，防止合同陷阱

企业在签订买卖合同时，应当避免急功近利等心理，防止被对方利用这种弱势心态设置合同陷阱，对可疑的交易应当足够谨慎，不能只顾短期利益而忽略可能存在的风险。

三、增强权利意识，利用担保制度保障自己的权益

要求对方提供担保，是预防买卖合同风险的一种重要方法，一般的担保方式包括抵押、质押和保证责任担保等，涉外买卖合同中的担保方式更多地采用备用信用证、保函等方式。

---

① 参见江必新：《合同风险及其防范控制全书》，中国法制出版社 2019 年版，第 403 页。

四、逾期交付标的物的处置机制

为了尽量避免对方逾期交货,在签订合同时可从下列三个角度进行防范。

(一) 明确约定交货的期限

在书面合同中明确约定交货的具体期限,如约定"卖方应当自本合同签订后 10 日内将货物运至买方指定的交货地点"。

(二) 明确约定逾期交货的违约责任

为了有效督促卖方按时交货,建议在合同中明确约定逾期交货的违约责任,包括违约金的金额或者损害赔偿金的计算方法等。

(三) 搜集合同履行的证据

在依据合同无法确定履行期限时,买方应当及时以发函或者其他形式,催促对方明确交货时间,要求卖方履行供货义务并固定证据,以便主张权利。

五、标的物毁损、灭失风险转移

根据《民法典》的相关规定,如果当事人未对标的物毁损灭失的法律风险转移的时间点进行约定的,自交付时起转移给买方。

实务中,当合同无明确约定时,标的物所有权转移给买方的时间节点往往被认定为实际交付后的某一个时间点,此时就可能会出现买方已经取得货物的所有权,但卖方还要承担标的物毁损灭失的法律风险的情况。

因此,建议卖方在合同中明确约定准确的交付时间,以防止因交付时间节点延后可能产生的法律风险。

六、其他合同陷阱

(一) 常见的买方陷阱

(1)买方可能在标的物的品质、履行时间等方面设下圈套,诱使相对人订立其根本无法履行的合同,然后以卖方违约为由主张违约损害赔偿。

(2)买受方收货后,可能以签收人非本企业职工为由拒绝支付货款。

（二）常见的卖方陷阱

（1）卖方可能会通过订立各种不利于买方的合同条款，从而使买方无法及时提出质量异议，或者使买方无法在合同约定的索赔期内提出请求。

（2）在签订买卖合同时，有意欺诈的卖方可能会向买方出示真实的质量较高的样品，而在履行合同时却交付伪次品。

（三）买卖双方互设陷阱

买卖双方还可能通过设定违约金、定金的手段欺诈，一方故意诱使另一方订立其根本无法履行的合同，从而利用违约金或者定金条款牟取利益。因此，当事人在签订合同时一定要慎重审查，避免落入对方的陷阱之中。

关联法规

《民法典》（2020 年 5 月 28 日公布）

第六百零二条　【交付期限约定不明确的解决】　当事人没有约定标的物的交付期限或者约定不明确的，适用本法第五百一十条、第五百一十一条第四项的规定。

第六百零三条　【约定交付地】　出卖人应当按照约定的地点交付标的物。

当事人没有约定交付地点或者约定不明确，依据本法第五百一十条的规定仍不能确定的，适用下列规定：

（一）标的物需要运输的，出卖人应当将标的物交付给第一承运人以运交给买受人；

（二）标的物不需要运输，出卖人和买受人订立合同时知道标的物在某一地点的，出卖人应当在该地点交付标的物；不知道标的物在某一地点的，应当在出卖人订立合同时的营业地交付标的物。

第六百零五条　【买受人原因违约交付的风险承担】　因买受人的原因致使标的物未按照约定的期限交付的，买受人应当自违反约定时起承担标的物毁损、灭失的风险。

第六百零八条　【买受人违约收货的风险承担】　出卖人按照约定或者依据本法第六百零三条第二款第二项的规定将标的物置于交付地点，买受人违反约定没有收取的，标的物毁损、灭失的风险自违反约定时起由买受人承担。

第六百一十条　【买受人拒绝违约解除合同的风险承担】　因标的物不符合质

量要求，致使不能实现合同目的的，买受人可以拒绝接受标的物或者解除合同。买受人拒绝接受标的物或者解除合同的，标的物毁损、灭失的风险由出卖人承担。

第六百一十三条 【买受人风险自担情形】 买受人订立合同时知道或者应当知道第三人对买卖的标的物享有权利的，出卖人不承担前条规定的义务。

第六百一十四条 【中止支付价款的例外】 买受人有确切证据证明第三人对标的物享有权利的，可以中止支付相应的价款，但是出卖人提供适当担保的除外。

第六百一十六条 【质量没有明确约定的解决】 当事人对标的物的质量要求没有约定或者约定不明确，依据本法第五百一十条的规定仍不能确定的，适用本法第五百一十一条第一项的规定。

第六百一十八条 【减轻或免除责任的例外】 当事人约定减轻或者免除出卖人对标的物瑕疵承担的责任，因出卖人故意或者重大过失不告知买受人标的物瑕疵的，出卖人无权主张减轻或者免除责任。

第六百二十条 【检验期限】 买受人收到标的物时应当在约定的检验期限内检验。没有约定检验期限的，应当及时检验。

第六百二十一条 【检验期限的通知义务】 当事人约定检验期限的，买受人应当在检验期限内将标的物的数量或者质量不符合约定的情形通知出卖人。买受人怠于通知的，视为标的物的数量或者质量符合约定。

当事人没有约定检验期限的，买受人应当在发现或者应当发现标的物的数量或者质量不符合约定的合理期限内通知出卖人。买受人在合理期限内未通知或者自收到标的物之日起二年内未通知出卖人的，视为标的物的数量或者质量符合约定；但是，对标的物有质量保证期的，适用质量保证期，不适用该二年的规定。

出卖人知道或者应当知道提供的标的物不符合约定的，买受人不受前两款规定的通知时间的限制。

第六百二十二条 【检验期限的约定】 当事人约定的检验期限过短，根据标的物的性质和交易习惯，买受人在检验期限内难以完成全面检验的，该期限仅视为买受人对标的物的外观瑕疵提出异议的期限。

约定的检验期限或者质量保证期短于法律、行政法规规定期限的，应当以法律、行政法规规定的期限为准。

第六百二十三条 【推定检验的情形及例外】 当事人对检验期限未作约定，买受人签收的送货单、确认单等载明标的物数量、型号、规格的，推定买受人已经对数量和外观瑕疵进行检验，但是有相关证据足以推翻的除外。

第六百二十八条　【支付价款的约定】　买受人应当按照约定的时间支付价款。对支付时间没有约定或者约定不明确，依据本法第五百一十条的规定仍不能确定的，买受人应当在收到标的物或者提取标的物单证的同时支付。

第六百三十二条　【数物买卖的解除】　标的物为数物，其中一物不符合约定的，买受人可以就该物解除。但是，该物与他物分离使标的物的价值显受损害的，买受人可就数物解除合同。

第六百三十三条　【分批买卖的解除】　出卖人分批交付标的物的，出卖人对其中一批标的物不交付或者交付不符合约定，致使该批标的物不能实现合同目的的，买受人可以就该批标的物解除。

出卖人不交付其中一批标的物或者交付不符合约定，致使之后其他各批标的物的交付不能实现合同目的的，买受人可以就该批以及之后其他各批标的物解除。

买受人如果就其中一批标的物解除，该批标的物与其他各批标的物相互依存的，可以就已经交付和未交付的各批标的物解除。

第六百三十四条　【分期买卖的解除】　分期付款的买受人未支付到期价款的数额达到全部价款的五分之一，经催告后在合理期限内仍未支付到期价款的，出卖人可以请求买受人支付全部价款或者解除合同。

出卖人解除合同的，可以向买受人请求支付该标的物的使用费。

第六百三十五条　【样品买卖的质量标准】　凭样品买卖的当事人应当封存样品，并可以对样品质量予以说明。出卖人交付的标的物应当与样品及其说明的质量相同。

第六百三十六条　【样品买卖的质量标准例外】　凭样品买卖的买受人不知道样品有隐蔽瑕疵的，即使交付的标的物与样品相同，出卖人交付的标的物的质量仍然应符合同种物的通常标准。

第六百四十一条　【留置权】　当事人可以在买卖合同中约定买受人未履行支付价款或者其他义务的，标的物的所有权属于出卖人。

出卖人对标的物保留的所有权，未经登记，不得对抗善意第三人。

第六百四十二条　【留置权标的物的取回】　当事人约定出卖人保留合同标的物的所有权，在标的物所有权转移前，买受人有下列情形之一，造成出卖人损害的，除当事人另有约定外，出卖人有权取回标的物：

（一）未按照约定支付价款，经催告后在合理期限内仍未支付；

（二）未按照约定完成特定条件；

（三）将标的物出卖、出质或者作出其他不当处分。

出卖人可以与买受人协商取回标的物；协商不成的，可以参照适用担保物权的实现程序。

第二节　租赁合同

一、风险类型

（一）承租人主体资格及资信能力的审查

在订立租赁合同之前，如果出租人未对承租人的主体资格及资信能力进行认真审查，就有可能被承租人利用合同漏洞进行欺诈，致使出租人无法按期收回租金，更有甚者可能会有租赁物无法收回的风险。[1]

（二）标的物性状

（1）如果租赁合同未对租赁物的数量和质量进行明确约定，就极易产生纠纷。

（2）如果租赁合同对租赁物的维修和保养约定不明确，则可能会因标的物维修和保养费用产生纠纷。

（三）履行风险

1．出租人常见的违约行为

（1）不按合同约定交付租赁物。

（2）不履行合同约定的维修和保养义务。

（3）利用租赁物套取押金等。

2．承租人常见的违约行为

（1）不按合同约定的金额支付租金，或者是迟延支付租金。

（2）擅自改变租赁物的现状。

（3）擅自将租赁物转租他人。

（4）逾期不返还租赁物。

---

① 参见江必新：《合同风险及其防范控制全书》，中国法制出版社2019年版，第538页。

二、风险防控策略

（一）充分了解租赁合同主体资格及资信能力

订立租赁合同前，应当充分了解对方当事人的有关信息，如法律地位、经营范围、资信状况、履约能力及商业信誉等情况。

1．从承租人的角度

承租方在签订租赁合同前，要审查出租方是否为房屋的实际产权人，且要尽可能了解其履约能力及资信情况。若合同出租方不是产权人（"一手房东"），而是通过包租分租的"二手"甚至"三手"房东时，要注意防范发生"房东"卷款潜逃的风险，一旦房屋被产权人收回，承租人就会面临重新交付租金或者搬迁的风险。原因在于，发生这种情况时，承租人没有合法取得承租权，不能对抗实际房东的收房行为。

2．从出租人的角度

（1）根据《中华人民共和国治安管理处罚法》第五十七条的规定，房屋出租人将房屋出租给无身份证件的人居住的，或者不按规定登记承租人姓名、身份证件种类和号码的，处二百元以上五百元以下罚款。

（2）若承租人要将租赁物用于生产或者经营性质目的的，出租方应当认真审查其生产经营资格，并要求其提供相关执照的复印件，以保留相应的证据。根据《安全生产法》的规定，生产经营单位将生产经营项目、场所、设备发包或者出租给不具备安全生产条件或者相应资质的单位或者个人，导致发生生产安全事故给他人造成损害的，与承包方、承租方承担连带赔偿责任。

（二）制定完备合同，防范履约风险

租赁合同应当对租赁物的数量和质量、租赁物的使用、租赁物的维修保养、租赁物的交付时间、转租约定、违约条款及赔偿数额进行明确约定，合同条款应当尽量准确全面，尤其是主要条款不能遗漏。

（三）积极主张权利，将损失最小化

1．作为承租人时

（1）若出租人不按期交付租赁物，致使承租人无法实现合同预期的目的，承租人可以主张解除租赁合同，并要求出租人支付违约金或者赔偿损失。

（2）若租赁物存在权利瑕疵，如第三人对租赁物主张权利致使承租人不能

使用、收益的，承租人可以要求减免租金。

2. 作为出租人时

（1）承租人无正当理由不支付或者迟延支付租金的，出租人可以要求承租人在合理期限内支付，逾期还不支付的可以解除租赁合同。

（2）承租人擅自改变租赁物现状的，出租人可以要求承租人恢复原状或者赔偿损失。

（3）承租人未经出租人同意将租赁物转租他人的，出租人有权解除租赁合同。

关联法规

《民法典》（2020 年 5 月 28 日公布）

第七百零五条　【租赁期限】 租赁期限不得超过二十年。超过二十年的，超过部分无效。

租赁期限届满，当事人可以续订租赁合同；但是，约定的租赁期限自续订之日起不得超过二十年。

第七百一十条　【正常使用租赁物的损耗承担】 承租人按照约定的方法或者根据租赁物的性质使用租赁物，致使租赁物受到损耗的，不承担赔偿责任。

第七百一十一条　【违约使用租赁物的损失承担】 承租人未按照约定的方法或者未根据租赁物的性质使用租赁物，致使租赁物受到损失的，出租人可以解除合同并请求赔偿损失。

第七百一十三条　【租赁物的维修】 承租人在租赁物需要维修时可以请求出租人在合理期限内维修。出租人未履行维修义务的，承租人可以自行维修，维修费用由出租人负担。因维修租赁物影响承租人使用的，应当相应减少租金或者延长租期。

因承租人的过错致使租赁物需要维修的，出租人不承担前款规定的维修义务。

第七百一十五条　【租赁物的改善和增设】 承租人经出租人同意，可以对租赁物进行改善或者增设他物。

承租人未经出租人同意，对租赁物进行改善或者增设他物的，出租人可以请求承租人恢复原状或者赔偿损失。

第七百一十六条　【租赁物的转租】 承租人经出租人同意，可以将租赁物转租给第三人。承租人转租的，承租人与出租人之间的租赁合同继续有效；第三人造成租赁物损失的，承租人应当赔偿损失。

承租人未经出租人同意转租的，出租人可以解除合同。

第七百一十八条　【转租的异议期限】　出租人知道或者应当知道承租人转租，但是在六个月内未提出异议的，视为出租人同意转租。

第七百二十六条　【租赁期间的优先购买权】　出租人出卖租赁房屋的，应当在出卖之前的合理期限内通知承租人，承租人享有以同等条件优先购买的权利；但是，房屋按份共有人行使优先购买权或者出租人将房屋出卖给近亲属的除外。

出租人履行通知义务后，承租人在十五日内未明确表示购买的，视为承租人放弃优先购买权。

第七百二十八条　【排除优先购买权的责任承担】　出租人未通知承租人或者有其他妨害承租人行使优先购买权情形的，承租人可以请求出租人承担赔偿责任。但是，出租人与第三人订立的房屋买卖合同的效力不受影响。

第七百三十条　【租赁期限的约定】　当事人对租赁期限没有约定或者约定不明确，依据本法第五百一十条的规定仍不能确定的，视为不定期租赁；当事人可以随时解除合同，但是应当在合理期限之前通知对方。

第七百三十一条　【租赁合同可随时解除的情形】　租赁物危及承租人的安全或者健康的，即使承租人订立合同时明知该租赁物质量不合格，承租人仍然可以随时解除合同。

第三节　承揽合同

承揽合同，是指承揽人按照定作人的要求完成工作、交付工作成果，定作人给付报酬的合同。

一、承揽合同的标的

承揽合同的标的是特定的劳动成果，作为承揽人的企业，在签订承揽合同前，应当注意审查定作物是否属于法律禁止物，是否属于需要经过有关部门批准后才可以加工的产品，否则，可能导致承揽合同无效，给双方带来经济损失，甚至需要承担行政、刑事责任。

二、承揽合同质量条款

根据《民法典》的规定，在当事人对标的物的质量标准约定不明时，首先应当按照国家标准、行业标准履行；如果没有国家标准、行业标准的，按通常标准或者符合合同目的的特定标准履行。

订立承揽合同时，双方应当对定作物的质量标准作出明确具体的约定，以保证承揽人能够按照质量标准进行加工，也便于定作人日后对定作物的检验、验收和利用。切不可约定得太过简单或者模棱两可。

对短期内难以发现的质量缺陷，双方应当在合同中约定质量保证期，在质保期内发生的质量问题，除该缺陷是由于定作人自身保管或者使用不当造成的以外，由承揽人负责无偿修复或者更换，给定作人造成损失的，还应当承担赔偿责任。

三、原材料的供应和使用

（一）承揽人提供原材料

由承揽人提供原材料的承揽合同，双方应当在合同中约定原材料的质量标准，承揽人必须依照合同约定选用原材料，并接受定作人的检验。承揽人隐瞒原材料缺陷或者使用不符合约定的原材料而影响定作物质量的，定作人有权要求重作、修理、减少价款或者解除承揽合同。

（二）定作人提供原材料

承揽合同约定由定作人提供原材料的，双方应当在合同中约定原材料交付的时间、数量、质量、交接地点、交接方式等，承揽人接收后应当对原材料及时进行检验，对不符合要求的原材料应当立即通知定作人更换或者补齐。承揽人对定作人提供的原材料不得擅自更换。

（三）原材料消耗定额

无论由哪一方提供原材料，当事人均应当在合同中约定原材料消耗定额，并明确超出定额部分材料的费用承担义务，以明确责任，避免在合同履行过程中发生纠纷。

四、承揽加工价款与耗材风险

（一）承揽加工费

对承揽方而言，取得加工费是签订承揽合同的目的，故应当着重审查合同中的加工费价款条款是否明确，价款条款应当包括货币种类、金额或计算方法、履行期限和结算方式等。

（二）原材料损毁风险承担

若合同履行过程中会涉及原材料损毁的风险承担问题，当事人应当在订立合同时将原材料的费用和计算方法分别予以约定，以便确定损失金额。

五、交付与验收

承揽人完成定作物后与定作人的交接工作，就是交付与验收。为了预防争议的发生，当事人应当在合同中对交付的时间、地点作出明确约定。

（一）交付时间、地点

当事人可以约定一定的交付期限，承揽人可在该期限内任何时间交付定作物。双方应当约定交付地点，根据法律的规定，在履行地约定不明时，应当在履行义务一方的营业地履行；特殊情形下，经承揽人通知后，若定作人拒绝受领定作物的，承揽人可以选择提存定作物或者行使留置权。

（二）验收

根据《民法典》的规定，承揽人完成工作的，应当向定作人交付工作成果，并提交必要的技术资料和有关质量证明。定作人应当验收该工作成果。

实务中，若双方约定的检验期限过短，有些隐蔽瑕疵难以被发现，但如果约定的检验期限过长，则不利于保护承揽人的利益。为了避免当事人因质量检验期发生争议，双方应当经过充分协商后，约定一个明确且合理的检验期限。

六、留置权的行使

在定作人拖欠加工费时，承揽人享有定作物的留置权，留置权作为法定担保物权，无须合同约定。但是，承揽人行使留置权时应当注意以下问题：

（一）通知义务与期限

承揽人在依法留置定作物后，应当通知定作人在一定期限内履行相应的义务，双方可以在合同中对该期限进行约定。法律规定该期限应当不少于六十日。

（二）承揽人的处分权

承揽人只有在规定的期限届满时，才能处分定作物。另外，若承揽人通过折价的方式处分定作物，应当与定作人协商；如果承揽人是通过拍卖、变卖方式处分定作物的，也应当将有关情况及时通知定作人。

关联法规

《民法典》（2020 年 5 月 28 日公布）

第七百七十二条 【承揽合同的履行及转包】 承揽人应当以自己的设备、技术和劳力，完成主要工作，但是当事人另有约定的除外。

承揽人将其承揽的主要工作交由第三人完成的，应当就该第三人完成的工作成果向定作人负责；未经定作人同意的，定作人也可以解除合同。

第七百七十五条 【承揽合同的履行材料】 定作人提供材料的，应当按照约定提供材料。承揽人对定作人提供的材料应当及时检验，发现不符合约定时，应当及时通知定作人更换、补齐或者采取其他补救措施。

承揽人不得擅自更换定作人提供的材料，不得更换不需要修理的零部件。

第七百七十六条 【承揽人的通知义务】 承揽人发现定作人提供的图纸或者技术要求不合理的，应当及时通知定作人。因定作人怠于答复等原因造成承揽人损失的，应当赔偿损失。

第七百七十七条 【定作人变更工作要求的损失赔偿】 定作人中途变更承揽工作的要求，造成承揽人损失的，应当赔偿损失。

第七百八十一条 【承揽人违约交付的责任承担】 承揽人交付的工作成果不符合质量要求的，定作人可以合理选择请求承揽人承担修理、重作、减少报酬、赔偿损失等违约责任。

第七百八十二条 【承揽合同报酬的约定】 定作人应当按照约定的期限支付报酬。对支付报酬的期限没有约定或者约定不明确，依据本法第五百一十条的规定仍不能确定的，定作人应当在承揽人交付工作成果时支付；工作成果部分交付的，定作人应当相应支付。

　　第七百八十三条　【定作人违约付款的留置权】　定作人未向承揽人支付报酬或者材料费等价款的，承揽人对完成的工作成果享有留置权或者有权拒绝交付，但是当事人另有约定的除外。

　　第七百八十五条　【保密义务】　承揽人应当按照定作人的要求保守秘密，未经定作人许可，不得留存复制品或者技术资料。

　　第七百八十七条　【承揽合同的随时解除权】　定作人在承揽人完成工作前可以随时解除合同，造成承揽人损失的，应当赔偿损失。

第四节　技术合同

　　技术合同，是技术贸易中必然要签订的合同，签订技术合同一般是为了提高技术贸易的效率和效益，使技术成果成功转化为生产力。技术合同具有较强的专业性，如果企业在签订技术合同时未能注意防范相关风险，很可能会遭受损失。

一、要明确技术合同有关权益归属

（一）约定技术合同所涉及技术的权益归属

　　技术合同所涉及的技术成果，一般可以分为职务技术成果和非职务技术成果。正确区分这两种技术成果对于确定技术权益的归属至关重要。

　　职务技术成果，是指为了执行本单位的工作任务或者主要利用单位的物质技术条件而形成的技术成果。

　　非职务技术成果是相对于职务技术成果而言的，指单位职工不是主要利用本单位的物质技术条件而形成的技术成果。

（二）约定风险责任

　　企业应当了解，一个时代的技术不以人的意志为转移，因此，在技术开发合同履行期间，如果遇到了无法克服的技术困难致使研究开发任务失败或者部分失败的，依法不属于违约情形。不能忽视的是，一旦出现这种状况势必会给当事人带来损失，因此，技术开发合同的当事人应当提前在合同中约定该类风险责任的承担规则。①

（三）约定后续改进的技术成果的归属

人类社会中，多数技术成果都是通过在前人技术的基础上进一步研究所得来的。为了有效保障各方的合法利益，技术合同的当事人应当在技术合同中明确约定各方对超出原有技术的创新技术按何种规则分享。如果双方没有约定的，则该新技术成果的所有权和使用权应当归技术改造成果的完成方所有，另一方不得主张权利。

（四）约定技术的使用范围和保密责任

1. 使用范围

当事人在签订技术合同时，应当在合同中约定实施专利技术和使用技术秘密的合理限制，包括当事人合法使用合同标的技术的行为界限与活动区域。如果没有限制性约定的，视为受让方有权无限期地在任何地域范围内使用该技术。

2. 保密责任

技术合同中往往涉及企业的技术秘密，因此，完善的保密条款对于技术合同来讲是至关重要的。

（1）合同谈判阶段。在技术合同谈判阶段，当事人也应当约定保密义务，即使双方最终未能达成合作协议，双方尤其是受让方也对谈判中获悉的技术负有保密义务。

（2）合同订立阶段。转让方有权要求受让方对依许可合同获得的专有技术，以及为实施专利技术而附带的未公开技术资料承担保密义务。

（3）合同履行期至合同终结的后续阶段。合同当事人各方均应当按照约定承担相应的保密义务，甚至还应当约定将保密义务的效力延长至合同终结后，以防止合同履行完毕后，对方当事人把己方仍处于保密状态的技术予以公开。

二、区别对待技术合同

技术合同一般包括：技术开发合同、技术转让合同、技术许可合同、技术咨询合同、技术服务合同等。这些技术合同的概念极易混淆，一旦理解偏差，就可能会使合同当事人的权利义务出现错位，导致不必要的纠纷。

---

① 参见江必新：《合同风险及其防范控制全书》，中国法制出版社 2019 年版，第 740 页。

三、几类主要技术合同的法律风险与防范

(一) 技术开发合同

在技术开发合同中要特别注意的是，在合同履行过程中可能会出现无法克服的技术困难致使研究开发失败或者部分失败，此时的损失承担问题极易在当事人之间引发纠纷。

为了避免争议，当事人可以在委托开发合同中，明确约定这种情况发生时，应当由委托方或者开发方承担风险，也可以约定由双方分担风险，例如，当事人可依据其投资比例或者在合作中的分工比例分担风险。

(二) 技术转让合同

技术转让合同，包括专利权转让合同、专利申请权转让合同、技术秘密转让合同和专利实施许可合同四种类型。该四种技术转让合同的风险与防控指引如下：

1. 专利权转让合同和专利申请权转让合同

专利权转让合同与专利申请权转让合同的专业性较强，该类合同的内容和订立程序容易出现瑕疵，需要特别注意以下问题：

(1) 签约主体。当合同主体为个人时，要注意审查其签订技术合同时所提供的技术是否确定为非职务技术成果，因为职务技术成果只能由发明人所在单位进行转让。

(2) 合同内容。该类合同的内容不得包含垄断技术、妨碍技术竞争和技术进步的合同条款，不得侵害他人的合法权益，不能将不具有合法权利的技术成果作为合同的标的。

(3) 合同生效程序。专利权转让合同和专利申请权转让合同成立后，须经专利局登记并公告后，转让才生效。

2. 技术秘密转让合同

(1) 技术秘密的检验约定。技术秘密的可靠性和实用性是技术秘密转让合同签订的基础，但要证明该技术秘密具有可靠性和实用性却有相当的难度，因此极易引发纠纷。故而建议当事人在合同中约定一致认可的检验方法，或者由专业机构进行全面鉴定。

(2) 技术让与人的法律责任。在技术秘密转让合同中，让与人为了防止技术秘密泄露，应当在签订保密条款的情况下提供技术资料和信息。让与人在明知

或者应知该技术秘密存在侵权时，不应当再签订技术秘密转让合同，否则可能要承担相应的侵权责任。

（3）技术受让人的法律责任。技术秘密转让合同中的受让人不能将技术秘密擅自转让给第三人。

3. 专利实施许可合同

（1）专利实施许可合同形式的选择。当事人应当注意区分排他实施许可合同与独占实施许可合同，可以根据需求选择适合的实施许可形式。排他实施许可合同，即在授权许可的范围内，许可人不得再许可第三人实施该专利，但许可人自己可以实施该专利；在独占实施许可合同中，在授权范围内许可人不得许可第三人实施该专利，连许可人自己也不得实施该专利。

（2）当事人就共有专利订立专利实施许可合同时，应当征得共有权人同意；若就从属专利签订专利实施许可合同，应当事先取得基本专利的专利权人授权。

（3）当事人应当在专利实施许可合同生效3个月内，向国家知识产权局备案；专利实施许可合同的有效期不得超过专利权的存续期间。

（三）技术咨询合同

技术咨询合同的法律风险往往来自合同的主要条款约定不明或者有瑕疵。技术咨询合同条款应当做到下列四个要求：

（1）能够合理界定各方当事人的权利和义务。

（2）合同的条款要全面、具体，防止遗漏重要事项或者过于简单。

（3）合同用语要准确、恰当、清楚，对关键性的名词术语要做必要的定义或者解释。

（4）在合同中应当约定技术实施后风险责任的承担。

（四）技术服务合同

在签订技术服务合同时应当注意以下事项：

（1）合同中约定的服务项目名称一定要与服务的内容相符。

（2）在约定工作条件和协作事项时，委托方应当向服务方阐明所要解决的技术问题，并向服务方提供有关项目的背景资料、数据、原始设计文件，以及必要的样品材料、场地和必要的工作条件等，同时，还应当明确约定相关费用支付的问题。

关联法规

《民法典》（2020 年 5 月 28 日公布）

第八百四十五条　【技术合同】　技术合同的内容一般包括项目的名称，标的的内容、范围和要求，履行的计划、地点和方式，技术信息和资料的保密，技术成果的归属和收益的分配办法，验收标准和方法，名词和术语的解释等条款。

与履行合同有关的技术背景资料、可行性论证和技术评价报告、项目任务书和计划书、技术标准、技术规范、原始设计和工艺文件，以及其他技术文档，按照当事人的约定可以作为合同的组成部分。

技术合同涉及专利的，应当注明发明创造的名称、专利申请人和专利权人、申请日期、申请号、专利号以及专利权的有效期限。

第八百四十六条　【技术合同的约定】　技术合同价款、报酬或者使用费的支付方式由当事人约定，可以采取一次总算、一次总付或者一次总算、分期支付，也可以采取提成支付或者提成支付附加预付入门费的方式。

约定提成支付的，可以按照产品价格、实施专利和使用技术秘密后新增的产值、利润或者产品销售额的一定比例提成，也可以按照约定的其他方式计算。提成支付的比例可以采取固定比例、逐年递增比例或者逐年递减比例。

约定提成支付的，当事人可以约定查阅有关会计账目的办法。

第八百四十七条　【职务技术成果】　职务技术成果的使用权、转让权属于法人或者非法人组织的，法人或者非法人组织可以就该项职务技术成果订立技术合同。法人或者非法人组织订立技术合同转让职务技术成果时，职务技术成果的完成人享有以同等条件优先受让的权利。

职务技术成果是执行法人或者非法人组织的工作任务，或者主要是利用法人或者非法人组织的物质技术条件所完成的技术成果。

第八百四十八条　【非职务技术成果】　非职务技术成果的使用权、转让权属于完成技术成果的个人，完成技术成果的个人可以就该项非职务技术成果订立技术合同。

第八百五十八条　【技术开发合同的责任承担】　技术开发合同履行过程中，因出现无法克服的技术困难，致使研究开发失败或者部分失败的，该风险由当事人约定；没有约定或者约定不明确，依据本法第五百一十条的规定仍不能确定的，风险由当事人合理分担。

当事人一方发现前款规定的可能致使研究开发失败或者部分失败的情形时，

应当及时通知另一方并采取适当措施减少损失；没有及时通知并采取适当措施，致使损失扩大的，应当就扩大的损失承担责任。

第八百五十九条 【委托开发成果的权属】 委托开发完成的发明创造，除法律另有规定或者当事人另有约定外，申请专利的权利属于研究开发人。研究开发人取得专利权的，委托人可以依法实施该专利。

研究开发人转让专利申请权的，委托人享有以同等条件优先受让的权利。

第八百六十条 【合作开发成果的权属】 合作开发完成的发明创造，申请专利的权利属于合作开发的当事人共有；当事人一方转让其共有的专利申请权的，其他各方享有以同等条件优先受让的权利。但是，当事人另有约定的除外。

合作开发的当事人一方声明放弃其共有的专利申请权的，除当事人另有约定外，可以由另一方单独申请或者由其他各方共同申请。申请人取得专利权的，放弃专利申请权的一方可以免费实施该专利。

合作开发的当事人一方不同意申请专利的，另一方或者其他各方不得申请专利。

第八百六十一条 【技术秘密成果的权属】 委托开发或者合作开发完成的技术秘密成果的使用权、转让权以及收益的分配办法，由当事人约定；没有约定或者约定不明确，依据本法第五百一十条的规定仍不能确定的，在没有相同技术方案被授予专利权前，当事人均有使用和转让的权利。但是，委托开发的研究开发人不得在向委托人交付研究开发成果之前，将研究开发成果转让给第三人。

第八百七十条 【技术转让、许可合同的主体】 技术转让合同的让与人和技术许可合同的许可人应当保证自己是所提供的技术的合法拥有者，并保证所提供的技术完整、无误、有效，能够达到约定的目标。

第八百七十一条 【技术转让、许可合同的保密义务】 技术转让合同的受让人和技术许可合同的被许可人应当按照约定的范围和期限，对让与人、许可人提供的技术中尚未公开的秘密部分，承担保密义务。

第八百七十二条 【技术许可合同的许可人违约责任】 许可人未按照约定许可技术的，应当返还部分或者全部使用费，并应当承担违约责任；实施专利或者使用技术秘密超越约定的范围的，违反约定擅自许可第三人实施该项专利或者使用该项技术秘密的，应当停止违约行为，承担违约责任；违反约定的保密义务的，应当承担违约责任。

让与人承担违约责任，参照适用前款规定。

第八百七十三条 【技术许可合同的被许可人违约责任】 被许可人未按照约定支付使用费的，应当补交使用费并按照约定支付违约金；不补交使用费或者支付违约金的，应当停止实施专利或者使用技术秘密，交还技术资料，承担违约责任；实施专利或者使用技术秘密超越约定的范围的，未经许可人同意擅自许可第三人实施该专利或者使用该技术秘密的，应当停止违约行为，承担违约责任；违反约定的保密义务的，应当承担违约责任。

受让人承担违约责任，参照适用前款规定。

第八百七十五条　【技术成果改进的权属】 当事人可以按照互利的原则，在合同中约定实施专利、使用技术秘密后续改进的技术成果的分享办法；没有约定或者约定不明确，依据本法第五百一十条的规定仍不能确定的，一方后续改进的技术成果，其他各方无权分享。

第八百八十一条　【技术咨询合同的违约责任】 技术咨询合同的委托人未按照约定提供必要的资料，影响工作进度和质量，不接受或者逾期接受工作成果的，支付的报酬不得追回，未支付的报酬应当支付。

技术咨询合同的受托人未按期提出咨询报告或者提出的咨询报告不符合约定的，应当承担减收或者免收报酬等违约责任。

技术咨询合同的委托人按照受托人符合约定要求的咨询报告和意见作出决策所造成的损失，由委托人承担，但是当事人另有约定的除外。

第八百八十四条　【技术服务合同的委托人违约责任】 技术服务合同的委托人不履行合同义务或者履行合同义务不符合约定，影响工作进度和质量，不接受或者逾期接受工作成果的，支付的报酬不得追回，未支付的报酬应当支付。

技术服务合同的受托人未按照约定完成服务工作的，应当承担免收报酬等违约责任。

第八百八十五条　【技术咨询合同、技术服务合同新技术成果的权属】 技术咨询合同、技术服务合同履行过程中，受托人利用委托人提供的技术资料和工作条件完成的新的技术成果，属于受托人。委托人利用受托人的工作成果完成的新的技术成果，属于委托人。当事人另有约定的，按照其约定。

第五节　仓储合同

仓储合同，是指当事人双方约定由保管人（又称仓管人或者仓库营业人）为存货人保管储存的货物，存货人支付仓储费的合同。

在订立和履行仓储合同时，保管人应当注意以下六个方面的问题。

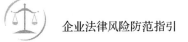

一、对仓储物的接收、验收

保管人应当按照合同的约定接收存货人交付储存的仓储物。保管人未按合同约定的时间、品名（品类）、数量接收仓储物入库的，应当承担违约责任。

保管人未按约定的项目、方法、期限验收仓储物或者验收不准确的，应当承担由此造成的实际损失。保管人在双方交接仓储物时发现问题的，应当妥善暂存仓储物并在约定的验收期内通知存货人处理，暂存期间所发生的一切损失和费用由存货人负担。

二、对仓储物验收时的异议处理

保管人验收仓储物时未提出异议的，视为存货人交付的仓储物符合约定的条件。保管人接收后，发生仓储物的品种、数量、质量不符合约定的，保管人应当承担损害赔偿责任。

三、在仓储物存在问题时履行通知义务

在储存的仓储物出现危险时，保管人有义务及时通知存货人或者仓单持有人。保管人发现入库仓储物变质或者有其他损坏，危及其他仓储物的安全和正常保管的，应当催告存货人或者仓单持有人作出必要的处置。如果情况紧急，保管人可作出必要的处置，但事后应当将该情况及时通知存货人或仓单持有人。

四、对仓储物的保管

保管人应当按照合同约定的储存条件和保管要求妥善保管仓储物。

（一）储存条件

保管人储存易燃、易爆、有毒、有腐蚀性或者有放射性等危险物品的，应当具备相应的保管条件，应当按照国家规定或者合同约定的要求操作和储存；如果保管人不具备相应的保管条件而储存上述危险物品，对其自身造成损害的，存货人不负赔偿责任。

（二）善良管理人责任

保管人除应当按照约定的保管条件和保管要求进行保管外，还应当尽到善良管理人的责任。

（三）对仓储物及储存设施的保养和检查

保管人应当对仓储物进行常态化巡视和检查，并经常对储存设施和储存设备进行维修和保养，使其保持最佳状态。

五、仓储物的返还

仓储合同因期限届满或者其他事由终止时，保管人应当将仓储物返还给存货人或者存货人指定的第三人，不得无故扣押仓储物。

若存货人或者第三人在合同期内请求返还仓储物的，保管人原则上也应予以返还，但保管人因此遭受的损失可以向存货人请求赔偿。

六、保管物毁损、灭失

保管人负有妥善保管仓储物的义务，应当按照仓储合同中约定的保管条件和保管要求履行保管义务。

存货人根据仓储物的性质、状况提出保管的条件和要求，在双方就保管条件和保管要求达成协议后，保管人应当按照保管合同约定的保管条件和保管要求进行保管，否则，造成仓储物毁损、灭失的，保管人应当承担损害赔偿责任。

关联法规

《民法典》（2020 年 5 月 28 日公布）

第九百零六条　【存货人的告知义务及法律后果】　储存易燃、易爆、有毒、有腐蚀性、有放射性等危险物品或者易变质物品的，存货人应当说明该物品的性质，提供有关资料。

存货人违反前款规定的，保管人可以拒收仓储物，也可以采取相应措施以避免损失的发生，因此产生的费用由存货人负担。

保管人储存易燃、易爆、有毒、有腐蚀性、有放射性等危险物品的，应当具备相应的保管条件。

第九百零七条 【保管人的验收义务及赔偿责任】 保管人应当按照约定对入库仓储物进行验收。保管人验收时发现入库仓储物与约定不符合的，应当及时通知存货人。保管人验收后，发生仓储物的品种、数量、质量不符合约定的，保管人应当承担赔偿责任。

第九百零九条 【仓单事项】 保管人应当在仓单上签名或者盖章。仓单包括下列事项：

（一）存货人的姓名或者名称和住所；

（二）仓储物的品种、数量、质量、包装及其件数和标记；

（三）仓储物的损耗标准；

（四）储存场所；

（五）储存期限；

（六）仓储费；

（七）仓储物已经办理保险的，其保险金额、期间以及保险人的名称；

（八）填发人、填发地和填发日期。

第九百一十条 【仓单的性质及用途】 仓单是提取仓储物的凭证。存货人或者仓单持有人在仓单上背书并经保管人签名或者盖章的，可以转让提取仓储物的权利。

第九百一十二条 【保管人的通知义务】 保管人发现入库仓储物有变质或者其他损坏的，应当及时通知存货人或者仓单持有人。

第九百一十三条 【保管人的必要处置权】 保管人发现入库仓储物有变质或者其他损坏，危及其他仓储物的安全和正常保管的，应当催告存货人或者仓单持有人作出必要的处置。因情况紧急，保管人可以作出必要的处置；但是，事后应当将该情况及时通知存货人或者仓单持有人。

第九百一十七条 【保管人保管不善的赔偿责任及例外】 储存期内，因保管不善造成仓储物毁损、灭失的，保管人应当承担赔偿责任。因仓储物本身的自然性质、包装不符合约定或者超过有效储存期造成仓储物变质、损坏的，保管人不承担赔偿责任。

第四编

企业刑事责任风险提示与防范指引

第十五章 企业设立、终止阶段的刑事风险

第一节 企业出资方面

一、虚报注册资本罪

虚报注册资本罪的综述见表 15-1。

表 15-1 虚报注册资本罪

法律依据	《刑法》第一百五十八条	
罪状概述	本罪是指申请公司登记使用虚假证明文件或者采取其他欺诈手段虚报注册资本，欺骗公司登记主管部门，取得公司登记，虚报注册资本数额巨大、后果严重或者有其他严重情节的行为	
刑事责任	自然人	处三年以下有期徒刑或者拘役，并处或者单处虚报注册资本金额百分之一以上百分之五以下罚金
	单位	对单位判处罚金，并对其直接负责的主管人员和其他直接责任人员，处三年以下有期徒刑或者拘役
风险防控建议	1. 公司若属于法律、行政法规以及国务院规定实行注册资本实缴登记制的行业，股东应依法履行出资义务，不得虚报注册资本。 2. 股东要根据自身资金条件确定可行的注册资本，否则，若注册资本不实，就会产生刑事风险	

🏛 **关联法规**（立案量刑标准）

1. 立案标准

《最高人民检察院、公安部关于公安机关管辖的刑事案件立案追诉标准的规定（二）》（公通字〔2022〕12 号）

第三条　【虚报注册资本案（刑法第一百五十八条）】 申请公司登记使用虚假证明文件或者采取其他欺诈手段虚报注册资本，欺骗公司登记主管部门，取得公司登记，涉嫌下列情形之一的，应予立案追诉：

（一）法定注册资本最低限额在六百万元以下，虚报数额占其应缴出资数额百分之六十以上的；

（二）法定注册资本最低限额超过六百万元，虚报数额占其应缴出资数额百分之三十以上的；

（三）造成投资者或者其他债权人直接经济损失累计数额在五十万元以上的；

（四）虽未达到上述数额标准，但具有下列情形之一的：

1. 二年内因虚报注册资本受过二次以上行政处罚，又虚报注册资本的；

2. 向公司登记主管人员行贿的；

3. 为进行违法活动而注册的。

（五）其他后果严重或者有其他严重情节的情形。

本条只适用于依法实行注册资本实缴登记制的公司。

2. 量刑标准

《刑法》（2023 年 12 月 29 日修正）

第一百五十八条　【虚报注册资本罪】 申请公司登记使用虚假证明文件或者采取其他欺诈手段虚报注册资本，欺骗公司登记主管部门，取得公司登记，虚报注册资本数额巨大、后果严重或者有其他严重情节的，处三年以下有期徒刑或者拘役，并处或者单处虚报注册资本金额百分之一以上百分之五以下罚金。

单位犯前款罪的，对单位判处罚金，并对其直接负责的主管人员和其他直接责任人员，处三年以下有期徒刑或者拘役。

二、虚假出资、抽逃出资罪

虚假出资、抽逃出资罪的综述见表 15 – 2。

表 15 – 2　虚假出资、抽逃出资罪

法律依据	《刑法》第一百五十九条	
罪状概述	本罪是指依法实行注册资本实缴登记制的公司发起人、股东违反公司法的规定未交付货币、实物或者未转移财产权，虚假出资，或者在公司成立后又抽逃其出资，数额巨大、后果严重或者有其他严重情节的行为	
刑事责任	自然人	处五年以下有期徒刑或拘役，并处或者单处虚假出资金额或者抽逃出资金额百分之二以上百分之十以下罚金
	单位	对单位判处罚金，并对其直接负责的主管人员和其他直接责任人员，处五年以下有期徒刑或者拘役
风险防控建议	根据《公司法》规定，公司股东应当依法履行出资义务，避免出资瑕疵。建议股东注意以下五个方面： 1. 股东以货币出资的，应当通过银行转账等可以记录的方式，将货币汇入公司指定账户，并在转账时注明转款用途为出资款。 2. 以非货币出资的，股东应对该资产价值进行评估，以评估价认定缴付出资的数额。同时，要依法办理财产转让手续，将相关非货币财产转移、过户给公司。 3. 有限责任公司成立后，应当向股东签发出资证明书，证明股东已履行出资义务。 4. 对于设定权利担保的出资财产，股东应当在交付出资前，将相应的担保解除。 5. 依法严格进行公司财务会计管理，避免公司控制人通过虚构事由将出资转出	

🏛 **关联法规** （立案量刑标准）

1. 立案标准

《最高人民检察院、公安部关于公安机关管辖的刑事案件立案追诉标准的规定（二）》（公通字〔2022〕12 号）

第四条 【虚假出资、抽逃出资案 （刑法第一百五十九条）】 公司发起人、股东违反公司法的规定未交付货币、实物或者未转移财产权，虚假出资，或者在公司成立后又抽逃其出资，涉嫌下列情形之一的，应予立案追诉：

（一）法定注册资本最低限额在六百万元以下，虚假出资、抽逃出资数额占其应缴出资数额百分之六十以上的；

（二）法定注册资本最低限额超过六百万元，虚假出资、抽逃出资数额占其应缴出资数额百分之三十以上的；

（三）造成公司、股东、债权人的直接经济损失累计数额在五十万元以上的；

（四）虽未达到上述数额标准，但具有下列情形之一的：

1. 致使公司资不抵债或者无法正常经营的；

2. 公司发起人、股东合谋虚假出资、抽逃出资的；

3. 二年内因虚假出资、抽逃出资受过二次以上行政处罚，又虚假出资、抽逃出资的；

4. 利用虚假出资、抽逃出资所得资金进行违法活动的。

（五）其他后果严重或者有其他严重情节的情形。

本条只适用于依法实行注册资本实缴登记制的公司。

2. 量刑标准

《刑法》（2023 年 12 月 29 日修正）

第一百五十九条 【虚假出资、抽逃出资罪】 公司发起人、股东违反公司法的规定未交付货币、实物或者未转移财产权，虚假出资，或者在公司成立后又抽逃其出资，数额巨大、后果严重或者有其他严重情节的，处五年以下有期徒刑或者拘役，并处或者单处虚假出资金额或者抽逃出资金额百分之二以上百分之十以下罚金。

单位犯前款罪的，对单位判处罚金，并对其直接负责的主管人员和其他直接责任人员，处五年以下有期徒刑或者拘役。

第二节　企业清算、注销方面

一、妨害清算罪

妨害清算罪的综述见表15-3。

表15-3　妨害清算罪

法律依据	《刑法》第一百六十二条	
罪状概述	本罪是指公司、企业进行清算时，隐匿财产，对资产负债表或者财产清单作虚伪记载或者在未清偿债务前分配公司、企业财产，严重损害债权人或者其他人利益的行为	
刑事责任	单位	对其直接负责的主管人员和其他直接责任人员，处五年以下有期徒刑或者拘役，并处或者单处二万元以上二十万元以下罚金
风险防控建议	1. 企业需强化对破产财产的监控，根据法规合理分配破产财产，确保财务报表和资产清单的合法性、准确性和完整性。 2. 企业应建立资产负债表或财产清单制定制度和相关监督管理规范，定期审查、核实相关文件，以确保数据真实可靠。 3. 企业必须对清算过程中的各项开支进行严格监督，确保所有开支均经过清算组审批，防止他人乘虚而入，动用企业资产。 4. 严格遵守法定的财产清偿顺序，决不可实施损害他人利益的违法行为，禁止将企业资产私自转移给自己或亲友以谋取私利	

📑 **关联法规**（立案量刑标准）

1. 立案标准

《最高人民检察院、公安部关于公安机关管辖的刑事案件立案追诉标准的规定（二）》（公通字〔2022〕12号）

第七条 【妨害清算案（刑法第一百六十二条）】公司、企业进行清算时，隐匿财产，对资产负债表或者财产清单作虚伪记载或者在未清偿债务前分配公司、企业财产，涉嫌下列情形之一的，应予立案追诉：

（一）隐匿财产价值在五十万元以上的；

（二）对资产负债表或者财产清单作虚伪记载涉及金额在五十万元以上的；

（三）在未清偿债务前分配公司、企业财产价值在五十万元以上的；

（四）造成债权人或者其他人直接经济损失数额累计在十万元以上的；

（五）虽未达到上述数额标准，但应清偿的职工的工资、社会保险费用和法定补偿金得不到及时清偿，造成恶劣社会影响的；

（六）其他严重损害债权人或者其他人利益的情形。

2. 量刑标准

《刑法》（2023年12月29日修正）

第一百六十二条【妨害清算罪】公司、企业进行清算时，隐匿财产，对资产负债表或者财产清单作虚伪记载或者在未清偿债务前分配公司、企业财产，严重损害债权人或者其他人利益的，对其直接负责的主管人员和其他直接责任人员，处五年以下有期徒刑或者拘役，并处或者单处二万元以上二十万元以下罚金。

二、虚假破产罪

虚假破产罪的综述见表15-4。

表 15 – 4　虚假破产罪

法律依据	《刑法》第一百六十二条之二	
罪状概述	本罪是指公司、企业通过隐匿财产、承担虚构的债务或者以其他方法转移、处分财产，实施虚假破产，严重损害债权人或者其他人利益的行为	
刑事责任	单位	对其直接负责的主管人员和其他直接责任人员，处五年以下有期徒刑或者拘役，并处或者单处二万元以上二十万元以下罚金
风险防控建议	1. 企业应组织股东和高管人员参加企业破产法规培训，提升其法律意识，坚决反对利用破产手段逃避债务责任。 2. 在进行投资时，务必考虑企业实际情况，以自身竞争优势为依托作出投资决策，增加收入，避免陷入破产困境。 3. 企业应建立破产风险预警机制，提前评估企业破产风险，及时发出警示，在企业陷入破产危机之前警告并敦促管理层迅速采取行动，有效避免破产事故。 4. 企业应杜绝协助其他企业虚假破产的行为，如发现其他企业以虚假破产手段逃避债务，不得为其提供支持，以防止其通过破产方式恶意逃债	

关联法规　（立案量刑标准）

1. 立案标准

《最高人民检察院、公安部关于公安机关管辖的刑事案件立案追诉标准的规定（二）》（公通字〔2022〕12号）

第九条　【虚假破产案（刑法第一百六十二条之二）】公司、企业通过隐匿财产、承担虚构的债务或者以其他方法转移、处分财产，实施虚假破产，涉嫌下列情形之一的，应予立案追诉：

（一）隐匿财产价值在五十万元以上的；

（二）承担虚构的债务涉及金额在五十万元以上的；

（三）以其他方法转移、处分财产价值在五十万元以上的；

（四）造成债权人或者其他人直接经济损失数额累计在十万元以上的；

（五）虽未达到上述数额标准，但应清偿的职工的工资、社会保险费用和法定补偿金得不到及时清偿，造成恶劣社会影响的；

（六）其他严重损害债权人或者其他人利益的情形。

2. 量刑标准

《刑法》（2023 年 12 月 29 日修正）

第一百六十二条之二 【虚假破产罪】公司、企业通过隐匿财产、承担虚构的债务或者以其他方法转移、处分财产，实施虚假破产，严重损害债权人或者其他人利益的，对其直接负责的主管人员和其他直接责任人员，处五年以下有期徒刑或者拘役，并处或者单处二万元以上二十万元以下罚金。

第十六章 企业生产经营阶段的刑事风险

第一节 企业劳资方面

一、强迫劳动罪

强迫劳动罪的综述见表 16 - 1。

表 16 - 1 强迫劳动罪

法律依据	《刑法》第二百四十四条	
罪状概述	本罪是指以暴力、威胁或者限制人身自由的方法强迫他人劳动,或者明知他人以暴力、威胁或者限制人身自由的方法强迫他人劳动,而为其招募、运送人员或者有其他协助强迫他人劳动的行为	
刑事责任	自然人	处三年以下有期徒刑或者拘役,并处罚金;情节严重的,处三年以上十年以下有期徒刑,并处罚金
	单位	对单位判处罚金,并对其直接负责的主管人员和其他直接责任人员,处三年以下有期徒刑或者拘役,并处罚金;情节严重的,处三年以上十年以下有期徒刑,并处罚金

续表 16-1

风险防控建议	1. 企业在劳资方面应当以人为本，严格遵守劳动法，尊重劳动者，以实现劳资双方和谐共处、互惠互利。 2. 企业在用工过程中，不得以粗暴的、威胁员工的管理方式进行所谓的"强化管理"，不得以暴力、威胁或者限制人身自由的方法强迫他人劳动。 3. 企业在与应聘者签订劳动合同时，要注意了解记录应聘者求职的真实意愿，以排除应聘者受迫的可能性，保障每一位求职者入职后都能够"心平气和"地提供劳动，让劳动者在企业中有归属感，从根本上杜绝强迫劳动的治理模式。 4. 劳动法规定劳动者有随时通知用人单位解除劳动合同的法定事由，无论劳动者提出单方面解除劳动合同的理由是否合法，用人单位都不能以暴力、威胁或者限制人身自由的方法强迫劳动者继续劳动

🏛 关联法规 （立案量刑标准）

1. 立案标准

《最高人民检察院、公安部关于公安机关管辖的刑事案件立案追诉标准规定（一）的补充规定》（公通字〔2017〕12 号）

六、将《立案追诉标准（一）》第三十一条修改为：**【强迫劳动案（刑法第二百四十四条）】** 以暴力、威胁或者限制人身自由的方法强迫他人劳动的，应予立案追诉。

明知他人以暴力、威胁或者限制人身自由的方法强迫他人劳动，为其招募、运送人员或者有其他协助强迫他人劳动行为的，应予立案追诉。

2. 量刑标准

《刑法》（2023 年 12 月 29 日修正）

第二百四十四条 **【强迫劳动罪】** 以暴力、威胁或者限制人身自由的方法强迫他人劳动的，处三年以下有期徒刑或者拘役，并处罚金；情节严重的，处三年以上十年以下有期徒刑，并处罚金。

明知他人实施前款行为，为其招募、运送人员或者有其他协助强迫他人劳动行为的，依照前款的规定处罚。

单位犯前两款罪的，对单位判处罚金，并对其直接负责的主管人员和其他直接责任人员，依照第一款的规定处罚。

二、雇用童工从事危重劳动罪

雇用童工从事危重劳动罪的综述见表 16 - 2。

表 16 - 2　雇用童工从事危重劳动罪

法律依据	《刑法》第二百四十四条之一	
罪状概述	本罪是指违反劳动管理法规，雇用未满十六周岁的未成年人从事超强度体力劳动，或者从事高空、井下作业，或者在爆炸性、易燃性、放射性、毒害性等危险环境下从事劳动，情节严重的行为	
刑事责任	单位	情节严重的，对直接责任人员，处三年以下有期徒刑或者拘役，并处罚金；情节特别严重的，处三年以上七年以下有期徒刑，并处罚金；造成事故，又构成其他犯罪的，依照数罪并罚的规定处罚
风险防控建议	1. 企业招聘时，应当严格核查被招用人员的身份证，不得录用未满十六周岁的未成年人。 2. 文艺、体育单位经未成年人的父母或其他监护人同意，可招用不满十六周岁的专业文艺工作者、运动员。但企业应当保障被招用的不满十六周岁未成年人的身心健康，保障其接受义务教育的权利。 3. 如发现确实招用了未满十六周岁的员工，应当立即终止其工作并通知当地劳动管理部门，同时将其送医院进行体检。 4. 对于从事国家规定的第四级体力劳动强度的劳动，或者从事高空、井下劳动，或者在爆炸性、易燃性、放射性、毒害性等危险环境下从事劳动的劳动者，更应当从严审查劳动者的年龄	

关联法规 （立案量刑标准）

1. 立案标准

《最高人民检察院、公安部关于公安机关管辖的刑事案件立案追诉标准的规定（一）》（公通字〔2008〕36 号）

第三十二条 【**雇用童工从事危重劳动案（刑法第二百四十四条之一）**】违反劳动管理法规，雇用未满十六周岁的未成年人从事国家规定的第四级体力劳动强度的劳动，或者从事高空、井下劳动，或者在爆炸性、易燃性、放射性、毒害性等危险环境下从事劳动，涉嫌下列情形之一的，应予立案追诉：

（一）造成未满十六周岁的未成年人伤亡或者对其身体健康造成严重危害的；

（二）雇用未满十六周岁的未成年人三人以上的；

（三）以强迫、欺骗等手段雇用未满十六周岁的未成年人从事危重劳动的；

（四）其他情节严重的情形。

2. 量刑标准

《刑法》（2023 年 12 月 29 日修正）

第二百四十四条之一 【**雇用童工从事危重劳动罪**】违反劳动管理法规，雇用未满十六周岁的未成年人从事超强度体力劳动的，或者从事高空、井下作业的，或者在爆炸性、易燃性、放射性、毒害性等危险环境下从事劳动，情节严重的，对直接责任人员，处三年以下有期徒刑或者拘役，并处罚金；情节特别严重的，处三年以上七年以下有期徒刑，并处罚金。

有前款行为，造成事故，又构成其他犯罪的，依照数罪并罚的规定处罚。

三、拒不支付劳动报酬罪

拒不支付劳动报酬罪的综述见表 16 - 3。

表 16 - 3 拒不支付劳动报酬罪

法律依据	《刑法》第二百七十六条之一	
罪状概述	本罪是指以转移财产、逃匿等方法逃避支付劳动者的劳动报酬或者有能力支付而不支付劳动者的劳动报酬，数额较大，经政府有关部门责令支付仍不支付的行为	
刑事责任	自然人	处三年以下有期徒刑或者拘役，并处或者单处罚金；造成严重后果的，处三年以上七年以下有期徒刑，并处罚金
	单位	对单位判处罚金，并对其直接负责的主管人员和其他直接责任人员按个人犯本罪的刑事责任进行定罪量刑
风险防控建议	1. 企业应当尊重劳动者的权益，按时足额发放工资，无论是否具有支付能力，均不得恶意拖欠劳动者的工资。 2. 如果企业由于资金困难，不能及时足额支付劳动报酬，也要尽可能先行支付一部分劳动报酬，并在有资金时立即支付剩余部分。 3. 企业若发生资金紧缺，导致员工情绪发生波动，甚至劳动监察等政府部门责令企业支付劳动者报酬，企业要主动与员工沟通，及时疏导、稳定员工情绪，耐心解释企业欠薪的原因，讲明进一步纾困的办法，求得员工的理解和支持，争取实现劳资双方共同渡过难关。同时，企业应当积极筹措资金，竭尽全力及时、足额支付劳动者报酬，并主动与劳动保障部门保持密切联系，切不可以逃避的方式进行消极对待。否则，可能被认定为"以转移财产、逃匿等方法逃避支付劳动者的劳动报酬"，从而面临刑事风险	

关联法规 （立案量刑标准）

1. 立案标准

《最高人民法院关于审理拒不支付劳动报酬刑事案件适用法律若干问题的解释》（法释〔2013〕3 号）

第二条 以逃避支付劳动者的劳动报酬为目的，具有下列情形之一的，应当认定为刑法第二百七十六条之一第一款规定的"以转移财产、逃匿等方法逃避支付劳动者的劳动报酬"：

（一）隐匿财产、恶意清偿、虚构债务、虚假破产、虚假倒闭或者以其他方法转移、处分财产的；

（二）逃跑、藏匿的；

（三）隐匿、销毁或者篡改账目、职工名册、工资支付记录、考勤记录等与劳动报酬相关的材料的；

（四）以其他方法逃避支付劳动报酬的。

2. 量刑标准

《刑法》（2023 年 12 月 29 日修正）

第二百七十六条之一【拒不支付劳动报酬罪】 以转移财产、逃匿等方法逃避支付劳动者的劳动报酬或者有能力支付而不支付劳动者的劳动报酬，数额较大，经政府有关部门责令支付仍不支付的，处三年以下有期徒刑或者拘役，并处或者单处罚金；造成严重后果的，处三年以上七年以下有期徒刑，并处罚金。

单位犯前款罪的，对单位判处罚金，并对其直接负责的主管人员和其他直接责任人员，依照前款的规定处罚。

有前两款行为，尚未造成严重后果，在提起公诉前支付劳动者的劳动报酬，并依法承担相应赔偿责任的，可以减轻或者免除处罚。

《最高人民法院关于审理拒不支付劳动报酬刑事案件适用法律若干问题的解释》（法释〔2013〕3 号）

第三条 具有下列情形之一的，应当认定为刑法第二百七十六条之一第一款规定的"数额较大"：

（一）拒不支付一名劳动者三个月以上的劳动报酬且数额在五千元至二万元以上的；

（二）拒不支付十名以上劳动者的劳动报酬且数额累计在三万元至十万元以上的。

各省、自治区、直辖市高级人民法院可以根据本地区经济社会发展状况，在前款规定的数额幅度内，研究确定本地区执行的具体数额标准，报最高人民法院备案。

第五条　拒不支付劳动者的劳动报酬，符合本解释第三条的规定，并具有下列情形之一的，应当认定为刑法第二百七十六条之一第一款规定的"造成严重后果"：

（一）造成劳动者或者其被赡养人、被扶养人、被抚养人的基本生活受到严重影响、重大疾病无法及时医治或者失学的；

（二）对要求支付劳动报酬的劳动者使用暴力或者进行暴力威胁的；

（三）造成其他严重后果的。

第六条　拒不支付劳动者的劳动报酬，尚未造成严重后果，在刑事立案前支付劳动者的劳动报酬，并依法承担相应赔偿责任的，可以认定为情节显著轻微危害不大，不认为是犯罪；在提起公诉前支付劳动者的劳动报酬，并依法承担相应赔偿责任的，可以减轻或者免除刑事处罚；在一审宣判前支付劳动者的劳动报酬，并依法承担相应赔偿责任的，可以从轻处罚。

对于免除刑事处罚的，可以根据案件的不同情况，予以训诫、责令具结悔过或者赔礼道歉。

拒不支付劳动者的劳动报酬，造成严重后果，但在宣判前支付劳动者的劳动报酬，并依法承担相应赔偿责任的，可以酌情从宽处罚。

第二节　企业安全生产与消防、环保方面

一、重大责任事故罪

重大责任事故罪的综述见表 16-4。

表 16-4　重大责任事故罪

法律依据	《刑法》第一百三十四条第一款	
罪状概述	本罪是指在生产、作业中违反有关安全管理的规定，因而发生重大伤亡事故或者造成其他严重后果的行为	
刑事责任	自然人	处三年以下有期徒刑或者拘役；情节特别恶劣的，处三年以上七年以下有期徒刑

续表 16 - 4

风险防控建议	1. 加强企业员工安全生产教育，树立安全生产意识。 2. 提升员工的安全意识，定期安排安全演练，提高员工对生产安全风险的防范能力。 3. 优化完善企业安全事故预防机制和安全事故隐患举报奖惩制度，将事故隐患消灭在萌芽状态。对于严重违反安全生产规章制度的员工，应给予相应惩罚。 4. 为职工提供符合标准的劳动工具、服装等劳动用品，确保职工工作安全，保障他们的生命和财产安全

关联法规（立案量刑标准）

1. 立案标准

《最高人民检察院、公安部关于公安机关管辖的刑事案件立案追诉标准的规定（一）》（公通字〔2008〕36 号）

第八条 【重大责任事故案（刑法第一百三十四条第一款）】在生产、作业中违反有关安全管理的规定，涉嫌下列情形之一的，应予立案追诉：

（一）造成死亡一人以上，或者重伤三人以上；

（二）造成直接经济损失五十万元以上的（注：2015 年 12 月 16 日施行的《最高人民法院、最高人民检察院关于办理危害生产安全刑事案件适用法律若干问题的解释》已经修改为一百万元起）；

（三）发生矿山生产安全事故，造成直接经济损失一百万元以上的；

（四）其他造成严重后果的情形。

2. 量刑标准

《刑法》（2023 年 12 月 29 日修正）

第一百三十四条第一款【重大责任事故罪】在生产、作业中违反有关安全管理的规定，因而发生重大伤亡事故或者造成其他严重后果的，处三年以下有期徒刑或者拘役；情节特别恶劣的，处三年以上七年以下有期徒刑。

《最高人民法院、最高人民检察院关于办理危害生产安全刑事案件适用法律若干问题的解释》（法释〔2015〕22 号）

第六条第一款　实施刑法第一百三十二条、第一百三十四条第一款、第一百三十五条、第一百三十五条之一、第一百三十六条、第一百三十九条规定的行为，因而发生安全事故，具有下列情形之一的，应当认定为"造成严重后果"或者"发生重大伤亡事故或者造成其他严重后果"，对相关责任人员，处三年以下有期徒刑或者拘役：

（一）造成死亡一人以上，或者重伤三人以上的；

（二）造成直接经济损失一百万元以上的；

（三）其他造成严重后果或者重大安全事故的情形。

第七条第一款　实施刑法第一百三十二条、第一百三十四条第一款、第一百三十五条、第一百三十五条之一、第一百三十六条、第一百三十九条规定的行为，因发生安全事故，具有下列情形之一的，对相关责任人员，处三年以上七年以下有期徒刑：

（一）造成死亡三人以上或者重伤十人以上，负事故主要责任的；

（二）造成直接经济损失五百万元以上，负事故主要责任的；

（三）其他造成特别严重后果、情节特别恶劣或者后果特别严重的情形。

第十二条　实施刑法第一百三十二条、第一百三十四条至第一百三十九条之一规定的犯罪行为，具有下列情形之一的，从重处罚：

（一）未依法取得安全许可证件或者安全许可证件过期、被暂扣、吊销、注销后从事生产经营活动的；

（二）关闭、破坏必要的安全监控和报警设备的；

（三）已经发现事故隐患，经有关部门或者个人提出后，仍不采取措施的；

（四）一年内曾因危害生产安全违法犯罪活动受过行政处罚或刑事处罚的；

（五）采取弄虚作假、行贿等手段，故意逃避、阻挠负有安全监督管理职责的部门实施监督检查的；

（六）安全事故发生后转移财产意图逃避承担责任的；

（七）其他从重处罚的情形。

实施前款第五项规定的行为，同时构成刑法第三百八十九条规定的犯罪的，依照数罪并罚的规定处罚。

第十三条　实施刑法第一百三十二条、第一百三十四条至第一百三十九条之一规定的犯罪行为，在安全事故发生后积极组织、参与事故抢救，或者积极配合调查、主动赔偿损失的，可以酌情从轻处罚。

二、危险作业罪

危险作业罪的综述见表 16-5。

表 16-5　危险作业罪的综述

法律依据	《刑法》第一百三十四条之一	
罪状概述	本罪是指在生产、作业中违反有关安全管理的规定，有下列情形之一，具有发生重大伤亡事故或者其他严重后果的现实危险的行为： （一）关闭、破坏直接关系生产安全的监控、报警、防护、救生设备、设施，或者篡改、隐瞒、销毁其相关数据、信息的； （二）因存在重大事故隐患被依法责令停产停业、停止施工、停止使用有关设备、设施、场所或者立即采取排除危险的整改措施，而拒不执行的； （三）涉及安全生产的事项未经依法批准或者许可，擅自从事矿山开采、金属冶炼、建筑施工，以及危险物品生产、经营、储存等高度危险的生产作业活动的	
刑事责任	自然人	处一年以下有期徒刑、拘役或者管制
风险防控建议	1. 企业应当定期为生产作业人员提供安全生产培训，详细说明安全隐患发生时的处理措施和对策。 2. 企业应该建立完善的安全事故奖惩机制，及早消除安全隐患，鼓励员工积极主动报告安全隐患，并给予表彰奖励；对于违反安全管理规定的人员，必须严厉惩罚，确保生产作业在安全生产模式下进行。 3. 企业需加强安全生产监管，定期检查和监督生产作业的各个流程，对于已发现的安全隐患必须立即采取措施予以排除	

关联法规（立案量刑标准）

1. 立案标准

《最高人民法院、最高人民检察院关于办理危害生产安全刑事案件适用法律若干问题的解释（二）》（法释〔2022〕19 号）

第五条　在生产、作业中违反有关安全管理的规定，有刑法第一百三十四条之一规定情形之一，因而发生重大伤亡事故或者造成其他严重后果，构成刑法第一百三十四条、第一百三十五条至第一百三十九条等规定的重大责任事故罪、重大劳动安全事故罪、危险物品肇事罪、工程重大安全事故罪等犯罪的，依照该规定定罪处罚。

2. 量刑标准

《刑法》（2023 年 12 月 29 日修正）

第一百三十四条之一【危险作业罪】 在生产、作业中违反有关安全管理的规定，有下列情形之一，具有发生重大伤亡事故或者其他严重后果的现实危险的，处一年以下有期徒刑、拘役或者管制：

（一）关闭、破坏直接关系生产安全的监控、报警、防护、救生设备、设施，或者篡改、隐瞒、销毁其相关数据、信息的；

（二）因存在重大事故隐患被依法责令停产停业、停止施工、停止使用有关设备、设施、场所或者立即采取排除危险的整改措施，而拒不执行的；

（三）涉及安全生产的事项未经依法批准或者许可，擅自从事矿山开采、金属冶炼、建筑施工，以及危险物品生产、经营、储存等高度危险的生产作业活动的。

三、强令违章冒险作业罪

强令违章冒险作业罪的综述见表 16 - 6。

表16-6　强令违章冒险作业罪

法律依据	《刑法》第一百三十四条第二款	
罪状概述	本罪是指强令他人违章冒险作业，或者明知存在重大事故隐患而不排除，仍冒险组织作业，因而发生重大伤亡事故或者造成其他严重后果的行为	
刑事责任	自然人	处五年以下有期徒刑或者拘役；情节特别恶劣的，处五年以上有期徒刑
风险防控建议	1. 企业经营者、管理者及相关工作人员应强化安全生产意识，学习相关法律法规，充分认识安全生产作业的操作规程以及强令下属违章冒险作业的法律风险，避免强令违章冒险作业行为的发生。 2. 为了确保员工的安全，企业需要积极听取员工的意见和建议，特别是关于安全生产的风险点。一旦员工提出问题，企业应该立即展开调查和采取有效的解决措施，排除潜在风险。在排除安全隐患前，企业绝不能强迫员工从事危险作业。同时，企业应该鼓励员工举报强迫冒险行为，让员工敢于抵制这种行为，从制度上保障员工的安全。 3. 设立企业内部的安全生产监督部门，以全程监督和检查安全生产作业，为员工的安全提供制度上和实际行动上的保障	

关联法规（立案量刑标准）

1. 立案标准

《最高人民检察院、公安部关于公安机关管辖的刑事案件立案追诉标准的规定（一）》（公通字〔2008〕36号）

第九条　【强令违章冒险作业案（刑法第一百三十四条第二款）】 强令他人违章冒险作业，涉嫌下列情形之一的，应予立案追诉：

（一）造成死亡一人以上，或者重伤三人以上的；

（二）造成直接经济损失五十万元以上的；

（三）发生矿山生产安全事故，造成直接经济损失一百万元以上的；

（四）其严重后果的情形。

2．量刑标准

《刑法》（2023 年 12 月 29 日修正）

第一百三十四条第二款【强令、组织他人违章冒险作业罪】强令他人违章冒险作业，或者明知重大事故隐患而不排除，仍冒险组织作业，因而发生重大伤亡事故或者造成严重后果的，处五年以下有期徒刑或者拘役；情节特别恶劣的，处五年以上有期徒刑。

《最高人民法院、最高人民检察院关于办理危害生产安全刑事案件适用法律若干问题的解释》（法释〔2015〕22 号）

第六条第一、二款　实施刑法第一百三十二条、第一百三十四条第一款、第一百三十五条、第一百三十五条之一、第一百三十六条、第一百三十九条规定的行为，因而发生安全事故，具有下列情形之一的，应当认定为"造成严重后果"或者"发生重大伤亡事故或者造成其他严重后果"，对相关责任人员，处三年以下有期徒刑或者拘役：

（一）造成死亡一人以上，或者重伤三人以上的；

（二）造成直接经济损失一百万元以上的；

（三）其他造成严重后果或者重大安全事故的情形。

实施刑法第一百三十四条第二款规定的行为，因而发生安全事故，具有本条第一款规定情形的，应当认定为"发生重大伤亡事故或者造成其他严重后果"，对相关责任人员，处五年以下有期徒刑或者拘役。

第七条第一、二款　实施刑法第一百三十二条、第一百三十四条第一款、第一百三十五条、第一百三十五条之一、第一百三十六条、第一百三十九条规定的行为，因发生安全事故，具有下列情形之一的，对相关责任人员，处三年以上七年以下有期徒刑：

（一）造成死亡三人以上或者重伤十人以上，负事故主要责任的；

（二）造成直接经济损失五百万元以上，负事故主要责任的；

（三）其他造成特别严重后果、情节特别恶劣或者后果特别严重的情形。

实施刑法第一百三十四条第二款规定的行为，因而发生安全事故，具有本条第一款规定情形的，对相关责任人员，处五年以上有期徒刑。

四、重大劳动安全事故罪

重大劳动安全事故罪的综述见表 16 - 7。

表 16 - 7　重大劳动安全事故罪

法律依据	《刑法》第一百三十五条	
罪状概述	本罪是指安全生产设施或者安全生产条件不符合国家规定，因而发生重大伤亡事故或者造成其他严重后果的行为	
刑事责任	单位	对直接负责的主管人员和其他直接责任人员，处三年以下有期徒刑或者拘役；情节特别恶劣的，处三年以上七年以下有期徒刑
风险防控建议	1. 企业经营者、管理人员应当增强安全事故防范意识，加强学习，掌握本企业生产设备的操作要领，掌握所使用设备易发事故的问题点。 2. 配备完善的安全生产设施，提升生产场所的安全性，确保生产和作业顺利开展。 3. 定期维护和检查生产设备和生产环境，保障其正常运转。 4. 一旦发生安全事故，必须立即采取有效措施进行救援，并防止发生严重伤亡或其他严重后果	

关联法规（立案量刑标准）

1. 立案标准

《最高人民检察院、公安部关于公安机关管辖的刑事案件立案追诉标准的规定（一）》（公通字〔2008〕36 号）

第十条　【重大劳动安全事故案（刑法第一百三十五条）】 安全生产设施或者安全生产条件不符合国家规定，涉嫌下列情形之一的，应予立案追诉：

（一）造成死亡一人以上，或者重伤三人以上的；

（二）造成直接经济损失五十万元以上的；

（三）发生矿山生产安全事故，造成直接经济损失一百万元以上的；

（四）其他造成严重后果的情形。

2．量刑标准

《刑法》（2023 年 12 月 29 日修正）

第一百三十五条　【重大劳动安全事故罪】安全生产设施或者安全生产条件不符合国家规定，因而发生重大伤亡事故或者造成其他严重后果的，对直接负责的主管人员和其他直接责任人员，处三年以下有期徒刑或者拘役；情节特别恶劣的，处三年以上七年以下有期徒刑。

《最高人民法院、最高人民检察院关于办理危害生产安全刑事案件适用法律若干问题的解释》（法释〔2015〕22 号）

第六条第一款　实施刑法第一百三十二条、第一百三十四条第一款、第一百三十五条、第一百三十五条之一、第一百三十六条、第一百三十九条规定的行为，因而发生安全事故，具有下列情形之一的，应当认定为"造成严重后果"或者"发生重大伤亡事故或者造成其他严重后果"，对相关责任人员，处三年以下有期徒刑或者拘役：

（一）造成死亡一人以上，或者重伤三人以上的；

（二）造成直接经济损失一百万元以上的；

（三）其他造成严重后果或者重大安全事故的情形。

第七条第一款　实施刑法第一百三十二条、第一百三十四条第一款、第一百三十五条、第一百三十五条之一、第一百三十六条、第一百三十九条规定的行为，因发生安全事故，具有下列情形之一的，对相关责任人员，处三年以上七年以下有期徒刑：

（一）造成死亡三人以上或者重伤十人以上，负事故主要责任的；

（二）造成直接经济损失五百万元以上，负事故主要责任的；

（三）其他造成特别严重后果、情节特别恶劣或者后果特别严重的情形。

第十二条　实施刑法第一百三十二条、第一百三十四条至第一百三十九条之一规定的犯罪行为，具有下列情形之一的，从重处罚：

（一）未依法取得安全许可证件或者安全许可证件过期、被暂扣、吊销、注销后从事生产经营活动的；

（二）关闭、破坏必要的安全监控和报警设备的；

（三）已经发现事故隐患，经有关部门或者个人提出后，仍不采取措施的；

（四）一年内曾因危害生产安全违法犯罪活动受过行政处罚或刑事处罚的；

（五）采取弄虚作假、行贿等手段，故意逃避、阻挠负有安全监督管理职责的部门实施监督检查的；

（六）安全事故发生后转移财产意图逃避承担责任的；

（七）其他从重处罚的情形。

实施前款第五项规定的行为，同时构成刑法第三百八十九条规定的犯罪的，依照数罪并罚的规定处罚。

五、消防责任事故罪

消防责任事故罪的综述见表 16 - 8。

表 16 - 8　消防责任事故罪

法律依据	《刑法》第一百三十九条	
罪状概述	本罪是指违反消防管理法规，经消防监督机构通知采取改正措施而拒绝执行，造成严重后果的行为	
刑事责任	自然人	对直接责任人员，处三年以下有期徒刑或者拘役；后果特别严重的，处三年以上七年以下有期徒刑
风险防控建议	1. 企业经营者、管理人员应当增强消防安全防范意识，严格遵守消防法律法规，配备符合法律规定和企业需求的消防设施。同时，应加强消防演练，使员工熟练掌握消防应急处理技能。 2. 企业应积极配合消防监督机构的监督和检查，加强日常消防设施的检修，并在消防监督机构的指导下不断提升企业的消防安全水平，主动响应消防监督机构的整改通知，采取有效措施进行改正，对拒绝整改的部门或个人进行严肃处理。 3. 在发生消防事故时，必须立即采取有效措施组织抢救，以防止发生重大伤亡或其他严重后果	

关联法规 （立案量刑标准）

1. 立案标准

《最高人民检察院、公安部关于公安机关管辖的刑事案件立案追诉标准的规定（一）》（公通字〔2008〕36号）

第十五条　【消防责任事故案（刑法第一百三十九条）】违反消防管理法规，经消防监督机构通知采取改正措施而拒绝执行，涉嫌下列情形之一的，应予立案追诉：

（一）造成死亡一人以上，或者重伤三人以上的；

（二）造成直接经济损失五十万元以上的；

（三）造成森林火灾，过火有林地面积二公顷以上，或者过火疏林地、灌木林地、未成林地、苗圃地面积四公顷以上的；

（四）其他造成严重后果的情形。

2. 量刑标准

《刑法》（2023年12月29日修正）

第一百三十九条【消防责任事故罪】违反消防管理法规，经消防监督机构通知采取改正措施而拒绝执行，造成严重后果的，对直接责任人员，处三年以下有期徒刑或者拘役；后果特别严重的，处三年以上七年以下有期徒刑。

《最高人民法院、最高人民检察院关于办理危害生产安全刑事案件适用法律若干问题的解释》（法释〔2015〕22号）

第六条第一款　实施刑法第一百三十二条、第一百三十四条第一款、第一百三十五条、第一百三十五条之一、第一百三十六条、第一百三十九条规定的行为，因而发生安全事故，具有下列之一的，应当认定为"造成严重后果"或者"发生重大伤亡事故或者造成其他严重后果"，对相关责任人员，处三年以下有期徒刑或者拘役：

（一）造成死亡一人以上，或者重伤三人以上的；

（二）造成直接经济损失一百万元以上的；

（三）其他造成严重后果或者重大安全事故的情形。

第七条第一款 实施刑法第一百三十二条、第一百三十四条第一款、第一百三十五条、第一百三十五条之一、第一百三十六条、第一百三十九条规定的行为，因发生安全事故，具有下列情形之一的，对相关责任人员，处三年以上七年以下有期徒刑：

（一）造成死亡三人以上或者重伤十人以上，负事故主要责任的；

（二）造成直接经济损失五百万元以上，负事故主要责任的；

（三）其他造成特别严重后果、情节特别恶劣或者后果特别严重的情形。

六、不报、谎报安全事故罪

不报、谎报安全事故罪的综述见表 16-9。

表 16-9　不报、谎报安全事故罪

法律依据	《刑法》第一百三十九条之一	
罪状概述	本罪是指在安全事故发生后，负有报告职责的人员不报或者谎报事故情况，贻误事故抢救，情节严重的行为	
刑事责任	自然人	处三年以下有期徒刑或者拘役；情节特别严重的，处三年以上七年以下有期徒刑
风险防控建议	1. 企业应当加强对经营者与消防安全责任人的消防安全法规培训，提升其对安全责任的认识，让其意识到诚实报告安全事故的关键性。 2. 企业应建立部门之间的沟通协调机制，确保消防事故发生时各部门能够有效配合处置并进行消防事故报告，不能以任何理由拖诿不报、谎报事故。 3. 若有消防事故发生，企业经营者与消防安全责任人应立即采取有效措施进行紧急救援，防止事态恶化，最大限度地减少人员伤亡和财产损失	

关联法规 （立案量刑标准）

1. 立案标准

《最高人民检察院、公安部关于公安机关管辖的刑事案件立案追诉标准的规定（一）的补充规定》（公通字〔2017〕12号）

一、在《最高人民检察院、公安部关于公安机关管辖的刑事案件立案追诉标准的规定（一）》第十五条后增加一条，作为第十五条之一：〔不报、谎报安全事故案（刑法第一百三十九条之一）〕在安全事故发生后，负有报告职责的人员不报或者谎报事故情况，贻误事故抢救，涉嫌下列情形之一的，应予立案追诉：

（一）导致事故后果扩大，增加死亡一人以上，或者增加重伤三人以上，或者增加直接经济损失一百万元以上的；

（二）实施下列行为之一，致使不能及时有效开展事故抢救的：

1. 决定不报、迟报、谎报事故情况或者指使、串通有关人员不报、迟报、谎报事故情况的；

2. 在事故抢救期间擅离职守或者逃匿的；

3. 伪造、破坏事故现场，或者转移、藏匿、毁灭遇难人员尸体，或者转移、藏匿受伤人员的；

4. 毁灭、伪造、隐匿与事故有关的图纸、记录、计算机数据等资料以及其他证据的；

（三）其他不报、谎报安全事故情节严重的情形。

本条规定的"负有报告职责的人员"，是指负有组织、指挥或者管理职责的负责人、管理人员、实际控制人、投资人，以及其他负有报告职责的人员。

2. 量刑标准

《刑法》（2023年12月29日修正）

第一百三十九条之一【不报、谎报安全事故罪】 在安全事故发生后，负有报告职责的人员不报或者谎报事故情况，贻误事故抢救，情节严重的，处三年以下有期徒刑或者拘役；情节特别严重的，处三年以上七年以下有期徒刑。

《最高人民法院、最高人民检察院关于办理危害生产安全刑事案件适用法律若干问题的解释》（法释〔2015〕22号）

第八条 在安全事故发生后，负有报告职责的人员不报或者谎报事故情况，贻误事故抢救，具有下列情形之一的，应当认定为刑法第一百三十九条之一规定的"情节严重"：

（一）导致事故后果扩大，增加死亡一人以上，或者增加重伤三人以上，或者增加直接经济损失一百万元以上的；

（二）实施下列行为之一，致使不能及时有效开展事故抢救的：

1. 决定不报、迟报、谎报事故情况或者指使、串通有关人员不报、迟报、谎报事故情况的；

2. 在事故抢救期间擅离职守或者逃匿的；

3. 伪造、破坏事故现场，或者转移、藏匿、毁灭遇难人员尸体，或者转移、藏匿受伤人员的；

4. 毁灭、伪造、隐匿与事故有关的图纸、记录、计算机数据等资料以及其他证据的。

（三）其他情节严重的情形。

具有下列情形之一的，应当认定为刑法第一百三十九条之一规定的"情节特别严重"：

（一）导致事故后果扩大，增加死亡三人以上，或者增加重伤十人以上，或者增加直接经济损失五百万元以上的；

（二）采用暴力、胁迫、命令等方式阻止他人报告事故情况，导致事故后果扩大的；

（三）其他情节特别严重的情形。

七、污染环境罪

污染环境罪的综述见表16-10。

表 16 - 10　污染环境罪

法律依据	《刑法》第三百三十八条、第三百四十六条	
罪状概述	本罪是指违反国家规定，排放、倾倒或者处置有放射性的废物、含传染病病原体的废物、有毒物质或者其他有害物质，严重污染环境的行为	
刑事责任	自然人	处三年以下有期徒刑或者拘役，并处或者单处罚金；情节严重的，处三年以上七年以下有期徒刑，并处罚金；有下列情形之一的，处七年以上有期徒刑，并处罚金： （一）在饮用水水源保护区、自然保护地核心保护区等依法确定的重点保护区域排放、倾倒、处置有放射性的废物、含传染病病原体的废物、有毒物质，情节特别严重的； （二）向国家确定的重要江河、湖泊水域排放、倾倒、处置有放射性的废物、含传染病病原体的废物、有毒物质，情节特别严重的； （三）致使大量永久基本农田基本功能丧失或者遭受永久性破坏的； （四）致使多人重伤、严重疾病，或者致人严重残疾、死亡的。 有前款行为，同时构成其他犯罪的，依照处罚较重的规定定罪处罚
	单位	对单位判处罚金，并对其直接负责的主管人员和其他直接责任人员，依照本节各该条的规定处罚
风险防控建议	1. 企业应当围绕自身的业务经营领域，加强环境保护培训，熟悉与企业业务相关的环境保护法律法规，增强环境污染法律风险防范意识，时刻敲响"污染入刑"的警钟。 2. 企业应当设立专门的责任部门或者责任人，统筹管理环境整治、污染物处理等问题，落实责任追究。 3. 企业若从事可能对环境产生影响的建设项目，必须合法进行环境影响评估，并使用通过验收的防治污染设备，以及获得排污许可证。 4. 定期对企业的排放和周边环境进行监测，及时发现污染源，采取预防和整改措施。 5. 根据国家或地方标准，配备符合规定的工业废料处理设备，并定期检查、维护和更新，以确保设备正常运行。如果发现排放设备损坏，应立即组织修复，并采取有效措施确保在修复期间不会出现超标排放的情况。 6. 在涉及污染物转移处置的情况下，必须严格审核合作单位的资质和运输污染物的设备是否符合法律规定	

![] **关联法规** （立案量刑标准）

1. 立案标准

《最高人民检察院、公安部关于公安机关管辖的刑事案件立案追诉标准的规定（一）》（公通字〔2008〕36号）

第六十条【污染环境案（刑法第三百三十八条）】 违反国家规定，排放、倾倒或者处置有放射性的废物、含传染病病原体的废物、有毒物质或者其他有害物质，涉嫌下列情形之一的，应予立案追诉：

（一）在饮用水水源一级保护区、自然保护区核心区排放、倾倒、处置有放射性的废物、含传染病病原体的废物、有毒物质的；

（二）非法排放、倾倒、处置危险废物三吨以上的；

（三）排放、倾倒、处置含铅、汞、镉、铬、砷、铊、锑的污染物，超过国家或者地方污染物排放标准3倍以上的；

（四）排放、倾倒、处置含镍、铜、锌、银、钒、锰、钴的污染物，超过国家或者地方污染物排放标准10倍以上的；

（五）通过暗管、渗井、渗坑、裂隙、溶洞、灌注等逃避监管的方式排放、倾倒、处置有放射性的废物、含传染病病原体的废物、有毒物质的；

（六）二年内曾因违反国家规定，排放、倾倒、处置有放射性的废物、含传染病病原体的废物、有毒物质受过2次以上行政处罚，又实施前列行为的；

（七）重点排污单位篡改、伪造自动监测数据或者干扰自动监测设施，排放化学需氧量、氨氮、二氧化硫、氮氧化物等污染物的；

（八）违法减少防治污染设施运行支出100万元以上的；

（九）违法所得或者致使公私财产损失30万元以上的；

（十）造成生态环境严重损害的；

（十一）致使乡镇以上集中式饮用水水源取水中断12小时以上的；

（十二）致使基本农田、防护林地、特种用途林地5亩以上，其他农用地10亩以上，其他土地20亩以上基本功能丧失或者遭受永久性破坏的；

（十三）致使森林或者其他林木死亡50立方米以上，或者幼树死亡2500株以上的；

（十四）致使疏散、转移群众5千人以上的；

（十五）致使30人以上中毒的；

（十六）致使 3 人以上轻伤、轻度残疾或者器官组织损伤导致一般功能障碍的；

（十七）致使 1 人以上重伤、中度残疾或者器官组织损伤导致严重功能障碍的；

（十八）其他严重污染环境的情形。

本条规定的"有毒物质"，包括列入国家危险废物名录或者根据国家规定的危险废物鉴别标准和鉴别方法认定的具有危险特性的废物，《关于持久性有机污染物的斯德哥尔摩公约》附件所列物质，含重金属的污染物，以及其他具有毒性可能污染环境的物质。

本条规定的"非法处置危险废物"，包括无危险废物经营许可证，以营利为目的，从危险废物中提取物质作为原材料或者燃料，并具有超标排放污染物、非法倾倒污染物或者其他违法造成环境污染情形的行为。

本条规定的"重点排污单位"，是指设区的市级以上人民政府环境保护主管部门依法确定的应当安装、使用污染物排放自动监测设备的重点监控企业及其他单位。

本条规定的"公私财产损失"，包括直接造成财产损毁、减少的实际价值，为防止污染扩大、消除污染而采取必要合理措施所产生的费用，以及处置突发环境事件的应急监测费用。

本条规定的"生态环境损害"，包括生态环境修复费用，生态环境修复期间服务功能的损失和生态环境功能永久性损害造成的损失，以及其他必要合理费用。

本条规定的"无危险废物经营许可证"，是指未取得危险废物经营许可证，或者超出危险废物经营许可证的经营范围。

2．量刑标准

《刑法》（2023 年 12 月 29 日修正）

第三百三十八条【污染环境罪】 违反国家规定，排放、倾倒或者处置有放射性的废物、含传染病病原体的废物、有毒物质或者其他有害物质，严重污染环境的，处三年以下有期徒刑或者拘役，并处或者单处罚金；情节严重的，处三年以上七年以下有期徒刑，并处罚金；有下列情形之一的，处七年以上有期徒刑，并处罚金：

（一）在饮用水水源保护区、自然保护地核心保护区等依法确定的重点保护区域排放、倾倒、处置有放射性的废物、含传染病病原体的废物、有毒物质，情节特别严重的；

（二）向国家确定的重要江河、湖泊水域排放、倾倒、处置有放射性的废物、含传染病病原体的废物、有毒物质，情节特别严重的；

（三）致使大量永久基本农田基本功能丧失或者遭受永久性破坏的；

（四）致使多人重伤、严重疾病，或者致人严重残疾、死亡的。

有前款行为，同时构成其他犯罪的，依照处罚较重的规定定罪处罚。

《最高人民法院、最高人民检察院关于办理环境污染刑事案件适用法律若干问题的解释》（法释〔2023〕7号）

第一条　实施刑法第三百三十八条规定的行为，具有下列情形之一的，应当认定为"严重污染环境"：

（一）在饮用水水源保护区、自然保护地核心保护区等依法确定的重点保护区域排放、倾倒、处置有放射性的废物、含传染病病原体的废物、有毒物质的；

（二）非法排放、倾倒、处置危险废物三吨以上的；

（三）排放、倾倒、处置含铅、汞、镉、铬、砷、铊、锑的污染物，超过国家或者地方污染物排放标准三倍以上的；

（四）排放、倾倒、处置含镍、铜、锌、银、钒、锰、钴的污染物，超过国家或者地方污染物排放标准十倍以上的；

（五）通过暗管、渗井、渗坑、裂隙、溶洞、灌注、非紧急情况下开启大气应急排放通道等逃避监管的方式排放、倾倒、处置有放射性的废物、含传染病病原体的废物、有毒物质的；

（六）二年内曾因在重污染天气预警期间，违反国家规定，超标排放二氧化硫、氮氧化物等实行排放总量控制的大气污染物受过二次以上行政处罚，又实施此类行为的；

（七）重点排污单位、实行排污许可重点管理的单位篡改、伪造自动监测数据或者干扰自动监测设施，排放化学需氧量、氨氮、二氧化硫、氮氧化物等污染物的；

（八）二年内曾因违反国家规定，排放、倾倒、处置有放射性的废物、含传染病病原体的废物、有毒物质受过二次以上行政处罚，又实施此类行为的；

（九）违法所得或者致使公私财产损失三十万元以上的；

（十）致使乡镇集中式饮用水水源取水中断十二小时以上的；

（十一）其他严重污染环境的情形。

第三条　实施刑法第三百三十八条规定的行为，具有下列情形之一的，应当处七年以上有期徒刑，并处罚金：

（一）在饮用水水源保护区、自然保护地核心保护区等依法确定的重点保护区域排放、倾倒、处置有放射性的废物、含传染病病原体的废物、有毒物质，具有下列情形之一的：

1. 致使设区的市级城区集中式饮用水水源取水中断十二小时以上的；

2. 造成自然保护地主要保护的生态系统严重退化，或者主要保护的自然景观损毁的；

3. 造成国家重点保护的野生动植物资源或者国家重点保护物种栖息地、生长环境严重破坏的；

4. 其他情节特别严重的情形。

（二）向国家确定的重要江河、湖泊水域排放、倾倒、处置有放射性的废物、含传染病病原体的废物、有毒物质，具有下列情形之一的：

1. 造成国家确定的重要江河、湖泊水域生态系统严重退化的；

2. 造成国家重点保护的野生动植物资源严重破坏的；

3. 其他情节特别严重的情形。

（三）致使永久基本农田五十亩以上基本功能丧失或者遭受永久性破坏的；

（四）致使三人以上重伤、严重疾病，或者一人以上严重残疾、死亡的。

八、非法处置进口的固体废物罪

非法处置进口的固体废物罪的综述见表16-11。

表16-11　非法处置进口的固体废物罪

法律依据	《刑法》第三百三十九条第一款、第三百四十六条
罪状概述	本罪是指违反国家规定，将境外的固体废物进境倾倒、堆放、处置的行为

续表 16 – 11

刑事责任	自然人	处五年以下有期徒刑或者拘役，并处罚金；造成重大环境污染事故，致使公私财产遭受重大损失或严重危害人体健康的，处五年以上十年以下有期徒刑，并处罚金；后果特别严重的，处十年以上有期徒刑，并处罚金
	单位	对单位判处罚金，并对其直接负责的主管人员和其他直接责任人员，处五年以下有期徒刑或者拘役，并处罚金；造成重大环境污染事故，致使公私财产遭受重大损失或严重危害人体健康的，处五年以上十年以下有期徒刑，并处罚金；后果特别严重的，处十年以上有期徒刑，并处罚金
风险防控建议		1. 企业的经营者、管理者、相关责任人员应当进行环境保护专业培训，掌握环境安全保护和进口报关等相关的法律法规，增强相关人员的环境保护风险防范意识，自觉抵制将境外固体废物倾倒、堆放或处置等行为，积极维护环境安全。 2. 可能涉及进口固体废物业务的企业，应定期开展自查，及时排除潜在风险

关联法规 （立案量刑标准）

1. 立案标准

《最高人民检察院、公安部关于公安机关管辖的刑事案件立案追诉标准的规定（一）》（公通字〔2008〕36 号）

第六十一条 【非法处置进口的固体废物案（刑法第三百三十九条第一款）】 违反国家规定，将境外的固体废物进境倾倒、堆放、处置的，应予立案追诉。

2. 量刑标准

《刑法》（2023 年 12 月 29 日修正）

第三百三十九条第一款【非法处置进口的固体废物罪】违反国家规定，将境外的固体废物进境倾倒、堆放、处置的，处五年以下有期徒刑或者拘役，并处罚金；造成重大环境污染事故，致使公私财产遭受重大损失或者严重危害人体健康的，处五年以上十年以下有期徒刑，并处罚金；后果特别严重的，处十年以上有期徒刑，并处罚金。

《最高人民法院、最高人民检察院关于办理环境污染刑事案件适用法律若干问题的解释》（法释〔2023〕7 号）

第四条 实施刑法第三百三十九条第一款规定的行为，具有下列情形之一的，应当认定为"致使公私财产遭受重大损失或者严重危害人体健康"：

（一）致使公私财产损失一百万元以上的；

（二）具有本解释第二条第五项至第十项规定情形之一的；

（三）其他致使公私财产遭受重大损失或者严重危害人体健康的情形。

第五条 实施刑法第三百三十八条、第三百三十九条规定的犯罪行为，具有下列情形之一的，应当从重处罚：

（一）阻挠环境监督检查或者突发环境事件调查，尚不构成妨害公务等犯罪的；

（二）在医院、学校、居民区等人口集中地区及其附近，违反国家规定排放、倾倒、处置有放射性的废物、含传染病病原体的废物、有毒物质或者其他有害物质的；

（三）在突发环境事件处置期间或者被责令限期整改期间，违反国家规定排放、倾倒、处置有放射性的废物、含传染病病原体的废物、有毒物质或者其他有害物质的；

（四）具有危险废物经营许可证的企业违反国家规定排放、倾倒、处置有放射性的废物、含传染病病原体的废物、有毒物质或者其他有害物质的；

（五）实行排污许可重点管理的企业事业单位和其他生产经营者未依法取得排污许可证，排放、倾倒、处置有放射性的废物、含传染病病原体的废物、有毒物质或者其他有害物质的。

第三节 企业产品质量方面

一、生产、销售伪劣产品罪

生产、销售伪劣产品罪的综述见表 16 – 12。

表 16 – 12 生产、销售伪劣产品罪

法律依据	《刑法》第一百四十条、第一百五十条	
罪状概述	本罪是指生产者、销售者在产品中掺杂、掺假，以假充真，以次充好或者以不合格产品冒充合格产品，销售金额五万元以上的行为。生产、销售伪劣产品罪的犯罪行为是生产、销售行为	
刑事责任	自然人	销售金额五万元以上不满二十万元的，处二年以下有期徒刑或者拘役，并处或者单处销售金额百分之五十以上二倍以下罚金；销售金额二十万元以上不满五十万元的，处二年以上七年以下有期徒刑，并处销售金额百分之五十以上二倍以下罚金；销售金额五十万元以上不满二百万元的，处七年以上有期徒刑，并处销售金额百分之五十以上二倍以下罚金；销售金额二百万元以上的，处十五年有期徒刑或者无期徒刑，并处销售金额百分之五十以上二倍以下罚金或者没收财产
	单位	对单位判处罚金，并对其直接负责的主管人员和其他直接责任人员，依照对自然人的处罚规定处罚
风险防控建议	1. 企业经营者应当树立"以人为本，质量第一"的正确守法的经营理念，知悉本罪的危害与刑事风险。 2. 提升产品质量管理水平，确保生产和销售的产品符合国家或行业标准。若国家或行业尚未规范标准或标准不明确，企业可自行制定标准并向相关政府部门备案，并按备案标准进行生产和销售。 3. 设立产品质量监督部门，负责产品质量的检查、监督、反馈等监控流程，按照企业产品质量管理规定对生产、销售环节进行监督，对于不符合质量要求的，应当立即整改，绝不推入销售环节	

关联法规　（立案量刑标准）

1. 立案标准

《最高人民检察院、公安部关于公安机关管辖的刑事案件立案追诉标准的规定（一）》（公通字〔2008〕36号）

第十六条第一款 【生产、销售伪劣产品案（刑法第一百四十条）】 生产者、销售者在产品中掺杂、掺假，以假充真，以次充好或者以不合格产品冒充合格产品，涉嫌下列情形之一的，应予立案追诉：

（一）伪劣产品销售金额五万元以上的；

（二）伪劣产品尚未销售，货值金额十五万元以上的；

（三）伪劣产品销售金额不满五万元，但将已销售金额乘以三倍后，与尚未销售的伪劣产品货值金额合计十五万元以上的。

2. 量刑标准

《刑法》（2023年12月29日修正）

第一百四十条 【生产、销售伪劣产品罪】 生产者、销售者在产品中掺杂、掺假，以假充真，以次充好或者以不合格产品冒充合格产品，销售金额五万元以上不满二十万元的，处二年以下有期徒刑或者拘役，并处或者单处销售金额百分之五十以上二倍以下罚金；销售金额二十万元以上不满五十万元的，处二年以上七年以下有期徒刑，并处销售金额百分之五十以上二倍以下罚金；销售金额五十万元以上不满二百万元的，处七年以上有期徒刑，并处销售金额百分之五十以上二倍以下罚金；销售金额二百万元以上的，处十五年有期徒刑或者无期徒刑，并处销售金额百分之五十以上二倍以下罚金或者没收财产。

《最高人民法院、最高人民检察院关于办理生产、销售伪劣商品刑事案件具体应用法律若干问题的解释》（法释〔2001〕10号）

第二条第四款 多次实施生产、销售伪劣产品行为，未经处理的，伪劣产品的销售金额或者货值金额累计计算。

第九条 知道或者应当知道他人实施生产、销售伪劣商品犯罪，而为其提供贷款、资金、账号、发票、证明、许可证件，或者提供生产、经营场所或者运输、仓储、保管、邮寄等便利条件，或者提供制假生产技术的，以生产、销售伪劣商品犯罪的共犯论处。

第十条 实施生产、销售伪劣商品犯罪，同时构成侵犯知识产权、非法经营等其他犯罪的，依照处罚较重的规定定罪处罚。

第十二条 国家机关工作人员参与生产、销售伪劣商品犯罪的，从重处罚。

二、生产、销售不符合安全标准的食品罪

生产、销售不符合安全标准的食品罪的综述见表 16 – 13。

表 16 – 13　生产、销售不符合安全标准的食品罪

法律依据	《刑法》第一百四十三条、第一百五十条	
罪状概述	本罪是指生产、销售不符合食品安全标准的食品，足以造成严重食物中毒事故或者其他严重食源性疾病的行为	
刑事责任	自然人	处三年以下有期徒刑或者拘役，并处罚金；对人体健康造成严重危害或者有其他严重情节的，处三年以上七年以下有期徒刑，并处罚金；后果特别严重的，处七年以上有期徒刑或者无期徒刑，并处罚金或者没收财产
	单位	对单位判处罚金，并对其直接负责的主管人员和其他直接责任人员，依照对自然人的处罚规定处罚
风险防控建议	1. 企业经营者应当树立"以人为本，质量第一"的正确守法的经营理念，知悉本罪的危害与刑事风险。同时，企业应当组织员工学习食品卫生管理法律法规，使员工正确理解本罪的危害与刑事风险。 2. 严格执行食品安全标准，确保生产和销售的食品符合规定。如遇未设立食品安全标准或标准不明确的情况，可自主设定标准并向相关政府部门备案，然后按备案标准生产和销售食品；对于已过期的食品，必须立即召回或停止销售，并强制销毁。 3. 强化对食品生产销售场所、设备和从业人员的监管和规范，定期抽样检测企业生产和销售的食品，以防止不符合国家和行业标准的食品进入市场。 4. 加强对食品原材料的监管，严格审核供应商的资质和证照，规范供应链，确保食品原材料的合法来源	

关联法规　（立案量刑标准）

1. 立案标准

《最高人民检察院、公安部关于公安机关管辖的刑事案件立案追诉标准的规定（一）的补充规定》（公通字〔2017〕12号）

三、将《立案追诉标准（一）》第十九条修改为：【生产、销售不符合安全标准的食品案（刑法第一百四十三条）】生产、销售不符合食品安全标准的食品，涉嫌下列情形之一的，应予立案追诉：

（一）食品含有严重超出标准限量的致病性微生物、农药残留、兽药残留、重金属、污染物质以及其他危害人体健康的物质的；

（二）属于病死、死因不明或者检验检疫不合格的畜、禽、兽、水产动物及其肉类、肉类制品的；

（三）属于国家为防控疾病等特殊需要明令禁止生产、销售的食品的；

（四）婴幼儿食品中生长发育所需营养成分严重不符合食品安全标准的；

（五）其他足以造成严重食物中毒事故或者严重食源性疾病的情形。

在食品加工、销售、运输、贮存等过程中，违反食品安全标准，超限量或者超范围滥用食品添加剂，足以造成严重食物中毒事故或者其他严重食源性疾病的，应予立案追诉。

在食用农产品种植、养殖、销售、运输、贮存等过程中，违反食品安全标准，超限量或者超范围滥用添加剂、农药、兽药等，足以造成严重食物中毒事故或者其他严重食源性疾病的，应予立案追诉。

2. 量刑标准

《刑法》（2023年12月29日修正）

第一百四十三条【生产、销售不符合安全标准的食品罪】　生产、销售不符合食品安全标准的食品，足以造成严重食物中毒事故或者其他严重食源性疾病的，处三年以下有期徒刑或者拘役，并处罚金；对人体健康造成严重危害或者有其他严重情节的，处三年以上七年以下有期徒刑，并处罚金；后果特别严重的，处七年以上有期徒刑或者无期徒刑，并处罚金或者没收财产。

《最高人民法院、最高人民检察院关于办理危害食品安全刑事案件适用法律若干问题的解释》（法释〔2021〕24 号）

第一条 生产、销售不符合食品安全标准的食品，具有下列情形之一的，应当认定为刑法第一百四十三条规定的"足以造成严重食物中毒事故或者其他严重食源性疾病"：

（一）含有严重超出标准限量的致病性微生物、农药残留、兽药残留、生物毒素、重金属等污染物质以及其他严重危害人体健康的物质的；

（二）属于病死、死因不明或者检验检疫不合格的畜、禽、兽、水产动物肉类及其制品的；

（三）属于国家为防控疾病等特殊需要明令禁止生产、销售的；

（四）特殊医学用途配方食品、专供婴幼儿的主辅食品营养成分严重不符合食品安全标准的；

（五）其他足以造成严重食物中毒事故或者严重食源性疾病的情形"。

第二条 生产、销售不符合食品安全标准的食品，具有下列情形之一的，应当认定为刑法第一百四十三条规定的"对人体健康造成严重危害"：

（一）造成轻伤以上伤害的；

（二）造成轻度残疾或者中度残疾的；

（三）造成器官组织损伤导致一般功能障碍或者严重功能障碍的；

（四）造成十人以上严重食物中毒或者其他严重食源性疾病的；

（五）其他对人体健康造成严重危害的情形。

第三条 生产、销售不符合食品安全标准的食品，具有下列情形之一的，应当认定为刑法第一百四十三条规定的"其他严重情节"：

（一）生产、销售金额二十万元以上的；

（二）生产、销售金额十万元以上不满二十万元，不符合食品安全标准的食品数量较大或者生产、销售持续时间六个月以上的；

（三）生产、销售金额十万元以上不满二十万元，属于特殊医学用途配方食品、专供婴幼儿的主辅食品；

（四）生产、销售金额十万元以上不满二十万元，且在中小学校园、托幼机构、养老机构及周边向未成年人、老年人销售的；

（五）生产、销售金额十万元以上不满二十万元，曾因危害食品安全犯罪受过刑事处罚或者二年内因危害食品安全违法行为受过行政处罚的；

（六）其他情节严重的情形。

第四条　生产、销售不符合食品安全标准的食品，具有下列情形之一的，应当认定为刑法第一百四十三条规定的"后果特别严重"：

（一）致人死亡的；

（二）造成重度残疾以上的；

（三）造成三人以上重伤、中度残疾或器官组织损伤导致严重功能障碍的；

（四）造成十人以上轻伤、五人以上轻度残疾或者器官组织损伤导致一般功能障碍的；

（五）造成三十人以上严重食物中毒或者其他严重食源性疾病的；

（六）其他特别严重的后果。

三、生产、销售有毒、有害食品罪

生产、销售有毒、有害食品罪的综述见表 16－14。

表 16－14　生产、销售有毒、有害食品罪

法律依据	《刑法》第一百四十四条、第一百五十条	
罪状概述	本罪是指在生产、销售的食品中掺入有毒、有害的非食品原料的，或者销售明知掺有有毒、有害的非食品原料的食品的行为	
刑事责任	自然人	处五年以下有期徒刑，并处罚金；对人体健康造成严重危害或者有其他严重情节的，处五年以上十年以下有期徒刑，并处罚金；致人死亡或者有其他特别严重情节的，处十年以上有期徒刑、无期徒刑或者死刑，并处罚金或者没收财产
	单位	对单位判处罚金，并对其直接负责的主管人员和其他直接责任人员，依照对自然人的处罚规定处罚
风险防控建议	1. 企业经营者应当树立"以人为本，质量第一"的正确守法的经营理念，知悉本罪的危害与刑事风险。 2. 确保生产和销售的食品符合国家或行业标准，如标准不明确或缺失，可自行制定标准并进行备案，并按备案标准生产和销售食品。 3. 强化对食品原材料的监管，严格审核供应商的资质和证照，规范供应渠道。若发现问题原材料，应收集证据并报告相关部门，与检查部门合作以防止有毒、有害食品流入市场。对发现问题的食品，根据法规和主管部门要求，立即召回并妥善处理	

1. 立案标准

《最高人民检察院、公安部关于公安机关管辖的刑事案件立案追诉标准的规定（一）的补充规定》（公通字〔2017〕12号）

四、将《立案追诉标准（一）》第二十条修改为：【生产、销售有毒、有害食品案（刑法第一百四十四条）】在生产、销售的食品中掺入有毒、有害的非食品原料的，或者销售明知掺有有毒、有害的非食品原料的食品的，应予立案追诉。

在食品加工、销售、运输、贮存等过程中，掺入有毒、有害的非食品原料，或者使用有毒、有害的非食品原料加工食品的，应予立案追诉。

在食用农产品种植、养殖、销售、运输、贮存等过程中，使用禁用农药、兽药等禁用物质或者其他有毒、有害物质的，应予立案追诉。

在保健食品或者其他食品中非法添加国家禁用药物等有毒、有害物质的，应予立案追诉。

下列物质应当认定为本条规定的"有毒、有害的非食品原料"：

（一）法律、法规禁止在食品生产经营活动中添加、使用的物质；

（二）国务院有关部门公布的《食品中可能违法添加的非食用物质名单》《保健食品中可能非法添加的物质名单》中所列物质；

（三）国务院有关部门公告禁止使用的农药、兽药以及其他有毒、有害物质；

（四）其他危害人体健康的物质。

2. 量刑标准

《刑法》（2023年12月29日修正）

第一百四十四条【生产、销售有毒、有害食品罪】在生产、销售的食品中掺入有毒、有害的非食品原料的，或者销售明知掺有有毒、有害的非食品原料的食品的，处五年以下有期徒刑，并处罚金；对人体健康造成严重危害或者有其他严重情节的，处五年以上十年以下有期徒刑，并处罚金；致人死亡或者有其他特别严重情节的，依照本法第一百四十一条的规定处罚。

《最高人民法院、最高人民检察院关于办理生产、销售伪劣商品刑事案件具体应用法律若干问题的解释》（法释〔2001〕10号）

第五条　生产、销售的有毒、有害食品被食用后，造成轻伤、重伤或者其他严重后果的，应认定为刑法第一百四十四条规定的"对人体健康造成严重危害"。

生产、销售的有毒、有害食品被食用后，致人严重残疾、3人以上重伤、10人以上轻伤或者造成其他特别严重后果的，应认定为"对人体健康造成特别严重危害"。

四、生产、销售不符合安全标准的产品罪

生产、销售不符合安全标准的产品罪的综述见表16-15。

表16-15　生产、销售不符合安全标准的产品罪

法律依据	《刑法》第一百四十六条、第一百五十条	
罪状概述	本罪是指生产不符合保障人身、财产安全的国家标准、行业标准的电器、压力容器、易燃易爆产品或者其他不符合保障人身、财产安全的国家标准、行业标准的产品，或者销售明知是以上不符合保障人身、财产安全的国家标准、行业标准的产品，造成严重后果的行为	
刑事责任	自然人	处五年以下有期徒刑，并处销售金额百分之五十以上二倍以下罚金；后果特别严重的，处五年以上有期徒刑，并处销售金额百分之五十以上二倍以下罚金
	单位	对单位判处罚金，并对其直接负责的主管人员和其他直接责任人员，依照对自然人的处罚规定处罚
风险防控建议	1. 企业经营者应当树立"以人为本，质量第一"的正确守法的经营理念，知悉本罪的危害与刑事风险。同时，定期进行产品安全生产和销售培训，深入了解国家和行业标准，提倡法律知识普及，确保产品安全。 2. 企业必须熟悉并严格遵守国家安全标准，坚决杜绝不符合标准的产品生产和销售。 3. 企业要强化对生产和销售场所、设施设备以及员工的监管和规范，定期对产品进行抽样检测，杜绝不符合标准的产品流入市场。 4. 若产品导致消费者人身伤害，企业应立即采取有效措施进行抢救，防止事态扩大，最大限度减少伤亡和财产损失。同时，积极赔偿受损消费者，展现责任担当的态度	

关联法规（立案量刑标准）

1. 立案标准

《最高人民检察院、公安部关于公安机关管辖的刑事案件立案追诉标准的规定（一）》（公通字〔2008〕36 号）

第二十二条 【生产、销售不符合安全标准的产品案（刑法第一百四十六条）】 生产不符合保障人身、财产安全的国家标准、行业标准的电器、压力容器、易燃易爆或者其他不符合保障人身、财产安全的国家标准、行业标准的产品，或者销售明知是以上不符合保障人身、财产安全的国家标准、行业标准的产品，涉嫌下列情形之一的，应予立案追诉：

（一）造成人员重伤或者死亡的；

（二）造成直接经济损失十万元以上的；

（三）其他造成严重后果的情形。

2. 量刑标准

《刑法》（2023 年 12 月 29 日修正）

第一百四十六条【生产、销售不符合安全标准的产品罪】 生产不符合保障人身、财产安全的国家标准、行业标准的电器、压力容器、易燃易爆产品或者其他不符合保障人身、财产安全的国家标准、行业标准的产品，或者销售明知是以上不符合保障人身、财产安全的国家标准、行业标准的产品，造成严重后果的，处五年以下有期徒刑，并处销售金额百分之五十以上二倍以下罚金；后果特别严重的，处五年以上有期徒刑，并处销售金额百分之五十以上二倍以下罚金。

第四节　企业财务、金融、税收方面

一、违规披露、不披露重要信息罪

违规披露、不披露重要信息罪的综述见表 16－16。

表 16－16　违规披露、不披露重要信息罪

法律依据	《刑法》第一百六十一条	
罪状概述	本罪是指依法负有信息披露义务的公司、企业向股东和社会公众提供虚假的或者隐瞒重要事实的财务会计报告，或者对依法应当披露的其他重要信息不按照规定披露，严重损害股东或者其他人利益，或者有其他严重情节的行为	
刑事责任	自然人	处五年以下有期徒刑或者拘役，并处或者单处罚金；情节特别严重的，处五年以上十年以下有期徒刑，并处罚金
	单位	对单位判处罚金，并对其直接负责的主管人员和其他直接责任人员，处五年以下有期徒刑或者拘役，并处或者单处罚金；情节特别严重的，处五年以上十年以下有期徒刑，并处罚金
风险防控建议	1. 提高专业水平，增强风险防范意识。企业应高度重视对出资人、公司高管人员、财会人员和相关业务人员的信息披露知识培训，增强上述人员对信息披露的责任意识和风险防范意识，提高对信息披露规则的认识水平。 2. 建立信息披露制度，明确责任部门及主要责任人。负有信息披露义务的企业应建立完善的信息披露规章制度，明确规定企业应当向股东或社会公众披露的企业财务会计报告（资产负债表、损益表、财务状况变动表、利润分配表及财务情况说明等）及其相关工作流程，并明确信息披露的分工部门以及主要责任人。 3. 完善信息披露监管制度。企业应设立监管部门对重要信息的披露工作进行监督检查，定期审查相关的报告文件或信息资料，保证披露的信息真实、准确、合法	

关联法规（立案量刑标准）

1. 立案标准

《最高人民检察院、公安部关于公安机关管辖的刑事案件立案追诉标准的规定（二）》（公通字〔2022〕12号）

第六条 【违规披露、不披露重要信息案（刑法第一百六十一条）】依法负有信息披露义务的公司、企业向股东和社会公众提供虚假的或者隐瞒重要事实的财务会计报告，或者对依法应当披露的其他重要信息不按照规定披露，涉嫌下列情形之一的，应予立案追诉：

（一）造成股东、债权人或者其他人直接经济损失数额累计在一百万元以上的；

（二）虚增或者虚减资产达到当期披露的资产总额百分之三十以上的；

（三）虚增或者虚减营业收入达到当期披露的营业收入总额百分之三十以上的；

（四）虚增或者虚减利润达到当期披露的利润总额百分之三十以上的；

（五）未按照规定披露的重大诉讼、仲裁、担保、关联交易或者其他重大事项所涉及的数额或者连续十二个月的累计数额达到最近一期披露的净资产百分之五十以上的；

（六）致使不符合发行条件的公司、企业骗取发行核准或者注册并且上市交易的；

（七）致使公司、企业发行的股票或者公司、企业债券、存托凭证或者国务院依法认定的其他证券被终止上市交易的；

（八）在公司财务会计报告中将亏损披露为盈利，或将盈利披露为亏损的；

（九）多次提供虚假的或者隐瞒重要事实的财务会计报告，或者多次对依法应当披露的其他重要信息不按照规定披露的；

（十）其他严重损害股东、债权人或者其他人利益，或者有其他严重情节的情形。

2．量刑标准

《刑法》（2023 年 12 月 29 日修正）

第一百六十一条【违规披露、不披露重要信息罪】 依法负有信息披露义务的公司、企业向股东和社会公众提供虚假的或者隐瞒重要事实的财务会计报告，或者对依法应当披露的其他重要信息不按照规定披露，严重损害股东或者其他人利益，或者有其他严重情节的，对其直接负责的主管人员和其他直接责任人员，处五年以下有期徒刑或者拘役，并处或者单处罚金；情节特别严重的，处五年以上十年以下有期徒刑，并处罚金。

前款规定的公司、企业的控股股东、实际控制人实施或者组织、指使实施前款行为的，或者隐瞒相关事项导致前款规定的情形发生的，依照前款的规定处罚。

犯前款罪的控股股东、实际控制人是单位的，对单位判处罚金，并对其直接负责的主管人员和其他直接责任人员，依照第一款的规定处罚。

二、隐匿、故意销毁会计凭证、会计账簿、财务会计报告罪

隐匿、故意销毁会计凭证、会计账簿、财务会计报告罪的综述见表 16 – 17。

表 16 – 17　隐匿、故意销毁会计凭证、会计账簿、财务会计报告罪

法律依据	《刑法》第一百六十二条之一	
罪状概述	本罪是指隐匿或者故意销毁依法应当保存的会计凭证、会计账簿、财务会计报告，情节严重的行为	
刑事责任	自然人	处五年以下有期徒刑或者拘役，并处或者单处二万元以上二十万元以下罚金
	单位	对单位判处罚金，并对其直接负责的主管人员和其他直接责任人员，处五年以下有期徒刑或者拘役，并处或者单处二万元以上二十万元以下罚金

续表 16 - 17

风险防控建议	1. 增强财务账户管理风险防范意识。加强企业出资人、高管人员、财务会计人员等相关工作人员的教育培训，增强企业财务账户管理风险防范意识。充分认识到会计凭证、会计账簿、财务会计报告是记载企业财务活动的重要凭证，是国家企业财务管理的重要依据，要避免出现隐匿或销毁的风险发生。 2. 建立健全财务管理制度。企业对财务管理、财务内容、部门设置及人员管理，应当有完善明确的管理规定，并设置专人对企业财务活动进行监管，使企业会计凭证、会计账簿、财务会计报告资料等得到谨慎、妥善保管

关联法规 （立案量刑标准）

1. 立案标准

《最高人民检察院、公安部关于公安机关管辖的刑事案件立案追诉标准的规定（二）》（公通字〔2022〕12 号）

第八条 【隐匿、故意销毁会计凭证、会计帐簿、财务会计报告案（刑法第一百六十二条之一）】 隐匿或者故意销毁依法应当保存的会计凭证、会计帐簿、财务会计报告，涉嫌下列情形之一的，应予立案追诉：

（一）隐匿、故意销毁的会计凭证、会计帐簿、财务会计报告涉及金额在五十万元以上的；

（二）依法应当向监察机关、司法机关、行政机关、有关主管部门等提供而隐匿、故意销毁或者拒不交出会计凭证、会计帐簿、财务会计报告的；

（三）其他情节严重的情形。

2. 量刑标准

《刑法》（2023 年 12 月 29 日修正）

第一百六十二条之一 【隐匿、故意销毁会计凭证、会计帐簿、财务会计报告罪】 隐匿或者故意销毁依法应当保存的会计凭证、会计帐簿、财务会计报告，情节严重的，处五年以下有期徒刑或者拘役，并处或者单处二万元以上二十万元以下罚金。

单位犯前款罪的，对单位判处罚金，并对其直接负责的主管人员和其他直接责任人员，依照前款的规定处罚。

三、高利转贷罪

高利转贷罪的综述见表 16 – 18。

表 16 – 18　高利转贷罪

法律依据	《刑法》第一百七十五条	
罪状概述	本罪是指以转贷牟利为目的，套取金融机构信贷资金高利转贷他人，违法所得数额较大的行为	
刑事责任	自然人	处三年以下有期徒刑或者拘役，并处违法所得一倍以上五倍以下罚金；数额巨大的，处三年以上七年以下有期徒刑，并处违法所得一倍以上五倍以下罚金
	单位	对单位判处罚金，并对其直接负责的主管人员和其他直接责任人员，处三年以下有期徒刑或者拘役
风险防控建议	企业应依法申请贷款并按约定的贷款用途使用贷款资金，对于从银行贷出的款项，企业不能为牟取高于银行贷款的利息而转贷给他人	

关联法规（立案量刑标准）

1. 立案标准

《最高人民检察院、公安部关于公安机关管辖的刑事案件立案追诉标准的规定（二）》（公通字〔2022〕12 号）

第二十一条　【高利转贷案（刑法第一百七十五条）】以转贷牟利为目的，套取金融机构信贷资金高利转贷他人，违法所得数额在五十万元以上的，应予立案追诉。

2. 量刑标准

《刑法》（2023 年 12 月 29 日修正）

第一百七十五条【高利转贷罪】以转贷牟利为目的，套取金融机构信贷资金高利转贷他人，违法所得数额较大的，处三年以下有期徒刑或者拘役，并处违法所得一倍以上五倍以下罚金；数额巨大的，处三年以上七年以下有期徒刑，并处违法所得一倍以上五倍以下罚金。

单位犯前款罪的，对单位判处罚金，并对其直接负责的主管人员和其他直接责任人员，处三年以下有期徒刑或者拘役。

四、骗取贷款、票据承兑、金融票证罪

骗取贷款、票据承兑、金融票证罪的综述见表 16 - 19。

表 16 - 19　骗取贷款、票据承兑、金融票证罪

法律依据	《刑法》第一百七十五条之一	
罪状概述	本罪是指以欺骗手段取得银行或者其他金融机构贷款、票据承兑、信用证、保函等，给银行或者其他金融机构造成重大损失或者有其他严重情节的行为	
刑事责任	自然人	给银行或者其他金融机构造成重大损失的，处三年以下有期徒刑或者拘役，并处或者单处罚金；给银行或者其他金融机构造成特别重大损失或者有其他特别严重情节的，处三年以上七年以下有期徒刑，并处罚金
	单位	对单位判处罚金，并对其直接负责的主管人员和其他直接责任人员，处三年以下有期徒刑或者拘役，并处或者单处罚金；给银行或者其他金融机构造成特别重大损失或者有其他特别严重情节的，处三年以上七年以下有期徒刑，并处罚金
风险防控建议	1. 企业应诚实守信，确保向金融机构所提供的文件真实合法，绝对不能虚假承诺。 2. 企业应制定合法合规的贷款制度，对相关贷款文件认真把关，对于不符合审核要求的应予以否决。 3. 企业应严格管控贷款业务人员与金融机构工作人员的正常业务交往，杜绝恶意串通，侵犯国家财产	

关联法规　（立案量刑标准）

1. 立案标准

《最高人民检察院、公安部关于公安机关管辖的刑事案件立案追诉标准的规定（二）》（公通字〔2022〕12号）

第二十二条　【骗取贷款、票据承兑、金融票证案（刑法第一百七十五条之一）】 以欺骗手段取得银行或者其他金融机构贷款、票据承兑、信用证、保函等，给银行或者其他金融机构造成直接经济损失数额在五十万元以上的，应予立案追诉。

2. 量刑标准

《刑法》（2023年12月29日修正）

第一百七十五条之一【骗取贷款、票据承兑、金融票证罪】 以欺骗手段取得银行或者其他金融机构贷款、票据承兑、信用证、保函等，给银行或者其他金融机构造成重大损失的，处三年以下有期徒刑或者拘役，并处或者单处罚金；给银行或者其他金融机构造成特别重大损失或者有其他特别严重情节的，处三年以上七年以下有期徒刑，并处罚金。

单位犯前款罪的，对单位判处罚金，并对其直接负责的主管人员和其他直接责任人员，依照前款的规定处罚。

五、非法吸收公众存款罪

非法吸收公众存款罪的综述见表16-20。

表16-20　非法吸收公众存款罪

法律依据	《刑法》第一百七十六条
罪状概述	本罪是指非法吸收公众存款或者变相吸收公众存款，扰乱金融秩序的行为

续表 16-20

刑事责任	自然人	处三年以下有期徒刑或者拘役，并处或者单处罚金；数额巨大或者有其他严重情节的，处三年以上十年以下有期徒刑，并处罚金；数额特别巨大或者有其他特别严重情节的，处十年以上有期徒刑，并处罚金；在提起公诉前积极退赃退赔，减少损害结果发生的，可以从轻或者减轻处罚
	单位	对单位判处罚金，并对其直接负责的主管人员和其他直接责任人员，处三年以下有期徒刑或者拘役，并处或者单处罚金；数额巨大或者有其他严重情节的，处三年以上十年以下有期徒刑，并处罚金；数额特别巨大或者有其他特别严重情节的，处十年以上有期徒刑，并处罚金；在提起公诉前积极退赃退赔，减少损害结果发生的，可以从轻或者减轻处罚
风险防控建议		1. 企业在向没有特定对象的人群募集资金时，一旦集资金额达到一定数量或集资人数达到一定规模，就有可能触犯本罪。因此，企业投资者在募集资金前必须制订好投资计划，同时，要充分评估资金风险，以免在急需资金时不得不向公众集资，从而触犯本罪。 2. 企业在对经营资金有需求时，应尽量通过正规途径融资、借款，或者根据相关法律规定合法进行增资扩股；即使是向熟人借款，也应保持基本的警惕，务必在借款文件上明确注明资金用途；对于内部员工的募资活动，企业应严格审核员工身份，并保存相关证明文件，以免诉累。 3. 企业必须将募集的资金用于生产经营活动，如果出现集资人要求退款的情况，企业也应尽力清退集资款项。 4. 如果企业已经向公众募集资金，并且暂时无法偿还，应尽力先行归还部分借款并与集资人妥善沟通，绝不能逃避责任或携款逃跑，否则可能构成集资诈骗罪

关联法规（立案量刑标准）

1. 立案标准

《最高人民检察院、公安部关于公安机关管辖的刑事案件立案追诉标准的规定（二）》（公通字〔2022〕12号）

第二十三条 【非法吸收公众存款案（刑法第一百七十六条）】 非法吸收公

众存款或者变相吸收公众存款，扰乱金融秩序，涉嫌下列情形之一的，应予立案追诉：

（一）非法吸收或者变相吸收公众存款数额在一百万元以上的；

（二）非法吸收或者变相吸收公众存款对象一百五十人以上的；

（三）非法吸收或者变相吸收公众存款，给集资参与人造成直接经济损失数额在五十万元以上的。

非法吸收或者变相吸收公众存款数额在五十万元以上或者给集资参与人造成直接经济损失数额在二十五万元以上，同时涉嫌下列情形之一的，应予立案追诉：

（一）因非法集资受过刑事追究的；

（二）二年内因非法集资受过行政处罚的；

（三）造成恶劣社会影响或者其他严重后果的。

2. 量刑标准

《刑法》（2023 年 12 月 29 日修正）

第一百七十六条【非法吸收公众存款罪】 非法吸收公众存款或者变相吸收公众存款，扰乱金融秩序的，处三年以下有期徒刑或者拘役，并处或者单处罚金；数额巨大或者有其他严重情节的，处三年以上十年以下有期徒刑，并处罚金；数额特别巨大或者有其他特别严重情节的，处十年以上有期徒刑，并处罚金。

单位犯前款罪的，对单位判处罚金，并对其直接负责的主管人员和其他直接责任人员，依照前款的规定处罚。

有前两款行为，在提起公诉前积极退赃退赔，减少损害结果发生的，可以从轻或者减轻处罚。

《最高人民法院关于审理非法集资刑事案件具体应用法律若干问题的解释》（法释〔2010〕18 号）

第四条 非法吸收或者变相吸收公众存款，具有下列情形之一的，应当认定为刑法第一百七十六条规定的"数额巨大或者有其他严重情节"：

（一）非法吸收或者变相吸收公众存款数额在 500 万元以上的；

（二）非法吸收或者变相吸收公众存款对象 500 人以上的；

（三）非法吸收或者变相吸收公众存款，给存款人造成直接经济损失数额在 250 万元以上的。

非法吸收或者变相吸收公众存款数额在 250 万元以上或者给存款人造成直接经济损失数额在 150 万元以上，同时具有本解释第三条第二款第三项情节的，应当认定为"其他严重情节"。

第五条 非法吸收或者变相吸收公众存款，具有下列情形之一的，应当认定为刑法第一百七十六条规定的"数额特别巨大或者有其他特别严重情节"：

（一）非法吸收或者变相吸收公众存款数额在 5000 万元以上的；

（二）非法吸收或者变相吸收公众存款对象 5000 人以上的；

（三）非法吸收或者变相吸收公众存款，给存款人造成直接经济损失数额在 2500 万元以上的。

非法吸收或者变相吸收公众存款数额在 2500 万元以上或者给存款人造成直接经济损失数额在 1500 万元以上，同时具有本解释第三条第二款第三项情节的，应当认定为"其他特别严重情节"。

第六条 非法吸收或者变相吸收公众存款的数额，以行为人所吸收的资金全额计算。在提起公诉前积极退赃退赔，减少损害结果发生的，可以从轻或者减轻处罚；在提起公诉后退赃退赔的，可以作为量刑情节酌情考虑。

非法吸收或者变相吸收公众存款，主要用于正常的生产经营活动，能够在提起公诉前清退所吸收资金，可以免予刑事处罚；情节显著轻微危害不大的，不作为犯罪处理。

对依法不需要追究刑事责任或者免予刑事处罚的，应当依法将案件移送有关行政机关。

第九条第一款 犯非法吸收公众存款罪，判处三年以下有期徒刑或者拘役，并处或者单处罚金的，处五万元以上一百万元以下罚金；判处三年以上十年以下有期徒刑的，并处十万元以上五百万元以下罚金；判处十年以上有期徒刑的，并处五十万元以上罚金。

六、集资诈骗罪

集资诈骗罪的综述见表 16-21。

表 16 –21　集资诈骗罪

法律依据	《刑法》第一百九十二条	
罪状概述	本罪是指以非法占有为目的，使用诈骗方法非法集资，数额较大的行为	
刑事责任	自然人	数额较大的，处三年以上七年以下有期徒刑，并处罚金；数额巨大或者有其他严重情节的，处七年以上有期徒刑或者无期徒刑，并处罚金或者没收财产
	单位	对单位判处罚金，并对直接负责的主管人员和其他直接责任人员，处三年以上七年以下有期徒刑，并处罚金；数额巨大或者有其他严重情节的，处七年以上有期徒刑或者无期徒刑，并处罚金或者没收财产
风险防控建议	1. 企业应严格按照法律规定的程序融资、集资和借贷，规范财务会计工作，使融资款项用途有据可查，并与出借人签订书面的借贷合同，明确约定借款用途及偿还期限，避免因集资款用途不清而被推定为非法占有他人资金。 2. 企业若因暂时困难无法按期还款，要主动与出借人协商解决，绝对不能携款潜逃，否则，有可能使普通的民间借贷纠纷升级为集资诈骗犯罪。 3. 不要编造虚假事实或者以高利息为诱导对外集资，否则，一旦发生经营风险导致集资款无法返还，就很可能涉嫌"使用诈骗方法骗取集资款"	

关联法规　（立案量刑标准）

1. 立案标准

《最高人民检察院、公安部关于公安机关管辖的刑事案件立案追诉标准的规定（二）》（公通字〔2022〕12 号）

第四十四条　【集资诈骗案（刑法第一百九十二条）】以非法占有为目的，使用诈骗方法非法集资，数额在十万元以上的，应予立案追诉。

2. 量刑标准

《刑法》（2023 年 12 月 29 日修正）

第一百九十二条【集资诈骗罪】 以非法占有为目的，使用诈骗方法非法集资，数额较大的，处三年以上七年以下有期徒刑，并处罚金；数额巨大或者有其他严重情节的，处七年以上有期徒刑或者无期徒刑，并处罚金或者没收财产。

单位犯前款罪的，对单位判处罚金，并对其直接负责的主管人员和其他直接责任人员，依照前款的规定处罚。

《最高人民法院关于审理非法集资刑事案件具体应用法律若干问题的解释》（2021 年 12 月 30 日修正）

第八条 集资诈骗数额在 10 万元以上的，应当认定为"数额较大"；数额在 100 万元以上的，应当认定为"数额巨大"。

集资诈骗数额在 50 万元以上，同时具有本解释第三条第二款第三项情节的，应当认定为刑法第一百九十二条规定的"其他严重情节"。

集资诈骗的数额以行为人实际骗取的数额计算，在案发前已归还的数额应予扣除。行为人为实施集资诈骗活动而支付的广告费、中介费、手续费、回扣，或者用于行贿、赠与等费用，不予扣除。行为人为实施集资诈骗活动而支付的利息，除本金未归还可予折抵本金以外，应当计入诈骗数。

第九条第二款 犯集资诈骗罪，判处三年以上七年以下有期徒刑的，并处十万元以上五百万元以下罚金；判处七年以上有期徒刑或者无期徒刑的，并处五十万元以上罚金或者没收财产。

七、贷款诈骗罪

贷款诈骗罪的综述见表 16 – 22。

表 16 - 22　贷款诈骗罪

法律依据	《刑法》第一百九十三条	
罪状概述	本罪是指行为人以非法占有为目的，编造引进资金、项目等虚假理由，或者使用虚假的经济合同或证明文件，或者使用虚假的产权证明等作担保或超出抵押物价值重复担保，或者以其他方法诈骗银行或其他金融机构的贷款，数额较大的行为	
刑事责任	自然人	处五年以下有期徒刑或者拘役，并处二万元以上二十万元以下罚金；数额巨大或者有其他严重情节的，处五年以上十年以下有期徒刑，并处五万元以上五十万元以下罚金；数额特别巨大或者有其他特别严重情节，处十年以上有期徒刑或无期徒刑，并处五万元以上五十万元以下罚金或没收财产
风险防控建议	1. 建立合法的贷款机制，规范贷款用途，企业无法按照合同约定归还借款时，应积极与贷款机构充分协商解决。 2. 企业在向贷款机构申请贷款时，要保证所提供的贷款资料真实、合法，避免这些贷款资料成为触犯本罪的直接证据。 3. 企业务必规划好、监管好贷款的使用，保证后续有充足的资金还款，否则，若企业贷款到期后无力偿还则有可能被立案追责。 4. 企业不得以自己的名义为其他企业向银行申请贷款，也不应借用其他企业名义向银行申请贷款。否则，任何一方不具备贷款条件，都会牵连其他企业承担刑事风险，甚至两者都可能涉嫌贷款诈骗罪	

关联法规（立案量刑标准）

1. 立案标准

《最高人民检察院、公安部关于公安机关管辖的刑事案件立案追诉标准的规定（二）》（公通字〔2022〕12 号）

第四十五条 【贷款诈骗案（刑法第一百九十三条）】以非法占有为目的，诈骗银行或者其他金融机构的贷款，数额在五万元以上的，应予立案追诉。

2. 量刑标准

《刑法》（2023 年 12 月 29 日修正）

第一百九十三条【贷款诈骗罪】有下列情形之一，以非法占有为目的，诈骗银行或者其他金融机构的贷款，数额较大的，处五年以下有期徒刑或者拘役，并处二万元以上二十万元以下罚金；数额巨大或者有其他严重情节的，处五年以上十年以下有期徒刑，并处五万元以上五十万元以下罚金；数额特别巨大或者有其他特别严重情节的，处十年以上有期徒刑或者无期徒刑，并处五万元以上五十万元以下罚金或者没收财产：

（一）编造引进资金、项目等虚假理由的；

（二）使用虚假的经济合同的；

（三）使用虚假的证明文件的；

（四）使用虚假的产权证明作担保或者超出抵押物价值重复担保的；

（五）以其他方法诈骗贷款的。

八、逃汇罪

逃汇罪的综述见表 16 - 23。

表 16 - 23　逃汇罪

法律依据	《刑法》第一百九十条	
罪状概述	本罪是指公司、企业或者其他单位，违反国家规定，擅自将外汇存放境外，或者将境内的外汇非法转移到境外，情节严重的行为	
	单位	数额较大的，对单位判处逃汇数额百分之五以上百分之三十以下罚金，并对其直接负责的主管人员和其他直接责任人员处五年以下有期徒刑或者拘役；数额巨大或者有其他严重情节的，对单位判处逃汇数额百分之五以上百分之三十以下罚金，并对其直接负责的主管人员和其他直接责任人员处五年以上有期徒刑

续表 16 – 23

风险防控建议	1. 为避免涉及逃避外汇监管的法律风险，企业经营者和外汇从业人员务必深入研究国家金融管理法律法规和外汇管理法规，并遵循法律规定合法使用外汇。 2. 切忌利用"地下钱庄"等非法途径将外汇转移到海外，也不得通过境外账户进行外汇收付，以规避或拒绝将外汇资金转入国内。 3. 企业需强化对外汇资金的监督管理，对大额外汇资金的使用需经过集体审批并层层审核，确保外汇资金的使用符合法规要求

关联法规（立案量刑标准）

1. 立案标准

《最高人民检察院、公安部关于公安机关管辖的刑事案件立案追诉标准的规定（二）》（公通字〔2022〕12 号）

第四十一条　【逃汇案（刑法第一百九十条）】公司、企业或者其他单位，违反国家规定，擅自将外汇存放境外，或者将境内的外汇非法转移到境外，单笔在二百万美元以上或者累计数额在五百万美元以上的，应予立案追诉。

2. 量刑标准

《刑法》（2023 年 12 月 29 日修正）

第一百九十条【逃汇罪】公司、企业或者其他单位，违反国家规定，擅自将外汇存放境外，或者将境内的外汇非法转移到境外，数额较大的，对单位判处逃汇数额百分之五以上百分之三十以下罚金，并对其直接负责的主管人员和其他直接责任人员处五年以下有期徒刑或者拘役；数额巨大或者有其他严重情节的，对单位判处逃汇数额百分之五以上百分之三十以下罚金，并对其直接负责的主管人员和其他直接责任人员处五年以上有期徒刑。

九、洗钱罪

洗钱罪的综述见表 16 – 24。

表 16 – 24　洗钱罪

法律依据	《刑法》第一百九十一条	
罪状概述	本罪是指为掩饰、隐瞒毒品犯罪、黑社会性质的组织犯罪、恐怖活动犯罪、走私犯罪、贪污贿赂犯罪、破坏金融管理秩序犯罪、金融诈骗犯罪的所得及其产生的收益的来源和性质，提供资金账户，或者将财产转换为现金、金融票据、有价证券，或者通过转账或其他支付结算方式转移资金，或者跨境转移资产，或者以其他方法掩饰、隐瞒犯罪所得及其收益的来源和性质的行为	
刑事责任	自然人	没收实施以上犯罪的所得及其产生的收益，处五年以下有期徒刑或者拘役，并处或者单处罚金；情节严重的，处五年以上十年以下有期徒刑，并处罚金
	单位	对单位判处罚金，并对其直接负责的主管人员和其他直接责任人员，没收实施以上犯罪的所得及其产生的收益，处五年以下有期徒刑或者拘役，并处或者单处罚金；情节严重的，处五年以上十年以下有期徒刑，并处罚金
风险防控建议	1. 企业要确保员工深入学习反洗钱法律法规，坚决抵制洗钱行为，树立正确的道德观念。 2. 企业务必建立健全资金管理制度，严格监控内部资金流动情况，一旦发现不当资金流向，必须迅速查明原因并采取控制措施。大型企业可以设立反洗钱检查机制，确保机制的完善和有效性，加强各部门之间的沟通，保证信息共享，定期公布和评估反洗钱执行情况，确保准确全面。在检查和监督的基础上分析问题，提出完善建议。 3. 企业必须严格管理银行账户，不得委托他人或单位使用，不得为他人或单位进行资金"转账"。 4. 若有企业或个人要求通过公司渠道转移资金并承诺利益，务必保持高度警惕，避免触犯相关法律	

关联法规（立案量刑标准）

1. 立案标准

《最高人民检察院、公安部关于公安机关管辖的刑事案件立案追诉标准的规定（二）》（公通字〔2022〕12 号）

第四十三条 【洗钱案（刑法第一百九十一条）】 为掩饰、隐瞒毒品犯罪、黑社会性质的组织犯罪、恐怖活动犯罪、走私犯罪、贪污贿赂犯罪、破坏金融管理秩序犯罪、金融诈骗犯罪的所得及其产生的收益的来源和性质，涉嫌下列情形之一的，应予立案追诉：

（一）提供资金帐户的；

（二）将财产转换为现金、金融票据、有价证券的；

（三）通过转帐或者其他支付结算方式转移资金的；

（四）跨境转移资产的；

（五）以其他方法掩饰、隐瞒犯罪所得及其收益的来源和性质的。

2. 量刑标准

《刑法》（2023 年 12 月 29 日修正）

第一百九十一条 【洗钱罪】 掩饰、隐瞒毒品犯罪、黑社会性质的组织犯罪、恐怖活动犯罪、走私犯罪、贪污贿赂犯罪、破坏金融管理秩序犯罪、金融诈骗犯罪的所得及其产生的收益的来源和性质，有下列行为之一的，没收实施以上犯罪的所得及其产生的收益，处五年以下有期徒刑或者拘役，并处或者单处罚金；情节严重的，处五年以上十年以下有期徒刑，并处罚金：

（一）提供资金帐户的；

（二）将财产转换为现金、金融票据、有价证券的；

（三）通过转帐或者其他支付结算方式转移资金的；

（四）跨境转移资产的；

（五）以其他方法掩饰、隐瞒犯罪所得及其收益的来源和性质的。

单位犯前款罪的，对单位判处罚金，并对其直接负责的主管人员和其他直接责任人员，依照前款的规定处罚。

十、逃税罪

逃税罪的综述见表 16 - 25。

表 16 - 25　逃税罪

法律依据	《刑法》第二百零一条、第二百一十一条	
罪状概述	本罪是指纳税人采取欺骗、隐瞒手段进行虚假纳税申报或者不申报,逃避缴纳税款数额较大并且占应纳税额百分之十以上,或者扣缴义务人采取欺骗、隐瞒等手段,不缴或者少缴已扣、已收税款,数额较大的行为	
刑事责任	自然人	处三年以下有期徒刑或者拘役,并处罚金;数额巨大且占应纳税额百分之三十以上的,处三年以上七年以下有期徒刑,并处罚金。经税务机关依法下达追缴通知后,补缴应纳税款,缴纳滞纳金,已受行政处罚的,不予追究刑事责任;但是,五年内因逃避缴纳税款受过刑事处罚或者被税务机关给予二次以上行政处罚的除外
	单位	对单位判处罚金,并对其直接负责的主管人员和其他直接责任人员,处三年以下有期徒刑或者拘役,并处罚金;数额巨大且占应纳税额百分之三十以上的,处三年以上七年以下有期徒刑,并处罚金。经税务机关依法下达追缴通知后,补缴应纳税款,缴纳滞纳金,已受行政处罚的,不予追究刑事责任;但是,五年内因逃避缴纳税款受过刑事处罚或者被税务机关给予二次以上行政处罚的除外

续表 16 – 25

风险防控建议	1. 树立依法纳税观念，增强税务法律风险防范意识。企业应当强化依法纳税意识，自觉学习掌握税务法律法规，提高税务筹划、合理避税的专业知识，熟悉本企业应缴纳的税项、税率，及其相应缴税的期限，做到不漏税、不迟交，自觉防止逃税、偷税行为发生。 2. 制定完善的财税管理制度，依法进行税务登记（含税务变更登记）和纳税申报。同时，还应建立真实准确的财务账簿，并严格保存。如果企业确实存在未足额纳税的情形，则应当依法补缴应纳税款、缴纳滞纳金，并真诚接受行政处罚，不要采取欺骗、隐瞒手段继续逃税、抗税，导致不必要的刑事风险。 3. 主动应对税务追缴事项，健全税务专业咨询沟通及救济机制。企业遇有税务追缴事项，要及时向税务主管部门或者税务专业人士咨询。如果认为自身不存在逃税问题，应当积极与税务部门沟通，依法陈述申辩，争取获得税务部门的认可，必要时可通过法律途径救济。特别要注意的是，因逃税受过2 次以上行政处罚或者刑事处罚，5 年内又逃税的，无须经过税务机关追缴即构成逃税罪。因此，若因逃税受过行政处罚或者刑事处罚，应当深刻吸取教训，杜绝再犯。 4. 制定严格的发票管理制度。企业的发票管理直接关系到发票类行政责任甚至刑事责任，对合法性存疑的发票要暂缓付款和暂缓申报抵扣相关的进项税款，待查证后再行处理；对于第三方为交易相对方代开的发票应依法依规处理

关联法规 （立案量刑标准）

1. 立案标准

《最高人民检察院、公安部关于公安机关管辖的刑事案件立案追诉标准的规定（二）》（公通字〔2022〕12 号）

第五十二条 【逃税案（刑法第二百零一条）】逃避缴纳税款，涉嫌下列情形之一的，应予立案追诉：

（一）纳税人采取欺骗、隐瞒手段进行虚假纳税申报或者不申报，逃避缴纳税款，数额在十万元以上并且占各税种应纳税总额百分之十以上，经税务机关依法下达追缴通知后，不补缴应纳税款、不缴纳滞纳金或者不接受行政处罚的；

（二）纳税人五年内因逃避缴纳税款受过刑事处罚或者被税务机关给予二次以上行政处罚，又逃避缴纳税款，数额在十万元以上并且占各税种应纳税总额百分之十以上的；

（三）扣缴义务人采取欺骗、隐瞒手段，不缴或者少缴已扣、已收税款，数额在十万元以上的。

纳税人在公安机关立案后再补缴应纳税款、缴纳滞纳金或者接受行政处罚的，不影响刑事责任的追究。

2. 量刑标准

《刑法》（2023 年 12 月 29 日修正）

第二百零一条【逃税罪】 纳税人采取欺骗、隐瞒手段进行虚假纳税申报或者不申报，逃避缴纳税款数额较大并且占应纳税额百分之十以上的，处三年以下有期徒刑或者拘役，并处罚金；数额巨大并且占应纳税额百分之三十以上的，处三年以上七年以下有期徒刑，并处罚金。

扣缴义务人采取前款所列手段，不缴或者少缴已扣、已收税款，数额较大的，依照前款的规定处罚。

对多次实施前两款行为，未经处理的，按照累计数额计算。

有第一款行为，经税务机关依法下达追缴通知后，补缴应纳税款，缴纳滞纳金，已受行政处罚的，不再追究刑事责任；但是，五年内因逃避缴纳税款受过刑事处罚或者被税务机关给予二次以上行政处罚的除外。

十一、逃避追缴欠税罪

逃避追缴欠税罪的综述见表 16 - 26。

表 16 - 26　逃避追缴欠税罪

法律依据	《刑法》第二百零三条、第二百一十一条
罪状概述	本罪是指纳税义务人欠缴应纳税款，采取转移或者隐匿财产的手段，致使税务机关无法追缴欠缴的税款，数额在一万元以上的行为

续表 16 – 26

刑事责任	自然人	数额在一万元以上不满十万元的，处三年以下有期徒刑或者拘役，并处或者单处欠缴税款一倍以上五倍以下罚金；数额在十万元以上的，处三年以上七年以下有期徒刑，并处欠缴税款一倍以上五倍以下罚金
	单位	对单位判处罚金，并对其直接负责的主管人员和其他直接责任人员，依照对自然人的处罚规定处罚
风险防控建议		1. 企业经营者、管理者应树立依法纳税意识，积极学习税务法律法规，增强涉税犯罪风险防范意识。 2. 主动应对税务机关追缴税款，若确实存在欠税事实，要积极补缴，如果企业确实存在困难，不能按期缴纳税款，可以依法争取延期缴纳。不要采取转移或者隐匿财产的手段，逃避税务机关追缴税款，否则，无论是转移、隐匿财产后欠税，还是欠税后转移、隐匿财产，均构成本罪

关联法规（立案量刑标准）

1. 立案标准

《最高人民检察院、公安部关于公安机关管辖的刑事案件立案追诉标准的规定（二）》（公通字〔2022〕12 号）

第五十四条【逃避追缴欠税案（刑法第二百零三条）】纳税人欠缴应纳税款，采取转移或者隐匿财产的手段，致使税务机关无法追缴欠缴的税款，数额在一万元以上的，应予立案追诉。

2. 量刑标准

《刑法》（2023 年 12 月 29 日修正）

第二百零三条【逃避追缴欠税罪】纳税人欠缴应纳税款，采取转移或者隐匿财产的手段，致使税务机关无法追缴欠缴的税款，数额在一万元以上不满十万元的，处三年以下有期徒刑或者拘役，并处或者单处欠缴税款一倍以上五倍以下罚金；数额在十万元以上的，处三年以上七年以下有期徒刑，并处欠缴税款一倍以上五倍以下罚金。

第二百一十一条【单位犯危害税收征管罪的处罚规定】单位犯本节第二百零一条、第二百零三条、第二百零四条、第二百零七条、第二百零八条、第二百零九条规定之罪的，对单位判处罚金，并对其直接负责的主管人员和其他直接责任人员，依照各该条的规定处罚。

十二、骗取出口退税罪

骗取出口退税罪的综述见表 16 - 27。

表 16 - 27　骗取出口退税罪

法律依据	《刑法》第二百零四条、第二百一十一条	
罪状概述	本罪是指以假报出口或者其他欺骗手段，骗取国家出口退税款，数额较大的行为	
刑事责任	自然人	处五年以下有期徒刑或者拘役，并处骗取税款一倍以上五倍以下罚金；数额巨大或者有其他严重情节的，处五年以上十年以下有期徒刑，并处骗取税款一倍以上五倍以下罚金；数额特别巨大或者有其他特别严重情节的，处十年以上有期徒刑或者无期徒刑，并处骗取税款一倍以上五倍以下罚金或没收财产
	单位	对单位判处罚金，并对其直接负责的主管人员和其他直接责任人员，依照对自然人的处罚规定处罚

续表 16 – 27

风险防控建议	1. 企业经营者、管理者、从事外贸业务的员工应学习税务、海关相关法律法规，树立守法意识，依法依规办理出口退税业务。 2. 针对出口退税问题，务必及时与退税部门联系，以避免潜在的退税风险；对税务机关提出的退税存疑事项，应积极沟通、自检核实相关事实，并迅速向税务机关提供反馈报告，以最大限度减轻甚至消除税务风险。 3. 企业应建立一套合理的出口退税审核监管制度，由专门人员和专业部门负责，并设立相应的处罚机制。同时，要完善管理出口货物报关单、出口收汇核销单、出口货物专用缴款书等与出口退税有关的单据，以及增值税专用发票或其他可用于出口退税的票据等资料。 4. 严格监管"自带客户、自带货源、自带汇票并自行报关"事项。企业在代理出口业务时，必须严格按照正常的贸易程序开展出口业务，对于"不见出口货物、不见供货货主、不见外商"的情况下进行的所谓"出口交易"业务，应依法谨慎处置，确保出口业务的真实性，从而避免涉嫌此类犯罪

关联法规 （立案量刑标准）

1. 立案标准

《最高人民检察院、公安部关于公安机关管辖的刑事案件立案追诉标准的规定（二）》（公通字〔2022〕12 号）

第五十五条　【骗取出口退税案（刑法第二百零四条）】 以假报出口或者其他欺骗手段，骗取国家出口退税款，数额在十万元以上的，应予立案追诉。

2. 量刑标准

《刑法》（2023 年 12 月 29 日修正）

第二百零四条第一款【骗取出口退税罪】 以假报出口或者其他欺骗手段，骗取国家出口退税款，数额较大的，处五年以下有期徒刑或者拘役，并处骗取税款一倍以上五倍以下罚金；数额巨大或者有其他严重情节的，处五年以上十年以下有期徒刑，并处骗取税款一倍以上五倍以下罚金；数额特别巨大或者有其他特别严重情节的，处十年以上有期徒刑或者无期徒刑，并处骗取税款一倍以上五倍以下罚金或者没收财产。

《最高人民法院关于审理骗取出口退税刑事案件具体应用法律若干问题的解释》（法释〔2002〕30 号）

第三条　骗取国家出口退税款 5 万元以上的，为刑法第二百零四条规定的"数额较大"；骗取国家出口退税款 50 万元以上的，为刑法第二百零四条规定的"数额巨大"；骗取国家出口退税款 250 万元以上的，为刑法第二百零四条规定的"数额特别巨大"。

第四条　具有下列情形之一的，属于刑法第二百零四条规定的"其他严重情节"：

（一）造成国家税款损失 30 万元以上并且在第一审判决宣告前无法追回的；

（二）因骗取国家出口退税行为受过行政处罚，两年内又骗取国家出口退税款数额在 30 万元以上的；

（三）情节严重的其他情形。

第五条　具有下列情形之一的，属于刑法第二百零四条规定的"其他特别严重情节"：

（一）造成国家税款损失 150 万元以上并且在第一审判决宣告前无法追回的；

（二）因骗取国家出口退税行为受过行政处罚，两年内又骗取国家出口退税款数额在 150 万元以上的；

（三）情节特别严重的其他情形。

十三、虚开增值税专用发票、用于骗取出口退税、抵扣税款发票罪

虚开增值税专用发票、用于骗取出口退税、抵扣税款发票罪的综述见表 16－28。

表 16 - 28　虚开增值税专用发票、用于骗取出口退税、抵扣税款发票罪

法律依据	《刑法》第二百零五条	
罪状概述	本罪是指虚开增值税专用发票或者虚开用于骗取出口退税、抵扣税款的其他发票的行为	
刑事责任	自然人	处三年以下有期徒刑或者拘役，并处二万元以上二十万元以下罚金；虚开的税款数额较大或者有其他严重情节的，处三年以上十年以下有期徒刑，并处五万元以上五十万元以下罚金；虚开的税款数额巨大或者有其他特别严重情节的，处十年以上有期徒刑或者无期徒刑，并处五万元以上五十万元以下罚金或者没收财产
	单位	对单位判处罚金，并对其直接负责的主管人员和其他直接责任人员，处三年以下有期徒刑或拘役；虚开的税款数额较大或者有其他严重情节的，处三年以上十年以下有期徒刑；虚开的税款数额巨大或者有其他特别严重情节的，处十年以上有期徒刑或者无期徒刑
风险防控建议	1. 企业经营者、管理者和财务人员应主动了解关于发票的法律法规，树立正确的法律观念，坚决抵制虚开发票的违法行为。 2. 企业应避免为了少交税而向其他企业购买发票，或者要求他人帮忙开具可抵扣税款的发票。 3. 企业要建立严格的增值税专用发票管理制度，确保在购买、开具和保存增值税专用发票的过程中遵守法律法规，有效防范风险。财务人员在开具增值税专用发票时应仔细核对信息，避免错误或模糊情况；保存发票时应建立登记簿，详细记录开具信息，并按税务部门规定进行销毁等操作。 4. 企业应完善业务往来凭证，对于有疑点的发票应暂缓抵扣进项税额，并及时向税务部门咨询、核实，请求税务机关协助核查发票的真实性、来源和性质。 5. 在交易过程中，企业应尽量通过银行账户将货款划入供货企业的账户，以防止销售方利用他人身份虚开发票	

 **关联法规**（立案量刑标准）

1. 立案标准

《最高人民检察院、公安部关于公安机关管辖的刑事案件立案追诉标准的规定（二）》（公通字〔2022〕12 号）

第五十六条 【虚开增值税专用发票、用于骗取出口退税、抵扣税款发票案（刑法第二百零五条）】虚开增值税专用发票或者虚开用于骗取出口退税、抵扣税款的其他发票，虚开的税款数额在十万元以上或者造成国家税款损失数额在五万元以上的，应予立案追诉。

2. 量刑标准

《刑法》（2023 年 12 月 29 日修正）

第二百零五条 【虚开增值税专用发票、用于骗取出口退税、抵扣税款发票罪】 虚开增值税专用发票或者虚开用于骗取出口退税、抵扣税款的其他发票的，处三年以下有期徒刑或者拘役，并处二万元以上二十万元以下罚金；虚开的税款数额较大或者有其他严重情节的，处三年以上十年以下有期徒刑，并处五万元以上五十万元以下罚金；虚开的税款数额巨大或者有其他特别严重情节的，处十年以上有期徒刑或者无期徒刑，并处五万元以上五十万元以下罚金或者没收财产。

单位犯本条规定之罪的，对单位判处罚金，并对其直接负责的主管人员和其他直接责任人员，处三年以下有期徒刑或者拘役；虚开的税款数额较大或者有其他严重情节的，处三年以上十年以下有期徒刑；虚开的税款数额巨大或者有其他特别严重情节的，处十年以上有期徒刑或者无期徒刑。

虚开增值税专用发票或者虚开用于骗取出口退税、抵扣税款的其他发票，是指有为他人虚开、为自己虚开、让他人为自己虚开、介绍他人虚开行为之一的。

十四、持有伪造的发票罪

持有伪造的发票罪的综述见表 16－29。

表16-29　持有伪造的发票罪

法律依据	《刑法》第二百一十条之一	
罪状概述	本罪是指明知是伪造的发票而持有，数量较大的行为	
刑事责任	自然人	处二年以下有期徒刑、拘役或者管制，并处罚金；数量巨大的，处二年以上七年以下有期徒刑，并处罚金
	单位	对单位判处罚金，并对其直接负责的主管人员和其他直接责任人员，处二年以下有期徒刑、拘役或者管制，并处罚金；数量巨大的，处二年以上七年以下有期徒刑，并处罚金
风险防控建议	1. 企业应建立财务凭证定期核查机制，要求财务人员对企业财务凭证定期进行核查，不保存不合法的发票、凭证。 2. 企业在发现来源不明的发票时，要认真核实，对于虚假发票应及时销毁，不得作为财务报销凭证	

关联法规（立案量刑标准）

1. 立案标准

《最高人民检察院、公安部关于公安机关管辖的刑事案件立案追诉标准的规定（二）》（公通字〔2022〕12号）

第六十五条【持有伪造的发票案（刑法第二百一十条之一）】明知是伪造的发票而持有，涉嫌下列情形之一的，应予立案追诉：

（一）持有伪造的增值税专用发票或者可以用于骗取出口退税、抵扣税款的其他发票五十份以上且票面税额累计在二十五万元以上的；

（二）持有伪造的增值税专用发票或者可以用于骗取出口退税、抵扣税款的其他发票票面税额累计在五十万元以上的；

（三）持有伪造的第一项规定以外的其他发票一百份以上且票面金额在五十万元以上的；

（四）持有伪造的第一项规定以外的其他发票票面金额累计在一百万元以上的。

2. 量刑标准

《刑法》（2023 年 12 月 29 日修正）

第二百一十条之一【持有伪造的发票罪】明知是伪造的发票而持有，数量较大的，处二年以下有期徒刑、拘役或者管制，并处罚金；数量巨大的，处二年以上七年以下有期徒刑，并处罚金。

单位犯前款罪的，对单位判处罚金，并对其直接负责的主管人员和其他直接责任人员，依照前款的规定处罚。

第五节　企业交易方面

一、走私国家禁止进出口的货物、物品罪

走私国家禁止进出口的货物、物品罪的综述见表 16 – 30。

表 16 – 30　走私国家禁止进出口的货物、物品罪

法律依据	《刑法》第一百五十一条第三款、第四款	
罪状概述	本罪是指走私珍稀植物及其制品等国家禁止进出口的其他货物、物品的行为	
刑事责任	自然人	处五年以下有期徒刑或者拘役，并处或者单处罚金；情节严重的，处五年以上有期徒刑，并处罚金
	单位	对单位判处罚金，并对其直接负责的主管人员和其他直接责任人员，处五年以下有期徒刑或者拘役，并处或者单处罚金；情节严重的，处五年以上有期徒刑，并处罚金
风险防控建议	1. 为了合规经营，企业务必了解《国家重点保护野生植物名录》和《野生药材资源保护管理条例》，熟知有关禁止进出口的货物、物品，明确禁止进出口货物、物品的种类和范围。 2. 企业需要加强对国家禁止进出口货物、物品的管理和监督工作，建立完善的管理清单，明确经营范围，加强货物、物品的清查和清点工作，确保在流通环节及时了解关键信息，包括货物数量和种类等重要资料	

关联法规（立案量刑标准）

《刑法》（2023年12月29日修正）

第一百五十一条第三款、第四款【走私国家禁止进出口的货物、物品罪】走私珍稀植物及其制品等国家禁止进出口的其他货物、物品的，处五年以下有期徒刑或者拘役，并处或者单处罚金；情节严重的，处五年以上有期徒刑，并处罚金。

单位犯本条规定之罪的，对单位判处罚金，并对其直接负责的主管人员和其他直接责任人员，依照本条各款的规定处罚。

《最高人民法院、最高人民检察院关于办理走私刑事案件适用法律若干问题的解释》（法释〔2014〕10号）

第十一条 走私国家禁止进出口的货物、物品，具有下列情形之一的，依照刑法第一百五十一条第三款的规定处五年以下有期徒刑或者拘役，并处或者单处罚金：

（一）走私国家一级保护野生植物五株以上不满二十五株，国家二级保护野生植物十株以上不满五十株，或者珍稀植物、珍稀植物制品数额在二十万元以上不满一百万元的；

（二）走私重点保护古生物化石或者未命名的古生物化石不满十件，或者一般保护古生物化石十件以上不满五十件的；

（三）走私禁止进出口的有毒物质一吨以上不满五吨，或者数额在二万元以上不满十万元的；

（四）走私来自境外疫区的动植物及其产品五吨以上不满二十五吨，或者数额在五万元以上不满二十五万元的；

（五）走私木炭、硅砂等妨害环境、资源保护的货物、物品十吨以上不满五十吨，或者数额在十万元以上不满五十万元的；

（六）走私旧机动车、切割车、旧机电产品或者其他禁止进出口的货物、物品二十吨以上不满一百吨，或者数额在二十万元以上不满一百万元的；

（七）数量或者数额未达到本款第一项至第六项规定的标准，但属于犯罪集团的首要分子，使用特种车辆从事走私活动，造成环境严重污染，或者引起甲类传染病传播、重大动植物疫情等情形的。

具有下列情形之一的，应当认定为刑法第一百五十一条第三款规定的"情节严重"：

（一）走私数量或者数额超过前款第一项至第六项规定的标准的；

（二）达到前款第一项至第六项规定的标准，且属于犯罪集团的首要分子、使用特种车辆从事走私活动，造成环境严重污染，或者引起甲类传染病传播、重大动植物疫情等情形的。

二、走私废物罪

走私废物罪的综述见表16-31。

表16-31　走私废物罪

法律依据	《刑法》第一百五十二条第二款、第三款	
罪状概述	本罪是指违反海关法规和国家关于固体废物、液态废物、气态废物管理的规定，逃避海关监管，将境外固体废物、液态废物和气态废物运输进境的行为	
刑事责任	自然人	情节严重的，处五年以下有期徒刑，并处或者单处罚金；情节特别严重的，处五年以上有期徒刑，并处罚金
	单位	对单位判处罚金，并对其直接负责的主管人员和其他直接责任人员，处五年以下有期徒刑，并处或单处罚金；情节特别严重的，处五年以上有期徒刑，并处罚金
风险防控建议	1. 相关企业必须严格遵守海关法规和国家对境外固体废物、液态废物、气态废物管理的规定，熟悉掌握这些废物的种类和范围，还应当对相关业务人员加强法律培训工作，使其充分意识到逃避海关监管将境外废物运输进境将面临的刑事风险。 2. 积极配合海关监管，自觉拒绝携带境外的固体、液态和气态废物入境，共同维护环境保护秩序	

🏛 **关联法规**（立案量刑标准）

《刑法》（2023年12月29日修正）

第一百五十二条第二款、第三款【走私废物罪】逃避海关监管将境外固体废物、液态废物和气态废物运输进境，情节严重的，处五年以下有期徒刑，并处或者单处罚金；情节特别严重的，处五年以上有期徒刑，并处罚金。

单位犯前两款罪的，对单位判处罚金，并对其直接负责的主管人员和其他直接责任人员，依照前两款的规定处罚。

《最高人民法院、最高人民检察院关于办理走私刑事案件适用法律若干问题的解释》（法释〔2014〕10号）

第十四条　走私国家禁止进口的废物或者国家限制进口的可用作原料的废物，具有下列情形之一的，应当认定为刑法第一百五十二条第二款规定的"情节严重"：

（一）走私国家禁止进口的危险性固体废物、液态废物分别或者合计达到一吨以上不满五吨的；

（二）走私国家禁止进口的非危险性固体废物、液态废物分别或者合计达到五吨以上不满二十五吨的；

（三）走私国家限制进口的可用作原料的固体废物、液态废物分别或者合计达到二十吨以上不满一百吨的；

（四）未达到上述数量标准，但属于犯罪集团的首要分子，使用特种车辆从事走私活动，或者造成环境严重污染等情形的。

具有下列情形之一的，应当认定为刑法第一百五十二条第二款规定的"情节特别严重"：

（一）走私数量超过前款规定的标准的；

（二）达到前款规定的标准，且属于犯罪集团的首要分子，使用特种车辆从事走私活动，或者造成环境严重污染等情形的；

（三）未达到前款规定的标准，但造成环境严重污染且后果特别严重的。

走私置于容器中的气态废物，构成犯罪的，参照前两款规定的标准处罚。

三、走私普通货物、物品罪

走私普通货物、物品罪的综述见表16-32。

表 16 - 32　走私普通货物、物品罪

法律依据	《刑法》第一百五十三条	
罪状概述	本罪是指违反海关法规，逃避海关监管，非法运输、携带、邮寄国家禁止进出口的武器、弹药、核材料、伪造的货币、珍贵动物及其制品、珍稀植物及其制品、淫秽物品、毒品以及国家禁止出口的文物、金银和其他贵重金属以外的货物、物品进出境，偷逃应缴税额数额较大的行为	
刑事责任	自然人	走私货物、物品偷逃应缴税额较大或者一年内曾因走私被给予二次行政处罚后又走私的，处三年以下有期徒刑或者拘役，并处偷逃应缴税额一倍以上五倍以下罚金；走私货物、物品偷逃应缴税额巨大或者有其他严重情节的，处三年以上十年以下有期徒刑，并处偷逃应缴税额一倍以上五倍以下罚金；走私货物、物品偷逃应缴税额特别巨大或者有其他特别严重情节的，处十年以上有期徒刑或者无期徒刑并处偷逃应缴税额一倍以上五倍以下罚金或者没收财产；对多次走私未经处理的，按照累计走私货物、物品的偷逃应缴税额处罚
	单位	对单位判处罚金，并对其直接负责的主管人员和其他直接责任人员，处三年以下有期徒刑或拘役；情节严重的，处三年以上十年以下有期徒刑；情节特别严重的，处十年以上有期徒刑；对多次走私未经处理的，按照累计走私货物、物品的偷逃应缴税额处罚
风险防控建议	1. 企业应当熟悉相关法律法规，掌握进出口的相关管理规定，严格遵守关税的法律规定，依法纳税，合法报关，自觉防范可能触及的走私犯罪风险。 2. 企业应加强进出口货物与纳税数额管理，重点监控货物量和纳税额的变化。在处理进出口业务时，要杜绝违反海关法规的行为，比如报关时低报价、非法转售保税原料、以低价出售享受减税或免税政策的货物等；在采购过程中，若遇到明显低于市场价的原材料或产品，务必保持警惕，核实对方的产品来源、产地等信息，并保存相关证据，要求对方提供必要文件。 3. 设立严格的商品采购审批制度，以避免触犯"间接走私罪"。若企业管理上存在漏洞，有采购权限的员工为谋取私利而采购明知是走私而来的货物，企业及法定代表人将面临刑事追诉风险。 4. 妥善管理公司账号、发票，谨慎为外贸合作商提供运输、保管、邮寄或者其他便利，切勿随意向其提供贷款、资金、账户、发票或承担货物保管责任	

关联法规（立案量刑标准）

《刑法》（2023 年 12 月 29 日修正）

第一百五十三条 【走私普通货物、物品罪】 走私本法第一百五十一条、第一百五十二条、第三百四十七条规定以外的货物、物品的，根据情节轻重，分别依照下列规定处罚：

（一）走私货物、物品偷逃应缴税额较大或者一年内曾因走私被给予二次行政处罚后又走私的，处三年以下有期徒刑或者拘役，并处偷逃应缴税额一倍以上五倍以下罚金。

（二）走私货物、物品偷逃应缴税额巨大或者有其他严重情节的，处三年以上十年以下有期徒刑，并处偷逃应缴税额一倍以上五倍以下罚金。

（三）走私货物、物品偷逃应缴税额特别巨大或者有其他特别严重情节的，处十年以上有期徒刑或者无期徒刑并处偷逃应缴税额一倍以上五倍以下罚金或者没收财产。

单位犯前款罪的，对单位判处罚金，并对其直接负责的主管人员和其他直接责任人员，处三年以下有期徒刑或者拘役；情节严重的，处三年以上十年以下有期徒刑；情节特别严重的，处十年以上有期徒刑。

对多次走私未经处理的，按照累计走私货物、物品的偷逃应缴税额处罚。

《最高人民法院、最高人民检察院关于办理走私刑事案件适用法律若干问题的解释》（法释〔2014〕10 号）

第十六条 走私普通货物、物品，偷逃应缴税额在十万元以上不满五十万元的，应当认定为刑法第一百五十三条第一款规定的"偷逃应缴税额较大"；偷逃应缴税额在五十万元以上不满二百五十万元的，应当认定为"偷逃应缴税额巨大"；偷逃应缴税额在二百五十万元以上的，应当认定为"偷逃应缴税额特别巨大"。

走私普通货物、物品，具有下列情形之一，偷逃应缴税额在三十万元以上不满五十万元的，应当认定为刑法第一百五十三条第一款规定的"其他严重情节"；偷逃应缴税额在一百五十万元以上不满二百五十万元的，应当认定为"其他特别严重情节"：

（一）犯罪集团的首要分子；

（二）使用特种车辆从事走私活动的；

（三）为实施走私犯罪，向国家机关工作人员行贿的；

（四）教唆、利用未成年人、孕妇等特殊人群走私的；

（五）聚众阻挠缉私的。

四、逃避商检罪

逃避商检罪的综述见表 16－33。

表 16－33　逃避商检罪

法律依据	《刑法》第二百三十条、第二百三十一条	
罪状概述	本罪是指违反进出口商品检验法的规定，逃避商品检验，将必须经商检机构检验的进口商品未报经检验而擅自销售、使用，或者将必须经商检机构检验的出口商品未报经检验合格而擅自出口，情节严重的行为	
刑事责任	自然人	处三年以下有期徒刑或者拘役，并处或者单处罚金
	单位	对单位判处罚金，并对其直接负责的主管人员和其他直接责任人员，处三年以下有期徒刑或者拘役，并处或者单处罚金
风险防控建议	1. 相关企业必须严格遵守国家进出口政策和法律法规，切实杜绝逃避商检的不法行为；同时，务必密切关注海关总署发布的进出口商品检验目录，避免因未履行商检义务而触犯法律。 2. 企业应对进口和出口商品进行商检登记，并定期核查商品，确保没有漏检情况；在销售商品之前，务必仔细审查商检手续，以确保合规经营	

关联法规（立案量刑标准）

1. 立案标准

《最高人民检察院、公安部关于公安机关管辖的刑事案件立案追诉标准的规定（二）》（公通字〔2022〕12 号）

第七十五条　【逃避商检案（刑法第二百三十条）】违反进出口商品检验法的规定，逃避商品检验，将必须经商检机构检验的进口商品未经检验而擅自销售、使用，或者将必须经商检机构检验的出口商品未经检验合格而擅自出口，涉嫌下列情形之一的，应予立案追诉：

（一）给国家、单位或者个人造成直接经济损失数额在五十万元以上的；

（二）逃避商检的进出口货物货值金额在三百万元以上的；

（三）导致疫病流行、灾害事故的；

（四）多次逃避商检的；

（五）引起国际经济贸易纠纷，严重影响国家对外贸易关系，或者严重损害国家声誉的；

（六）其他情节严重的情形。

2. 量刑标准

《刑法》（2023 年 12 月 29 日修正）

第二百三十条【逃避商检罪】违反进出口商品检验法的规定，逃避商品检验，将必须经商检机构检验的进口商品未经检验而擅自销售、使用，或者将必须经商检机构检验的出口商品未报经检验合格而擅自出口，情节严重的，处三年以下有期徒刑或者拘役，并处或者单处罚金。

五、串通投标罪

串通投标罪的综述见表 16 – 34。

表 16 – 34　串通投标罪

法律依据	《刑法》第二百二十三条、第二百三十一条	
罪状概述	本罪是指投标人相互串通投标报价，损害招标人或者其他投标人利益，或者投标人与招标人串通投标，损害国家、集体、公民的合法利益，情节严重的行为	
刑事责任	自然人	处三年以下有期徒刑或者拘役，并处或者单处罚金
	单位	对单位判处罚金，并对其直接负责的主管人员和其他直接责任人员，处三年以下有期徒刑或者拘役，并处或者单处罚金

续表 16 - 34

风险防控建议	1. 在参与招投标活动之前，务必认真研究相关的招标投标法律法规，深入了解招标投标的流程和标准，以降低违规的风险。 2. 企业需要建立严格的投标内部审核制度，仔细审查投标文件的合法性、真实性和客观性，制定严格的审核程序和标准，自觉抵制其他主体试图通过合作、协议等方式进行实质性串标的行为

关联法规（立案量刑标准）

1. 立案标准

《最高人民检察院、公安部关于公安机关管辖的刑事案件立案追诉标准的规定（二)》（公通字〔2022〕12 号）

第六十八条 【串通投标案（刑法第二百二十三条）】 投标人相互串通投标报价，或者投标人与招标人串通投标，涉嫌下列情形之一的，应予立案追诉：

（一）损害招标人、投标人或者国家、集体、公民的合法利益，造成直接经济损失数额在五十万元以上的；

（二）违法所得数额在二十万元以上的；

（三）中标项目金额在四百万元以上的；

（四）采取威胁、欺骗或者贿赂等非法手段的；

（五）虽未达到上述数额标准，但二年内因串通投标受过二次以上行政处罚，又串通投标的；

（六）其他情节严重的情形。

2. 量刑标准

《刑法》（2023 年 12 月 29 日修正）

第二百二十三条【串通投标罪】 投标人相互串通投标报价，损害招标人或者其他投标人利益，情节严重的，处三年以下有期徒刑或者拘役，并处或者单处罚金。

投标人与招标人串通投标，损害国家、集体、公民的合法利益的，依照前款的规定处罚。

六、合同诈骗罪

合同诈骗罪的综述见表 16 – 35。

表 16 – 35 合同诈骗罪

法律依据	《刑法》第二百二十四条、第二百三十一条	
罪状概述	本罪是指以非法占有为目的，在签订、履行合同过程中，以虚构的单位或者冒用他人名义签订合同，或者以伪造、变造、作废的票据或者其他虚假的产权证明作担保，或者没有实际履行能力，以先履行小额合同或者部分履行合同的方法，诱骗对方当事人继续签订和履行合同，或者收受对方当事人给付的货物、货款、预付款或担保财产后逃匿，或者以其他方法等欺诈手段，骗取对方当事人财物，数额较大的行为	
刑事责任	自然人	数额较大的，处三年以下有期徒刑或者拘役，并处或者单处罚金；数额巨大或者有其他严重情节的，处三年以上十年以下有期徒刑，并处罚金；数额特别巨大或者有其他特别严重情节的，处十年以上有期徒刑或者无期徒刑，并处罚金或者没收财产
	单位	对单位判处罚金，并对其直接负责的主管人员和其他直接责任人员，处三年以下有期徒刑或者拘役，并处或者单处罚金；数额巨大或者有其他严重情节的，处三年以上十年以下有期徒刑，并处罚金；数额特别巨大或者有其他特别严重情节的，处十年以上有期徒刑或者无期徒刑，并处罚金或者没收财产
风险防控建议	1. 企业经营者应当认真学习合同法律知识，树立守法经营意识，划清合同诈骗与一般的合同债务纠纷的界限。在合同履行过程中，若出现纠纷或拖欠款项，企业应主动面对，并积极筹措资金来退还或支付款项，同时，保持通信渠道畅通，绝不可回避债权人，否则，可能被指控为"非法获取资金后逃跑"而构成本罪。 2. 企业在签订合同时，应本着诚实守信的态度，避免虚假承诺，把握好业务宣传的力度。同时，不得以虚构单位或冒用他人名义签署合同，否则，可能触犯本罪。 3. 在合同履行过程中，企业务必严格履行合同义务，若客观情况变化导致企业无法履行合同，不能提供虚假证明欺骗对方，应坦诚告知并共同商讨解决方案，切忌收到款项后不履行承诺，更不可在签署合同后"失联"	

关联法规（立案量刑标准）

1. 立案标准

《最高人民检察院、公安部关于公安机关管辖的刑事案件立案追诉标准的规定（二）》（公通字〔2022〕12 号）

第六十九条 【合同诈骗案（刑法第二百二十四条）】 以非法占有为目的，在签订、履行合同过程中，骗取对方当事人财物，数额在二万元以上的，应予立案追诉。

2. 量刑标准

《刑法》（2023 年 12 月 29 日修正）

第二百二十四条【合同诈骗罪】 有下列情形之一，以非法占有为目的，在签订、履行合同过程中，骗取对方当事人财物，数额较大的，处三年以下有期徒刑或者拘役，并处或者单处罚金；数额巨大或者有其他严重情节的，处三年以上十年以下有期徒刑，并处罚金；数额特别巨大或者有其他特别严重情节的，处十年以上有期徒刑或者无期徒刑，并处罚金或者没收财产：

（一）以虚构的单位或者冒用他人名义签订合同的；

（二）以伪造、变造、作废的票据或者其他虚假的产权证明作担保的；

（三）没有实际履行能力，以先履行小额合同或者部分履行合同的方法，诱骗对方当事人继续签订和履行合同的；

（四）收受对方当事人给付的货物、货款、预付款或者担保财产后逃匿的；

（五）以其他方法骗取对方当事人财物的。

第二百三十一条【单位犯扰乱市场秩序罪的处罚规定】 单位犯本节第二百二十一条至第二百三十条规定之罪的，对单位判处罚金，并对其直接负责的主管人员和其他直接责任人员，依照本节各该条的规定处罚。

第六节　企业知识产权方面

一、假冒注册商标罪

假冒注册商标罪的综述见表 16－36。

表 16－36　假冒注册商标罪

法律依据	《刑法》第二百一十三条、第二百二十条	
罪状概述	本罪是指违反国家商标管理法规，未经注册商标所有人许可，在同一种商品、服务上使用与其注册商标相同的商标，情节严重的行为	
刑事责任	自然人	处三年以下有期徒刑，并处或者单处罚金；情节特别严重的，处三年以上十年以下有期徒刑，并处罚金
	单位	对单位判处罚金，并对其直接负责的主管人员和其他直接责任人员，处三年以下有期徒刑，并处或者单处罚金；情节特别严重的，处三年以上十年以下有期徒刑，并处罚金
风险防控建议	1. 在选用商标前，企业务必核实所欲使用的商标是否已被他人注册；若所欲使用的商标已被他人注册，则不得采用。若企业在交易或合作中察觉到对方存在侵犯知识产权的行为，应立即终止合作关系。 2. 留意假冒注册商标罪与侵犯注册商标专有权（需承担民事侵权赔偿责任）之间的区别。假冒注册商标罪规定在同一种商品或服务上使用与其注册商标相同的商标；若在类似商品或服务上使用，或使用的商标与注册商标接近但非相同，虽不构成侵犯注册商标罪，但可能构成侵犯注册商标专有权的侵权行为，从而需承担商标侵权的民事赔偿责任	

🏛 **关联法规** （立案量刑标准）

《刑法》（2023 年 12 月 29 日修正）

第二百一十三条【假冒注册商标罪】 未经注册商标所有人许可，在同一种商品、服务上使用与其注册商标相同的商标，情节严重的，处三年以下有期徒刑，并处或者单处罚金；情节特别严重的，处三年以上十年以下有期徒刑，并处罚金。

《最高人民法院、最高人民检察院关于办理侵犯知识产权刑事案件具体应用法律若干问题的解释》（法释〔2004〕19 号）

第一条 未经注册商标所有人许可，在同一种商品上使用与其注册商标相同的商标，具有下列情形之一的，属于刑法第二百一十三条规定的"情节严重"，应当以假冒注册商标罪判处三年以下有期徒刑或者拘役，并处或者单处罚金：

（一）非法经营数额在五万元以上或者违法所得数额在三万元以上的；

（二）假冒两种以上注册商标，非法经营数额在三万元以上或者违法所得数额在二万元以上的；

（三）其他情节严重的情形。

具有下列情形之一的，属于刑法第二百一十三条规定的"情节特别严重"，应当以假冒注册商标罪判处三年以上七年以下有期徒刑，并处罚金：

（一）非法经营数额在二十五万元以上或者违法所得数额在十五万元以上的；

（二）假冒两种以上注册商标，非法经营数额在十五万元以上或者违法所得数额在十万元以上的；

（三）其他情节特别严重的情形。

《最高人民法院、最高人民检察院关于办理侵犯知识产权刑事案件具体应用法律若干问题的解释（三）》（法释〔2020〕10 号）

第一条 具有下列情形之一的，可以认定为刑法第二百一十三条规定的"与其注册商标相同的商标"：

（一）改变注册商标的字体、字母大小写或者文字横竖排列，与注册商标之间基本无差别的；

（二）改变注册商标的文字、字母、数字等之间的间距，与注册商标之间基本无差别的；

（三）改变注册商标颜色，不影响体现注册商标显著特征的；

（四）在注册商标上仅增加商品通用名称、型号等缺乏显著特征要素，不影响体现注册商标显著特征的；

（五）与立体注册商标的三维标志及平面要素基本无差别的；

（六）其他与注册商标基本无差别、足以对公众产生误导的商标。

《最高人民法院、最高人民检察院、公安部关于办理侵犯知识产权刑事案件适用法律若干问题的意见》（法发〔2011〕3号）

十五、关于为他人实施侵犯知识产权犯罪提供原材料、机械设备等行为的定性问题

明知他人实施侵犯知识产权犯罪，而为其提供生产、制造侵权产品的主要原材料、辅助材料、半成品、包装材料、机械设备、标签标识、生产技术、配方等帮助，或者提供互联网接入、服务器托管、网络存储空间、通讯传输通道、代收费、费用结算等服务的，以侵犯知识产权犯罪的共犯论处。

二、销售假冒注册商标的商品罪

销售假冒注册商标的商品罪的综述见表16-37。

表16-37　销售假冒注册商标的商品罪

法律依据	《刑法》第二百一十四条、第二百二十条	
罪状概述	本罪是指销售明知是假冒注册商标的商品，违法所得数额较大或者有其他严重情节的行为	
刑事责任	自然人	处三年以下有期徒刑，并处或者单处罚金；违法所得数额巨大或者有其他特别严重情节的，处三年以上十年以下有期徒刑，并处罚金
	单位	对单位判处罚金，并对其直接负责的主管人员和其他直接责任人员，处三年以下有期徒刑，并处或者单处罚金；违法所得数额巨大或者有其他特别严重情节的，处三年以上十年以下有期徒刑，并处罚金

续表 16 - 37

风险防控建议	1. 企业在进行产品销售时，必须建立有效的监管机制，以验证所销售商品不涉及任何虚假注册商标。对于具有注册商标的商品，应当采取切实的措施调查核实商标权利的情况，并要求供货商提供授权许可文件，以确保企业所销售商品使用的商标合法有效。 2. 企业有责任严格审查供货商的资质和采购渠道，要求他们提供商品来源的合法证明文件，并务必采取以下防范措施，以保留合法商品来源的证明： (1) 要求供应商提供营业执照、商标注册证书或授权书； (2) 在送货单上明确标注商品的名称、型号等信息，并确保单据上有供应商的盖章； (3) 在采购过程中与供应商签订正式合同，并在合同中预先约定可能发生的知识产权争议； (4) 妥善保管采购合同、送货单、发票等证据文件的原件

 关联法规（立案量刑标准）

《刑法》（2023 年 12 月 29 日修正）

　　第二百一十四条 【销售假冒注册商标的商品罪】 销售明知是假冒注册商标的商品，违法所得数额较大或者有其他严重情节的，处三年以下有期徒刑，并处或者单处罚金；违法所得数额巨大或者有其他特别严重情节的，处三年以上十年以下有期徒刑，并处罚金。

　　第二百二十条 【单位犯侵犯知识产权罪的处罚规定】 单位犯本节第二百一十三条至第二百一十九条之一规定之罪的，对单位判处罚金，并对其直接负责的主管人员和其他直接责任人员，依照本节各该条的规定处罚。

　　《最高人民法院、最高人民检察院关于办理侵犯知识产权刑事案件具体应用法律若干问题的解释》（法释〔2004〕19 号）

　　第二条 销售明知是假冒注册商标的商品，销售金额在五万元以上的，属于刑法第二百一十四条规定的"数额较大",应当以销售假冒注册商标的商品罪判处三年以下有期徒刑或者拘役，并处或者单处罚金。

销售金额在二十五万元以上的，属于刑法第二百一十四条规定的"数额巨大"，应当以销售假冒注册商标的商品罪判处三年以上七年以下有期徒刑，并处罚金。

《最高人民法院、最高人民检察院、公安部关于办理侵犯知识产权刑事案件适用法律若干问题的意见》（法发〔2011〕3号）

八、关于销售假冒注册商标的商品犯罪案件中尚未销售或者部分销售情形的定罪量刑问题

销售明知是假冒注册商标的商品，具有下列情形之一的，依照刑法第二百一十四条的规定，以销售假冒注册商标的商品罪（未遂）定罪处罚：

（一）假冒注册商标的商品尚未销售，货值金额在十五万元以上的；

（二）假冒注册商标的商品部分销售，已销售金额不满五万元，但与尚未销售的假冒注册商标的商品的货值金额合计在十五万元以上的。

假冒注册商标的商品尚未销售，货值金额分别达到十五万元以上不满二十五万元、二十五万元以上的，分别依照刑法第二百一十四条规定的各法定刑幅度定罪处罚。

销售金额和未销售货值金额分别达到不同的法定刑幅度或者均达到同一法定刑幅度的，在处罚较重的法定刑或者同一法定刑幅度内酌情从重处罚。

三、假冒专利罪

假冒专利罪的综述见表16-38。

表16-38　假冒专利罪

法律依据	《刑法》第二百一十六条、第二百二十条
罪状概述	本罪是指假冒他人专利，情节严重的行为

续表 16 – 38

刑事责任	自然人	处三年以下有期徒刑或者拘役，并处或者单处罚金
	单位	对单位判处罚金，并对其直接负责的主管人员和其他直接责任人员，处三年以下有期徒刑或者拘役，并处或者单处罚金
风险防控建议		1. 企业经营者务必遵守国家专利法规，尊重他人的专利权。在未获专利持有人授权时，禁止使用他人专利，以免触犯相关法规。 2. 企业务必杜绝与假冒他人专利者进行任何形式的合作。若要与他人共同研发新产品，应仔细审查合作伙伴的技术成果是否存在侵权行为，并签署书面协议明确双方的权利和义务。 3. 企业在研发新产品的过程中，如果有必要使用他人的专利，可以考虑向专利权人寻求专利技术的许可或者转让，并审查该专利的法律效力状态是否属于有效专利

关联法规（立案量刑标准）

《刑法》（2023 年 12 月 29 日修正）

第二百一十六条【假冒专利罪】 假冒他人专利，情节严重的，处三年以下有期徒刑或者拘役，并处或者单处罚金。

第二百二十条【单位犯侵犯知识产权罪的处罚规定】 单位犯本节第二百一十三条至第二百一十九条之一规定之罪的，对单位判处罚金，并对其直接负责的主管人员和其他直接责任人员，依照本节各该条的规定处罚。

《最高人民法院、最高人民检察院关于办理侵犯知识产权刑事案件具体应用法律若干问题的解释》（法释〔2004〕19 号）

第四条 假冒他人专利，具有下列情形之一的，属于刑法第二百一十六条规定的"情节严重"，应当以假冒专利罪判处三年以下有期徒刑或者拘役，并处或者单处罚金：

（一）非法经营数额在二十万元以上或者违法所得数额在十万元以上的；

（二）给专利权人造成直接经济损失五十万元以上的；

（三）假冒两项以上他人专利，非法经营数额在十万元以上或者违法所得数额在五万元以上的；

（四）其他情节严重的情形。

四、侵犯著作权罪

侵犯著作权罪的综述见表 16－39。

表 16－39　侵犯著作权罪

法律依据		《刑法》第二百一十七条、第二百二十条
罪状概述		本罪是指以营利为目的，未经著作权人许可，复制发行、通过信息网络向公众传播其文字作品、音乐、美术、视听作品、计算机软件及法律、行政法规规定的其他作品，或者出版他人享有专有出版权的图书，或者未经录音录像制作者许可，复制发行、通过信息网络向公众传播其制作的录音录像，或者未经表演者许可，复制发行录有其表演的录音录像制品，或者通过信息网络向公众传播其表演，或者制作、出售假冒他人署名的美术作品，或者未经著作权人或与著作权有关的权利人许可，故意避开或破坏权利人为其作品、录音录像制品等采取的保护著作权或与著作权有关的权利的技术措施，违法所得数额较大或者有其他严重情节的行为
刑事责任	自然人	处三年以下有期徒刑，并处或者单处罚金；违法所得数额巨大或者有其他特别严重情节的，处三年以上十年以下有期徒刑，并处罚金
	单位	对单位判处罚金，并对其直接负责的主管人员和其他直接责任人员，处三年以下有期徒刑，并处或者单处罚金；违法所得数额巨大或者有其他特别严重情节的，处三年以上十年以下有期徒刑，并处罚金
风险防控建议		1. 企业应遵守有关著作权的法律法规，组织员工进行著作权相关培训，宣传和理解著作权的各种形式，尊重他人的创作，合法合规制作、发行、出版和销售自有著作权作品。 2. 在作品进入市场之前，企业应进行市场调查和检索，了解当前作品的著作权状况，严格审查即将发布的作品，避免出现侵犯他人著作权的不明来源或不明确权属的内容。 3. 企业若在无意中侵犯了他人的著作权，需立即停止侵权行为，并采取适当的纠正措施

关联法规 （立案量刑标准）

1. 立案标准

《最高人民检察院、公安部关于公安机关管辖的刑事案件立案追诉标准的规定（一）》（公通字〔2008〕36号）

第二十六条 【侵犯著作权案（刑法第二百一十七条）】 以营利为目的，未经著作权人许可，复制发行其文字作品、音乐、电影、电视、录像作品、计算机软件及其他作品，或者出版他人享有专有出版权的图书，或者未经录音、录像制作者许可，复制发行其制作的录音、录像，或者制作、出售假冒他人署名的美术作品，涉嫌下列情形之一的，应予立案追诉：

（一）违法所得数额三万元以上的；

（二）非法经营数额五万元以上的；

（三）未经著作权人许可，复制发行其文字作品、音乐、电影、电视、录像作品、计算机软件及其他作品，复制品数量合计五百张（份）以上的；

（四）未经录音录像制作者许可，复制发行其制作的录音录像制品，复制品数量合计五百张（份）以上的；

（五）其他情节严重的情形。

以刊登收费广告等方式直接或者间接收取费用的情形，属于本条规定的"以营利为目的"。

本条规定的"未经著作权人许可"，是指没有得到著作权人授权或者伪造、涂改著作权人授权许可文件或者超出授权许可范围的情形。

本条规定的"复制发行"，包括复制、发行或者既复制又发行的行为。

通过信息网络向公众传播他人文字作品、音乐、电影、电视、录像作品、计算机软件及其他作品，或者通过信息网络传播他人制作的录音录像制品的行为，应当视为本条规定的"复制发行"。

侵权产品的持有人通过广告、征订等方式推销侵权产品的，属于本条规定的"发行"。

本条规定的"非法经营数额"，是指行为人在实施侵犯知识产权行为过程中，制造、储存、运输、销售侵权产品的价值。已销售的侵权产品的价值，按照实际销售的价格计算。制造、储存、运输和未销售的侵权产品的价值，按照标价或者已经查清的侵权产品的实际销售平均价格计算。侵权产品没有标价或者无法查清其实际销售价格的，按照被侵权产品的市场中间价格计算。

2. 量刑标准

《刑法》(2023 年 12 月 29 日修正)

第二百一十七条【侵犯著作权罪】以营利为目的，有下列侵犯著作权或者与著作权有关的权利的情形之一，违法所得数额较大或者有其他严重情节的，处三年以下有期徒刑，并处或者单处罚金；违法所得数额巨大或者有其他特别严重情节的，处三年以上十年以下有期徒刑，并处罚金：

（一）未经著作权人许可，复制发行、通过信息网络向公众传播其文字作品、音乐、美术、视听作品、计算机软件及法律、行政法规规定的其他作品的；

（二）出版他人享有专有出版权的图书的；

（三）未经录音录像制作者许可，复制发行、通过信息网络向公众传播其制作的录音录像的；

（四）未经表演者许可，复制发行录有其表演的录音录像制品，或者通过信息网络向公众传播其表演的；

（五）制作、出售假冒他人署名的美术作品的；

（六）未经著作权人或者与著作权有关的权利人许可，故意避开或者破坏权利人为其作品、录音录像制品等采取的保护著作权或者与著作权有关的权利的技术措施的。

《最高人民法院、最高人民检察院关于办理侵犯知识产权刑事案件具体应用法律若干问题的解释》(法释〔2004〕19 号)

第五条　以营利为目的，实施刑法第二百一十七条所列侵犯著作权行为之一，违法所得数额在三万元以上的，属于"违法所得数额较大"；具有下列情形之一的，属于"有其他严重情节"，应当以侵犯著作权罪判处三年以下有期徒刑或者拘役，并处或者单处罚金：

（一）非法经营数额在五万元以上的；

（二）未经著作权人许可，复制发行其文字作品、音乐、电影、电视、录像作品、计算机软件及其他作品，复制品数量合计在一千张（份）以上的；

（三）其他严重情节的情形。

以营利为目的，实施刑法第二百一十七条所列侵犯著作权行为之一，违法所得数额在十五万元以上的，属于"违法所得数额巨大"；具有下列情形之一的，属于"有其他特别严重情节"，应当以侵犯著作权罪判处三年以上七年以下有期徒刑，并处罚金：

（一）非法经营数额在二十五万元以上的；

（二）未经著作权人许可，复制发行其文字作品、音乐、电影、电视、录像作品、计算机软件及其他作品，复制品数量合计在五千张（份）以上的；

（三）其他特别严重情节的情形。

五、销售侵权复制品罪

销售侵权复制品罪的综述见表 16 - 40。

表 16 - 40　销售侵权复制品罪

法律依据	《刑法》第二百一十八条、第二百二十条	
罪状概述	本罪是指以营利为目的，销售明知是侵犯他人著作权、专有出版权的文字作品、音乐、电影、电视、录像、计算机软件、图书及其他作品，以及假冒他人署名的美术作品，违法所得数额巨大或者有其他严重情节的行为	
刑事责任	自然人	处五年以下有期徒刑，并处或者单处罚金
	单位	对单位判处罚金，并对其直接负责的主管人员和其他直接责任人员，处五年以下有期徒刑，并处或者单处罚金
风险防控建议	1. 企业应定期进行著作权法律法规的培训，提升员工对著作权的认识水平。 2. 在销售作品之前，务必进行市场调研，确认作品不存在侵权行为。对于代销他人作品的情况，需签署书面代销合同，并核实作品的合法性。 3. 若企业无意中销售了侵权作品，应立即停止侵权行为，并采取相应的补救措施	

关联法规 （立案量刑标准）

1. 立案标准

《最高人民检察院、公安部关于公安机关管辖的刑事案件立案追诉标准的规定（一）》（公通字〔2008〕36号）

第二十七条　【销售侵权复制品案（刑法第二百一十八条）】 以营利为目的，销售明知是刑法第二百一十七条规定的侵权复制品，涉嫌下列情形之一的，应予立案追诉：

（一）违法所得数额十万元以上的；

（二）违法所得数额虽未达到上述数额标准，但尚未销售的侵权复制品货值金额达到三十万元以上的。

2. 量刑标准

《刑法》（2023年12月29日修正）

第二百一十八条【销售侵权复制品罪】 以营利为目的，销售明知是本法第二百一十七条规定的侵权复制品，违法所得数额巨大或者有其他严重情节的，处五年以下有期徒刑，并处或者单处罚金。

六、侵犯商业秘密罪

侵犯商业秘密罪的综述见表16-41。

表16-41　侵犯商业秘密罪

法律依据	《刑法》第二百一十九条、第二百二十条
罪状概述	本罪是指以盗窃、贿赂、欺诈、胁迫、电子侵入或者其他不正当手段获取权利人的商业秘密，或者披露、使用或允许他人使用其所掌握的或获取的商业秘密，给商业秘密的权利人造成重大损失的行为

续表 16 - 41

刑事责任	自然人	情节严重的，处三年以下有期徒刑，并处或者单处罚金；情节特别严重的，处三年以上十年以下有期徒刑，并处罚金
	单位	对单位判处罚金，并对其直接负责的主管人员和其他直接责任人员，处三年以下有期徒刑，并处或者单处罚金；情节特别严重的，处三年以上十年以下有期徒刑，并处罚金
风险防控建议		1. 企业经营者、管理者应树立依法经营、合法竞争的经营理念，自觉抵制依靠盗取别人的商业机密而进行的不正当竞争行为。 2. 企业可以通过自主研发或者合法购买等合适的方式获取必要的技术，但不能使用盗窃、诱骗、胁迫或其他不正当手段。同时，企业需要警惕可能导致商业秘密被侵犯的行为。如果企业明知或者应该知道某项技术是非法获取的，却仍然通过支付许可费等方式获取，将导致权利人遭受重大损失，并可能触犯本罪。 3. 企业应当明确界定自身商业秘密的范围，将那些具有经济价值、实用性且尚未被竞争对手掌握的技术或信息纳入保密范围，并设定相应的密级和保护期限。 4. 企业应当高度警惕因人才流动造成本企业商业秘密泄露或侵犯他人商业秘密。对于新员工带来的原工作单位的信息资料，要谨慎使用，防止侵犯其原工作单位的商业秘密而触犯本罪；对于员工辞职，要谨防其披露企业的商业秘密，若有发生，企业务必立即向公安机关报案，防止损失扩大

关联法规（立案量刑标准）

《刑法》（2023 年 12 月 29 日修正）

第二百一十九条 【侵犯商业秘密罪】 有下列侵犯商业秘密行为之一，情节严重的，处三年以下有期徒刑，并处或者单处罚金；情节特别严重的，处三年以上十年以下有期徒刑，并处罚金：

（一）以盗窃、贿赂、欺诈、胁迫、电子侵入或者其他不正当手段获取权利人的商业秘密的；

（二）披露、使用或允许他人使用以前项手段获取的权利人的商业秘密的；

（三）违反保密义务或者违反权利人有关保守商业秘密的要求，披露、使用或者允许他人使用其所掌握的商业秘密的。

明知前款所列行为，获取、披露、使用或者允许他人使用该商业秘密的，以侵犯商业秘密论。

本条所称权利人，是指商业秘密的所有人和经商业秘密所有人许可的商业秘密使用人。

第二百一十九条之一【为境外窃取、刺探、收买、非法提供商业秘密罪】为境外的机构、组织、人员窃取、刺探、收买、非法提供商业秘密的，处五年以下有期徒刑，并处或者单处罚金；情节严重的，处五年以上有期徒刑，并处罚金。

第二百二十条【单位犯侵犯知识产权罪的处罚规定】单位犯本节第二百一十三条至第二百一十九条之一规定之罪的，对单位判处罚金，并对其直接负责的主管人员和其他直接责任人员，依照本节各该条的规定处罚。

《最高人民法院、最高人民检察院关于办理侵犯知识产权刑事案件具体应用法律若干问题的解释（三）》（法释〔2020〕10 号）

第四条　实施刑法第二百一十九条规定的行为，具有下列情形之一的，应当认定为"给商业秘密的权利人造成重大损失"：

（一）给商业秘密的权利人造成损失数额或者因侵犯商业秘密违法所得数额在三十万元以上的；

（二）直接导致商业秘密的权利人因重大经营困难而破产、倒闭的；

（三）造成商业秘密的权利人其他重大损失的。

给商业秘密的权利人造成损失数额或因侵犯商业秘密违法所得数额在二百五十万元以上的，应当认定为刑法第二百一十九条规定的"造成特别严重后果"。

第五条　实施刑法第二百一十九条规定的行为造成的损失数额或者违法所得数额，可以按照下列方式认定：

（一）以不正当手段获取权利人的商业秘密，尚未披露、使用或者允许他人使用的，损失数额可以根据该项商业秘密的合理许可使用费确定；

（二）以不正当手段获取权利人的商业秘密后，披露、使用或者允许他人使用的，损失数额可以根据权利人因被侵权造成销售利润的损失确定，但该损失数额低于商业秘密合理许可使用费的，根据合理许可使用费确定；

（三）违反约定、权利人有关保守商业秘密的要求，披露、使用或者允许他人使用其所掌握的商业秘密的，损失数额可以根据权利人因被侵权造成销售利润的损失确定；

（四）明知商业秘密是不正当手段获取或者是违反约定、权利人有关保守商业秘密的要求披露、使用、允许使用，仍获取、使用或者披露的，损失数额可以根据权利人因被侵权造成销售利润的损失确定；

（五）因侵犯商业秘密行为导致商业秘密已为公众所知悉或者灭失的，损失数额可以根据该项商业秘密的商业价值确定。商业秘密的商业价值，可以根据该项商业秘密的研究开发成本、实施该项商业秘密的收益综合确定；

（六）因披露或者允许他人使用商业秘密而获得的财物或者其他财产性利益，应当认定为违法所得。

前款第二项、第三项、第四项规定的权利人因被侵权造成销售利润的损失，可以根据权利人因被侵权造成销售量减少的总数乘以权利人每件产品的合理利润确定；销售量减少的总数无法确定的，可以根据侵权产品销售量乘以权利人每件产品的合理利润确定；权利人因被侵权造成销售量减少的总数和每件产品的合理利润均无法确定的，可以根据侵权产品销售量乘以每件侵权产品的合理利润确定。商业秘密系用于服务等其他经营活动的，损失数额可以根据权利人因被侵权而减少的合理利润确定。

商业秘密的权利人为减轻对商业运营、商业计划的损失或者重新恢复计算机信息系统安全、其他系统安全而支出的补救费用，应当计入给商业秘密的权利人造成的损失。

《最高人民法院、最高人民检察院关于办理侵犯知识产权刑事案件具体应用法律若干问题的解释》（法释〔2004〕19号）

第十五条 单位实施刑法第二百一十三条至第二百一十九条规定的行为，按照本解释规定的相应个人犯罪的定罪量刑标准的三倍定罪量刑。

第十六条 明知他人实施侵犯知识产权犯罪，而为其提供贷款、资金、账号、发票、证明、许可证件，或提供生产、经营场所或运输、储存、代理进出口等便利条件、帮助的，以侵犯知识产权犯罪的共犯论处。

《最高人民法院、最高人民检察院关于办理侵犯知识产权刑事案件具体应用法律若干问题的解释（二）》（法释〔2007〕6号）

第六条 单位实施刑法第二百一十三条至第二百一十九条规定的行为，按照《最高人民法院、最高人民检察院关于办理侵犯知识产权刑事案件具体应用法律若干问题的解释》和本解释规定的相应个人犯罪的定罪量刑标准定罪处罚。

第十七章　企业特定人员的刑事风险

第一节　企业人员贿赂犯罪方面

一、非国家工作人员受贿罪

非国家工作人员受贿罪的综述见表 17-1。

表 17-1　非国家工作人员受贿罪

法律依据	《刑法》第一百六十三条	
罪状概述	本罪是指公司、企业或者其他单位的工作人员，利用职务上的便利，索取他人财物或者非法收受他人财物，为他人谋取利益，数额较大的行为	
刑事责任	自然人	处三年以下有期徒刑或者拘役，并处罚金；数额巨大或者有其他严重情节的，处三年以上十年以下有期徒刑，并处罚金；数额特别巨大或者有其他特别严重情节的，处十年以上有期徒刑或者无期徒刑，并处罚金
风险防控建议	1. 企业应当对具有特定职权的员工进行有关贿赂犯罪的法律法规的宣传教育，引导员工树立正确的价值观，促使员工认识到"送回扣""拿回扣"对企业的危害，以及员工自身面临的刑事风险。 2. 企业应当制定合理可行的业务处理与监督制度，设立监督部门，做到业务流程公开化，防止具有特定职权的员工被"围猎"，重点监督企业的采购、报价等涉及利益输送的部门或者具有特定职权的员工。还可设立公司举报邮箱，激励员工举报检举，对确认属实的举报者进行奖励。 3. 企业应当制定审计制度，注重业务处理与审计监督并举，避免让个别员工垄断公司财产，导致公司管理混乱，财产流失	

🏛 **关联法规**（立案量刑标准）

1. 立案标准

《最高人民检察院、公安部关于公安机关管辖的刑事案件立案追诉标准的规定（二）》（公通字〔2022〕12号）

第十条 【非国家工作人员受贿案（刑法第一百六十三条）】公司、企业或者其他单位的工作人员利用职务上的便利，索取他人财物或者非法收受他人财物，为他人谋取利益，或者在经济往来中，利用职务上的便利，违反国家规定，收受各种名义的回扣、手续费，归个人所有，数额在三万元以上的，应予立案追诉。

2. 量刑标准

《刑法》（2023年12月29日修正）

第一百六十三条 【非国家工作人员受贿罪】公司、企业或者其他单位的工作人员，利用职务上的便利，索取他人财物或者非法收受他人财物，为他人谋取利益，数额较大的，处三年以下有期徒刑或者拘役，并处罚金；数额巨大或者有其他严重情节的，处三年以上十年以下有期徒刑，并处罚金；数额特别巨大或者有其他特别严重情节的，处十年以上有期徒刑或者无期徒刑，并处罚金。

公司、企业或者其他单位的工作人员在经济往来中，利用职务上的便利，违反国家规定，收受各种名义的回扣、手续费，归个人所有的，依照前款的规定处罚。

国有公司、企业或者其他国有单位中从事公务的人员和国有公司、企业或者其他国有单位委派到非国有公司、企业以及其他单位从事公务的人员有前两款行为的，依照本法第三百八十五条、第三百八十六条的规定定罪处罚。

《最高人民法院、最高人民检察院关于办理贪污贿赂刑事案件适用法律若干问题的解释》（法释〔2016〕9号）

第一条第一款 贪污或者受贿数额在三万元以上不满二十万元的，应当认定为刑法第三百八十三条第一款规定的"数额较大"依法判处三年以下有期徒刑或者拘役，并处罚金。

第二条第一款 贪污或者受贿数额在二十万元以上不满三百万元的，应当认定为刑法第三百八十三条第一款规定的"数额巨大"，依法判处三年以上十年以下有期徒刑，并处罚金或者没收财产。

第十一条第一款 刑法第一百六十三条规定的非国家工作人员受贿罪、第二百七十一条规定的职务侵占罪中的"数额较大""数额巨大"的数额起点，按照本解释关于受贿罪、贪污罪相对应的数额标准规定的二倍、五倍执行。

二、对非国家工作人员行贿罪

对非国家工作人员行贿罪的综述见表17-2。

表17-2 对非国家工作人员行贿罪

法律依据	《刑法》第一百六十四条	
罪状概述	本罪是指行为人为谋取不正当利益，给予公司、企业或者其他单位的工作人员以财物，或者为谋取不正当商业利益，给予外国公职人员或者国际公共组织官员以财物，数额较大的行为	
刑事责任	自然人	数额较大的，处三年以下有期徒刑或者拘役，并处罚金；数额巨大的，处三年以上十年以下有期徒刑，并处罚金；行贿人在被追诉前主动交待行贿行为的，可以减轻处罚或者免除处罚
	单位	对单位判处罚金，并对其直接负责的主管人员和其他直接责任人员，处三年以下有期徒刑或者拘役，并处罚金；数额巨大的，处三年以上十年以下有期徒刑，并处罚金

续表17－2

风险防控建议	1. 企业经营者、管理者应当增强法律意识，树立正确的竞争观念，避免使用非法手段获取不当利益。 2. 企业在购买或销售产品时，不得私下给予对方回扣或高价赠品。若在业务中需提供回扣以促成交易，应经公司批准并如实记录。同时，可以设立双向投诉机制以应对合作企业员工主动索取财物的情况，鼓励向合作企业投诉并建议对索贿者进行严厉惩处。 3. 企业应建立激励与惩罚并存的薪酬制度，禁止员工利用企业资源谋取私利，并确保所有业务流程公开透明，防止权力寻租。同时，应建立有效的监督机制，实现权力相互监督和制约。 4. 完善企业财会和审计制度，定期对企业财务进行审计，结合第三方审计和内部自查，杜绝私设资金池和未入账现金的现象

关联法规 （立案量刑标准）

1. 立案标准

《最高人民检察院、公安部关于公安机关管辖的刑事案件立案追诉标准的规定（二）》（公通字〔2022〕12号）

第十一条 【对非国家工作人员行贿案（刑法第一百六十四条第一款）】 为谋取不正当利益，给予公司、企业或者其他单位的工作人员以财物，个人行贿数额在三万元以上的，单位行贿数额在二十万元以上的，应予立案追诉。

2. 量刑标准

《刑法》（2023年12月29日修正）

第一百六十四条 【对非国家工作人员行贿罪】 为谋取不正当利益，给予公司、企业或者其他单位的工作人员以财物，数额较大的，处三年以下有期徒刑或者拘役，并处罚金；数额巨大的，处三年以上十年以下有期徒刑，并处罚金。

为谋取不正当商业利益，给予外国公职人员或者国际公共组织官员以财物的，依照前款的规定处罚。

单位犯前两款罪的，对单位判处罚金，并对其直接负责的主管人员和其他直接责任人员，依照第一款的规定处罚。

行贿人在被追诉前主动交代行贿行为的，可以减轻处罚或者免除处罚。

《最高人民法院、最高人民检察院关于办理贪污贿赂刑事案件适用法律若干问题的解释》（法释〔2016〕9号）

第十一条第三款　刑法第一百六十四条第一款规定的对非国家工作人员行贿罪中的"数额较大""数额巨大"的数额起点，按照本解释第七条、第八条第一款关于行贿罪的数额标准规定的二倍执行。

三、行贿罪

行贿罪的综述见表17-3。

表17-3　行贿罪

法律依据	《刑法》第三百八十九条、第三百九十条	
罪状概述	本罪是指为谋取不正当利益，给予国家工作人员以财物的行为	
刑事责任	自然人	处五年以下有期徒刑或者拘役，并处罚金；因行贿谋取不正当利益，情节严重的，或者使国家利益遭受重大损失的，处五年以上十年以下有期徒刑，并处罚金；情节特别严重的，或者使国家利益遭受特别重大损失的，处十年以上有期徒刑或者无期徒刑，并处罚金或者没收财产。行贿人在被追诉前主动交待行贿行为的，可以从轻或者减轻处罚。其中，犯罪较轻的，对侦破重大案件起关键作用的，或者有重大立功表现的，可以减轻或者免除处罚
风险防控建议	1. 企业主管和核心员工应确立正确的竞争观念，不得以非法贿赂手段获取竞争优势。 2. 设立全面销售管理制度，明确规定销售人员在推销产品时不得向客户行贿或私下给予回扣等，如需给予客户折扣，需经公司领导批准并如实记录。 3. 确立高层管理人员追责机制，严格规范高层管理人员或主要负责人的行为。如有员工存在贿赂行为，应主动揭露行贿事实，以期在受审前减轻处罚或豁免处罚	

关联法规（立案量刑标准）

1. 立案标准

《刑法》（2023 年 12 月 29 日修正）

第三百八十九条【行贿罪】 为谋取不正当利益，给予国家工作人员以财物的，是行贿罪。

在经济往来中，违反国家规定，给予国家工作人员以财物，数额较大的，或者违反国家规定，给予国家工作人员以各种名义的回扣、手续费的，以行贿论处。

因被勒索给予国家工作人员以财物，没有获得不正当利益的，不是行贿。

《最高人民法院、最高人民检察院关于办理贪污贿赂刑事案件适用法律若干问题的解释》（法释〔2016〕9 号）

第七条 为谋取不正当利益，向国家工作人员行贿，数额在三万元以上的，应当依照刑法第三百九十条的规定以行贿罪追究刑事责任。

行贿数额在一万元以上不满三万元，具有下列情形之一的，应当依照刑法第三百九十条的规定以行贿罪追究刑事责任：

（一）向三人以上行贿的；

（二）将违法所得用于行贿的；

（三）通过行贿谋取职务提拔、调整的；

（四）向负有食品、药品、安全生产、环境保护等监督管理职责的国家工作人员行贿，实施非法活动的；

（五）向司法工作人员行贿，影响司法公正的；

（六）造成经济损失数额在五十万元以上不满一百万元的。

2. 量刑标准

《刑法》（2023 年 12 月 29 日修正）

第三百九十条【对犯行贿罪的处罚】 对犯行贿罪的，处五年以下有期徒刑或者拘役，并处罚金；因行贿谋取不正当利益，情节严重的，或者使国家利益遭受重大损失的，处五年以上十年以下有期徒刑，并处罚金；情节特别严重的，或者使国家利益遭受特别重大损失的，处十年以上有期徒刑或者无期徒刑，并处罚金或者没收财产。

行贿人在被追诉前主动交待行贿行为的，可以从轻或者减轻处罚。其中，犯罪较轻的，对侦破重大案件起关键作用的，或者有重大立功表现的，可以减轻或者免除处罚。

《最高人民法院、最高人民检察院关于办理贪污贿赂刑事案件适用法律若干问题的解释》（法释〔2016〕9号）

第八条　犯行贿罪，具有下列情形之一的，应当认定为刑法第三百九十条第一款规定的"情节严重"：

（一）行贿数额在一百万元以上不满五百万元的；

（二）行贿数额在五十万元以上不满一百万元，并具有本解释第七条第二款第一项至第五项规定的情形之一的；

（三）其他严重的情节。

为谋取不正当利益，向国家工作人员行贿，造成经济损失数额在一百万元以上不满五百万元的，应当认定为刑法第三百九十条第一款规定的"使国家利益遭受重大损失"。

第九条　犯行贿罪，具有下列情形之一的，应当认定为刑法第三百九十条第一款规定的"情节特别严重"：

（一）行贿数额在五百万元以上的；

（二）行贿数额在二百五十万元以上不满五百万元，并具有本解释第七条第二款第一项至第五项规定的情形之一的；

（三）其他特别严重的情节。

为谋取不正当利益，向国家工作人员行贿，造成经济损失数额在五百万元以上的，应当认定为刑法第三百九十条第一款规定的"使国家利益遭受特别重大损失"。

四、对有影响力的人行贿罪

对有影响力的人行贿罪的综述见表17-4。

表 17 - 4 对有影响力的人行贿罪

法律依据	《刑法》第三百九十条之一	
罪状概述	本罪是指为谋取不正当利益，向国家工作人员的近亲属或者其他与该国家工作人员关系密切的人，或者向离职的国家工作人员或者其近亲属以及其他与其关系密切的人行贿的行为	
刑事责任	自然人	处三年以下有期徒刑或者拘役，并处罚金；情节严重的，或者使国家利益遭受重大损失的，处三年以上七年以下有期徒刑，并处罚金；情节特别严重的，或者使国家利益遭受特别重大损失的，处七年以上十年以下有期徒刑，并处罚金
	单位	对单位判处罚金，并对直接负责的主管人员和其他直接责任人员，处三年以下有期徒刑或者拘役，并处罚金
风险防控建议	1. 企业应确立正确的竞争观念，着重对主管人员和核心员工进行反贿赂合规教育，确保经营合法，拒绝向有权势者行贿等不道德行为，不得依靠贿赂手段获取竞争优势。 2. 企业在生产经营中，应当制定内控制度，对关键人员以及要务岗位进行检查监督，以严格约束其行为，禁止为谋私利而向公职人员的近亲属等有影响力的人行贿，避免行贿违法犯罪	

📚 关联法规（立案量刑标准）

1. 立案标准

《最高人民法院、最高人民检察院关于办理贪污贿赂刑事案件适用法律若干问题的解释》（法释〔2016〕9 号）

第七条 为谋取不正当利益，向国家工作人员行贿，数额在三万元以上的，应当依照刑法第三百九十条的规定以行贿罪追究刑事责任。

行贿数额在一万元以上不满三万元，具有下列情形之一的，应当依照刑法第三百九十条的规定以行贿罪追究刑事责任：

（一）向三人以上行贿的；

（二）将违法所得用于行贿的；

（三）通过行贿谋取职务提拔、调整的；

（四）向负有食品、药品、安全生产、环境保护等监督管理职责的国家工作人员行贿，实施非法活动的；

（五）向司法工作人员行贿，影响司法公正的；

（六）造成经济损失数额在五十万元以上不满一百万元的。

第十条第二款 刑法第三百九十条之一规定的对有影响力的人行贿罪的定罪量刑适用标准，参照本解释关于行贿罪的规定执行。

2. 量刑标准

《刑法》（2023 年 12 月 29 日修正）

第三百九十条之一【对有影响力的人行贿罪】 为谋取不正当利益，向国家工作人员的近亲属或者其他与该国家工作人员关系密切的人，或者向离职的国家工作人员或者其近亲属以及其他与其关系密切的人行贿的，处三年以下有期徒刑或者拘役，并处罚金；情节严重的，或者使国家利益遭受重大损失的，处三年以上七年以下有期徒刑，并处罚金；情节特别严重的，或者使国家利益遭受特别重大损失的，处七年以上十年以下有期徒刑，并处罚金。单位犯前款罪的，对单位判处罚金，并对其直接负责的主管人员和其他直接责任人员，处三年以下有期徒刑或者拘役，并处罚金。

单位犯前款罪的，对单位判处罚金，并对其直接负责的主管人员和其他直接责任人员，处三年以下有期徒刑或者拘役，并处罚金。

《最高人民法院、最高人民检察院关于办理贪污贿赂刑事案件适用法律若干问题的解释》（法释〔2016〕9 号）

第八条 犯行贿罪，具有下列情形之一的，应当认定为刑法第三百九十条第一款规定的"情节严重"：

（一）行贿数额在一百万元以上不满五百万元的；

（二）行贿数额在五十万元以上不满一百万元，并具有本解释第七条第二款第一项至第五项规定的情形之一的；

（三）其他严重的情节。

为谋取不正当利益，向国家工作人员行贿，造成经济损失数额在一百万元以上不满五百万元的，应当认定为刑法第三百九十条第一款规定的"使国家利益遭受重大损失"。

第十条第二、三款 刑法第三百九十条之一规定的对有影响力的人行贿罪的定罪量刑适用标准，参照本解释关于行贿罪的规定执行。

单位对有影响力的人行贿数额在二十万元以上的，应当依照刑法第三百九十条之一的规定以对有影响力的人行贿罪追究刑事责任。

五、介绍贿赂罪

介绍贿赂罪的综述见表17－5。

表17－5　介绍贿赂罪

法律依据	《刑法》第三百九十二条	
罪状概述	本罪是指向国家工作人员介绍贿赂，情节严重的行为。本罪在主观方面属于故意，即明知是在为受贿人或者行贿人牵线效劳，促成贿赂交易；在客观方面体现为行为人在行贿人和受贿人之间进行联系、沟通关系、引荐、撮合，促使行贿与受贿得以实现	
刑事责任	自然人	处三年以下有期徒刑或者拘役，并处罚金
风险防控建议	1. 企业经营者、管理者及其员工应当加强自身法制教育，了解有关介绍贿赂将面临的法律风险。 2. 公司需高度重视日常反腐合规工作，建立严密的内控制度，并针对关键人员和要务岗位制定专门规章，以确保一切事务都合法合规	

关联法规（立案量刑标准）

1. 立案标准

《最高人民检察院关于人民检察院直接受理立案侦查案件立案标准的规定（试行）》（高检发研字〔1999〕10号）

第一条第（七）项 【介绍贿赂案（刑法第三百九十二条）】 介绍贿赂罪是指向国家工作人员介绍贿赂，情节严重的行为。

介绍贿赂是指在行贿人与受贿人之间沟通关系、撮合条件，使贿赂行为得以实现的行为。

　　涉嫌下列情形之一的，应予立案：

　　1. 介绍个人向国家工作人员行贿，数额在 2 万元以上的；介绍单位向国家工作人员行贿，数额在 20 万元以上的；

　　2. 介绍贿赂数额不满上述标准，但具有下列情形之一的：

　　（1）为使行贿人获得非法利益而介绍贿赂的；

　　（2）3 次以上或者为 3 人以上介绍贿赂的；

　　（3）向党政领导和司法工作人员、行政执法人员介绍贿赂的；

　　（4）致使国家或者社会利益遭受重大损失的。

2. 量刑标准

《刑法》（2023 年 12 月 29 日修正）

　　第三百九十二条【介绍贿赂罪】向国家工作人员介绍贿赂，情节严重的，处三年以下有期徒刑或者拘役，并处罚金。

　　介绍贿赂人在被追诉前主动交代介绍贿赂行为的，可以减轻处罚或者免除处罚。

六、单位行贿罪

　　单位行贿罪的综述见表 17 - 6。

表 17 - 6　单位行贿罪

法律依据	《刑法》第三百九十三条	
罪状概述	本罪是指单位为谋取不正当利益而行贿，或者违反国家规定，给予国家工作人员以回扣、手续费，情节严重的行为	
刑事责任	单位	对单位判处罚金，并对其直接负责的主管人员和其他直接责任人员，处五年以下有期徒刑或者拘役，并处罚金。因行贿取得的违法所得归个人所有的，依照刑法第三百八十九条、第三百九十条的规定定罪处罚

续表 17 - 6

风险防控建议	1. 企业应确立正确的竞争观念，着重对主管人员和核心员工进行反贿赂合规教育，确保合法合规经营，坚决抵制行贿等违法行为，严禁利用贿赂等非法手段谋取竞争优势。企业高层管理人员必须以企业整体利益为首要考虑，严禁以企业名义进行贿赂活动。 2. 企业应完善财务机制，严密监控资金流向，定期审计账目，及时整改疑点资金，并坚决反对各部门私设小金库的违法行为，以免触犯法律。 3. 公司应掌握馈赠的适度程度。馈赠的目的通常是增进双方感情，而行贿的目的是获得不正当利益

关联法规 （立案量刑标准）

1. 立案标准

《最高人民检察院关于人民检察院直接受理立案侦查案件立案标准的规定（试行）》

第一条第（八）项【单位行贿案（刑法第三百九十三条）】单位行贿罪是指公司、企业、事业单位、机关、团体为谋取不正当利益而行贿，或者违反国家规定，给予国家工作人员以回扣、手续费，情节严重的行为。

涉嫌下列情形之一的，应予立案：

1. 单位行贿数额在 20 万元以上的；

2. 单位为谋取不正当利益而行贿，数额在 10 万元以上不满 20 万元，但具有下列情形之一的：

（1）为谋取非法利益而行贿的；

（2）向 3 人以上行贿的；

（3）向党政领导、司法工作人员、行政执法人员行贿的；

（4）致使国家或者社会利益遭受重大损失的。

因行贿取得的违法所得归个人所有的，依照本规定关于个人行贿的规定立案，追究其刑事责任。

2. 量刑标准

《刑法》（2023 年 12 月 29 日修正）

第三百九十三条【单位行贿罪】单位为谋取不正当利益而行贿，或者违反国家规定，给予国家工作人员以回扣、手续费，情节严重的，对单位判处罚金，并对其直接负责的主管人员和其他直接责任人员，处五年以下有期徒刑或者拘役，并处罚金。因行贿取得的违法所得归个人所有的，依照本法第三百八十九条、第三百九十条的规定定罪处罚。

第二节　企业人员职务犯罪方面

一、职务侵占罪

职务侵占罪的综述见表 17 – 7。

表 17 – 7　职务侵占罪

法律依据	《刑法》第二百七十一条	
罪状概述	本罪是指公司、企业或者其他单位的人员，利用职务上的便利，将本单位财物非法占为己有，数额较大的行为	
刑事责任	自然人	数额较大的，处三年以下有期徒刑或者拘役，并处罚金；数额巨大的，处三年以上十年以下有期徒刑，并处罚金；数额特别巨大的，处十年以上有期徒刑或者无期徒刑，并处罚金
风险防控建议	1. 企业应当对具有特定职权的员工进行有关职务侵占犯罪的法律法规的宣传教育，引导员工树立正确的价值观，促使员工认识到侵占公司财产对企业的危害以及其自身将面临的刑事风险。 2. 明确具有特定职权的员工职责权限，建立分权机制，对企业的大额交易行为应做到分权实施，避免企业事项决策、决定及实施行为集中于极少数特定职权的员工，完善监督机制，并注重审查企业交易凭证及调查相应市场行情，避免企业在交易中产生不必要的损失。 3. 完善内部财务会计、审计制度，严格开展审计活动，避免公司财产被具有特定职权的人员掌控，导致公司财产流失	

关联法规 （立案量刑标准）

1. 立案标准

《最高人民检察院、公安部关于公安机关管辖的刑事案件立案追诉标准的规定（二）》（公通字〔2022〕12号）

第七十六条 【职务侵占案（刑法第二百七十一条第一款）】公司、企业或者其他单位的人员利用职务上的便利，将本单位财物非法占为己有，数额在三万元以上的，应予立案追诉。

2. 量刑标准

《刑法》（2023年12月29日修正）

第二百七十一条第一款【职务侵占罪】公司、企业或者其他单位的工作人员，利用职务上的便利，将本单位财物非法占为己有，数额较大的，处三年以下有期徒刑或者拘役，并处罚金；数额巨大的，处三年以上十年以下有期徒刑，并处罚金；数额特别巨大的，处十年以上有期徒刑或者无期徒刑，并处罚金。

二、挪用资金罪

挪用资金罪的综述见表17-8。

表17-8　挪用资金罪

法律依据	《刑法》第二百七十二条
罪状概述	本罪是指公司、企业或者其他单位的工作人员利用职务上的便利，挪用本单位资金归个人使用或者借贷给他人，数额较大、超过三个月未还，或者虽未超过三个月，但数额较大、进行营利活动，或者进行非法活动的行为

续表 17 - 8

刑事责任	自然人	挪用本单位资金数额较大、超过三个月未还的，或者虽未超过三个月，但数额较大、进行营利活动的，或者进行非法活动的，处三年以下有期徒刑或者拘役；数额巨大的，处三年以上七年以下有期徒刑；数额特别巨大的，处七年以上有期徒刑
风险防控建议		1. 企业应当对高层管理人员、财务专员和采购人员等直接管理公司资金的人员进行有关挪用资金的违法犯罪警示教育，提高该等人员对挪用资金违法犯罪行为的认识。 2. 企业除了对以上人员进行教育、警示，还应对其进行重点监督，尤其要加强对财务、销售和涉及资金流动的关键职位员工的监督，严格审计公司财务情况，规范企业运营流程，完善合同履行和资金收支制度。 3. 确立健全的权力监督机制，以防止领导职位滥用权力等不当行为。当公司股东、董事或高级管理人员向公司借款时，必须经过董事会或股东会表决同意，切勿利用职务便利私自操作借款事宜

关联法规　（立案量刑标准）

1. 立案标准

《最高人民检察院、公安部关于公安机关管辖的刑事案件立案追诉标准的规定（二）》（公通字〔2022〕12 号）

第七十七条　【挪用资金案（刑法第二百七十二条第一款）】公司、企业或者其他单位的工作人员，利用职务上的便利，挪用本单位资金归个人使用或者借贷给他人，涉嫌下列情形之一的，应予立案追诉：

（一）挪用本单位资金数额在五万元以上，超过三个月未还的；

（二）挪用本单位资金数额在五万元以上，进行营利活动的；

（三）挪用本单位资金数额在三万元以上，进行非法活动的。

具有下列情形之一的，属于本条规定的"归个人使用"：

（一）将本单位资金供本人、亲友或者其他个人使用的；

（二）以个人名义将本单位资金供其他单位使用的；

（三）个人决定以单位名义将本单位资金供其他单位使用，谋取个人利益的。

2. 量刑标准

《刑法》（2023 年 12 月 29 日修正）

　　第二百七十二条【挪用资金罪】公司、企业或者其他单位的工作人员，利用职务上的便利，挪用本单位资金归个人使用或者借贷给他人，数额较大、超过三个月未还的，或者虽未超过三个月，但数额较大、进行营利活动的，或者进行非法活动的，处三年以下有期徒刑或者拘役；挪用本单位资金数额巨大的，处三年以上七年以下有期徒刑；数额特别巨大的，处七年以上有期徒刑。

　　国有公司、企业或者其他国有单位中从事公务的人员和国有公司、企业或者其他国有单位委派到非国有公司、企业以及其他单位从事公务的人员有前款行为的，依照本法第三百八十四条的规定定罪处罚。

　　有第一款行为，在提起公诉前将挪用的资金退还的，可以从轻或者减轻处罚。其中，犯罪较轻的，可以减轻或者免除处罚。

《最高人民检察院、公安部关于公安机关管辖的刑事案件立案追诉标准的规定（二）》（公通字〔2022〕12 号）

　　第七十七条【挪用资金案（刑法第二百七十二条第一款）】公司、企业或者其他单位的工作人员，利用职务上的便利，挪用本单位资金归个人使用或者借贷给他人，涉嫌下列情形之一的，应予立案追诉：

　　（一）挪用本单位资金数额在五万元以上，超过三个月未还的；

　　（二）挪用本单位资金数额在五万元以上，进行营利活动的；

　　（三）挪用本单位资金数额在三万元以上，进行非法活动的。

　　具有下列情形之一的，属于本条规定的"归个人使用"：

　　（一）将本单位资金供本人、亲友或者其他自然人使用的；

　　（二）以个人名义将本单位资金供其他单位使用的；

　　（三）个人决定以单位名义将本单位资金供其他单位使用，谋取个人利益的。

第三节　企业人员常发生的其他犯罪

一、损害商业信誉、商品声誉罪

损害商业信誉、商品声誉罪的综述见表 17 - 9。

表 17 - 9　损害商业信誉、商品声誉罪

法律依据	《刑法》第二百二十一条、第二百三十一条	
罪状概述	本罪是指捏造并散布虚伪事实，损害他人的商业信誉、商品声誉，给他人造成重大损失或者有其他严重情节的行为	
刑事责任	自然人	处二年以下有期徒刑或者拘役，并处或者单处罚金
	单位	对单位判处罚金，并对其直接负责的主管人员和其他直接责任人员，处二年以下有期徒刑或者拘役，并处或者单处罚金
风险防控建议	1. 企业应强化对《反不正当竞争法》《广告法》等法律法规的学习，坚决反对诽谤他人商誉的行径，切实遵守法律规定，推行合法经营和公平竞争。 2. 企业应培养积极竞争意识，稳健发展自身核心业务。在涉及竞争时，企业应冷静应对，以公平评判为准则，拒绝恶意攻击竞争对手，杜绝虚假指责。 3. 在推广核心产品时，企业不仅应突出产品优势和特点，还应全面考虑潜在的侵权风险，以降低触犯法律的风险。 4. 企业在竞争中应避免采用对比广告、声明广告等手段贬低竞争对手的商誉和产品声誉	

📖 **关联法规** （立案量刑标准）

1. 立案标准

《最高人民检察院、公安部关于公安机关管辖的刑事案件立案追诉标准的规定（二）》（公通字〔2022〕12号）

第六十六条 【损害商业信誉、商品声誉案（刑法第二百二十一条）】 捏造并散布虚伪事实，损害他人的商业信誉、商品声誉，涉嫌下列情形之一的，应予立案追诉：

（一）给他人造成直接经济损失数额在五十万元以上的；

（二）虽未达到上述数额标准，但造成公司、企业等单位停业、停产六个月以上，或者破产的；

（三）其他给他人造成重大损失或者有其他严重情节的情形。

2. 量刑标准

《刑法》（2023年12月29日修正）

第二百二十一条 【损害商业信誉、商品声誉罪】 捏造并散布虚伪事实，损害他人的商业信誉、商品声誉，给他人造成重大损失或者有其他严重情节的，处二年以下有期徒刑或者拘役，并处或者单处罚金。

二、虚假广告罪

虚假广告罪的综述见表17-10。

表17-10 虚假广告罪

法律依据	《刑法》第二百二十二条、第二百三十一条
罪状概述	本罪是指广告主、广告经营者、广告发布者违反国家规定，利用广告对商品或服务作虚假宣传，情节严重的行为

续表 17 – 10

刑事责任	自然人	处二年以下有期徒刑或者拘役，并处或者单处罚金
	单位	对单位判处罚金，并对其直接负责的主管人员和其他直接责任人员，处二年以下有期徒刑或者拘役，并处或者单处罚金
风险防控建议		1. 企业管理者需深入研究广告法规，熟悉广告宣传的法律限制，确保广告内容的真实可信，杜绝虚假宣传行为。 2. 企业应该在广告宣传中坚持实事求是，不为私利而故意进行夸大虚假宣传或做出毫无底线的虚假承诺。若广告内容与产品实际效果相差甚远，导致消费者产生误解，可能被视为违法行为

关联法规（立案量刑标准）

1. 立案标准

《最高人民检察院、公安部关于公安机关管辖的刑事案件立案追诉标准的规定（二）》（公通字〔2022〕12 号）

第六十七条　【虚假广告案（刑法第二百二十二条）】 广告主、广告经营者、广告发布者违反国家规定，利用广告对商品或者服务作虚假宣传，涉嫌下列情形之一的，应予立案追诉：

（一）违法所得数额在十万元以上的；

（二）假借预防、控制突发事件、传染病防治的名义，利用广告作虚假宣传，致使多人上当受骗，违法所得数额在三万元以上的；

（三）利用广告对食品、药品作虚假宣传，违法所得数额在三万元以上的；

（四）虽未达到上述数额标准，但二年内因利用广告作虚假宣传受过二次以上行政处罚，又利用广告作虚假宣传的；

（五）造成严重危害后果或者恶劣社会影响的；

（六）其他情节严重的情形。

2. 量刑标准

《刑法》(2023 年 12 月 29 日修正)

第二百二十二条【虚假广告罪】广告主、广告经营者、广告发布者违反国家规定,利用广告对商品或者服务作虚假宣传,情节严重的,处二年以下有期徒刑或者拘役,并处或者单处罚金。

三、侵犯公民个人信息罪

侵犯公民个人信息罪的综述见表 17－11。

表 17－11　侵犯公民个人信息罪

法律依据	《刑法》第二百五十三条之一	
罪状概述	本罪是指违反国家有关规定,向他人出售或者提供公民个人信息,或者将在履行职责或者提供服务过程中获得的公民个人信息出售或者提供给他人,或者窃取或以其他方法非法获取公民个人信息,情节严重的行为	
刑事责任	自然人	情节严重的,处三年以下有期徒刑或者拘役,并处或者单处罚金;情节特别严重的,处三年以上七年以下有期徒刑,并处罚金
	单位	对单位判处罚金,并对其直接负责的主管人员和其他直接责任人员,处三年以下有期徒刑或者拘役,并处或者单处罚金;情节特别严重的,处三年以上七年以下有期徒刑,并处罚金
风险防控建议	1. 企业应当学习国家相关法律法规,坚决抵制侵犯公民个人信息的违法行为。特别是接触公民个人信息的工作人员,应当知道公民个人信息包括个人姓名、身份证件号码、通信联系方式、住址、账号密码、财产状况、行踪轨迹等,不得向他人出售或者提供公民个人信息,否则,将面临刑事风险。 2. 当企业需要搜集公民信息时,务必遵循"合法合规、公正透明、保护隐私"的原则,严格限制信息收集的范围。此外,要规范管理公民信息的内部流程,不仅要求员工承担管理责任,还要运用先进技术加强信息安全,以减少数据泄露的风险	

关联法规（立案量刑标准）

《刑法》（2023 年 12 月 29 日修正）

第二百五十三条之一【**侵犯公民个人信息罪**】违反国家有关规定，向他人出售或者提供公民个人信息，情节严重的，处三年以下有期徒刑或者拘役，并处或者单处罚金；情节特别严重的，处三年以上七年以下有期徒刑，并处罚金。

违反国家有关规定，将在履行职责或者提供服务过程中获得的公民个人信息，出售或者提供给他人的，依照前款的规定从重处罚。

窃取或者以其他方法非法获取公民个人信息的，依照第一款的规定处罚。

单位犯前三款罪的，对单位判处罚金，并对其直接负责的主管人员和其他直接责任人员，依照各该款的规定处罚。

《最高人民法院、最高人民检察院关于办理侵犯公民个人信息刑事案件适用法律若干问题的解释》（法释〔2017〕10 号）

第四条 违反国家有关规定，通过购买、收受、交换等方式获取公民个人信息，或者在履行职责、提供服务过程中收集公民个人信息的，属于刑法第二百五十三条之一第三款规定的"以其他方法非法获取公民个人信息"。

第五条 非法获取、出售或者提供公民个人信息，具有下列情形之一的，应当认定为刑法第二百五十三条之一规定的"情节严重"：

（一）出售或者提供行踪轨迹信息，被他人用于犯罪的；

（二）知道或者应当知道他人利用公民个人信息实施犯罪，向其出售或者提供的；

（三）非法获取、出售或者提供行踪轨迹信息、通信内容、征信信息、财产信息五十条以上的；

（四）非法获取、出售或者提供住宿信息、通信记录、健康生理信息、交易信息等其他可能影响人身、财产安全的公民个人信息五百条以上的；

（五）非法获取、出售或提供第三项、第四项规定以外的公民个人信息五千条以上的；

（六）数量未达到第三项至第五项规定标准，但按相应比例合计达到有关数量标准的；

（七）违法所得五千元以上的；

（八）将在履行职责或者提供服务过程中获得的公民个人信息出售或者提供给他人，数量或者数额达到第三项至第七项规定标准一半以上的；

（九）曾因侵犯公民个人信息受过刑事处罚或者二年内受过行政处罚，又非法获取、出售或者提供公民个人信息的；

（十）其他情节严重的情形。

实施前款规定的行为，具有下列情形之一的，应当认定为刑法第二百五十三条之一第一款规定的"情节特别严重"：

（一）造成被害人死亡、重伤、精神失常或者被绑架等严重后果的；

（二）造成重大经济损失或者恶劣社会影响的；

（三）数量或者数额达到前款第三项至第八项规定标准十倍以上的；

（四）其他情节特别严重的情形。

第六条第一款　为合法经营活动而非法购买、收受本解释第五条第一款第三项、第四项规定以外的公民个人信息，具有下列情形之一的，应当认定为刑法第二百五十三条之一规定的"情节严重"：

（一）利用非法购买、收受的公民个人信息获利五万元以上的；

（二）曾因侵犯公民个人信息受过刑事处罚或者二年内受过行政处罚，又非法购买、收受公民个人信息的；

（三）其他情节严重的情形。

四、掩饰、隐瞒犯罪所得、犯罪所得收益罪

掩饰、隐瞒犯罪所得、犯罪所得收益罪的综述见表 17 - 12。

表 17 - 12　掩饰、隐瞒犯罪所得、犯罪所得收益罪

法律依据	《刑法》第三百一十二条	
罪状概述	本罪是指明知是犯罪所得及其产生的收益而予以窝藏、转移、收购、代为销售或者以其他方法掩饰、隐瞒的行为	
刑事责任	自然人	处三年以下有期徒刑、拘役或者管制，并处或者单处罚金；情节严重的，处三年以上七年以下有期徒刑，并处罚金
	单位	对单位判处罚金，并对其直接负责的主管人员和其他直接责任人员，处三年以下有期徒刑、拘役或者管制，并处或者单处罚金；情节严重的，处三年以上七年以下有期徒刑，并处罚金

续表 17 – 12

风险防控建议	1. 企业应深入学习国家的法律法规，自觉抵制任何试图掩盖、隐瞒犯罪所得或犯罪收益的非法行为，坚持依法经营的理念。 2. 企业务必恪守法规界限，切勿在明知是犯罪所得及其产生的收益的情况下，进行隐藏、转移、购买、代销等行为，否则将会产生刑事责任。 3. 企业在采购商品时，若发现价格明显低于市场价，需严格要求供应商提供必要的证明文件，如生产许可证和厂家证明等，并要求供应商书面承诺商品来源合法，以确保所购商品不涉及刑事风险

关联法规 （立案量刑标准）

1. 立案标准

《最高人民法院关于审理掩饰、隐瞒犯罪所得、犯罪所得收益刑事案件适用法律若干问题的解释》（法释〔2021〕8 号）

第一条 明知是犯罪所得及其产生的收益而予以窝藏、转移、收购、代为销售或者以其他方法掩饰、隐瞒，具有下列情形之一的，应当依照刑法第三百一十二条第一款的规定，以掩饰、隐瞒犯罪所得、犯罪所得收益罪定罪处罚：

（一）一年内曾因掩饰、隐瞒犯罪所得及其产生的收益行为受过行政处罚，又实施掩饰、隐瞒犯罪所得及其产生的收益行为的；

（二）掩饰、隐瞒的犯罪所得系电力设备、交通设施、广播电视设施、公用电信设施、军事设施或者救灾、抢险、防汛、优抚、扶贫、移民、救济款物的；

（三）掩饰、隐瞒行为致使上游犯罪无法及时查处，并造成公私财物损失无法挽回的；

（四）实施其他掩饰、隐瞒犯罪所得及其产生的收益行为，妨害司法机关对上游犯罪进行追究的。

人民法院审理掩饰、隐瞒犯罪所得、犯罪所得收益刑事案件，应综合考虑上游犯罪的性质、掩饰、隐瞒犯罪所得及其收益的情节、后果及社会危害程度等，依法定罪处罚。

司法解释对掩饰、隐瞒涉及计算机信息系统数据、计算机信息系统控制权的犯罪所得及其产生的收益行为构成犯罪已有规定的，审理此类案件依照该规定。

依照全国人民代表大会常务委员会《关于〈中华人民共和国刑法〉第三百

四十一条、第三百一十二条的解释》，明知是非法狩猎的野生动物而收购，数量达到五十只以上的，以掩饰、隐瞒犯罪所得罪定罪处罚。

2. 量刑标准

《刑法》（2023 年 12 月 29 日修正）

第三百一十二条【掩饰、隐瞒犯罪所得、犯罪所得收益罪】明知是犯罪所得及其产生的收益而予以窝藏、转移、收购、代为销售或者以其他方法掩饰、隐瞒的，处三年以下有期徒刑、拘役或者管制，并处或者单处罚金；情节严重的，处三年以上七年以下有期徒刑，并处罚金。

单位犯前款罪的，对单位判处罚金，并对其直接负责的主管人员和其他直接责任人员，依照前款的规定处罚。

《最高人民法院关于审理掩饰、隐瞒犯罪所得、犯罪所得收益刑事案件适用法律若干问题的解释》（法释〔2021〕8 号）

第三条 掩饰、隐瞒犯罪所得及其产生的收益，具有下列情形之一的，应当认定为刑法第三百一十二条第一款规定的"情节严重"：

（一）掩饰、隐瞒犯罪所得及其产生的收益价值总额达到十万元以上的；

（二）掩饰、隐瞒犯罪所得及其产生的收益十次以上，或者三次以上且价值总额达到五万元以上的；

（三）掩饰、隐瞒的犯罪所得系电力设备、交通设施、广播电视设施、公用电信设施、军事设施或者救灾、抢险、防汛、优抚、扶贫、移民、救济款物，价值总额达到五万元以上的；

（四）掩饰、隐瞒行为致使上游犯罪无法及时查处，并造成公私财物重大损失无法挽回或其他严重后果的；

（五）实施其他掩饰、隐瞒犯罪所得及其产生的收益行为，严重妨害司法机关对上游犯罪予以追究的。

司法解释对掩饰、隐瞒涉及机动车、计算机信息系统数据、计算机信息系统控制权的犯罪所得及其产生的收益行为认定"情节严重"已有规定的，审理此类案件依照该规定。

五、拒不执行判决、裁定罪

拒不执行判决、裁定罪的综述见表 17 – 13。

表 17 – 13　拒不执行判决、裁定罪

法律依据	《刑法》第三百一十三条	
罪状概述	本罪是指对人民法院的判决、裁定有能力执行而拒不执行，情节严重的行为	
刑事责任	自然人	情节严重的，处三年以下有期徒刑、拘役或者罚金；情节特别严重的，处三年以上七年以下有期徒刑，并处罚金
	单位	对单位判处罚金，并对其直接负责的主管人员和其他直接责任人员，处三年以下有期徒刑、拘役或者罚金；情节特别严重的，处三年以上七年以下有期徒刑，并处罚金
风险防控建议	1. 企业经营者应当学习有关拒不执行判决、裁定刑事案件的法律规定，树立守法意识。企业如果为避债而拒不执行法院的判决、裁定，就会面临触犯本罪的风险。 2. 在司法机构执行判决、裁定过程中，企业应积极配合并不得干扰法院执行工作，禁止转移或隐藏资产以逃避债务责任，也不能利用虚假诉讼方式干扰执行程序。 3. 企业在诉讼、仲裁期间应慎重处理财产，并在重要紧急债务需要履行时考虑在判决、裁定生效前履行，不宜拖延至判决、裁定生效后，以免触发刑事风险。 4. 若企业遇到支付困难，应积极与法院和胜诉方进行协商沟通，全力解决纠纷。 5. 设立担保的企业不得隐藏、转移、故意毁损或者转让已向人民法院提供担保的财产，致使判决、裁定无法执行。 6. 若企业收到法院的协助执行通知书，务必依法配合法院的执行工作，并在执行完毕后向法院报告执行情况。企业不能拒绝协助执行，更不能与被执行人勾结阻挠执行，否则将触犯本罪	

关联法规（立案量刑标准）

1. 立案标准

《关于依法严肃查处拒不执行判决、裁定和暴力抗拒法院执行犯罪行为有关问题的通知》（法发〔2007〕29 号）

一、对下列拒不执行判决、裁定的行为，依照刑法第三百一十三条的规定，以拒不执行判决、裁定罪论处。

（一）被执行人隐藏、转移、故意毁损财产或者无偿转让财产、以明显不合理的低价转让财产，致使判决、裁定无法执行的；

（二）担保人或者被执行人隐藏、转移、故意毁损或者转让已向人民法院提供担保的财产，致使判决、裁定无法执行的；

（三）协助执行义务人接到人民法院协助执行通知书后，拒不协助执行，致使判决、裁定无法执行的；

（四）被执行人、担保人、协助执行义务人与国家机关工作人员通谋，利用国家机关工作人员的职权妨害执行，致使判决、裁定无法执行的；

（五）其他有能力执行而拒不执行，情节严重的情形。

2. 量刑标准

《刑法》（2023 年 12 月 29 日修正）

第三百一十三条【拒不执行判决、裁定罪】对人民法院的判决、裁定有能力执行而拒不执行，情节严重的，处三年以下有期徒刑、拘役或者罚金；情节特别严重的，处三年以上七年以下有期徒刑，并处罚金。

单位犯前款罪的，对单位判处罚金，并对其直接负责的主管人员和其他直接责任人员，依照前款的规定处罚。

《最高人民法院关于审理拒不执行判决、裁定刑事案件适用法律若干问题的解释》（法释〔2020〕21 号）

第二条 负有执行义务的人有能力执行而实施下列行为之一的，应当认定为全国人民代表大会常务委员会关于刑法第三百一十三条的解释中规定的"其他有能力执行而拒不执行，情节严重的情形"：

（一）具有拒绝报告或者虚假报告财产情况、违反人民法院限制高消费及有关消费令等拒不执行行为，经采取罚款或者拘留等强制措施后仍拒不执行的；

（二）伪造、毁灭有关被执行人履行能力的重要证据，以暴力、威胁、贿买方法阻止他人作证或者指使、贿买、胁迫他人作伪证，妨碍人民法院查明被执行人财产情况，致使判决、裁定无法执行的；

（三）拒不交付法律文书指定交付的财物、票证或者拒不迁出房屋、退出土地，致使判决、裁定无法执行的；

（四）与他人串通，通过虚假诉讼、虚假仲裁、虚假和解等方式妨害执行，致使判决、裁定无法执行的；

（五）以暴力、威胁方法阻碍执行人员进入执行现场或者聚众哄闹、冲击执行现场，致使执行工作无法进行的；

（六）对执行人员进行侮辱、围攻、扣押、殴打，致使执行工作无法进行的；

（七）毁损、抢夺执行案件材料、执行公务车辆和其他执行器械、执行人员服装以及执行公务证件，致使执行工作无法进行的；

（八）拒不执行法院判决、裁定，致使债权人遭受重大损失的。

六、非法处置查封、扣押、冻结的财产罪

非法处置查封、扣押、冻结的财产罪的综述见表17－14。

表17－14　非法处置查封、扣押、冻结的财产罪

法律依据	《刑法》第三百一十四条	
罪状概述	本罪是指隐藏、转移、变卖、故意毁损已被司法机关查封、扣押、冻结的财产，情节严重的行为	
刑事责任	自然人	处三年以下有期徒刑、拘役或者罚金
风险防控建议	1. 企业应该学习国家相关法律法规，尊重司法机关的执行措施，主动抵制干扰司法秩序的违法行为。同时，应该加强对员工的法律培训，让员工了解非法处置被查封、扣押、冻结财产可能带来的法律风险和后果。 2. 企业有责任保管涉案财产，不得藏匿、转移、转售或蓄意破坏已被司法机关查封、扣押、冻结的财产，以免触犯本罪	

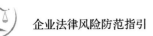 关联法规 （立案量刑标准）

《刑法》（2023 年 12 月 29 日修正）

　　第三百一十四条【非法处置查封、扣押、冻结的财产罪】隐藏、转移、变卖、故意毁损已被司法机关查封、扣押、冻结的财产，情节严重的，处三年以下有期徒刑、拘役或者罚金。